ACIDENTES DE TRÂNSITO

RESPONSABILIDADE E REPARAÇÃO

Edições anteriores

1ª edição: 1984	8ª edição: 1998
2ª edição: 1986	9ª edição: 2002
3ª edição: 1988	10ª edição: 2009
4ª edição: 1991	11ª edição: 2011
5ª edição: 1993	12ª edição: 2013
6ª edição: 1995	13º edição: 2014
7ª edição: 1997	

Trabalho premiado em 1º lugar no Concurso de Monografias Jurídicas da Associação dos Magistrados Brasileiros – 1982

Grupo Editorial Nacional

O GEN | Grupo Editorial Nacional – maior plataforma editorial brasileira no segmento científico, técnico e profissional – publica conteúdos nas áreas de concursos, ciências jurídicas, humanas, exatas, da saúde e sociais aplicadas, além de prover serviços direcionados à educação continuada.

As editoras que integram o GEN, das mais respeitadas no mercado editorial, construíram catálogos inigualáveis, com obras decisivas para a formação acadêmica e o aperfeiçoamento de várias gerações de profissionais e estudantes, tendo se tornado sinônimo de qualidade e seriedade.

A missão do GEN e dos núcleos de conteúdo que o compõem é prover a melhor informação científica e distribuí-la de maneira flexível e conveniente, a preços justos, gerando benefícios e servindo a autores, docentes, livreiros, funcionários, colaboradores e acionistas.

Nosso comportamento ético incondicional e nossa responsabilidade social e ambiental são reforçados pela natureza educacional de nossa atividade e dão sustentabilidade ao crescimento contínuo e à rentabilidade do grupo.

ARNALDO RIZZARDO

ACIDENTES DE TRÂNSITO

RESPONSABILIDADE E REPARAÇÃO

14.ª edição revista, atualizada e reformulada

- O autor deste livro e a editora empenharam seus melhores esforços para assegurar que as informações e os procedimentos apresentados no texto estejam em acordo com os padrões aceitos à época da publicação, e todos os dados foram atualizados pelo autor até a data de fechamento do livro. Entretanto, tendo em conta a evolução das ciências, as atualizações legislativas, as mudanças regulamentares governamentais e o constante fluxo de novas informações sobre os temas que constam do livro, recomendamos enfaticamente que os leitores consultem sempre outras fontes fidedignas, de modo a se certificarem de que as informações contidas no texto estão corretas e de que não houve alterações nas recomendações ou na legislação regulamentadora.

- Fechamento desta edição: 15.10.2020

- O Autor e a editora se empenharam para citar adequadamente e dar o devido crédito a todos os detentores de direitos autorais de qualquer material utilizado neste livro, dispondo-se a possíveis acertos posteriores caso, inadvertida e involuntariamente, a identificação de algum deles tenha sido omitida.

- **Atendimento ao cliente: (11) 5080-0751 | faleconosco@grupogen.com.br**

- Direitos exclusivos para a língua portuguesa
  Copyright © 2021 by
  Editora Forense Ltda.
  Uma editora integrante do GEN | Grupo Editorial Nacional
  Travessa do Ouvidor, 11 – Térreo e 6º andar
  Rio de Janeiro – RJ – 20040-040
  www.grupogen.com.br

- Reservados todos os direitos. É proibida a duplicação ou reprodução deste volume, no todo ou em parte, em quaisquer formas ou por quaisquer meios (eletrônico, mecânico, gravação, fotocópia, distribuição pela Internet ou outros), sem permissão, por escrito, da Editora Forense Ltda.

- Esta obra foi publicada pela Editora Revista dos Tribunais até a 13ª edição sob o título *A reparação nos acidentes de trânsito*.

- Capa: Aurélio Corrêa

- **CIP – BRASIL. CATALOGAÇÃO NA FONTE.
  SINDICATO NACIONAL DOS EDITORES DE LIVROS, RJ.**

Rizzardo, Arnaldo

Acidentes de trânsito: responsabilidade e reparação / Arnaldo Rizzardo. – 14. ed. – Rio de Janeiro: Forense, 2021.

Sequência de: A reparação nos acidentes de trânsito
Continua com: Acidentes de trânsito: responsabilidade e reparação

Inclui bibliografia
ISBN 978-85-309-9125-8

1. Responsabilidade por acidentes de trânsito – Brasil. 2. Responsabilidade (Direito) – Brasil. 3. Reparação (Direito) – Brasil. I. Título.

20-64294   CDU: 347.518(81)

Leandra Felix da Cruz Candido – Bibliotecária – CRB-7/6135

Sobre o Autor

Atuou, durante longos anos, na magistratura do Rio Grande do Sul, ocupando, inclusive, o cargo de desembargador do Tribunal de Justiça. Exerceu o magistério na Escola Superior da Magistratura e, atualmente, é advogado, faz parte da Academia Brasileira de Direito Civil e do Instituto dos Advogados do Brasil – seção do RS. Ministra palestras em eventos jurídicos de todo o País.

Em concursos de monografias patrocinados pela Associação dos Magistrados Brasileiros e pela Associação dos Juízes do Rio Grande do Sul, três de suas obras obtiveram o primeiro lugar.

É autor de diversos livros no campo do direito privado e administrativo.

Obras do Autor

Acidentes de Trânsito: Reparação e Responsabilidade. 14. ed., Rio de Janeiro, Forense, 2021.

Contratos. 19. ed., Rio de Janeiro, Forense, 2021.

Condomínio Edilício e Incorporação Imobiliária. 8. ed., Rio de Janeiro, Forense, 2021.

Promessa de Compra e Venda e Parcelamento do Solo Urbano. 11. ed., Curitiba, Editora Juruá, 2020.

Contratos de Crédito Bancário. 12. ed., Curitiba, Editora Juruá, 2020.

O "Leasing". 9. ed., Curitiba, Editora Juruá, 2020.

Ação Civil Pública e Ação de Improbidade Administrativa. 4. ed., Curitiba, Juruá Editora, 2019.

Comentários ao Código de Trânsito Brasileiro. 10. ed., JusPodivm, 2019.

Direito das Sucessões. 11. ed., Rio de Janeiro, Forense, 2019.

Direito de Empresa. 7. ed., Rio de Janeiro, Forense, 2019.

Direito de Família. 10. ed., Rio de Janeiro, Forense, 2019.

Responsabilidade Civil. 8. ed., Rio de Janeiro, Forense, 2019.

Prescrição e Decadência. 3. ed., Rio de Janeiro, Forense, 2018.

Direito das Obrigações. 9. ed., Rio de Janeiro, Forense, 2018.

Direito do Agronegócio. 4. ed., Rio de Janeiro, Forense, 2018.

Direito das Coisas. 8. ed., Rio de Janeiro, Forense, 2016.

Introdução ao Direito e Parte Geral do Código Civil. 8. ed., Rio de Janeiro, Forense, 2016.

Títulos de Crédito. 5. ed., Rio de Janeiro, Forense, 2015.

Servidões. 2. ed., Rio de Janeiro, Forense, 2014.

Limitações do Trânsito em Julgado e Desconstituição da Sentença. Rio de Janeiro, Forense, 2009.

Factoring. 3. ed., São Paulo, Revista dos Tribunais, 2004.

Planos de Assistência e Seguros de Saúde (em coautoria com Eduardo Heitor Porto, Sérgio B. Turra e Tiago B. Turra). Porto Alegre, Livraria do Advogado Editora, 1999.

Casamento e Concubinato – Efeitos Patrimoniais. 2. ed., Rio de Janeiro, Aide Editora, 1987.

O Uso da Terra no Direito Agrário (Loteamentos, Desmembramentos, Acesso às Terras Rurais, Usucapião Especial – Lei nº 6.969). 3. ed., Rio de Janeiro, Aide Editora, 1986.

Reajuste das Prestações do Banco Nacional da Habitação. Porto Alegre, Sergio Antonio Fabris Editor, 1984.

Da Ineficácia dos Atos Jurídicos e da Lesão no Direito. Rio de Janeiro, Forense, 1983.

Introdução

A responsabilidade civil constitui um dos campos de grande incidência no direito, cujo desenvolvimento amadureceu e trouxe farta literatura. Vastos os repertórios jurisprudenciais, dada a frequência de decisões que enfrentam os mais variados aspectos da matéria. Sem dúvida, esse campo do direito foi estudado em todas as minúcias e com profundidade na maioria das civilizações. No cenário brasileiro, não grassam grandes diferenças ideológicas ou jurídicas no tratamento das questões, sobretudo em razão das balizas e dos parâmetros indicados pelo Superior Tribunal de Justiça. Não se pode, porém, retirar daí que haja consonância de pensamento na generalidade dos assuntos atinentes ao seu âmbito de abrangência, ou que se ofereçam soluções pacíficas em todos os conflitos que diuturnamente emergem do convívio humano.

Ainda se fazem sentir divergências e debates com relação ao dano moral puro, sem reflexos na lesão patrimonial, e distintamente do dano estético. Relativamente ao dano patrimonial, decorrente da morte, reparado na modalidade de pensão, não se encontram bem delineados os caminhos, em especial no que diz respeito ao início e término da duração, havendo uma corrente defendendo que se estende até o momento de completar a vítima a idade de vinte e cinco anos, quando se extingue sob o pressuposto de que casaria nessa idade; e outra corrente, que vai se firmando, sustentando que se reduz porque passaria a despender maior soma da renda com os gastos pessoais, justamente em vista de ser o momento em que a pessoa casa ou forma uma relação de união estável.

Num outro enfoque que traz algumas divergências, reconhece-se o direito à indenização patrimonial em favor dos parentes mesmo que a vítima não desempenhe atividade rendosa, máxime que faz parte de família de classe média, ou se dedique unicamente aos estudos, revelando-se sem relevância a realidade de que trazia somente encargos ou despesas para os pais. Argumenta-se, para embasar a justificativa, que ninguém sabe como será o futuro, de modo que o filho é um fator de segurança, de expectativa de socorro às necessidades do amanhã. Os pais não estão livres de precisar de sua ajuda, tantas são as surpresas e modificações no curso da vida. O fundamento é, pois, a possibilidade de uma situação futura que imponha a presença do filho para socorrer os progenitores.

Essa previsão é válida nas hipóteses de morte da vítima sem importar a idade. Incontáveis são os casos de filhos serem chamados a dar amparo e alimentos aos pais em qualquer quadra da vida, bem como destes últimos ficarem convocados a atender os familiares em todas as idades. Em face da dura realidade da vida, as famílias formam verdadeiras comunidades, conjugando esforços e recursos para sobreviverem, pois ninguém pode desconsiderar o que acontecerá no futuro. Daí não se afigurar justo condicionar o direito à reparação a um limite de idade ou à condição econômica, pouco importando se o falecido é solteiro, ou casado, ou viva em uma união estável. A eventualidade de uma necessidade sempre estará presente.

Embora certas questões venham sendo pacificadas, o que acontece com o dano moral, por força da própria Constituição Federal, que oficializou a reparação, outras despontam, de relativa complexidade, como a que envolve a responsabilidade objetiva nos acidentes de trânsito, em vista do dogma do parágrafo único do art. 927 do Código Civil, já que a atividade de usar o veículo implica, por sua natureza, riscos para os direitos de outrem. Tanto assim que as mortes causadas pelos acidentes ficam em níveis ainda alarmantes, até superiores, em certas épocas, a outras causas de decesso das pessoas. Não é por acaso o disciplinamento rigoroso, pelo Código de Trânsito Brasileiro, da conduta de quem dirige veículos (o que motivou a inclusão de um capítulo sobre condutas, na direção de veículo, exigidas pelo referido Código). Existe, inclusive, certa tendência de obrigar a indenizar quando o dano decorre de causa estranha ao veículo, como no derramamento de óleo na pista por terceiros, porquanto este caso fortuito é interno ao trânsito. E assim se a causa está em fato de terceiro, ou mesmo da natureza, como o desmoronamento ou queda de barreiras. Terceiros prejudicados é que não podem sofrer as consequências, ficando incólumes os condutores ou proprietários.

Como se observa, apesar de remontar o instituto da responsabilidade civil às próprias origens do direito, muitos assuntos ainda continuam em debate, e outros novos surgem na medida em que se tornam mais complexas as relações e se acentua o aumento da circulação de veículos, sem acompanhamento da estrutura viária adequada e dos meios de controle e disciplina.

Índice Sistemático

PARTE I
RESPONSABILIDADE CIVIL NOS ACIDENTES DE TRÂNSITO

Capítulo I – Da Responsabilidade Civil 2

  1 A culpa 2

  2 Formas de culpa 4

  3 Culpa e ato ilícito 5

  4 Classificação da culpa 5

  5 Culpa, ato ilícito e responsabilidade 7

  6 Aplicação da responsabilidade objetiva e subjetiva 8

  7 Responsabilidade e imputabilidade 10

  8 A culpa na conduta do causador do acidente de trânsito 12

  9 Presunção da culpa do condutor 13

 10 Veracidade presumida do boletim de ocorrência 14

 11 O sistema de responsabilidade civil em acidentes de veículos excluídos da regulamentação do Código de Trânsito Brasileiro 15

Capítulo II – O Dano 19

  1 Conceito. Aspectos gerais 19

  2 O dano e a tutela da ordem jurídica 20

  3 Dano patrimonial 20

  4 Dano moral 22

  5 Dano contratual e extracontratual 26

  6 Dano indireto 27

Capítulo III – Concausa e Responsabilidade 32

  1 Concausa ou causa superveniente 32

  2 Concorrência de culpas e causalidade 35

Capítulo IV – Caso Fortuito e Força Maior.. 39

  1 Características e requisitos.. 39

  2 Caso fortuito, ou força maior e conduta culposa.. 40

  3 Inevitabilidade do fato e impossibilidade da obrigação............................. 40

  4 Caso fortuito ou força maior nos acidentes de trânsito 42

      4.1 Furto ou desapossamento violento de veículos 42

      4.2 Fato de terceiro e causa estranha.. 43

      4.3 Defeito mecânico 44

      4.4 Estouro de pneu 45

      4.5 A derrapagem 46

      4.6 Ofuscamento 46

      4.7 Pedra lançada pelas rodas do veículo.. 46

      4.8 Acidentes provocados por mal súbito de quem dirige.................... 47

      4.9 Acidentes provocados por animais espantados por veículos 47

      4.10 Acidentes provocados por fatos naturais.. 47

  5 Caso fortuito, ou força maior, na responsabilidade objetiva 48

Capítulo V – Da Absolvição Criminal e dos Estados Excludentes de Criminalidade..... 50

  1 Absolvição criminal e responsabilidade civil.. 50

  2 A sentença criminal e a coisa julgada no cível.. 52

  3 O estado de necessidade.. 52

  4 Legítima defesa... 54

      4.1 Legítima defesa da propriedade e proporcionalidade dos meios emprega-dos.. 56

  5 Exercício regular de um direito 57

  6 O estrito cumprimento de dever legal 58

  7 Possibilidade de se contraporem as decisões na área civil e na área criminal........ 59

Capítulo VI – Responsabilidade e Fato de Terceiro 61

  1 Responsabilidade do causador direto 61

  2 A ação regressiva contra o terceiro 62

  3 Ação direta contra o terceiro 63

  4 Fato de terceiro e causa estranha.. 64

  5 Responsabilidade e participação em uma conduta perigosa 65

  6 Dispensa da denunciação na responsabilidade objetiva 66

Capítulo VII – A Responsabilidade do Proprietário do Veículo pelo Acidente Provocado por Terceiro 68

  1 Responsabilidade do proprietário e do terceiro que provocou o acidente............. 68

  2 Razões que impõem a responsabilidade do proprietário........................... 68

ÍNDICE SISTEMÁTICO | **XIII**

3 Responsabilidade do proprietário e ausência de culpa no fato da entrega do veículo ao causador direto 69

4 Responsabilidade e venda do veículo não transcrita no Registro de Títulos e Documentos... 71

5 Responsabilização do denunciado para indenizar a vítima.................................... 74

6 Ação direta do lesado contra o Estado e o preposto causador do dano.................. 77

7 Culpa do causador do acidente na ação de regresso do Estado 78

Capítulo VIII – Presunção da Culpa e Responsabilidade 80

1 Guarda e responsabilidade no furto ou roubo de veículo....................................... 80

2 Subtração de veículo mediante violência e responsabilidade civil de quem exerce a guarda.. 82

3 Responsabilidade e acidentes provocados por oficinas, postos de lavagem, garagens e outros estabelecimentos do gênero.. 83

4 Responsabilidade nos acidentes ocorridos no interior de estacionamento 86

5 Presunção em favor da vítima e responsabilidade... 87

6 A presunção nos acidentes provocados por animais... 89

    6.1 Excludentes de responsabilidade 91

    6.2 Furto ou apossamento ilícito do animal 92

    6.3 Sujeito passivo na ação de ressarcimento 93

7 Indenização por furto de veículos em estacionamento gratuito 96

8 Responsabilidade pelos danos e furtos verificados nos condomínios edilícios...... 101

9 Furto de veículo em estacionamento pago de logradouros públicos...................... 102

10 Responsabilidade nos danos e furtos ocorridos em estacionamentos de restaurantes, hotéis, clubes e casas de lazer 103

Capítulo IX – Contrato de Transporte... 105

1 Transporte oneroso... 105

2 A culpa da vítima no transporte oneroso.. 107

3 O transporte gratuito.. 108

4 Transporte e culpa de terceiro 111

5 Queda de surfista ferroviário, desembarque com o veículo em movimento e transporte de passageiros pendurados 112

Capítulo X – Acidentes de Trânsito e Responsabilidade Civil no Arrendamento Mercantil... 113

1 Conceito... 113

2 As modalidades de arrendamento mercantil 114

    2.1 O *leasing* operacional... 114

    2.2 O arrendamento mercantil financeiro 115

    2.3 Arrendamento mercantil contratado com o próprio vendedor 115

ACIDENTES DE TRÂNSITO: RESPONSABILIDADE E REPARAÇÃO – *Arnaldo Rizzardo*

2.4 Arrendamento mercantil contratado com empresas integrantes do mesmo grupo financeiro 116

3 Responsabilidade por ato lesivo do arrendatário.. 117

4 Responsabilidade da sociedade arrendante por fato de terceiro sem culpa do arrendatário 121

Capítulo XI – Responsabilidade Civil e Acidentes de Trânsito Ocorridos em Países do Mercosul.. 122

1 O Protocolo de San Luis... 122

2 Força obrigatória dos tratados e convenções internacionais.................................... 123

3 A lei aplicável nos acidentes de trânsito ocorridos nos países que integram o Mercosul... 124

4 Domicílio e competência para a ação de responsabilidade civil.............................. 125

5 Restituição dos veículos acidentados.. 127

PARTE II

A CULPA NO CÓDIGO DE TRÂNSITO BRASILEIRO

Capítulo XII – Condutas Exigidas pelo Código de Trânsito Brasileiro 130

1 A previsão de condutas pelo Código de Trânsito Brasileiro..................................... 130

2 Observância das boas condições do veículo 130

3 Domínio do veículo e condições pessoais durante a condução 131

4 Imposições na circulação de veículos 132

5 Deveres dos condutores de veículos ao serem ultrapassados................................... 142

6 Ultrapassagem por veículo de transporte coletivo 143

7 Pontos e locais de ultrapassagem proibidos 144

8 Realização de manobras sem perigo aos demais usuários da via............................. 144

9 Sinalização para o deslocamento lateral do veículo 145

10 Preferência a ser dada no ingresso na via 145

11 Cautelas na realização de conversões e retornos 146

12 Ingresso à direita ou à esquerda de outra via ou em lotes lindeiros 146

13 Retorno nas vias urbanas 148

14 Uso das luzes do veículo.. 148

15 Frenagem brusca do veículo 151

16 Cuidados ao regular a velocidade.. 151

17 Prudência na aproximação de cruzamentos.. 153

18 Imobilização temporária do veículo na via 153

19 Embarque e desembarque do veículo 153

20 Condução de veículos de tração animal 154

21 Circulação de animais nas vias 155

22 Circulação de motocicletas, motonetas, ciclomotores e bicicletas.......................... 155

23 Uso obrigatório do cinto de segurança 156

ÍNDICE SISTEMÁTICO | **XV**

Capítulo XIII – Situações Caracterizadoras da Culpa 158

1 Culpa e conduta 158

2 Abalroamentos sucessivos 158

3 Acidentes em faixas de segurança para pedestres 159

4 Acidentes por defeitos na pista 160

5 Acidente provocado em oficina mecânica à qual foi confiado o carro 162

6 Ampla visibilidade do motorista em cruzamentos não sinalizados 163

7 Atropelamento de pedestres em vias urbanas de grande movimentação 163

8 Colisão por trás 165

9 Condução de veículo sob efeito de álcool ou substância psicoativa 166

10 Convergência à esquerda sobre a pista e conversão à esquerda em pista com sinal do semáforo aberto 168

11 Dano causado por veículo projetado por outro veículo 169

12 Dano em veículo estacionado irregularmente 171

13 Defeito mecânico e responsabilidade do condutor 171

14 Derrapagem 172

15 Estacionamento com porta aberta 173

16 Estouro de pneu e quebra da barra da direção 174

17 Excesso de velocidade por ambulâncias e viaturas 175

18 Falta de conservação das estradas. Responsabilidade do Poder Público 176

19 Guarda do veículo em estacionamento 178

20 Imprudência de pedestres 181

21 Ingresso à esquerda 182

22 Ingresso em via preferencial 183

23 Ingresso na contramão da pista 184

24 Manobra de marcha à ré 185

25 Manobras de risco 185

26 Obstrução da pista por veículo com defeito 187

27 Ofuscamento 187

28 Pedestre que surge abruptamente na pista 188

29 Preferência em cruzamento não sinalizado 189

30 Saída da calçada 190

31 Saída do acostamento 191

32 Semáforo com defeito ou não funcionando 192

33 Semáforo com luz amarela 193

34 Semáforo no amarelo, com pisca alerta intermitente 194

35 Transporte de pessoas em carroceria de veículo de carga 195

36 Ultrapassagem 196

37 Ultrapassagem pela direita 197

38 Vigilância deficiente por empresa que administra a rodovia 197

PARTE III
REPARAÇÃO NOS ACIDENTES DE TRÂNSITO

Capítulo XIV – A Reparação... 202

    1   Conceito e espécies 202

    2   Causas da reparação.. 203

    3   Reparação por perdas e danos 204

    4   Liberdade na escolha da forma de reparação..................................... 206

    5   Reparação e intensidade da culpa 207

    6   Não compensação da indenização civil pelos benefícios previdenciários 209

    7   Valor da indenização no seguro facultativo de veículo..................... 210

    8   Danos morais incluídos no contrato de seguro 211

    9   Cláusula de exclusão de responsabilidade de reparação no contrato de seguro com relação a terceiros 212

Capítulo XV – Natureza da Obrigação 215

    1   Alimentos ou indenização... 215

    2   Natureza da indenização e prescrição... 217

    3   Cumulação da indenização com benefícios previdenciários. Seguro obrigatório........ 217

    4   Alteração da pensão indenizatória 219

Capítulo XVI – Legitimidade para Pedir a Reparação............................... 223

    1   Os parentes da vítima e os dependentes econômicos........................ 223

    2   Legitimidade para buscar a reparação em favor das pessoas vinculadas pela união de fato 225

    3   Transmissão hereditária do direito de reparação do dano 227

    4   Transmissão das obrigações do falecido.. 229

    5   Sucessão na indenização por dano moral.. 230

Capítulo XVII – A Reparação por Danos Físicos 232

    1   Indenização das despesas e da incapacidade...................................... 232

    2   Redução da capacidade laborativa 233

    3   Reparação nos casos em que o ofendido era incapaz de exercer atividade laborativa antes do acidente.. 234

    4   Reparação e percepção de benefícios previdenciários 235

    5   Pagamento da indenização em uma só vez 236

Capítulo XVIII – A Reparação pelo Dano Estético................................... 238

    1   Aparência física e significação econômica 238

    2   Dano estético e prejuízos na atividade exercida 239

    3   Indenização por dano estético e dano moral 239

    4   A prescrição do dano estético e moral... 244

ÍNDICE SISTEMÁTICO | XVII

Capítulo XIX – A Reparação por Morte..249

1   Despesas de tratamento, de luto, de funerais e de outras espécies..................249

2   A indenização na forma de prestação de alimentos e possibilidade de sua majoração ou redução 251

3   Período de duração da indenização 253

4   A correspondência da prestação em função dos rendimentos da vítima...............256

5   Ausência do direito à reparação patrimonial se inexistente dano econômico 257

6   Indenização por dano patrimonial e por dano moral...259

7   O *quantum* da reparação por dano moral 261

8   Indenização pela morte do nascituro...264

9   Finalidade repressiva da condenação por dano moral e situação econômica dos envolvidos 265

Capítulo XX – A Reparação de Danos Materiais..267

1   A estimativa dos danos materiais por meio de orçamentos 267

2   Limite do valor da indenização ao bem danificado...269

3   Estimativa e incidência dos lucros cessantes...270

4   A reparação específica, ou mediante a entrega de outro veículo 272

5   Apuração dos danos em liquidação de sentença..273

6   Prescrição de pretensão indenizatória 274

Capítulo XXI – Constituição de Capital...278

1   Constituição de capital para atender a obrigação alimentar decorrente de ato ilícito...278

2   Formas de constituição do capital 280

3   Substituição da constituição de capital por caução fidejussória..........................282

4   Fixação dos alimentos em salário mínimo e modificação nas condições econômicas..284

Capítulo XXII – Do Seguro Obrigatório...285

1   Resenha legislativa 285

2   Natureza jurídica..286

3   Culpa e teoria do risco...287

4   Comportamento doloso da vítima 288

5   Valor da indenização 290

6   Titularidade para o recebimento do seguro 294

   6.1   O segurado e seus dependentes. O motorista 294

   6.2   Os beneficiários da vítima..295

   6.3   O companheiro ou a companheira...295

   6.4   Pretensão em favor do nascituro...296

7 Legitimidade passiva	297
8 Sub-rogação da seguradora	299
9 Documentação exigida para a habilitação. Prescrição	300

Capítulo XXIII – Os Juros 302

1 Termo inicial da incidência e espécies	302
2 Juros compostos	304
3 Juros de mora e prejuízo	306
4 Incidência dos juros de mora quando não postulados ou omissa a sentença	307
5 Juros legais não moratórios	308

Bibliografia 311

PARTE I
RESPONSABILIDADE CIVIL
NOS ACIDENTES DE TRÂNSITO

Capítulo I

Da Responsabilidade Civil

1 A CULPA

A intenção é apresentar apenas aspectos sobre a matéria, uma das mais vastas e que nasceu com o próprio direito. Constitui o assunto que absorveu a atenção dos maiores juristas, sem dúvida, tendo merecido o exame que notabilizou obras de valor e profundidade incontestáveis.

Embora o façamos *en passant*, veremos algumas considerações sobre a culpa.

Para Capitant, ela consiste no "ato ou omissão constituindo um descumprimento intencional ou não, quer de uma obrigação contratual, quer de uma prescrição legal, quer do dever que incumbe ao homem de se comportar com diligência e lealdade nas suas relações com os seus semelhantes".[1]

Revela-se difícil definir a culpa. Os maiores mestres temem dar um conceito, como sucedeu com Ripert, que abertamente o declara e sustenta nem existir uma definição legal. E Savatier, outro grande francês, parte da ideia do dever para caracterizá-la. A culpa ("faute", palavra a que os franceses não deram um significado exato, e que é tida igualmente como "falta") "é a inexecução de um dever que o agente podia conhecer e observar. Se efetivamente o conhecia e deliberadamente o violou, ocorre o delito civil ou, em matéria de contrato, o dolo contratual. Se a violação do dever, podendo ser conhecida e violada, é involuntária, constitui a culpa simples, chamada, fora da matéria contratual, de quase delito".[2]

Outros franceses (como Mazeaud e Mazeaud) afastam a noção de dever, que emerge no conceito de Capitant, para ressaltar um novo conteúdo, manifestado no erro de conduta. E erro de conduta ocorre toda vez que nos afastamos do procedimento tido como padrão. Desrespeitando a conduta-padrão, diante de circunstâncias externas que envolvem o fato, incorre o agente em culpa. O erro de conduta não aconteceria se traçássemos o procedimento de acordo com as regras jurídicas.

Noção semelhante à de Savatier encontramos em Caio Mário da Silva Pereira, que, de início, não admite a diferenciação entre dolo e culpa, dizendo que nosso direito fundiu os conceitos; considera a última como a quebra do dever a que o agente está adstrito, em que se assenta o fundamento primário da reparação. A palavra culpa revela um sentido amplo – salienta –, "abrangente de toda espécie de comportamento contrário ao direito, seja inten-

---

[1] *Vocabulaire juridique*, apud Miguel M. de Serpa Lopes, *Curso de direito civil*. Rio de Janeiro: Freitas Bastos, 1962. v. 5, p. 197.

[2] *Traité de la responsabilité civile*, t. I, n. 4, p. 5, in José de Aguiar Dias, *Da responsabilidade civil*. 4.ª ed. Rio de Janeiro: Forense, 1960. v. 1, p. 137.

cional ou não".[3] Trata-se da violação de uma obrigação preexistente, que consiste no dever de não prejudicar ninguém.

Os autores alemães situam a culpa como fenômeno fundamentalmente moral. É a vontade dirigida para um resultado ilícito, com ciência da ilicitude e da infração do dever. Nesse sentido, corresponde ao dolo. No aspecto restrito, não se afasta do conceito comum, ou seja, a omissão de cuidados e diligência impostos na vida das pessoas. Não aconteceria o evento ilícito se o agente procedesse com as cautelas e a aplicação recomendadas normalmente. Aproximando-se do sistema objetivo, sustenta-se que o ato ilícito é reconhecido mesmo sem ter o agente consciência da ofensa à regra jurídica.

Os italianos (Impallomeni, Carrara) falam em omissão ou inobservância da diligência na apreciação dos resultados dos atos; ou na transgressão da norma de conduta, mas emerge uma lesão não proposital ou prevista na mente do causador.

No que tange à distinção entre dolo e culpa, remonta ela ao direito romano. De um lado, deparamo-nos com a violação intencional de uma norma de conduta, ou de um dever, em que há a vontade na contrariedade do direito;[4] de outro, nota-se apenas uma negligência, ou imprudência, ou imperícia não escusável, em relação ao direito alheio.

Assim, ou verifica-se o pleno conhecimento do mal e ocorre a direta intenção de praticá-lo, ou a violação de um dever que o agente podia conhecer e acatar é a tônica, simplifica Barros Monteiro.[5]

Os mestres franceses Mazeaud e Mazeaud empregam as expressões "delito" e "quase delito". A primeira equivale ao dolo; a segunda equipara-se à culpa.

Culpa delitual ou dolo, ou falta intencional, e culpa quase delitual, ou simplesmente culpa, envolvem conteúdos diversos, mas refletem, em direito civil, consequências semelhantes. É como colocam João Agnaldo Donizeti Gandini e Diana Paola da Silva Salomão: "A culpa, para a responsabilização civil, é tomada pelo seu vocábulo *lato sensu*, abrangendo, assim, também o dolo, ou seja, todas as espécies de comportamentos contrários ao direito, sejam intencionais ou não, mas sempre imputáveis ao causador do dano".[6] O legislador brasileiro do texto de 1916 e do atual desprezou a distinção. Nem definiu o conceito de culpa, no que agiu com prudência. No entanto, no texto do art. 186 (art. 159 do Código Civil de 1916) vislumbram-se as duas espécies: "Aquele que, por ação ou omissão voluntária, negligência ou imprudência, violar direito e causar dano a outrem, ainda que exclusivamente moral, comete ato ilícito". Outra forma veio aportada pelo Código Civil de 2002, no art. 187, na realização de ato ilícito, verificada quando, no exercício de um direito, há manifesto excesso dos limites impostos pelo seu fim econômico ou social, pela boa-fé ou pelos bons costumes: "Também comete ato ilícito o titular de um direito que, ao exercê-lo, excede manifestamente os limites impostos pelo seu fim econômico ou social, pela boa-fé ou pelos bons costumes". Nessa situação se enquadra aquele que, no uso de sua propriedade, provoca distúrbios aos vizinhos; ou, para defender um bem próprio, destrói o dos outros; ou, visando as vantagens econômicas de sua atividade, acarreta males à natureza, prejudicando a atmosfera e o meio ambiente; ou, na repulsa de agressão, pratica atos e

---

[3] *Instituições de direito civil*. 4.ª ed. Rio de Janeiro: Forense, 1974. v. 1, p. 566.

[4] Pontes de Miranda, *Tratado de direito privado*. 3.ª ed. Rio de Janeiro: Borsoi, 1971. t. XXIII, p. 72, § 2.789, n. 2.

[5] *Curso de direito civil* – Direito das obrigações. 3.ª ed. São Paulo: Saraiva, 1962. v. 1, p. 408.

[6] A responsabilidade civil do Estado por conduta omissiva. *Revista Ajuris*, Porto Alegre, n. 94, p. 146, jun. 2004.

revides além dos necessários, como se, ao receber um empurrão, o indivíduo retrucasse com uma facada. Conforme se extrai das condutas, o excesso também envolve algum grau de culpa, ou de desrespeito aos direitos alheios.

Ao mencionar ação ou omissão voluntária, está conceituando ou introduzindo a definição de dolo; falando em negligência ou imprudência, classifica a culpa. De um lado, envolve o elemento interno, que reveste o ato da intenção de causar o resultado; de outro, a vontade é dirigida ao fato causador do dano, mas o resultado não é querido pelo agente. Há a falta de diligência em observar a norma de conduta.

Diante de tais colocações, pode-se considerar a culpa no sentido estrito como aquela que marca a conduta imprudente ou negligente, e, no sentido lato, a verificada na prática consciente e deliberada de um ato prejudicial e antissocial, configurando, então, o dolo.

2 FORMAS DE CULPA

É do conhecimento geral que a culpa propriamente dita, e não o dolo, está formada por dois elementos, na previsão do art. 159 do diploma civil de 1916 e do art. 186 do Código de 2002: negligência e imprudência. No entanto, a palavra abrange outras formas, ou ostenta-se por meio de caracteres diferentes dos referidos. A imperícia é prevista como mais um elemento integrante, assim como também podemos falar em descuido, distração, leviandade, indolência etc.

As espécies entrelaçam-se. A negligência traz tonalidades de imprevisão. A imprudência envolve desprezo pela diligência. Imperícia e negligência se confundem em vários pontos, pois o incapaz de dirigir é insensato na observância dos requisitos para o exercício da função.

Por isso, ao expressar a culpa, no art. 186, o Código Civil teve em vista mais o ato ilícito, assim como ocorria com o art. 159 do Código anterior. Previu uma ação contrária ao direito, como doutrinava Aguiar Dias. É o resultado danoso que interessa. Conclui-se que não se deixa de considerar o resultado, se a parte não frisou rigorosamente a espécie de culpa pela qual demandou o réu. Não podemos nos fixar na literalidade dos termos.

Imperícia demanda mais falta de habilidade exigível em determinado momento e observável no desenrolar normal dos acontecimentos. Já negligência consiste na ausência da diligência e prevenção, do cuidado necessário às normas que regem a conduta humana. Não são seguidas as normas que ordenam operar com atenção, capacidade, solicitude e discernimento. Omitem-se as precauções exigidas pela salvaguarda do dever a que o agente está obrigado; é o descuido no comportamento, por displicência, por ignorância inaceitável e impossível de justificar.

A imprudência revela-se na precipitação de uma atitude, no comportamento inconsiderado, na insensatez e no desprezo das cautelas necessárias em certos momentos. Os atos praticados trazem consequências ilícitas previsíveis, embora não pretendidas, o que, aliás, sucede também nas demais modalidades de culpa.

Os significados dos termos não se esgotam nessas meras palavras. Para quem conhece a língua pátria, não é difícil chegar ao sentido que as palavras envolvem.

Tanto se misturam as noções de que é mais prático fixar a ideia da culpa, inspiradora das três espécies, e compreendida como inobservância das disposições regulamentares, e as regras comuns seguidas na praxe e que orientam a ordem e a disciplina impostas pelas circunstâncias.

3 CULPA E ATO ILÍCITO

O ato ilícito não se constitui prescindido de culpa, que é apenas um de seus elementos. Sem ela não se revela, vindo a formar o seu elemento anímico. Surge porque preexistiu a transgressão de uma norma. Entretanto, nota-se, como afirma com autoridade Aguiar Dias,[7] que ele surge quando a culpa traz efeito material, ou quando passa do plano puramente moral para a execução material. Então, se há a repercussão do ato ilícito no patrimônio de outrem, e aí está a consumação do ato ilícito, concretiza-se a responsabilidade civil.

Culpa materializada redunda em ato ilícito, que desencadeia a obrigação. Não se pode falar em ato ilícito sem a culpa, ou defender que se manifesta pela mera violação à lei. Acontece que o elemento subjetivo já existe com a infringência da lei, que desencadeia a responsabilidade, se traz efeitos patrimoniais ou pessoais de fundo econômico.

Vale transcrever, a respeito, as palavras de J. M. de Carvalho Santos, no que assentiu José de Aguiar Dias: "Ato ilícito é o fato violador de obrigação ou dever preexistente, que o agente podia ou devia observar. Seu *substractum* é a culpa. Esta o qualifica... O ato ilícito acarreta, de si só e originariamente, o vínculo da obrigação. São seus requisitos objetivos: o ato contra direito, isto é, praticado de maneira ilícita; o resultado danoso; a relação causal entre ele e o dano. Os requisitos subjetivos consistem na imputabilidade e no procedimento culposo. Os dois elementos subjetivos se ligam tão estreitamente que o segundo não pode existir sem o primeiro. E o conceito de imputabilidade é o de capacidade, forjada nestes elementos: inteligência, liberdade e vontade. Assim, é lição de Savatier, não há ato ilícito sem culpabilidade, como não há culpabilidade sem imputabilidade. De forma que a culpa pressupõe não só a violação de dever, como também a possibilidade de observá-lo, noção que postula necessariamente a liberdade humana".[8]

Contudo, embora não seja este o momento, ressalve-se que a responsabilidade não decorre necessariamente do ato ilícito, posto ser ela provocada igualmente pelo fato em si mesmo, não portador de ilicitude, constituindo a responsabilidade objetiva, ou a responsabilidade pelo risco da atividade que se exerce.

4 CLASSIFICAÇÃO DA CULPA

Admitem-se vários tipos de culpa, sendo importante a classificação para efeitos de verificação de sua presença nos atos humanos. Apresentaremos os principais, resumidamente:

a) Culpa *in eligendo*: é a forma segundo a qual o agente não procede com acerto na escolha de seu preposto, empregado, representante, ou não exerce um controle suficiente sobre os bens usados para uma determinada atividade. Os erros cometidos na direção de um veículo, ou trafegar nele quando não reúne condições mecânicas de segurança, provocam a responsabilidade pelo dano superveniente.

b) Culpa *in vigilando*: caracteriza-se com a falta de cuidados e fiscalização de parte do proprietário ou do responsável pelos bens e pelas pessoas. Exemplificando: não se acompanha o desenvolvimento das atividades dos empregados; admite-se que uma pessoa despreparada execute certo trabalho; abandona-se veículo, com a chave de ignição ligada, em local frequentado por crianças; não são vistoriados os veículos pelo dono; dirige-se um carro com defeitos nos freios e com pneus gastos.

---

[7]   *Da responsabilidade civil*. 4.ª ed. Rio de Janeiro: Forense, 1962. v. 1, p. 136.

[8]   *Repertório enciclopédico do direito brasileiro*. Rio de Janeiro: Borsoi, 1947. v. 5, p. 16.

c) Culpa *in comittendo*: é a culpa que exsurge da prática de uma atividade determinadora de um prejuízo, como nos acidentes automobilísticos, na demolição de um prédio em local muito frequentado, sem o afastamento dos transeuntes.

d) Culpa *in omittendo*: na culpa com esta feição, o agente tinha a obrigação de intervir em uma atividade, mas nada faz. Depara-se o culpado com a responsabilidade dada a sua falta de iniciativa. Há um socorro a prestar, mas queda-se inativa a pessoa.

e) Culpa *in custodiendo*: é a ausência de atenção e cuidado com respeito a alguma coisa, facilmente verificável com relação aos animais, que ficam soltos pelas estradas.

f) Culpa grave ou lata, leve e levíssima: do direito antigo nos advém essa classificação. A primeira se avizinha do dolo civil. Envolve uma crassa desatenção e a violação de dever comum de cuidado relativamente ao mundo no qual vivemos. Alcança dimensões maiores quando a violação é consciente, embora não almejado o resultado. No dizer de Pontes de Miranda, "é a culpa magna, nímia, como se dizia, que tanto pode haver no ato positivo como no negativo, é a culpa ressaltante, a culpa que denuncia descaso, temeridade, falta de cuidado indispensável. Quem devia conhecer o alcance do seu ato positivo ou negativo incorre em culpa grave".[9]

A culpa leve se expressa na falta que poderia ser evitada com uma atenção comum e normal no procedimento da pessoa.

Levíssima ela se denomina quando evitável o erro com uma atenção especial e muito concentrada. O ser humano carece de habilidades e conhecimentos na realização de um mister, ou incide em fatos danosos devido à ausência de um maior discernimento na apreciação da realidade. É o acidente de veículo que acontece por causa da falta de capacidade para manobrar quando o carro se encontra entre outros dois.

g) Culpa contratual e extracontratual: a primeira consiste na violação de um dever determinado, inerente a um contrato. Nasce da violação dos deveres assumidos, como no desempenho do mandato recebido e do depósito, quando os titulares da obrigação não se esmeram em diligência e cuidado. São negligentes na defesa de interesses alheios, ou não se portam com a seriedade que revelariam se a coisa lhes pertencesse. Exemplo de culpa contratual ocorre nos contratos de transporte, cuja responsabilidade é regida pelo Decreto 2.681/1912.

Ela é conhecida com o nome de extracontratual quando há ofensa a um dever fundado em princípio geral do direito, desrespeitando-se as normas, ferindo-se os bens alheios e as prerrogativas da pessoa. Por isso, diz-se que são vulneradas as fontes das obrigações. É a chamada culpa aquiliana, nome oriundo da Lex Aquilia, do direito romano, pelo qual o dever de reparar o dano por fato culposo se fundava naquele texto. É a culpa que nasce dos atos ilícitos.

Caio Mário da Silva Pereira fala, também, em culpa *in contrahendo*, caracterizada no ilícito que se localiza na conduta do agente que leva o lesado a sofrer prejuízo no próprio fato de celebrar o contrato. Não resulta de um dever predefinido em contrato, mas nasce do fato de criar o agente uma situação em que a celebração do ajuste é a causa do prejuízo. Admitida no direito alemão, configura-se quando uma das partes induz outra à celebração do negócio, muito embora sabedora da impossibilidade da prestação.[10] Destituída de interesse prático, confunde-se mais com a culpa aquiliana.

---

[9]   *Tratado de direito privado*, ob. cit., t. XXIII, p. 72, n. 2.790, 1.

[10]   *Instituições de direito civil*, ob. cit., v. 1, p. 567.

5 CULPA, ATO ILÍCITO E RESPONSABILIDADE

Já é suficiente a exposição anterior para concluirmos que a responsabilidade nasce, fundamentalmente, da culpa. Com precisão, diz Chironi: "A culpa, em seu significado geral, de maneira mais ampla, ou melhor, a violação culposa dos direitos de terceiros, gera a responsabilidade que é convertida na reparação dos efeitos diretamente produzidos pela injúria cometida; e se o dano não foi causado, a reparação determina a obrigação de colocar o direito lesado no estado em que se encontrava antes da ofensa; e se houve dano, a reparação se transforma em ressarcimento" (tradução livre).[11]

Originariamente, da culpa independia a responsabilidade, do que se valeram os opositores para formular a teoria da responsabilidade objetiva. Em tese, porém, toda obrigação se origina da culpa. É a prevalência da responsabilidade subjetiva. Sem culpa não decorrem obrigações, impera no direito alemão. Eis o ensinamento de Larenz, sistematizando uma doutrina clássica solidificada universalmente: "Para la fundamentación del deber de indemnización no basta, sin embargo, en general que el daño se base en una acción o en una omisión que según su carácter objetivo sea antijurídica, sino que además ha de añadirse un factor o elemento subjetivo: al agente le ha de alcanzar culpabilidad. El requisito de la culpa se deriva del principio de la responsabilidad personal. Este afirma que el hombre se reconoce idéntico con su acción, se identifica con ella (como su autor espontaneo), que él juzga del mérito o demérito de sus obras (juicio que es ineludible) y que acepta (o ha de aceptar sobre si) las consecuencias de su acción como algo que a él le concierne directamente".[12]

Pela teoria da responsabilidade subjetiva, só é imputável, a título de culpa, aquele que praticou o fato culposo possível de ser evitado. Não há responsabilidade quando o agente não pretendeu nem podia prever, tendo agido com a necessária cautela.

No sentir de Caio Mário da Silva Pereira, "a conduta humana pode ser obediente ou contraveniente à ordem jurídica. O indivíduo pode conformar-se com as prescrições legais, ou proceder em desobediência a elas. No primeiro caso, encontram-se os atos jurídicos. No segundo, estão os atos ilícitos, concretizados em um procedimento em desacordo com a ordem legal".[13]

O ato jurídico submete-se à ordem constituída e respeita o direito alheio, ao passo que o ato ilícito é lesivo ao direito de outrem. Daí que se impõe a obrigatoriedade da reparação àquele que, transgredindo a norma, causa dano a terceiro.

O ato ilícito decorre da conduta antissocial do indivíduo, manifestada intencionalmente ou não, bem como por comissão ou omissão, ou apenas por descuido ou imprudência. Vale afirmar que o ato ilícito nasce da culpa, no sentido amplo, abrangendo o dolo e a culpa propriamente dita, distinção não importante para a reparação do dano. Por isso, a indenização é imposta a todo aquele que, por ação ou omissão voluntária, negligência ou imprudência, violar direito e causar prejuízo. A conduta antijurídica realiza-se com o comportamento

---

[11] No original: "La colpa, nel suo significato generale, più lato, o meglio la colposa violazione del diritto altrui, genera la responsabilità che si converte nella riparazione degli effetti direttamente prodotti dalla commessa ingiuria; e se danno non fu cagionato, la, riparazione determina l'obbligo di riporre il diritto leso nello stato in cui era prima dell'iffesa; e se danno vi fu, la riparazione si converte nel risarcimento". *La colpa nel diritto civile odierno* – Colpa extracontratual. Torino: Fratelli Bocca, 1906. v. 2, p. 306, n. 402.

[12] *Derecho de obligaciones*. Trad. de Jaime Santos Briz. Madrid: Revista de Derecho Privado, 1959. t. II, p. 569.

[13] *Instituições de direito civil*, ob. cit., v. 1, p. 561-562.

contrário ao direito, provocando o dano. A formação do nexo causal entre aquela conduta e a lesão provocada enseja a responsabilidade.

É ela responsabilidade por fato próprio se o agente provoca o dano. Diz-se por fato de terceiro se existe vínculo jurídico causal com o terceiro; e denomina-se pelo fato das coisas quando o dano é causado por um objeto ou animal, cuja vigilância ou guarda é imposta a uma pessoa.

A par da responsabilidade em virtude de ato ilícito, há a responsabilidade desvinculada do pressuposto da conduta antijurídica, não se questionando a respeito da culpa. É a responsabilidade objetiva, pela qual a obrigação de reparar o dano emerge da prática ou da ocorrência do fato.

Isso porque o conceito de culpa é insuficiente para justificar o dever de satisfazer muitos prejuízos. Nem todos os males que acontecem desencadeiam-se por motivo de atitudes desarrazoadas ou culposas. Basta, para obrigar, a causalidade entre o mal sofrido e o fato provocador.

Fundamentalmente, é a tese que defende o dever de indenizar pela simples verificação do dano, sem necessidade de se cogitar do problema da imputabilidade do evento à culpa do agente.

Os acontecimentos prejudiciais aos interesses e ao patrimônio do lesado não encontram explicação em uma conduta censurável do agente. A vida, cada vez mais complexa, coloca-nos diante de inúmeras situações sem que com relação a elas influa o proceder da pessoa. Não é aceitável ficar o homem a descoberto dos prejuízos advindos. É o caso do acidente de trabalho, do prejuízo provocado pela queda de uma parede sobre a propriedade do vizinho, ou sobre um bem de terceiro.

Hipóteses há em que o elemento culpa é tão leve e imperceptível que passa quase despercebido. É muito perigoso deixar ao arbítrio do seu exame, das limitações do indivíduo, a sua constatação. No acidente provocado por animal, tem-se entendido que a simples fuga do interior de um cercado já é suficiente para tipificar a culpa *in vigilando*, mesmo revelando o proprietário cuidados e diligência incomuns nas medidas atinentes à segurança alheia.

Os autores justificam a sua existência com a teoria do risco. Todo aquele que dispõe de um bem deve suportar o risco decorrente a que se expõem os estranhos. Com maior razão, quando o bem é instrumento que oferece perigo.

6 APLICAÇÃO DA RESPONSABILIDADE OBJETIVA E SUBJETIVA

Nos meados do século XIX, esboçou-se o movimento jurídico contrário à fundamentação subjetiva da responsabilidade. Sentiu-se que a culpa não abarcava os numerosos casos que exigiam reparação. Não trazia solução para as várias situações excluídas do conceito de culpa. Foi a origem da teoria objetiva, que encontrou campo favorável na incipiente socialização do direito, em detrimento do individualismo incrustado nas instituições. De certa forma, partiu-se de um pressuposto largamente aceito hoje em dia, que é o da responsabilidade do proprietário pelos danos provocados por seus bens. Assumiu relevância a questão quando se observava, numa progressão espantosa, o aumento de instrumentos industrializados, cujo uso aumentava as potencialidades humanas, mas que ofereciam certo perigo não só aos que os manuseavam, como também a terceiros, que involuntariamente se envolviam com eles. Pelo fato das vantagens e dos resultados produzidos, entendeu-se decorrer daí a responsabilidade por todas as consequências, independentemente da questão da culpa. Foi o que os juristas chamaram de risco-proveito. A só existência da máquina já coloca o proprietário numa atitude de obrigação perante a vítima atingida por seus efeitos. Pondo-a em funcionamento, surgem os riscos de prejuízos para estranhos, dando margem ao dever de suportar o justo ônus dos encargos. Chegamos a uma situação de tamanho massacre do homem pelo desenvolvimento da técnica e da ciência que somos forçados a assegurar, com maior amplitude, a indenização das vítimas, cada vez mais numerosas.

No caso do direito brasileiro fulcrado no Código Civil de 1916, a responsabilidade fundamentava-se primordialmente na teoria da culpa subjetiva. O art. 159 do Código Civil rezava: "Aquele que, por ação ou omissão voluntária, negligência, ou imprudência, violar direito, ou causar prejuízo a outrem, fica obrigado a reparar o dano". Não se inseriu um conceito de culpa, mas os termos conduziam ao conteúdo embasador da responsabilidade, o que também acontece com o art. 186 do atual Código Civil, embora conduza este último a dispositivos explicitando e definindo especificamente a responsabilidade objetiva.

No sistema anterior, no entanto, a reparação do dano tinha como pressuposto básico a prática do ato ilícito. Ele gerava a obrigação de ressarcir o prejuízo causado. A menor desatenção, a mais insignificante falta, ocorrendo resultado nocivo, determinavam a indenização, o que ainda persiste, e até com mais ênfase, mas disciplinadamente, como no caso do dano causado por culpa levíssima, quando a indenização será equitativamente reduzida (parágrafo único do art. 944).

Mesmo durante o século passado, porém, não foi abandonado o sistema objetivo, o que está certo, pois ambos os fundamentos, unilateralmente aplicados, são insuficientes para a solução da problemática da responsabilidade. Ora encontramos amparo numa das teorias, ora na outra. Há obrigações provocadas pelo fato em si, como no acidente de trabalho. Em outras situações, mesmo se o proprietário empresta o veículo a pessoa experiente e habilitada, é ele chamado a responder pelos estragos causados por meio de seu carro. Não importa a inexistência de culpa no ato do empréstimo. Interessa a ação do condutor, reveladora de culpa no evento. Pelos atos dos filhos menores a responsabilidade dos pais é a consequência natural. A noção de culpa mostra-se insuficiente para dar cobertura a todos os casos de danos. Observa-se que ações lesivas a terceiros podem ser cometidas por aqueles, sem possibilidade de cominar a menor culpa aos pais. Daí por que há manifestações como a de Marton, verberando a teoria subjetiva, por não ter conseguido corresponder à ideia de uma responsabilidade sã e vigorosa.[14] Os civilistas franceses Saleilles e Josserand voltam-se frontalmente contra esse sistema, apregoando, sem maiores rodeios, a necessidade de substituir a culpa pela causalidade, embora restrinja o último sua doutrina às coisas inanimadas.

O risco está na base de tudo, prosseguiam os objetivistas de outrora. Saleilles argumentava que era mais equitativo e mais conforme à dignidade humana que cada qual assumisse os riscos de sua atividade voluntária e livre.[15] Nessa linha se inclinou o Código de 2002, preponderando o parágrafo único do art. 927, no que era omisso o Código anterior: "Haverá obrigação de reparar o dano, independentemente de culpa, nos casos especificados em lei, ou quando a atividade normalmente desenvolvida pelo autor do dano implicar, por sua natureza, risco para os direitos de outrem".

Entre nós, Alvino Lima peremptoriamente ousou alardear: "Os problemas da responsabilidade são tão somente os da reparação de perdas. Os danos e a reparação não devem ser aferidos pela medida da culpabilidade, mas devem emergir do fato causador da lesão de

---

[14] *Les fondaments de la responsabilité civile*. Paris: Sirey, 1958. n. 58, p. 151.

[15] Apud Aguiar Dias, *Da responsabilidade civil*, ob. cit., v. 1, p. 70.

um bem jurídico, a fim de se manterem incólumes a interesses em jogo, cujo desequilíbrio é manifesto se ficarmos dentro dos estreitos limites de uma responsabilidade subjetiva".[16]

A aceitação plena e incondicionada compromete a teoria, levando-a ao extremismo. Estabelecer o dever de indenizar pelo simples fato da causalidade é chegar-se às maiores incongruências. É provocar verdadeiro desassossego à vida. Todos os prejuízos conduziriam à reparação. O comerciante mais bem contemplado em certo ponto de comércio seria obrigado a indenizar outro prejudicado pela concorrência. A condenação, por um crítico, de certo livro implicaria o dever de reparar a pouca vendagem. A propaganda contra o fumo provocaria o direito do fabricante de pedir o ressarcimento pela redução na comercialização etc.

Em síntese, a responsabilidade objetiva configura-se mais quando leis específicas asseguram a indenização, como nos seguros. Nos acidentes de trânsito, a culpa é a força máxima que desencadeia a responsabilidade. No entanto, o fato em si tem relevância, pendendo a presunção sempre em favor da vítima. Ao agente causador do evento compete demonstrar a ausência de culpa. A situação acontecida é considerada a favor do lesado. Prevalece a aparência da culpabilidade do agente provocador.

Em verdade, ambas as teorias se completam, uma não dispensando a outra, de acordo com o pensamento de Miguel Reale, transcrito por Carlos Roberto Gonçalves: "Responsabilidade subjetiva, ou responsabilidade objetiva? Não há que fazer essa alternativa. Na realidade, as duas formas de responsabilidade se conjugam e dinamizam. Deve ser reconhecida, penso eu, a responsabilidade subjetiva como norma, pois o indivíduo deve ser responsabilizado, em princípio, por sua ação ou omissão, culposa ou dolosa. Mas isto não exclui que, atendendo à estrutura dos negócios, se leve em conta a responsabilidade objetiva. Este é um ponto fundamental".[17]

7 RESPONSABILIDADE E IMPUTABILIDADE

Forçoso é dizer que a imputabilidade é elemento constitutivo da culpa, dela dependendo a responsabilidade. Para que o ato seja reputado ilícito, urge que represente um resultado de uma livre determinação da parte de seu autor. O ato deve proceder de uma vontade soberana. Pressupõe que toda pessoa tenha consciência de sua obrigação em se abster da prática de uma ação que possa acarretar prejuízo injustificado a outrem, atingindo a vida, ou a saúde, ou a liberdade de alguém, explica Serpa Lopes.[18]

Para se concretizar a imputabilidade, o comportamento se exterioriza com a transgressão deliberada das regras impostas pela ordem social e jurídica. Tal violação acontece ou voluntariamente, com dolo, ou culposamente, com negligência ou imprudência. Em outras palavras, urge que o fato lesivo seja voluntário, que se impute ao agente por meio de uma ação ou omissão voluntária, ou então apresente negligência ou imprudência.

De outro lado, não se limita exclusivamente à pessoa provocadora do dano, mas se estende àquele que deve responder pelo comportamento de outrem, como nos prejuízos causados por menores, deficientes mentais, filhos etc. Neste sentido, pondera Aguiar Dias: "De qualquer forma, seja o menor imputável ou não, o ato ilícito que tenha praticado acarreta

---

[16] *Da culpa ao risco*. São Paulo: RT, 1938. p. 101.

[17] *Responsabilidade civil*. 8.ª ed. São Paulo: Saraiva, 2003. p. 24.

[18] *Curso de direito civil*, ob. cit., v. 5, p. 227.

ou a responsabilidade substitutiva ou a responsabilidade coexistente de outra pessoa, aquela a quem incumbia a sua guarda".[19]

Nessa visão, sabe-se que os menores de dezesseis anos não são responsáveis por seus atos, eis que incapazes, em consonância com o art. 3.º do Código Civil, na redação da Lei n.º 13.146/2015. Assumem a responsabilidade por seus atos os pais, diante do art. 932, I, desde que se encontrem sob sua autoridade e em sua companhia.

Já em relação ao menor relativamente incapaz, e que se encontra na faixa etária entre 16 e 18 anos, a mesma norma incide, dada a redação do art. 932, I, encerrando a responsabilidade dos pais pelos atos dos filhos menores. Não importa se a menoridade é absoluta ou relativa. Não se afasta, porém, o próprio menor da responsabilidade, desde que possível, como constava do art. 156 do Código Civil anterior, no que se revelou omisso o atual diploma. No entanto, o Estatuto da Criança e do Adolescente (Lei 8.069, de 13.07.1990), no art. 116, obriga o adolescente (menor na idade de 12 a 18 anos), na prática de ato infracional, a restituir a coisa, ou a promover o ressarcimento do dano, ou, por outra forma, a compensar o prejuízo da vítima. Mesmo pelo teor do art. 927 impõe-se a responsabilidade, seja o agente relativa ou totalmente incapaz: "Aquele que, por ato ilícito (arts. 186 e 187), causar dano a outrem, fica obrigado a repará-lo", ou seja, qualquer pessoa torna-se obrigada a ressarcir o dano que causou, não importando a idade, e sob a condição do art. 928, cujo conteúdo não constava no diploma civil revogado: "O incapaz responde pelos prejuízos que causar, se as pessoas por ele responsáveis não tiverem obrigação de fazê-lo ou não dispuserem de meios suficientes". A matéria, no entanto, será desenvolvida em item apartado.

Já o inc. II do art. 932 torna o tutor e o curador responsáveis pelos pupilos e curatelados que se acharem sob sua autoridade e em sua companhia, valendo as disposições referidas anteriormente, em especial se tais incapazes tiverem bens.

Pelos incisos III, IV e V, recai a responsabilidade na pessoa do empregador ou comitente pelos atos lesivos dos empregados, serviçais e prepostos, desde que cometidos durante o exercício do trabalho subordinado; na pessoa dos donos de hotéis, hospedarias, casas ou estabelecimentos onde se albergue por dinheiro, mesmo para fins de educação, pelos seus hóspedes, moradores e educandos; na pessoa dos que gratuitamente houverem participado nos produtos do crime, até a concorrente quantia.

Nessas previsões, deparamo-nos com a existência da imputabilidade objetiva, independentemente da vontade do agente e da pessoa que responde pelos atos daquele, quando imputável. Por isso, a noção de imputabilidade se ajusta melhor ao conceito de Iturraspe, "significando no una capacidad delictual, sino un factor de atribuición que se adiciona a la acción o comportamiento humano para generar, dados los restantes presupuestos, responsabilidad civil".[20]

A responsabilidade subsiste em numerosos casos, malgrado a ausência de culpa na ação do obrigado a indenizar, como foi abordado antes. No entanto, contém uma noção mais ampla que a imputabilidade. Resume-se na obrigação de alguém responder perante outrem, com a sanção de reparar um dano. A imputabilidade diz respeito às condições pessoais daquele que praticou o ato. Todos os elementos desta se encontram subsumidos naquela, visto que não se pode atribuir a alguém uma obrigação sem a configuração da violação de algum preceito legal ou dever para com terceiro.[21]

---

[19] *Da responsabilidade civil*, ob. cit., v. 2, p. 435, n. 157.

[20] *Responsabilidad por daños* – Parte general. Buenos Aires: Ediar, 1971. t. I, p. 104, n. 44.

[21] Serpa Lopes, *Curso de direito civil*, ob. cit., v. 5, p. 191.

8 A CULPA NA CONDUTA DO CAUSADOR DO ACIDENTE DE TRÂNSITO

Já sentia Afrânio Lyra a relevância que passou a representar o trânsito de veículos, a ponto de reconhecer a necessidade de "um direito automobilístico, como disciplina autônoma".[22] Daí, sobretudo nos dias atuais, a matéria merecer um estudo pormenorizado.

A reparação dos danos ocorridos por acidentes de trânsito decorre da culpa, não se podendo buscar lastro, no assunto, na responsabilidade objetiva. Não incide o disposto no parágrafo único do art. 927 da lei civil, pelo qual a reparação decorre da atividade desenvolvida pelo autor do dano, que implica, por sua natureza, risco aos direitos de outrem. Para a exata compreensão do assunto, faz-se mister levar em consideração a redação do dispositivo *supra*, na parte que interessa: "Haverá obrigação de reparar o dano, independentemente de culpa, (...) quando a atividade normalmente desenvolvida pelo autor do dano implicar, por sua natureza, risco para os direitos de outrem".

Desde que obedecidas as regras de trânsito, ou dirigindo o condutor cautelosamente, com a devida atenção, não decorre necessariamente o risco. E, mesmo que se considere a atividade de risco, não exime os terceiros das cautelas. A peremptória aplicação do dispositivo se restringe às atividades ou serviços em que não basta a conduta cautelosa e prudente para evitar o dano. Assim no manejo com produtos explosivos, ou de um instrumento com possibilidade de fugir ao controle humano.

O elemento limitador entre a responsabilidade objetiva e subjetiva está na possibilidade ou não de evitar o dano, desde que obedecidas certas normas ou regras de conduta. Se o instrumento foge do controle humano, apesar do seguimento de todas as regras ditadas pelo uso adequado que a técnica impõe, não resta dúvida quanto à imposição da obrigatória reparação em face dos danos que acontecerem, o que se verifica nos casos de trabalho com objetos ou coisas cuja constituição ou fabricação não evita a possibilidade de imperfeições e deficiências, ou o natural e nem sempre perceptível desgaste.

Indispensável levar em conta a frequente ocorrência do dano por razões do próprio bem em si, ou das inafastáveis limitações e contingências humanas de quem o utiliza, o que equivale à responsabilidade objetiva. Normalmente, porém, os acidentes de trânsito ocorrem por desobediência às regras de trânsito, que envolve a série de causas fundada na culpa, e exemplificada genericamente na imprudência, negligência e imperícia, fatores estes que se detalham no excesso de velocidade, na distração, no momentâneo descuido, na ausência de condições de normalidade do estado da pessoa, o que acontece na embriaguez, no cansaço, na fadiga, no sono, no nervosismo, no estado alcoólico ou de intoxicação. E quem se encontra dirigindo com tais precariedades evidencia uma conduta culposa.

Todavia, não se afastam hipóteses da responsabilidade objetiva, que encontram abrigo no mencionado parágrafo único, ditando a obrigação indenizatória pela mera ocorrência do fato, ou sem perquirir a culpa do condutor. Assim acontece no estouro de pneu, no rompimento de uma peça do carro que o torna incontrolável, como a quebra ou o trancamento da barra de direção, ou a repentina falta de freios. Mesmo que alguma culpa se vislumbre na conduta da vítima, como no atravessar imprudente da via, mas se o veículo fica sem freios, ou se impossível o controle por um defeito que apareceu, irrompe a responsabilidade objetiva, fundada no fato da propriedade da coisa que implica, por sua natureza, risco aos direitos de outrem.

---

[22] *Responsabilidade civil.* 2.ª ed. São Paulo: Vellenich, 1985. p. 131.

A reparação dos danos por acidente de trânsito não deve ser vista como parte de uma categoria isolada, dentro do sistema da responsabilidade civil. Todos os vários contornos e as múltiplas facetas da responsabilidade em geral aplicam-se na indenização ressarcitória dos danos em espécie, mas há algumas particularidades que determinam a devida apreciação em destaque. Até a importância que passou a ocupar o trânsito impõe a abordagem de setores específicos, para uma melhor compreensão e aplicação do direito.

9 PRESUNÇÃO DA CULPA DO CONDUTOR

Até porque o veículo se inclui entre as coisas que contêm, por sua própria natureza, forte potencialidade de risco, e, assim, considerando-se intrinsecamente perigoso; levando ainda em conta a desvantagem de forças em relação à vítima, em princípio, mas apenas quando o lesado é pedestre, domina o princípio da presunção da culpa do condutor, a quem incumbe demonstrar que não deu causa, por sua conduta, ao evento.

Não com amparo no Código de Defesa do Consumidor, mas justamente em função da diferença de forças entre a vítima e o veículo, e por ser este um instrumento de perigo, deve prevalecer a inversão do ônus da prova. O tratamento é de amplo favorecimento à posição da vítima, de quem se exige, em princípio, mas não se podendo firmar como suficiência absoluta a prova da relação de causalidade, ou de causa e efeito entre a conduta do condutor e o resultado. Está-se diante de uma presunção apenas, que não dispensa, no curso do processo, a aferição da verdade fática. Necessário, outrossim, que, pela descrição dos fatos, se infira naturalmente a verossimilhança com a normalidade, com a coerência e a verdade, depreendendo-se a culpa do agente provocador. Para tanto, indispensável que o autor da demanda exponha os fatos com clareza, que descreva a conduta do réu, de forma a caracterizar a culpa dele. Necessário apresentar os elementos suficientes para que o juiz tenha condições de aferir a conduta.

Cai a presunção caso se retire da versão que o atropelamento aconteceu quando a vítima iniciou a travessia da via, ou no momento de sua queda do passeio, onde se encontrava, para o leito da pista, em momento de deslocamento do veículo. Igualmente na seguinte hipótese, colhida no STJ: "Contendo a ponte o aviso da proibição de passagem de pedestres no local e sendo ela destinada tão somente ao trânsito de composições ferroviárias, caracteriza-se a culpa exclusiva da vítima quando, dispondo ela de outros caminhos, prefere atravessá-la por sua conta e risco".[23]

No entanto, desde que das circunstâncias narradas se perceba a conduta anormal e culpada de quem dirigia o carro, terá ele de demonstrar e provar a inexistência de culpa, ou o aparecimento de caso fortuito.

Unicamente supõe-se a culpa de quem dirigia o carro em razão da prática de atividade ou do manejo de um bem que possa oferecer perigo e, dessarte, que envolve risco de causar danos, mas em grau inferior a outras atividades de maior conteúdo de acarretarem danos, como a fabricação de explosivos, o transporte de produtos químicos, a guarda e segurança de bancos.

Não cabe avançar para enfoques objetivos na definição da responsabilidade, a ponto de impor a indenização pela mera ocorrência do fato. Mesmo a mera descrição do fato pode levar à improcedência do pedido, porquanto não se criou uma responsabilidade independente

---

[23]   STJ, 4.ª Turma, REsp 343.786/MG, j. 26.11.2002, *DJU* 10.03.2003.

da culpa, exceto nas situações de danos provocados por defeitos ou anormalidades do veículo em si, como a quebra de peças.

Entretanto, não se impõe a reparação se o acidente decorreu de caso fortuito, ou por motivo de força maior, que compreende a causa estranha, exemplificativamente verificável na colisão em face de disparo de arma de fogo em assalto, ou pelo desmoronamento do muro da pista no momento da circulação.

10 VERACIDADE PRESUMIDA DO BOLETIM DE OCORRÊNCIA

Normalmente, o boletim de ocorrência é lavrado pela parte que sofreu o acidente, a fim de deixar registrado o evento, mas não constituindo condição para o exercício de demanda. Se, porém, verificadas lesões corporais, a efetivação concomitante de laudo pericial, com a razoável demonstração fática de elementos do acidente, e se deles se puder extrair a realidade de como aconteceu, revela importância para firmar a convicção da responsabilidade pelo evento. Mesmo a simples ocorrência unilateral, e não desmerecida pela prova da outra parte envolvida no acidente, importa em credibilidade, ensejando o juízo determinante da obrigação.

Sempre que lavrado pela autoridade policial, maior a sua presunção de veracidade, tanto que encerra o art. 405 do diploma processual civil: "O documento público faz prova não só da sua formação, mas também dos fatos que o escrivão, o chefe de secretaria, o tabelião ou o servidor declarar que ocorreram em sua presença".

Eis o pensamento consolidado no Superior Tribunal de Justiça, quanto à validade, se lavrado o documento por funcionário público: "A descrição que o funcionário faz dos vestígios que encontra no local do acidente tem por si a presunção de veracidade, porque são elementos de fato submetidos à sua observação imediata (*RSTJ* 129/349). Essa espécie de boletim serve como elemento de convicção para o julgamento da causa, não se equiparando com aquele boletim decorrente de relato unilateral da parte".[24]

Em outros pretórios: "O boletim de ocorrência expedido pela autoridade policial goza de presunção *juris tantum* de verdade dos atos jurídicos em geral, de forma que suas conclusões, não infirmadas por antiprova robusta servem para estear a composição do litígio".[25]

Nota-se que não se resume o boletim à mera transcrição de declarações prestadas pela parte envolvida, ou de anotações do que foi dito no local do acidente, mas encerra elementos observados, com o que assume esse tipo de documento a presunção de veracidade.

De observar, porém, que o boletim de ocorrência constitui um documento unilateral, máxime quando elaborado com base em dados fornecidos pela parte interessada. Daí a sua precariedade, se não corroborado por outros elementos: "boletim de ocorrência não goza de presunção *juris tantum* de veracidade das informações, porquanto tão somente aponta as declarações colhidas unilateralmente pelos interessados, sem, entretanto, certificar que a descrição seja verídica. Precedentes".[26]

---

[24]   STJ, 3.ª Turma, REsp 302.462/ES, j. 15.10.2001, *DJU* 04.02.2002.

[25]   TRF-4.ª Reg., 3.ª Turma, Ap. Cív. 96.04.17902-0/SC, *DJU* 09.08.2000.

[26]   AgInt no AREsp 1.237.811/MG, 4.ª Turma do STJ, rel. Min. (convocado) Lázaro Guimarães, j. 07.08.2018, *DJe* 14.08.2018.

11 O SISTEMA DE RESPONSABILIDADE CIVIL EM ACIDENTES DE VEÍCULOS EXCLUÍDOS DA REGULAMENTAÇÃO DO CÓDIGO DE TRÂNSITO BRASILEIRO

Cabe, primeiramente, definir o veículo, considerado como o meio de transporte de passageiros ou cargas, particular ou coletivo, motorizado ou não, isto é, tracionado por força automotora, animal ou impulsão humana.

O art. 96 do Código de Trânsito Brasileiro (Lei 9.503, de 23.09.1997) dá a classificação dos veículos, sendo oportuna a transcrição:

Os veículos classificam-se em:

I – quanto à tração:

a) automotor;

b) elétrico;

c) de propulsão humana;

d) de tração animal;

e) reboque ou semirreboque;

II – quanto à espécie:

a) de passageiros:

1 – bicicleta;

2 – ciclomotor;

3 – motoneta;

4 – motocicleta;

5 – triciclo;

6 – quadriciclo;

7 – automóvel;

8 – micro-ônibus;

9 – ônibus;

10 – bonde;

11 – reboque ou semirreboque;

12 – charrete;

b) de carga:

1 – motoneta;

2 – motocicleta;

3 – triciclo;

4 – quadriciclo;

5 – caminhonete;

6 – caminhão;

7 – reboque ou semirreboque;

8 – carroça;

9 – carro de mão;

c) misto:

1 – camioneta;

2 – utilitário;

3 – outros;

d) de competição;

e) de tração:

1 – caminhão-trator;

2 – trator de rodas;

3 – trator de esteiras;

4 – trator misto;

f) especial;

g) de coleção;

III – quanto à categoria:

a) oficial;

b) de representação diplomática, de repartições consulares de carreira ou organismos internacionais acreditados junto ao Governo brasileiro;

c) particular;

d) de aluguel;

e) de aprendizagem.

Importa definir a aplicação das normas do Código de Trânsito Brasileiro aos veículos nomeados.

Contudo, há exceções, como as que seguem.

A Resolução CONTRAN 315/2009, alterada pela Resolução CONTRAN 465/2013, veio a permitir, no § 2.º do art. 1.º, a circulação dos equipamentos de mobilidade individual autopropelidos, mas sendo autorizada a sua circulação somente em áreas de circulação de pedestres, ciclovias e ciclo faixas, atendidas as seguintes condições:

"I – velocidade máxima de 6 km/h em áreas de circulação de pedestres;

II – velocidade máxima de 20 km/h em ciclovias e ciclo faixas;

III – uso de indicador de velocidade, campainha e sinalização noturna, dianteira,

traseira e lateral, incorporados ao equipamento;

IV – dimensões de largura e comprimento iguais ou inferiores às de uma cadeira

de rodas, especificadas pela Norma Brasileira NBR 9050/2004".

Tais veículos, dada a limitação de locais de tráfego, estão excluídos dos regramentos do Código de Trânsito Brasileiro.

Importa concluir que são excluídos os veículos para o transporte de uma pessoa, movidos por força não advinda do condutor, como os *segways*, que são veículos motorizados para transporte pessoal, dotados de uma plataforma para apoiar os pés e duas rodas paralelas, que se equilibram sobre seu próprio eixo, movidos por bateria, e não por tração humana ou animal, ou por combustão de materiais que provocam explosão e força motriz. Também servem de exemplos os patinetes elétricos, as cadeiras de rodas movidas à bateria, os *hand-bikes* (bicicleta pedalada com as mãos, ficando a pessoa sentada).

De modo geral, os passeios, as calçadas e as passarelas são para o uso de pedestres. As ciclovias e ciclofaixas destinam-se aos ciclistas. Há, também, pistas de recreação, como as de *skates*, de patinetes (*walk machine*) e de *roller*, em geral situadas nas ou próximas às praças e ao longo das vias, separadas por canteiros. Quanto às obras de arte e aos equipamentos que vêm arrolados, os mais comuns são as ilhas, os refúgios, ajardinamentos, canteiros centrais e divisores de pistas de rolamento, marcas de canalização, gramados e jardins públicos. Há outros, como praças, parques de diversões, rampas, canalização de águas, armações de concreto sobre espaços vazios e áreas laterais de obras de arte.

Já o § 3.º do art. 1.º, acrescentado pela referida Resolução, estende a exceção à "bicicleta dotada originalmente de motor elétrico auxiliar, bem como aquela que tiver o dispositivo motriz agregado posteriormente à sua estrutura, sendo permitida a sua circulação em ciclovias e ciclofaixas, e não em áreas de circulação de pedestres, atendidas as seguintes condições:

I – com potência nominal máxima de até 350 Watts;

II – velocidade máxima de 25 km/h;

III – serem dotadas de sistema que garanta o funcionamento do motor somente quando o condutor pedalar;

IV – não dispor de acelerador ou de qualquer outro dispositivo de variação manual de potência;

V – estarem dotadas de:

a) indicador de velocidade;

b) campainha;

c) sinalização noturna dianteira, traseira e lateral;

d) espelhos retrovisores em ambos os lados;

e) pneus em condições mínimas de segurança.

VI – uso obrigatório de capacete de ciclista".

Depreende-se que a tais veículos com motor elétrico, e não equiparados aos ciclomotores, não se exige autorização para dirigir, ou seja, a Carteira Nacional de Habilitação, observando--se que a circulação sujeita-se à regulamentação dos Municípios, em consonância com o § 4.º da citada Resolução. No entanto, as bicicletas dotadas de motor elétrico auxiliar não podem trafegar em áreas destinadas aos pedestres. Para esse tipo de veículo, incidem as regras do art. 58 e de seu parágrafo único, que tratam da circulação das bicicletas em geral: "Nas vias urbanas e nas rurais de pista dupla, a circulação de bicicletas deverá ocorrer, quando não houver ciclovia, ciclofaixa, ou acostamento, ou quando não for possível a utilização destes, nos bordos da pista de rolamento, no mesmo sentido de circulação regulamentado para a via, com preferência sobre os veículos automotores. Parágrafo único. A autoridade de trânsito com circunscrição sobre a via poderá autorizar a circulação de bicicletas no sentido contrário ao fluxo dos veículos automotores, desde que dotado o trecho com ciclofaixa".

Mas no pertinente aos patinetes e *segways*, existem as regras do § 2.º do art. 2.º da Resolução CONTRAN 465/2013, incluindo parágrafos ao art. 1.º da Resolução CONTRAN 315/2009. Pelo § 2.º, são fixados os locais de tráfego, de acordo com o limite de velocidade previsto, e os componentes que deverão ter:

> "Fica excepcionalizado da equiparação prevista no *caput* deste artigo os equipamentos de mobilidade individual autopropelidos, sendo permitida sua circulação somente em áreas de circulação de pedestres, ciclovias e ciclo faixas, atendidas as seguintes condições:
>
> I – velocidade máxima de 6 km/h em áreas de circulação de pedestres;
>
> II – velocidade máxima de 20 km/h em ciclovias e ciclo faixas;
>
> III – uso de indicador de velocidade, campainha e sinalização noturna, dianteira, traseira e lateral, incorporados ao equipamento;

IV – dimensões de largura e comprimento iguais ou inferiores às de uma cadeira de rodas, especificadas pela Norma Brasileira NBR 9050/2004".

Denota-se, pois, que as regras aplicáveis são do direito comum, com base na culpa, e não as do Código de Trânsito Brasileiro.

Capítulo II

O Dano

1 CONCEITO. ASPECTOS GERAIS

O dano é o pressuposto central da responsabilidade civil. Para De Cupis, "no significa más que nocimiento o perjuicio, es decir, aminoración o alteración de una situación favorable. Las fuerzas de la naturaleza, actuadas por el hombre, al par que pueden crear o incrementar una situación favorable, pueden también destruirla o limitarla",[1] e por isso, em princípio, seu conceito é muito amplo. No sentido jurídico, porém, importa restringi-lo ao fato humano.

Para Orgaz, desdobra-se em dois aspectos. No primeiro, identifica-se com a lesão de um direito ou de um bem jurídico qualquer. "La acción u omisión ilícitas entrañan siempre una invasión en la esfera jurídica de otra persona y en este sentido general puede decirse que esta persona sufre un daño, aunque el hecho no haya lesionado sus valores económicos ni afectado su honor o sus afecciones íntimas tuteladas por la ley"; ao passo que na segunda dimensão envolve simplesmente "el menoscabo de valores económicos o patrimoniales, en ciertas condiciones (daño material...), o bien, en hipótesis particulares, la lesión al honor o a las afecciones legítimas (daño moral...)".[2] Não haverá ato punível, para os efeitos da responsabilidade civil, sem o dano causado. Daí a sua importância, em qualquer dos aspectos vistos.

Envolve um comportamento contrário ao jurídico. A nota da antijuridicidade caracteriza--o, de modo geral. Contudo, não emana, necessariamente, de um desrespeito à lei ou de uma conduta antijurídica. É possível que nenhuma infração se consuma, e nasça o dever de reparação. Isso porque simplesmente apareceu um dano, a que a lei obriga o ressarcimento. Melhor explica De Cupis: "Puede suceder también que el derecho considere a cierto interés digno de prevalecer, pero preocupándose, por otro lado, de establecer consecuencias dirigidas a compensar al titular del interés sacrificado. Tiene logar entonces, concretamente, esta situación: El daño que afecta al interés sacrificado por el derecho no es antijurídico, y la reacción que a él corresponde, no es una sanción, por la mera razón de que con ella el derecho pretende no garantizar tan sólo la prevalencia de un interés, sino, más aún, compensar al sujeto del interés que por él ha resultado sacrificado".[3] Se alguém persegue um animal em propriedade alheia e causa danos, não é cominada de antijuridicidade a ação, mas os danos provocados devem ser reparados. A lesão determinada por uma conduta impelida pelo estado de necessidade não isenta da indenização, apesar da ausência da ilicitude, como veremos mais aprofundadamente. No inadimplemento de um contrato, a lei não prevê uma condenação

---

[1] *El daño*. Trad. de Angel Martínez Sarrióño. Barcelona: Bosch, 1975. p. 81.

[2] *El daño resarcible*. Buenos Aires: Editorial Bibliográfica Argentina, 1952. p. 38.

[3] *El daño*, ob. cit., p. 93.

por conduta antijurídica, mas a obrigação de ressarcir é uma consequência lógica. E assim em inúmeras hipóteses, máxime nos casos de responsabilidade objetiva.

Nesse sentido, o art. 186 do Código Civil emprega as expressões "violar direito e causar dano a outrem". No dano contratual, não se fala em infração de norma jurídica, mas em inadimplemento de uma obrigação inserida na convenção.

O antijurídico não equivale ao delito. Muitos atos se revestem de antijuridicidade porque violaram uma regra de direito. Entrementes, não passaram para o campo do ilícito. Há infrações que nascem de meras inobservâncias de mandamentos legais, mas não atingem a esfera do delito. Se a culpa macula o ato, originando o dano, aí entramos no mundo do delito. No simples rompimento de um contrato não há previsão legal de tipicidade penal, embora se configure a antijuridicidade em decorrência do descumprimento de um artigo de lei. O ato não é jurídico, mas também não é ilícito.

2 O DANO E A TUTELA DA ORDEM JURÍDICA

De Cupis, com acerto, afirma: "Lo que el derecho tutela, el daño vulnera".[4] A palavra direito indica um conjunto de normas ou de regras jurídicas dispostas com a finalidade de dirigir o comportamento humano, coordenar os interesses e solucionar os conflitos que surgem entre os indivíduos. O complexo de atos ajustados ao direito integra a esfera dos atos lícitos, enquanto a soma dos antijurídicos forma os atos ilícitos, ressalvadas as situações traçadas no subtítulo anterior.

A norma jurídica regula as ações humanas não no sentido individualista, mas de modo geral, impondo-se a todos. Daí o seu caráter social. O direito tem por fim uma utilidade comum. Estende seu conteúdo a todos os seres humanos. Em contrapartida, não exclui a proteção dos interesses individuais. Mas esses interesses, quando conformados com a norma, realizam o interesse comum. O ideal dos sistemas jurídicos está aí. O interesse, assim entendido, é o objeto da tutela da lei. E o que fere o interesse em si é o dano. Por meio dele se impede a possibilidade de que o bem satisfaça uma necessidade humana, ou se retira a aptidão geral para satisfazer um valor almejado e procurado pelo homem.

3 DANO PATRIMONIAL

De acordo com o interesse protegido nasce a espécie de dano.

No dano patrimonial, há um interesse econômico em jogo. Consuma-se o dano com o fato que impediu a satisfação da necessidade econômica. O conceito de patrimônio envolve qualquer bem exterior, capaz de classificar-se na ordem das riquezas materiais, valorizável por sua natureza e tradicionalmente em dinheiro. Deve ser idôneo para satisfazer uma necessidade econômica e apto a ser usufruível.

O dano diminui o patrimônio da pessoa, ou, como diz Aguiar Dias, citando Fischer, pressupõe sempre ofensa ou diminuição de certos valores econômicos.[5] "Son daños patrimoniales los que producen un menoscabo valorable en dinero sobre intereses patrimoniales del perjudicado", continua o espanhol Jaime Santos Briz.[6]

---

[4]   *El daño*, ob. cit., p. 109.

[5]   *Da responsabilidade civil*, ob. cit., v. 2, p. 760.

[6]   *La responsabilidad civil*. 2.ª ed. Madrid: Montecorvo, 1977. p. 140.

Os efeitos do ato danoso incidem no patrimônio atual, em geral. No entanto, é possível que se reproduzam em relação ao futuro, impedindo ou diminuindo o patrimônio do lesado. Chamado também de dano material, Alfredo Orgaz retrata perfeitamente a espécie: "El daño material, en suma, es simplemente el que menoscaba el patrimonio como conjunto de valores económicos, y que, portanto, es susceptible de apreciacón pecuniaria (...); en esta categoría se comprenden los perjuicios producidos en los valores patrimoniales ya existentes, como también, según dijimos, los que afectan las facultades o aptitudes de la persona, consideradas como fuentes de futuras ventajas económicas (vida, salud, integridad física, belleza corporal etc.); e, inclusive, los que resultan de la lesión del honor o de los sentimientos, en la medida en que ella repercuta sobre la capacidad de trabajo o sobre la atención de los negocios. A la inversa, cuando el acto ilícito no comporta por si ningún menoscabo para el patrimonio, en su contenido actual o en sus posibilidades futuras, pero hace sufrir a la persona molestándola en su seguridad personal, o en el goce de sus bienes, o hiriendo sus afecciones legítimas (...) se tiene un daño moral o no patrimonial".[7]

Quando os efeitos atingem o patrimônio atual, acarretando uma perda, uma diminuição do patrimônio, o dano denomina-se emergente (*damnum emergens*); se a pessoa deixa de obter vantagens em consequência de certo fato, vindo a ser privada de um lucro, temos o lucro cessante (*lucrum cessans*). É a hipótese do atraso no atendimento de uma obrigação, resultando prejuízos ao credor, que se vê privado de um bem necessário em sua atividade lucrativa. No primeiro tipo, simplesmente acontecendo a perda de determinado bem, o prejudicado não sofre diminuição em seus negócios.

Sobre o assunto estabelece o art. 402 do Código Civil: "Salvo as exceções expressamente previstas em lei, as perdas e danos devidas ao credor abrangem, além do que ele efetivamente perdeu, o que razoavelmente deixou de lucrar". Explicava Carvalho Santos: "O verdadeiro conceito de dano contém em si dois elementos, pois, se representam toda a diminuição do patrimônio do credor, é claro que tanto ele se verifica com a perda sofrida, ou seja, a perda ou diminuição que o credor sofreu por efeito de inexecução da obrigação *damnum emergens*, como também com a privação de um ganho que deixou de auferir, ou de que foi privado em consequência daquela inexecução ou retardamento *lucrum cessans*".[8]

Ilustram Planiol-Ripert, também com peculiar saber: "La indemnización debe representar tan exactamente como sea posible el daño realmente sufrido por el acreedor debido al incumplimiento o retraso. Ese daño puede componerse de dos elementos distintos, que se hallan indicados en el art. 1.149: por un lado, la pérdida, es decir, el empobrecimiento sufrido por el patrimonio del acreedor *damnum emergens*; por otro, la ganancia frustrada *lucrum cessans*. Por ejemplo, si un cantante, contratado para un concierto, falta a su compromiso y el concierto no puede celebrarse, el artista tendrá que indemnizar al empresario del espectáculo con quien ha contratado, por un lado, por los desembolsos ya realizados en los preparativos del concierto, y por otro por el beneficio que hubiera obtenido como resultado del concierto".[9]

Frequentemente os dois efeitos surgem concomitantemente com o dano. Há uma diminuição do patrimônio real, existente no momento, e uma frustração dos resultados positivos decorrentes pelo uso do bem material. Um acidente de trânsito, ao proprietário de um táxi, acarreta os estragos no veículo com a batida e o valor não percebido pela paralisação do tra-

---

[7] *El daño resarcible*, ob. cit., p. 43-44.
[8] *Código Civil brasileiro interpretado*. 7.ª ed. Rio de Janeiro: Freitas Bastos, 1964. t. XIV, p. 255.
[9] *Tratado práctico de derecho civil francés* – Las obligaciones. Trad. de Mario Diaz Cruz. Havana: Cultural, 1945. t. VII, 2.ª parte, n. 854, p. 165-166.

balho de transporte. Vem a propósito a lição de Chironi, ao considerar o dano no seu duplo resultado, consistindo "en la diminución efectiva sufrida por el patrimonio, y el aumento no efectuado a consecuencia del incumplimiento de la obligación".[10]

4 DANO MORAL

Além do prejuízo patrimonial ou econômico, há o sofrimento psíquico ou moral, isto é, as dores, os sentimentos, a tristeza, a frustração etc. Em definição de Gabba, lembrada por Agostinho Alvim, dano moral ou não patrimonial é o dano causado injustamente a outrem, que não atinja ou diminua o seu patrimônio.[11] Constitui-se no que pode se denominar de "lesão à honra, da estima, dos vínculos dos legítimos afetos, de todo o direito que diz respeito ao estado jurídico da personalidade" (tradução livre).[12]

Revela a expressão um caráter negativo, que é não ser patrimonial. Eis o sentido que lhe dá Yussef Said Cahali, em seu judicioso trabalho sobre a matéria: "A caracterização do dano extrapatrimonial tem sido deduzida na doutrina sob a forma negativa, na sua contraposição ao dano patrimonial; assim, 'dano não patrimonial, conforme sua expressão literal negativa, é todo dano suportado que não se enquadra no dano patrimonial, tendo por objeto um interesse non patrimonial, vale dizer, relativo a bens não patrimoniais' (tradução livre) [13] (Chironi, De Cupis, n. 10, p. 51); ou, como anota Aguiar Dias, 'quando ao dano não correspondem as características de dano patrimonial, dizemos que estamos em presença do dano moral'".[14]

Para Pontes de Miranda, o dano patrimonial é aquele que alcança o patrimônio do ofendido; moral, é o dano que só atinge o ofendido como ser humano, sem repercussão no patrimônio.[15]

O dano moral, ou não patrimonial, ou ainda extrapatrimonial, reclama dois elementos, em síntese, para se configurar: o dano e a não diminuição do patrimônio. Apresenta-se como aquele mal ou dano que atinge valores eminentemente espirituais ou morais, como a honra, a paz, a liberdade física, a tranquilidade de espírito, a reputação, a beleza etc.

Entretanto, é difícil indenizar o dano puramente moral. Observa Agostinho Alvim, um dos mais práticos na análise do assunto, que existe uma corrente na doutrina e na jurisprudência que apregoa a indenização do dano moral puro, ao passo que outra, bastante realista, pondera a grande dificuldade para se chegar ao montante a pagar: "As dificuldades que os juízes encontram para decidir sem uma fórmula e a repugnância louvável de lançar mão do arbítrio constituem a causa principal dessa relutância dos tribunais".[16] Exemplificando, como chegar ao valor da reparação requerida pelo cônjuge enganado, e que perde o companheiro para a concubina? A medida da indenização é puramente aleatória. É difícil encontrar algum

---

[10] La culpa, in Martinho Garcez Neto, *Prática da responsabilidade civil*. 3.ª ed. São Paulo: Saraiva, 1975. p. 44.

[11] *Da inexecução das obrigações e suas consequências*. São Paulo: RT, 1972. p. 219.

[12] G. P. Chironi, *La colpa nel diritto civile odierno* – Colpa extracontratual. 2.ª ed. Torino: Fratelli Bocca, 1906. v. 2, p. 320. No original: "la lesion dell'onore, dell'estimazione, dei vincoli di legittimi affetti, di ogni diritto che allo stato giuridico della personalità s'appartenga".

[13] No original: "danno non patrimoniale, conformemente alla sua negativa espressione letterale, è ogni danno privato che non rientra nel danno patrimoniale, avendo per oggetto un interesse non patrimoniale, vale a dire relativo a bene non patrimoniale".

[14] *Dano e indenização*. São Paulo: RT, 1980. p. 6.

[15] *Tratado de direito privado*, ob. cit., t. XXVI, § 3.108, p. 30.

[16] *Da inexecução das obrigações*, ob. cit., p. 225.

critério seguro para estabelecer o montante justo e coerente. Não é possível fundar-se, *v.g.*, na intensidade ou qualidade da dor.

Uma coisa, no entanto, é certa: os sistemas jurídicos nunca vedam a reparação por tal dano, mesmo especificamente relacionado aos contratos. Os prejuízos são indenizáveis porque têm repercussão patrimonial. Os franceses Planiol e Ripert, argumentando a favor da indenização, reconhecem a dificuldade e admitem a controvérsia em torno do assunto: "En materia de contratos, en cambio, la cuestión es mucho más discutida. Frecuentemente se considera que el contrato sólo afecta los intereses de carácter pecuniario; su objeto, en ese sentido, no podria consistir en un simple interés moral. Por conseguinte, los daños causados al acreedor por el incumplimiento no podrán tomarse en cuenta y dar lugar a su reparación sino en la medida en que constituyan un daño pecuniario. Muchos tratadistas, conformándose a este razonamiento, estiman que el incumplimiento de una obligación contractual no da lugar al abono de los daños y perjuicios, cuando solamente resulte de él un perjuicio moral".[17]

Não aceitando os que simplesmente rechaçam a ideia da reparação, teoricamente defendem sua viabilidade, mas não explicitam em quais situações ou exemplos. É verdade, e neste ponto estão de acordo, que o inadimplemento de obrigação contratual acarreta, em muitas ocasiões, prejuízo moral, como no concernente à reputação. A indenização, todavia, é admitida porque há implicação de ordem econômica.

Em realidade, para acolher o ressarcimento do dano moral, importa a constatação de reflexos no patrimônio. Um homem atropelado por veículo, sofrendo incapacidade de locomoção, promoverá a indenização porque houve cessação de lucros, isto é, porque deixou de trabalhar. A profunda dor moral sofrida com a morte de uma criança em acidente traz grandes consequências: os pais ficam impossibilitados de trabalhar por certo espaço de tempo; aquela criança não concorrerá para o sustento da família. Observa-se que o traumatismo moral que domina os familiares acarreta a impossibilidade dos pais ao trabalho. Por conseguinte, a indenização reveste-se de um cunho altamente patrimonial.

O Código Civil oferece muitos exemplos de prejuízos morais, mas que, em última instância, não passam de danos patrimoniais presumidos.

O art. 939 prevê as decorrências para o credor que demanda dívida ainda não vencida. Ordena que se espere o vencimento e se proceda ao desconto dos juros pelo tempo que faltava, com o pagamento das custas em dobro.

Embora no sentir de alguns as cominações visem recompor o abalo moral, não resta dúvida que a ação produz abalo de crédito e obriga o demandado a tomar várias providências, com perda de tempo e desgaste econômico.

O que pleiteia dívida já saldada sujeita-se a pagar o dobro da exigida, mas os transtornos ocasionados refletem nas atividades e nos interesses do requerido. Há, pois, lesão patrimonial, mesmo indiretamente.

O art. 953 e seu parágrafo único da lei substantiva civil sugerem uma das hipóteses bastante evidentes de ligação de indenização por dano moral ao prejuízo econômico. Eis os textos: "Art. 953. A indenização por injúria, difamação ou calúnia consistirá na reparação do dano que delas resulte ao ofendido. Parágrafo único. Se o ofendido não puder provar prejuízo material, caberá ao juiz fixar, equitativamente, o valor da indenização, na conformidade das circunstâncias do caso". Como é difícil chegar ao prejuízo patrimonial, vem estabelecido o

---

[17] *Tratado práctico de derecho civil francés*, ob. cit., t. VII, n. 857, p. 168.

critério capaz de apurar o montante. Mesmo assim, no fundo, embora a ofensa seja moral, há uma dimensão patrimonial.

Nas ofensas ligadas ao agravo da liberdade – art. 954 –, capitula-se a reparação concernente ao patrimônio lesado. Sem dúvida, pressupõe o direito à recomposição do mal experimentado uma lesão ou um ultraje moral. Daí a conclusão de muitos de que se trata de um dano moral. Mas são casos em que a apuração do prejuízo se socorre de elementos materiais para chegar ao *quantum*. Não se afirme, como explanava Agostinho Alvim, que a lesão moral sucumba em face da patrimonial. Sucede que "há, sem dúvida, uma série de casos nos quais o prejuízo material e o moral se confundem, traduzindo-se o dano moral por uma diminuição atual ou futura do patrimônio (Ripert, cf. *La règle morale dans les obligations civiles*, n. 181)".[18]

Eis o pensamento de Cunha Gonçalves, em lição de grande atualidade: "Não deve, também, supor-se que o dano moral é, sempre, extrapatrimonial... Além disso, há diversas classes de danos morais, a saber: a) os que necessariamente se refletem no crédito e, por isso, no patrimônio da vítima – injúria, difamação, usurpação de nome, firma ou marca; b) os que, produzindo a privação do amparo econômico e moral de que a vítima gozava, prejudicam também o seu patrimônio; c) os que, representando a possível privação do incremento duma eventual sucessão, constituem, igualmente, um atentado patrimonial; d) os que, determinando grande choque moral, equivalem ou excedem a graves ofensas corporais, ainda mais do que uma difamação ou calúnia, por serem feridas incuráveis; e esse choque moral, debilitando a resistência física ou a capacidade de trabalho, e podendo abreviar a existência de quem o sofreu, produz efeitos reflexos de caráter patrimonial. Enfim, todos estes danos, sendo suscetíveis de avaliação e indenização pecuniária, não devem ser havidos como extrapatrimoniais. Por isso, dano material é o prejuízo resultante da depreciação ou perda duma cousa ou da integridade física duma pessoa. Dano moral é o prejuízo resultante de ofensa à integridade psíquica ou à personalidade moral, com possível ou efetivo prejuízo do patrimônio".[19]

Em síntese, não se descarta a indenização unicamente pelo dano moral, mesmo que não surja o menor reflexo patrimonial, mas admite-se mais a concessão da reparação porque advém diminuição ou alteração patrimonial.

Nos acidentes de trânsito, uma hipótese ressalta à primeira vista, como das mais importantes: a morte de filho menor. Com frequência, mormente nas famílias de baixa renda, o filho menor coopera na manutenção e na economia do lar. E, para justificar a reparação, uns alicerçam o fundamento no dano patrimonial provocado pela morte. Outros se atêm ao sentido moral, enfatizando a tristeza e a dor trazidas pela perda do familiar. A reparação busca compensar este estado de espírito.

Não é simples a questão.

Encarado o problema sob a ótica da lesão patrimonial, desapareceria a base para o exercício do direito se o filho não fosse partícipe da economia familiar, o que é verificável em apenas se dedicando aos estudos, assim prosseguindo até os vinte e cinco anos, quando geralmente as pessoas contraem casamento e cessam de cooperar no sustento dos parentes próximos. Igualmente não se ensejaria aos pais abastados, cujos filhos são vitimados, interesse para ingressarem em juízo. Diante desses raciocínios, há razões óbvias em favor dos defensores da teoria que concebe apenas o dano como moral no acidente causador da morte. A indenização é sempre exigível, independentemente da colaboração prestada quando em

---

[18] *Da inexecução das obrigações*, ob. cit. p. 230.

[19] *Tratado de direito civil*. São Paulo: Max Limonad, 1957. v. 12, t. II, p. 539-540.

vida, como evoluiu na formação da jurisprudência, que se cristalizou a partir da Súmula 491, de 1969, do STF.

Proclamou-se em época que iniciou a firmar o direito à indenização pura: "Na verdade, a jurisprudência, buscando emprestar conteúdo real à lei, encaminhou-se no sentido da reparação do dano moral, proveniente da dolorosa sensação vivida pelos pais de um menor vítima de ato ilícito. Embora, em princípio, não haja equivalência entre a perda sofrida e o ressarcimento, a indenização guarda, sobremodo, o caráter de satisfação à pessoa lesada, como ensinam Mazeaud e Mazeaud. Conquanto não se alcance um ressarcimento em sentido estrito, tem-se uma sanção civil e, sobretudo, uma satisfação pelo dano sofrido. É o ressarcimento a título de composição do dano moral".[20]

De modo geral, todo filho é uma expectativa de amparo aos pais. Embora não exerça nem venha a praticar uma profissão lucrativa, diante de compromissos com estudos, durante o tempo presumido que permaneceria solteiro, ou porque a boa situação econômica dos pais afasta a menor necessidade de amparo, ninguém sabe, argumentam os doutos, se esse estado de coisas continuará, e se no futuro não surgirão contingências que modifiquem a realidade privilegiada vivida quando da morte.

Isto especialmente nas famílias de baixa renda, como, reiteradamente, tem decidido o STJ: "No que se refere aos danos materiais, a jurisprudência desta Corte Superior há muito converge no sentido de que, nas famílias de baixa renda, há presunção relativa de dependência econômica entre seus membros, notadamente em razão da dificuldade da sobrevivência da família com o salário de apenas um deles. Quanto aos genitores, a presunção de assistência vitalícia dos filhos diminui depois que o filho completa 25 anos de idade ou constitui sua própria família, como na hipótese. Precedentes".[21]

Há filhos que não contribuem e nunca contribuirão com a menor parcela nas despesas da família. Dentro da realidade de uma organização familiar estável e economicamente sólida, a perspectiva é a desnecessidade de qualquer apoio monetário do filho. Por essa razão, a indenização por morte encontra como maior base, para justificá-la, fundamentos de ordem puramente moral. Que outro argumento encontrar para dar amparo à reparação pleiteada? Está superado o pensamento, externado por Clóvis Beviláqua, de que o *praetium doloris*, ou o dano moral puro e simples, não teria apoio no direito brasileiro.[22]

Já Von Tuhr o distinguia também do lucro cessante (*lucrum cessans*), verificado "cuando sin que el patrimonio, en su estado actual, sufra alteración, dejan de entrar en él valores que de otro modo lo hubieran incrementado".[23] Servia, segundo o mesmo autor, para dar uma "satisfación", expressão que foi adotada pelo direito, e que expressa mais que uma simples compensação, e que servirá, no ponderar de Chironi, como um "rissarcimento pecuniario" pelo só dano moral.[24]

Para Miguel Reale, há o dano moral objetivo e o dano moral subjetivo: o primeiro é "aquele que atinge a dimensão moral da pessoa no meio social em que vive, envolvendo o de sua imagem"; o segundo se correlaciona com o mal sofrido pela pessoa em sua subjetividade, em sua intimidade psíquica, sujeita a dor ou sofrimento intransferíveis porque ligados a valores de seu ser subjetivo, que o ato ilícito veio penosamente subverter".[25]

---

[20] STF, 1.ª Turma, j. 28.12.1972, *RTJ* 67/182.

[21] STJ, 3.ª Turma, *REsp* 1.133.033/RJ, j. 07.08.2012, rel. Min. Ricardo Villas Bôas Cueva, *DJe* 15.08.2012.

[22] *Código Civil comentado*. Rio de Janeiro: Francisco Alves, 1926. v. 5, n. 20, p. 320.

[23] Von Tuhr, *Tratado de las obligaciones*. Trad. W. Roces. Madrid: Reus, 1934. t. I, p. 59.

[24] *La colpa nel diritto civile odierno*, ob. cit., p. 321, n. 411.

[25] O dano moral no direito brasileiro, *Temas de direito positivo*. São Paulo: RT, 1992. p. 23.

No entanto, a melhor classificação, que denota toda a sua extensão, revela quatro espécies o dano moral:

a) o dano que representa a privação ou diminuição de um valor precípuo da vida da pessoa, e que se revela na ofensa à paz, à tranquilidade de espírito, à liberdade individual;

b) o dano que alcança a parte social do patrimônio moral, atingindo a personalidade, ou a posição íntima da pessoa consigo mesma, como a honra, a estima, o apreço, a consideração, a reputação, a fama;

c) o dano que atinge o lado afetivo, o estado interior, exemplificado na dor, na tristeza, na saudade, no sentimento;

d) o dano que tem influência no patrimônio, e que envolve a conceituação íntima relacionada ao aspecto ou postura física externa, com prejuízos para a beleza, a aparência, a postura, a simetria corporal, e aí se encontram a cicatriz, o aleijão, a deformidade.

Em qualquer das hipóteses, embora a última esteja ligada mais diretamente a influências patrimoniais, não há o ressarcimento ou a indenização. O valor que se paga tem o caráter de satisfação, de reparação, justamente porque é desnecessária a prova do prejuízo, de desfalque patrimonial. Talvez admissível o prejuízo moral, a perda de sentimentos ou sensação de bem-estar, de alegria, de autoestima, advindo a dor, a lágrima, a frustração.

Daí o erro que se formou e evoluiu ao longo do tempo na jurisprudência, desde o começo do reconhecimento da reparação, tida como indenização. No início, os doutrinadores que precederam e vieram logo após a vigência do Código Civil de 1916 não reconheciam a reparação por dano moral. Ligava-se a indenização por morte ao então art. 1.537 (que no Código atual corresponde ao art. 948), restrita aos danos materiais e às prestações de alimentos. Mas foi o inciso II do mesmo artigo que levou a partir para a reparação moral, quando ordenava que, no caso de homicídio, a indenização envolveria também a prestação de alimentos. Deste ponto avançou-se para a indenização do dano causado pela morte de filho menor – marco inicial para a evolução do direito nesse campo, chegando-se à Súmula 491 do STF, de 1969: "É indenizável o acidente que cause a morte de filho menor, ainda que não exerça trabalho remunerado".

Havia um misto de embasamento patrimonial e moral. O primeiro porque os pais perdiam a expectativa de colaboração do filho no custeio das despesas da família; o segundo, e aí forçando a imposição de se indenizar, diante do sofrimento com a perda. Mesmo que não exercesse nenhuma profissão o filho, reconhecia-se o direito à indenização, fazendo--se tamanha confusão, que ainda hoje persiste, a ponto de limitar o pagamento até a idade presumível do casamento, quando, normalmente, se ponderava que passaria a se preocupar apenas com a sua pessoa e a família então formada.

Num último estágio, tornou-se pacífica a reparação pelo dano moral puro, sem vinculação com o patrimonial, considerada distinta do ressarcimento. De sorte que, ao lado da pensão por morte dos pais, ou daquela pelo que deixaram de auferir se o filho perdeu a vida, estabelece-se outra soma, de cunho totalmente reparatório, e devida pelo fato só da morte. Não interessa a existência de lucros cessantes. Com isso, resolvem-se as situações em que os filhos em nada contribuíam nem passariam a contribuir aos parentes que ficaram. A Súmula 37 do STJ, de 1992, resume a atual tendência: "São cumuláveis as indenizações por dano material e dano moral oriundas do mesmo fato".

5 DANO CONTRATUAL E EXTRACONTRATUAL

No primeiro caso, o prejuízo deflui do inadimplemento de um compromisso contratual. O descumprimento de um dever contratual é o fator humano mais decisivo na provocação de danos. É a obrigação o liame jurídico entre dois ou mais sujeitos, que tem por objeto uma prestação determinada. O credor sofre um prejuízo com o proceder da outra parte, que desrespeita o conteúdo da obrigação.

Uma das características básicas desse dano é a possibilidade de substituição da declaração de vontade, negada pelo devedor, por sentença judicial.

O dano extracontratual, ao contrário, consuma-se com a infração de um dever legal. Nele, a antijuridicidade se produz como consequência do ataque a um direito absoluto do prejudicado. Envolve o desrespeito à lei, às normas que traçam a conduta humana, e está fundado na culpa aquiliana. Corresponde a qualquer desrespeito a um direito de um terceiro, ou a infrações com resultados negativos em relação às partes, que se relacionam com o causador. Em tese, há a lesão a uma norma jurídica. Enquanto a norma disciplina um direito, a antijuridicidade se exterioriza como contrariedade à sua aplicação. Esse requisito, a contrariedade, obviamente, traz resultados negativos ao patrimônio alheio.

Equivale o dano a qualquer prejuízo que não deriva do inadimplemento de uma obrigação, mas é produzido por um fato que fere a regra jurídica, à qual todos se encontram subordinados. Anota Jaime Santos Briz que ele nasce da violação genérica do princípio *neminem laedere*:[26] qualquer fato do homem provocador de dano a outrem obriga ao ressarcimento. O fato humano que o produz é antijurídico e revela contrariedade às normas específicas e aos princípios gerais de direito. Por sua vez, o ato humano consistente no inadimplemento de um dever gera o dano contratual.

6 DANO INDIRETO

Costuma-se dizer que um mal nunca vem só, mas, com muita frequência, acarreta outro que, por sua vez, pode determinar um terceiro, e assim sucessivamente.

No estudo em questão, não nos interessa o resultado imediato ou direto do acidente, como os danos materiais ou físicos. Importa a indagação sobre as consequências remotas e indiretas, *v.g.*, os percalços advindos após o fato, a impossibilidade de atender certo compromisso, a não realização de um negócio combinado antecipadamente, entre outras hipóteses.

Em outras palavras, a obrigação de indenizar se restringe aos lucros cessantes e aos danos materiais imediatos do acidente? Não cabe declarar a responsabilidade em relação a todas as decorrências, inclusive às mais remotas? O vínculo de causalidade entre o fato e o resultado vai desaparecendo paulatinamente, até sumir por completo?

No direito francês antigo, já ensinava Pothier que o autor de uma culpa não deve reparar as consequências indiretas, senão as imediatas. Essa ideia foi conservada pelo art. 1.151 do Código Napoleônico, que expressa: "Inclusive no caso em que o não cumprimento da convenção resulte do dolo do devedor, os danos e prejuízos não devem compreender, com respeito às perdas sofridas pelo credor e à garantia da qual fora privado, senão aqueles que sejam consequência imediata e direta do inadimplemento da convenção".

Os autores, especialmente os Mazeaud, Tunc e Capitant, dissertando sobre o dispositivo, indagam quanto à extensão de sua abrangência. A rigor, ele se restringe à convenção, pelos termos empregados, constituindo um preceito especial aplicável à responsabilidade contratual. A regra não se estenderia ao inadimplemento doloso ou culposo, nascido do ato ilícito.

Para uma exegese correta do art. 1.151, há de se observar a parte do texto legal que diz: "Inclusive no caso em que o não cumprimento da convenção resulte do dolo do deve-

---

[26] *La responsabilidad civil*, ob. cit., p. 135.

dor...". Esse detalhe, ponderam Mazeaud, Mazeaud e Tunc, determina que não seja limitada à esfera contratual a regra estatuída no preceito legal, sob pena de agirmos contrariamente à equidade. Pois como admitir que o devedor dolosamente culposo, tendo faltado com sua obrigação no contrato, seja mais bem tratado que o autor de uma simples culpa delitual, materializada em negligência ou imprudência? O ditame acima "no es sino la aplicación de los principios generales de la responsabilidad civil, que se enlazan con la necesidad de un vínculo de causalidad. Si el perjuicio indirecto no debe ser reparado por el deudor, es por no poseer un vínculo de causalidad suficiente con la culpa cometida por ese deudor con el incumplimiento de la obligación".[27]

O que realmente importa é a análise do vínculo de causalidade, que efetivamente pode livrar o demandado do ônus da reparação dos danos indiretos. Indiferente é o fato de o direito perseguido se relacionar a um contrato ou a um ato ilícito.

Em princípio, importa visualizar a causa primeira que desencadeia a consequência. Se a culpa inicial não desempenhou um papel suficientemente decisivo na consumação do dano, ou se ausente a culpa inicial não adviria a lesão, o autor não responde pela cadeia de prejuízos remotos e ocorríveis após o evento, como veremos adiante.

O direito civil brasileiro, ao regular a matéria, foi mais feliz que o Código Civil francês. O art. 403 do Código Civil não fala em convenção: "Ainda que a inexecução resulte de dolo do devedor, as perdas e danos só incluem os prejuízos efetivos e os lucros cessantes por efeito dela direto e imediato, sem prejuízo do disposto na lei processual". Como norma geral, a indenização há de ser a mais completa possível, preconiza o art. 402. É o que já se encontrava na lição de A. von Tuhr: "El autor del acto ilícito, verbigracia de las lesiones o las averías, si se trata de un objeto, es responsable de todas las consecuencias que del acto se derivan para el patrimonio del lesionado. Quien infringe sus deberes contractuales, viene obligado a resarcir todos los daños que de esta conducta ilegítima se derivan para el acreedor".[28]

No entanto, o art. 403 tempera o rigor da lei e delimita o alcance ou a extensão da indenização. As perdas e danos, segundo padrões do direito francês, professados pelo nosso direito, não incluem mais que os prejuízos efetivos e os lucros cessantes, mas por efeito direto e imediato da inexecução ou do dano. Vale dizer, é essencial não somente a existência da obrigação ou da lesão, e sim, precipuamente, de uma relação de causa e efeito na inexecução do contrato, ou na prática de um ato delituoso, o que acentua A. von Tuhr: "Ha de tratarse siempre de daños que sean realmente consecuencia del acto ilícito o de la infracción contractual, ya que entre el hecho que es fuente de responsabilidad y el perjuicio cuya indemnización se reclama tiene que mediar la relación de causa y efecto: es el requisito a que suele darse el nombre de conexión causal", bem esclarece Von Tuhr.[29]

Quando desponta uma nova consequência, ou quando o dano não é efeito direto e imediato de um ato ilícito?

Este é o ponto crucial da questão. Carvalho Santos esboça uma resposta: "Quando, para não agravar os danos resultantes do inadimplemento, ocorre uma série prolongada de atos ou eventos, que não são efeitos necessários do inadimplemento".[30] Não é possível tomar em consideração os prejuízos que só têm uma remota ligação com a inexecução. Em geral, as partes não preveem mais que as perdas e danos que o credor poderá sofrer referentemente

---

[27] *Tratado teórico y práctico de la responsabilidad civil.* Buenos Aires: Ejea, 1963. v. 2, t. II, n. 1.670, p. 255.

[28] *Tratado de las obligaciones*, ob. cit., t. I, p. 61.

[29] Idem, ibidem.

[30] *Código Civil brasileiro*, ob. cit., t. XIV, p. 257.

à coisa não obtida, ou danificada. Exemplificativamente, tomando-se hipótese semelhante à citada por Pothier, se contrato a compra e venda de uma mercadoria, vindo ela a não ser entregue, o comprometente vendedor está obrigado a indenizar o montante pago a mais pela coisa da mesma qualidade, adquirida de uma terceira pessoa. Se por falta do produto, porém, deixo de lucrar ou receber pagamentos, não se extrai surja o ônus de reparar por lucros cessantes. Essa circunstância qualifica-se como causa estranha ao objeto do contrato, não prevista ou assumida pelos envolvidos.

Se adquiro uma rês e ela está infectada por moléstia contagiosa, vindo a morrer e a contaminar outros animais, nasce o imperativo do ressarcimento, no valor estipulado para cada animal. Deixando de lavrar as terras com aquele evento, decorre naturalmente o encargo de indenizar pelos lucros perdidos com a não cultivação do solo? Absolutamente. O efeito é remoto. Não desponta o requisito do dano imediato. Cumpria ao proprietário providenciar outros animais para lavrar, ou tomar medidas adequadas à substituição daqueles dizimados.

Se um motorista incide em uma infração, vindo a ser perseguido por um policial, que provoca um acidente, não responde pelos danos havidos na colisão. Determinou ele a perseguição policial, mas não condicionou o desempenho do carro abalroado a uma velocidade inadequada e perigosa.

Não é essa a solução no direito alemão, segundo as diretrizes traçadas por Von Tuhr: "El autor no responde solamente del daño causado de un modo directo por el hecho dañoso, sino que es también responsable de cuantas consecuencias se produzcan por la concurrencia de otras circunstancias ulteriores. Así, por ejemplo, en caso de deterioro de una máquina, el daño inmediato es la disminución de valor que la máquina sufre, pero de esto pueden derivarse consecuencias ulteriores, a saber: el paro de la industria, con el conseguinte perjuicio de ganancias malogradas, y puede también sobrevenir el vencimiento de una pena convencional que el fabricante haya de abonar a un cliente por demora en la entrega de la mercancia. La rotura de una pierna, que es daño inmediato, puede llevar aparejada, como daño indirecto, la rotura de la otra pierna, causada por el paciente... en virtud de la falta de la primera. Las circunstancias que sobrevienen al daño originario y lo agrandan pueden consistir en accidentes naturales, en actos de terceras personas o en la propia conducta del lesionado".[31]

Como está visto, o dano indireto é aceito irrestritamente.

Aceitando-se, porém, o dano por este sistema, situações insustentáveis aconteceriam. A vítima, embora não faça do veículo um meio de subsistência, teria justificativas e argumentos para reclamar ressarcimento de despesas de táxi, de locação de carros, quando desnecessárias, porquanto outros meios de locomoção mais baratos se ofereciam.

A definição da expressão "imediato e direto" é de grande relevância para chegarmos ao alcance ou à extensão do ressarcimento.

Com profundidade, Agostinho Alvim, apoiado na doutrina francesa e italiana, explica o conceito daqueles termos, dizendo que nada mais significam senão o nexo causal necessário estabelecido entre o fato e as consequências.[32] Suposto certo dano, considera-se causa dele a que lhe é próxima e está diretamente ligada a ele. Subordinando-se a lesão a uma causa, desde que seja necessária, conduz à indenização. Não se outra opera, por si, o dano. Reclama a lei a existência do liame entre o inadimplemento da obrigação e o dano, de modo que aquele origine o último. Portanto, é o dano consequência direta e imediata de certo ato quando entre ele e o ato se estabeleça uma relação de causa e efeito. A causa remota dificilmente

---

[31] *Tratado de las obligaciones*, ob. cit., t. I, p. 62.

[32] *Da inexecução das obrigações*, ob. cit., p. 360.

tem o poder de provocar o dano sem o aparecimento de causas próximas ou mais imediatas. Exemplificando, na hipótese salientada por Agostinho Alvim, "se o comprador, após receber a coisa comprada, verifica que a mesma tem defeito oculto, e, tomando dela, vai ter com o vendedor, a fim de obter outra, e se se dá o caso que, em caminho, é atropelado por um veículo, responderá o vendedor da coisa por este dano? Não responderá".[33] O comportamento do vendedor surge como causa remota. Desponta a interferência de outros agentes, como a própria culpa do comprador ou do condutor do veículo. Este elemento foi o provocador do evento, rompendo o liame ou o nexo entre o dano e a venda lesiva.

Nesta linha de raciocínio, se um veículo, culposamente, atropela um animal utilizado para lavrar a terra, e o incapacita para o trabalho, teríamos, neste acontecimento, um fator determinante do descalabro econômico do produtor. Entretanto, se o indenizado não busca outros meios de preparar a terra, a causa imediata do prejuízo é a falta de iniciativa do agricultor, não o acidente. Como se observa, o aparecimento de uma nova causa rompe o nexo entre o fato lesivo e a obrigação de reparar.

Suponha-se a hipótese da mudança de mobiliário de uma casa para outra, por ordem do proprietário, que afastou o inquilino injustamente. No caminho, a chuva danifica os móveis. Quem suportará os prejuízos? O próprio lesado ou o transportador? Ao locador não se atribui nenhuma parcela de culpa. Os elementos favoráveis aos estragos, como a precipitação de água e o descuido do transportador ou da sedizente vítima, tornaram-se causa mais próxima relativamente à atitude do locador.

Em síntese, ao primeiro fato determinante de um comportamento sobrevém novo fator, que faz nascer uma atitude ou consequência nova. Interrompe-se o nexo, libertando o causador do primeiro dano da responsabilidade da lesão subsequente, eis que uma terceira pessoa se interpõe no desencadear dos resultados, que passa a ordenar o rumo das ações.

Esta é a teoria defendida por Tomaso Mosca, de grande êxito, bem aceita por Agostinho Alvim. Há a interrupção do nexo causal pela superveniência de um novo fato, fazendo cessar a obrigação do autor da primeira causa, que passa a ser remota.[34]

É necessário observar que a praxe considera o dano indireto em outro sentido, ou seja, na perspectiva dos legitimados a buscar a reparação. Admite-se como titular da pretensão não apenas aquele que foi diretamente atingido, mas igualmente as pessoas próximas da vítima, que conviviam com ela ou que tinham algum grau de afinidade ou parentesco. Nessa dimensão, a denominação mais apropriada consistiria em dano moral reflexo. Em uma morte, *v. g.*, não somente o cônjuge, o convivente, os filhos, os progenitores se colocariam na linha de legitimados ao direito de reparação, mas igualmente irmãos e eventuais outros parentes.

Embora a matéria seja objeto de análise em outro capítulo, adianta-se essa dimensão dada ao dano indireto, como se observa da seguinte decisão do STJ:

"1. Conquanto a legitimidade para pleitear a reparação por danos morais seja, em princípio, do próprio ofendido, titular do bem jurídico tutelado diretamente atingido (CC/2002, art. 12; CC/1916, arts. 75 e 76), tanto a doutrina como a jurisprudência têm admitido, em certas situações, como colegitimadas também aquelas pessoas que, sendo muito próximas afetivamente ao ofendido, se sintam atingidas pelo evento danoso, reconhecendo-se, em tais casos, o chamado dano moral reflexo ou em ricochete.

---

[33]   Idem, p. 360-361.

[34]   "Nuovi studi e nuova dottrina sulla colpa nel diritto civile, penale ed administrativo", 1896, *Da inexecução das obrigações*, ob. cit., p. 346.

2. O dano moral indireto ou reflexo é aquele que, tendo se originado de um ato lesivo ao direito personalíssimo de determinada pessoa (dano direto), não se esgota na ofensa à própria vítima direta, atingindo, de forma mediata, direito personalíssimo de terceiro, em razão de seu vínculo afetivo estreito com aquele diretamente atingido.

3. Mesmo em se tratando de dano moral puro, sem nenhum reflexo de natureza patrimonial, é possível reconhecer que, no núcleo familiar formado por pai, mãe e filhos, o sentimento de unidade que permeia tais relações faz presumir que a moral perpetrada diretamente contra um deles repercutirá intimamente nos demais, atingindo-os em sua própria esfera íntima ao provocar-lhes dor e angústia decorrentes da exposição negativa, humilhante e vexatória imposta, direta ou indiretamente, a todos".[35]

---

[35] EDcl no REsp 1.683.014/SP, 2.ª Turma, rel. Herman Benjamin, j. 12.12.2017, *DJe* 19.12.2017.

Capítulo III
Concausa e Responsabilidade

1 CONCAUSA OU CAUSA SUPERVENIENTE

Uma das questões mais delicadas no âmbito da reparação relaciona-se à concausa, ou à causa superveniente, que agrava a lesão provocada pelo acidente, ou conduz ao resultado letal. Não é raro receber o paciente um tratamento médico defeituoso, insuficiente, equivocado, que leva à paraplegia definitiva ou até à morte. O acidente não causou, por si, a morte. O término da vida foi consequência do tratamento médico ou hospitalar deficiente, a que se submeteu o lesionado. O médico não empregou a perícia e a técnica próprias e normalmente exigidas para a hipótese. O hospital negligenciou no internamento e nos cuidados a que estava em condições de oferecer. Ao ser examinado, o doente não teve diagnosticada uma fratura craniana, que desencadeia uma hemorragia interna e leva à morte. O profissional descurou dos exames recomendados para o caso, como a exigência de radiografias mais apuradas, o estudo da pressão arterial, ignorando a ruptura de um órgão interno, que trouxe o desenlace fatal.

Uma situação mais palpitante é colocada pelo Professor Fernando Noronha: "Suponha-se que alguém fique gravemente ferido entre a lataria de um veículo, num acidente de trânsito. Outra pessoa corre a socorrê-la e consegue retirá-lo precisamente no momento em que o carro se incendeia, pelo que também acaba sofrendo queimaduras. Um e outro são levados ao hospital, e ali ficam em tratamento por algumas semanas. Durante o tratamento, um deles (não importa qual) pega uma infecção hospitalar, que agrava o seu estado. Quando lhe é dada alta, está incapacitado para o trabalho devido às lesões sofridas no acidente, mais as sequelas da infecção hospitalar. Anos depois ainda tem uma recaída, consequência das mesmas lesões.

"E, ainda nesse exemplo, são cogitáveis outros danos para os sinistrados e para outras pessoas. Suponha-se que um deles, por causa do internamento, deixou de fazer negócio lucrativo, ou que sua esposa sofreu um ataque cardíaco ao saber da notícia de que o marido estava no hospital, ou ainda que ele era artista a caminho de uma apresentação e que os seus fãs, ignorando o sucedido e exasperados pelo tempo de espera, iniciaram um processo de quebra-quebra...

"Em relação a todos os danos descritos, pode-se afirmar que nenhum se teria verificado se não houvesse acontecido o acidente de trânsito. O responsável por este... terá de responder por todos eles?"[1]

Martinho Garcez Neto, um dos estudiosos da matéria, apoiado em doutrina bastante clássica, não desliga o evento prejudicial do fato primitivo, que é o acidente, considerando-o

---

[1] Nexo de causalidade na responsabilidade civil, *Revista ESMESC* – Escola Superior da Magistratura de Santa Catarina, n. 15, p. 126-127, jul. 2003.

o causador do dano. O médico e o hospital ficam liberados da responsabilidade. Lembra o ensinamento de Enneccerus-Lehman: "O dever de indenizar em consequência de uma lesão corporal estende-se, também, em princípio, às consequências de um tratamento médico defeituoso".[2]

Não é mister que o nexo causal seja imediato, bastando a causalidade mediata. O nexo causal entre um ato e um resultado por ele produzido não se destrói simplesmente pelo fato de que este resultado seja consequência posterior de outra circunstância, reforça o tratadista Alvino Lima, ousando, ainda, sustentar a responsabilidade do agente da lesão pela morte provocada por uma anestesia ou septicemia. E que o autor da lesão tornou possível aquele resultado. Há uma condicionalidade que vincula o resultado último ao fato primitivo. O agravamento do quadro clínico, as circunstâncias concorrentes na produção do dano não têm a virtude de excluir a existência daquele nexo causal. Em termos concretos, se um processo infeccioso desencadeia a morte, revelando-se o sintoma do mal na pneumonia traumática, o acontecimento não apareceria se a pleura e o pulmão da vítima não houvessem sofrido lesões. Mesmo que o ferimento, por si mesmo, seja incapaz de provocar o desenlace, mas verificando-se o resultado, pelas decorrências responde o autor da lesão. Pouco interessa a imperícia do médico. Seguindo-se a doutrina de Savatier,[3] de Von Tuhr,[4] de De Page,[5] pode--se ir mais além, incutindo-se a obrigação ao agente mesmo que a morte promane de um incêndio do hospital, ou de um acidente operatório, desde que a vítima tenha se internado por motivo da lesão.

A prática não permite o alinhamento aos entendimentos ou teorias acima.

O Código Civil brasileiro adotou a causa do dano direto e imediato, com amparo no art. 403, preceituando: "Ainda que a inexecução resulte de dolo do devedor, as perdas e danos só incluem os prejuízos efetivos e os lucros cessantes por efeito dela direto e imediato, sem prejuízo do disposto na lei processual".

Interessa, no caso, o dano que é efeito direto e imediato do fato causador, e não o remoto, ou o advindo de novas causas. Apenas aqueles danos que têm relação com o fato ocorrido, e não outros que aparecerem. No acidente de trânsito, circunscreve-se a indenização à reparação dos danos resultantes daquele acidente, e não dos que aparecem por deficiente tratamento médico, ou por infecção hospitalar. O alcance da indenização não ultrapassará as medidas ditadas pela natureza do ferimento. Se o ato desencadeou uma alteração anatômica do organismo humano, mas se uma segunda causa agrava essa alteração, a conclusão é que surge um fenômeno superveniente, o qual determina um segundo resultado, a que deve responder o provocador. Não sendo assim, estaremos dando um tratamento diferenciado e injusto aos agentes, cujas ações são distintas em gravidade e em consequências. Como admitir equidade se inculcarmos o peso da indenização ao causador do acidente, se de seu comportamento advém uma simples lesão, a qual, mal cuidada pelo médico, conduz a um processo infeccioso de nefastos males?

Maria Helena Diniz retira a seguinte passagem de uma decisão do STF, no voto da lavra do então Min. Moreira Alves: "Ora, em nosso sistema jurídico, como resulta do disposto no art. 1.060 do CC, a teoria adotada quanto ao nexo de causalidade é a teoria do dano direto

---

[2]   *Tratado de derecho civil* – Derecho de obligaciones, t. II, v. 1, p. 72, nota 13, in Martinho Garcez Neto, *Prática*, ob. cit., p. 31.

[3]   *Traité de la responsabilité civile*. 2. ed. Paris: LGDJ, 1951. t. II, n. 444.

[4]   *Tratado de las obligaciones*, ob. cit., t. I, p. 63.

[5]   *Traité élémentaire de droit civil belge*. Bruxelas: Bruylant, 1950. v. 2, n. 961, p. 908-909.

e imediato, também denominada teoria da interrupção do nexo causal. Não obstante aquele dispositivo da codificação civil diga respeito à impropriamente denominada responsabilidade contratual, aplica-se ele também à responsabilidade extracontratual, inclusive à objetiva, até por ser aquela que, sem quaisquer condições de ordem subjetiva, afasta o inconveniente das outras duas teorias existentes: a da equivalência das condições e a da causalidade adequada (cf. Wilson de Melo da Silva, *Responsabilidade sem culpa*, ns. 78 e 79, p. 128 e ss., Saraiva, 1974)".[6]

Muito apropriadamente sustentava Orgaz faltar o nexo causal "en el caso de que la predisposición del sujeto determine un daño manifestamente desproporcionado en el resultado normal de la acción antijurídica: así, en el ejemplo antes señalado de la lesión leve que produce la muerte a causa de la hemofilia que padecía la víctima, o del ligero golpecillo dado en la cabeza y que determina la muerte en razón de que el sujeto padecía de una debilidad de los huesos craneanos... En estos casos, la acción del agente no puede considerarse adecuada para producir la muerte, y ésta se reputa meramente casual o fortuita. Pero si la acción era por sí misma adecuada para ese resultado, es indiferente que éste se haya producido con la colaboración de las predisposiciones de la víctima".[7]

A responsabilidade do autor direto mede-se de acordo com a natureza da lesão. Pelos eventos que aparecerem, provocados por causas outras, o responsável é a pessoa que os originou por sua culpa.

Não se indenizam os efeitos remotos ou distantes, ou aqueles que permitem concluir que derivam de outras causas. Se adquirida uma mercadoria alimentícia contaminada ou estragada, o seu custo torna-se indenizável, e mais os prejuízos que causou, como o tratamento médico de quem ingeriu, o lucro perdido porque não realizada a venda. Não, porém, as supostas perdas porque não pôde o comerciante comprar outro bem com o lucro que conseguiria, ou por ficar impossibilitado de expandir seu negócio, ou pelo fato de não pagar as suas dívidas.

Na eventualidade de um abalroamento do veículo, ressarcem-se os custos para a recuperação, os lucros cessantes em face do não uso ou dos dias paralisados, ou as despesas pela locação de outro veículo. Não entram na indenização as perdas por haver perdido negócios de transporte, ou em razão de dívidas pendentes que não puderam ser satisfeitas.

Ainda em caso de acidente automobilístico, acrescenta Carlos Roberto Gonçalves, "no instante em que se dirigia ao aeroporto para uma viagem de negócios, [a vítima] pode responsabilizar o motorista causador do dano pelos prejuízos que resultarem direta e imediatamente do sinistro, como as despesas médico-hospitalares e os estragos do veículo, bem como os lucros cessantes, referentes aos dias de serviço pedidos. Mas não poderá cobrar os danos remotos, atinentes aos eventuais lucros que poderia ter auferido, se tivesse viajado e efetuado os negócios que tinha em mente".[8]

A falta de pagamento de uma dívida importa no direito de cobrá-la, sem dar amparo a pedir o reembolso dos custos de um empréstimo bancário que o credor se viu obrigado a contratar.

Pode-se aproveitar em parte, em situações especiais, a teoria da equivalência das causas de Von Buri, exposta por Mazeaud e Mazeaud, segundo a qual todos os acontecimentos que concorreram para a produção do dano são causas deste, diremos que respondem pela indenização não apenas quem deu o primeiro passo para o evento, mas igualmente aqueles

---

[6] *Dicionário jurídico*. São Paulo: Saraiva, 1998. p. 522 e ss.

[7] *El daño resarcible*, ob. cit., p. 149.

[8] *Responsabilidade civil*, ob. cit., p. 525.

que participaram para o desenlace final – no entanto, cumpre notar, desde que os agentes procederam culposamente e as ações puderem ser destacadas, com um papel decisivo, verdadeiramente efetivo, na lesão. Eis por que interessa, também, neste ponto, a teoria da causalidade adequada, de Von Kries, pela qual a relação entre o acontecimento e o dano resultante deve ser adequada, cabível, apropriada. Entendimento este que é adotado pela jurisprudência: "Teoria da causalidade adequada: nem todas as condições que concorrem para o resultado são equivalentes devendo ser considerada como relevante para o nexo causal somente aquela que foi a mais adequada a produzir concretamente o resultado danoso. No sistema de responsabilidade civil vigente, as concausas não interferem no nexo causal imputado ao agente, ao qual cabe suportar os riscos decorrentes da situação em que colocou a vítima".[9]

Não se atribuindo toda a responsabilidade ao que desencadeou o fato, mas a todos os que atuaram com ações adequadas ao resultado, cada partícipe reparará apenas "as consequências naturais e prováveis da culpa" (tradução livre),[10] ou de sua ação.

Isso desde que não se delire ou se desborde da realidade. O dano é tamanho, às vezes, que as decorrências acontecem necessariamente e abrangem outros problemas. Suponha-se o paciente que recebe um tratamento equivocado ministrado por médico, que torne seu organismo sem defesas contra agentes externos, como fungos e outras doenças de fundo viral; posteriormente, quando de novo internamento hospitalar, vindo a sofrer novos baques, com outras infecções, mantém-se o nexo causal que responsabiliza o médico pelo tratamento equivocado. Ocorre que as doenças subsequentes decorreram dos efeitos do primeiro tratamento médico.

2 CONCORRÊNCIA DE CULPAS E CAUSALIDADE

Trataremos, agora, da concorrência de culpas, e não da superveniência de causas.

A indenização reparte-se quando há concorrência de culpas. E a concorrência é determinada pela presença de duas ou mais causas originadoras do evento. As causas são os comportamentos culposos. Somam-se as culpas determinantes do dano, aparecendo o vínculo de causalidade entre elas e os prejuízos. Não basta, assim, o procedimento culposo, mas deve apresentar-se o liame da causa e do efeito entre as culpas e o dano. É preciso que o mal sofrido seja consequência do ato culposo. Expressa Luiz Cláudio Silva: "Tem-se como concorrente a culpa quando os envolvidos no evento danoso concorrem para o seu acontecimento. Assim, a responsabilidade é dividida entre eles, de acordo com a concorrência de culpa de cada um, sendo os prejuízos experimentados rateados nessa proporcionalidade".[11]

O Código Civil de 2002, sanando omissão do Código de 1916, trouxe norma específica sobre o assunto no art. 945: "Se a vítima tiver concorrido culposamente para o evento danoso, a sua indenização será fixada tendo-se em conta a gravidade de sua culpa em confronto com a do autor do dano".

Num acidente, o motorista que, à noite e em pista molhada, desenvolvendo velocidade excessiva e cometendo imprudências nas ultrapassagens, derrapa ao frear, fato este que leva o veículo que vem atrás a colidir nele, não suportará sozinho toda a responsabilidade, pois competia ao outro condutor manter uma distância regulamentar entre o seu carro e o que

---

[9]   TJRS, 12.ª Câm. Cív., Ap. Cív. 70033709379, rel. Des. Umberto Guaspari Sudbrack. j. 14.06.2012.

[10] No original: "les consequences naturelles et probables de la faute". Henri e Léon Mazeaud, *Traité théorique et pratique de la responsabilité civile*. 4. ed. Paris: Sirey, 1949. t. II, p. 358, n. 1.441.

[11] *Responsabilidade civil* – Teoria e prática das ações. Rio de Janeiro: Forense, 1998. p. 15.

seguia à frente. De igual modo, se dois automóveis disputam carreira em pista de movimento, impedindo a passagem de um terceiro carro no sentido contrário, que acaba saindo da estrada e batendo num obstáculo, ambos os motoristas responderão pela indenização. E assim na hipótese de uma pessoa dirigir embriagada, em velocidade incompatível, provocar danos juntamente com outro proprietário que não respeita o sinal preferencial. Incontáveis são as situações. A culpa dá origem ao dano, mas porque há o vínculo causal entre o fato e o resultado. Ainda, no acidente de trabalho, se o empregado não obedece às regras de segurança, enquanto o empregador se mostra omisso na imposição da observância, fazendo vistas grossas à inobservância.

Como aquilatar a responsabilidade? Pelo grau ou gravidade da culpa? A resposta afirmativa parece ser a mais correta, frente ao citado art. 945. No entanto, Tunc e os Mazeaud ponderavam que se deve observar a causalidade, "y no, en si, la gravedad de la culpa. La gravedad de la culpa no es sino un elemento de su causalidad. Con frecuencia es un elemento determinante en particular, en caso de choque de vehículos o de atropello de un peatón por un vehículo. Sin embargo, no es el único elemento de la causalidad... La gravedad intrínseca de su culpa no es lo que importa; sino la importancia de su culpa en la realización del daño".[12]

Seja como for, a gravidade da causalidade importa em gravidade da culpa. Se, num acidente, o veículo não pode desviar de outro contra o qual colidiu em decorrência de pedras e material de construção lançados na pista por terceiro, cuja culpa se acentua na medida em que se prolonga a permanência do material na via, não deixa de ser causa principal do fato a velocidade desenfreada e inadequada do veículo que provocou a colisão. Mas isso em virtude da intensidade da culpa, que, na verdade, será o fator que dimensionará a fixação da indenização de cada parte.

Sobre a distribuição da responsabilidade, orienta Sérgio Cavalieri Filho: "Havendo culpa concorrente, a doutrina e a jurisprudência recomendam dividir a indenização, não necessariamente pela metade, como querem alguns, mas proporcionalmente ao grau de culpabilidade de cada um dos envolvidos".[13]

A culpa da vítima surte um efeito necessário sobre a condenação do demandado. Neste sentido vem decidindo e firmando a jurisprudência, amparada na doutrina. A condenação "debe ser proporcional a la respectiva gravedad de las culpas cometidas. Si las culpas les parecen iguales, dividen por la mitad; pero, si una les parece más caracterizada que la otra, emplean toda la gama de las fracciones: condenan al demandado a reparar 1/10, 1/8, 1/5, 1/4, 1/3, 2/3, 3/4, etcétera, del daño".[14]

Inúmeras são as hipóteses da chamada culpa recíproca, sempre fixando-se a indenização proporcionalmente ao grau de culpa, como quando ambos os motoristas inobservam regras elementares de tráfego, ou o motorista desenvolve uma velocidade inadequada para o local e a vítima atravessa indevidamente a pista, de grande movimento. Igualmente, em situações frequentes, se o condutor diminui a velocidade repentinamente e o carro que está atrás não guarda a distância regulamentar. A dificuldade está em fixar o grau de culpa, para determinar o *quantum* da indenização. Aquele que paga dois terços, por exemplo, das despesas, por não ter inculcada contra si a total responsabilidade, e por se admitir também contra o

---

[12] *Tratado teórico y práctico*, ob. cit., v. 2, t. II, n. 1.443, p. 26.

[13] *Programa de responsabilidade civil*. 4.ª ed. São Paulo: Malheiros, 2003. p. 63.

[14] Henri e Léon Mazeaud e André Tunc, *Tratado teórico y práctico de la responsabilidad civil*, ob. cit., t. II, v. 2, p. 107, n. 1.512. A distribuição da reparação segundo o grau de culpa já estava assente pacificamente na jurisprudência mais antiga: *RT* 443/340; *Lex-JSTF* 23/217; *RTJ* 76/933.

outro alguma parcela, tem assegurado o direito de pleitear, posteriormente, o recebimento correspondente ao grau de culpa atribuído a este, calculado sobre os danos incidentes em seu veículo.

Até aí não se oferecem maiores dificuldades. Existindo, porém, um terceiro lesado, e dois ou mais indivíduos que, de modo culposo, tenham provocado o dano, como se repartirá a responsabilidade? Obrigar-se-ão eles, solidariamente, pelos prejuízos? Indaga-se, outrossim, se é facultado ao lesado, a seu critério, acionar apenas um ou os dois, simultaneamente; ou se a obrigação é dividida proporcionalmente, de conformidade com a medida da culpa, entre cada um dos envolvidos.

O problema aventado não é dos mais simples.

No art. 275 vem delineada a seguinte regra: "O credor tem o direito a exigir e receber de um ou alguns dos devedores, parcial ou totalmente, a dívida comum; se o pagamento tiver sido parcial, todos os demais devedores continuam obrigados solidariamente pelo resto". Completa o art. 942: "Os bens do responsável pela ofensa ou violação do direito de outrem ficam sujeitos à reparação do dano causado; e, se a ofensa tiver mais de um autor, todos responderão solidariamente pela reparação".

Pode o credor, diante de tais normas, demandar o pagamento contra um, ou alguns, ou todos, a sua escolha. Acionado um devedor isolado, conserva intacto o seu direito quanto aos demais, como claramente se colhe da lição de Barros Monteiro, ainda atual, porquanto idêntico o tratamento pelo anterior e pelo atual Código.[15] O devedor demandado não se socorre da faculdade de exigir a presença dos demais para repartir equitativamente a indenização a pagar. Quando muito, possível estabelecer-se a denunciação à lide, para, posteriormente, exercer-se a ação de regresso. Assim pensavam os autores Mazeaud e Tunc: "En el caso de daño causado por la culpa del demandado y por la de un tercero, los tribunales sientan la regla de la solidariedad o, por lo menos, de la obligación, *in solidum*, de los coautores; con ello admiten, desde luego, que el autor de una de las culpas debe ser condenado por todo, y las sentencias justifican esa solución basándose sobre que cada una de las culpas es causa del daño en su totalidad; admiten además que quien haya sido condenado a la totalidad puede repetir contra los autores de las restantes culpas, teniendo en cuenta la gravedad respectiva de las culpas cometidas".[16]

Como se vê, quem paga tem garantido o direito de regresso contra os coautores, segundo a importância respectiva das culpas.

Uma vez verificado o resultado lesivo, sua gravidade poderá evoluir por comportamento culposo posterior da vítima. As consequências igualmente se acentuam, aumentando as despesas e dando causa ao pedido de uma reparação maior. Na eventualidade de a vítima não buscar imediatamente o tratamento recomendado, ou se descuidar das precauções aconselhadas, ou se expor à influência de fatores que a tornam passível de sofrer processos infecciosos, há a sua concorrência no prolongamento da lesão corporal, na incapacidade para o trabalho por um período de tempo mais extenso e na elevação dos gastos exigidos para a recuperação. Não raramente essas hipóteses acontecem. Há pessoas que simplesmente se recusam a procurar um médico, não acolhem o diagnóstico dado e ficam aguardando a recuperação natural.

Ao agente do dano será cominada uma responsabilização proporcional ao resultado: se o prejudicado não trabalhou em número excessivo de dias; ou se o mal foi agravado por sua descura e imprudência, é de todo viável uma perícia, que conduzirá a apurar o período

---

15   *Curso de direito civil* – Direito das obrigações, ob. cit., v. 2, p. 194.
16   *Tratado teórico y práctico de la responsabilidad civil*, ob., cit., v. 2, t. II, p. 27.

do tempo previsível para o restabelecimento físico e a aferir o motivo que provocou a debilitação do organismo.

Há culpa recíproca, mas no sentido de que o mal sofreu agravamento em face da conduta culposa da vítima. Incide o princípio da compensação de culpas, pois esta, consoante afirma Hedemann, "no procuró por los medios exigidos a su alcance evitar o aminorar el daño... El que ha sufrido una lesión corporal causada por otro, podía quedar curado con una operación quirúrgica, o al menos notablemente corregido. Pero, bien por miedo o por ser refractario a las operaciones, rehusa ser operado. Se le puede exigir que se deje operar? El RG se mostró reacionario en un principio a la afirmativa; sin embargo, posteriormente optó, en ciertas circunstancias, por exigir del lesionado que consintiese la operación... Y en caso de insistir en su negativa perdería el derecho a la indemnización de daños".[17]

Não é possível permitir à vítima que ela faça do mal um expediente para angariar algum dinheiro, ou se sirva do acontecimento para explorar o agente do acidente.

---

[17] *Derecho de obligaciones.* Trad. Jaime Santos Briz. Madrid: Revista de Derecho Privado, 1958. v. 3, p. 127.

Capítulo IV

Caso Fortuito e Força Maior

1 CARACTERÍSTICAS E REQUISITOS

Para Arnoldo Medeiros da Fonseca, o maior especialista sobre o assunto, caracterizam a força maior ou o caso fortuito, expressões que encerram o mesmo sentido, a presença do elemento objetivo, que é a inevitabilidade do evento, e a ausência do elemento subjetivo, considerado como a culpa no comportamento.[1]

Relativamente às expressões, Pontes de Miranda traz à tona a distinção que já havia feito Lacerda de Almeida: "Força maior diz-se mais propriamente de acontecimento insólito, de impossível ou difícil previsão, tal uma extraordinária seca, uma inundação, um incêndio, um tufão; caso fortuito é fato previsto, mas fatal, como a morte, a doença etc.".[2] Em seguida, porém, adverte: "A distinção entre força maior e caso fortuito só teria de ser feita, só seria importante, se as regras jurídicas a respeito daquela e desse fossem diferentes",[3] o que não se verifica, pois o Código empresta o mesmo significado às expressões. Considerou a força maior ou o caso fortuito o acontecimento, previsível ou não, que causa danos e cujas consequências são inevitáveis. Ou, o que vem a dar no mesmo, a ocorrência de um fato sem que o homem, especialmente o devedor, tenha sido a causa. De ordinário, é de acontecimento natural que se trata, leciona o mesmo autor.

Enquanto Arnoldo Medeiros acentua os dois requisitos acima para isentar de responsabilidade o ato humano, Aguiar Dias reduz tudo a uma questão de causalidade. A supressão de causalidade exime da obrigação: "Esta noção atende melhor ao que se procura expressar com a noção de caso fortuito ou de força maior e prova do mesmo passo que a ausência de culpa não satisfaz como critério capaz de caracterizar essas causas de isenção".[4]

No entanto, situando-nos mais no primeiro autor, tendo presentes os dois elementos identificados, o conceito envolve todo acontecimento inevitável, necessário, "cujos efeitos não seria dado a nenhum homem prudente prevenir ou obstar",[5] no que se coaduna com o CC, cujo art. 393 expressa: "O devedor não responde pelos prejuízos resultantes de caso fortuito ou força maior, se expressamente não se houver por eles responsabilizado". Por sua vez, o parágrafo único traz a definição de caso fortuito ou força maior: "O caso fortuito ou de força maior verifica-se no fato necessário, cujos efeitos não era possível evitar ou impedir".

---

[1] *Caso fortuito e teoria da imprevisão*. 3.ª ed. Rio de Janeiro: Forense, 1958. p. 147.

[2] *Tratado de direito privado*, ob. cit., t. XXIII, p. 78, § 2.792, n. 2.

[3] Idem, p. 79.

[4] *Da responsabilidade civil*, ob. cit., v. 2, p. 723.

[5] Arnoldo Medeiros da Fonseca, *Caso fortuito e teoria da imprevisão*, ob. cit., p. 147.

2 CASO FORTUITO, OU FORÇA MAIOR E CONDUTA CULPOSA

Para que o fato seja necessário não pode existir culpa, além de ser inevitável. O devedor não tem meios de afastá-lo, como veremos no item seguinte.

É inconciliável o princípio com a culpa. Afigura-se inevitável o evento se aponta uma causa estranha à vontade do obrigado, irresistível e invencível, o que sói acontecer caso não tenha concorrido culposamente o agente. Não agindo precavidamente, desponta a culpa, o que leva a deduzir não ter sido inevitável.

A inevitabilidade está ligada à ausência de culpa. Um requisito não subsiste sem o outro. Presentes os dois, há impossibilidade de impedir o acontecimento, ensinam os doutos.

De salientar que o seu conteúdo é amplo. Se ela vem incrustada no comportamento, desaparece a inevitabilidade. Ou o fato, pela sua imprevisibilidade, se tornou irresistível, aparecendo como inevitável, o que equivale à impossibilidade; ou o autor tinha meios de resistir ao evento, mesmo que imprevisível, conduzindo à configuração da culpa, se não resistir. Na eventualidade de estar munido de meios para resistir diante da imprevisibilidade, não incide a isenção de responsabilidade. O fato súbito e inesperado forma elemento integrante do caso fortuito quando não pode ser evitado, dentro das possibilidades do devedor.

3 INEVITABILIDADE DO FATO E IMPOSSIBILIDADE DA OBRIGAÇÃO

No plano teórico, formulam-se as noções acima, mas só mediante situações fáticas compreende-se melhor o problema no seu aspecto prático. Como lecionam os autores, não há fatos que possam, *a priori*, ser sempre considerados casos fortuitos. A inevitabilidade existe hoje, e amanhã já poderá desaparecer. Para determinado cidadão ela se apresenta, e diante de outra pessoa, numa posição diferente, não raro acontece o contrário. A fim de que ela seja completa e plenamente comprovada, a obrigação há de ser impossível. Só então não acontece a culpa e o fato é necessário.

A liberação do devedor em cumprir certo ato está subordinada à impossibilidade absoluta e não relativa.

Há quem ligue a impossibilidade relativa à impossibilidade pessoal, que se revela na contingência ou falta de condições da pessoa. A comparação é discutível, pois assim mesmo pode ela ser total ou absoluta para todos os sujeitos da obrigação. É absoluta se o obrigado não conclui um trabalho contratado porque sobrevém uma doença, que o incapacita ao trabalho. Não é a dificuldade, por mais pesada que seja, que desonera do dever assumido, nem um problema posterior e não esperado, como a falta de dinheiro para adquirir, à guisa de exemplo, a matéria-prima necessária à fabricação do objeto contratado. Competia ao agente prever o custo e as exigências do compromisso aceito com a devida antecedência.

Há impossibilidade no cumprimento de uma obrigação porque apareceu um acontecimento inevitável. É inevitável quando for superveniente. Nestas condições, se o contrato vem a ser celebrado durante uma guerra, não se admite ao devedor alegar, depois, as dificuldades oriundas dessa mesma guerra para furtar-se às obrigações.

A inevitabilidade reclama que seja o evento irresistível, fora do alcance do poder humano. Desde que seja impossível a remoção pela vontade do devedor, não há que se cogitar da culpa deste pela inexecução da obrigação,[6] pois independe de qualquer previsão da pessoa o fato. O mesmo acontece se uma guerra surge após feito o contrato, impossibilitando o

---

6   Washington de Barros Monteiro, *Curso de direito civil* – Direito das obrigações, ob. cit., v. 1, p. 364.

atendimento das obrigações, o que libera o devedor do adimplemento. Da mesma forma, se há o bloqueio de um porto, ou se uma autoridade proíbe o trânsito em determinada região, não permitindo, assim, que uma mercadoria chegue ao destino. Irrompendo uma geada em região onde não ocorria tal fenômeno, inutilizando toda uma plantação; ou sendo sancionada uma lei, proibindo a exportação de um produto; ou acontecendo a queda de uma ponte, interrompendo o caminho para certo local; ou uma doença acamando um construtor, entre outros eventos, constituem fatos inevitáveis, que a vontade humana não está apta a superar ou remover, justificando a impossibilidade no cumprimento do compromisso contratado.

Envolvem a mesma liberação se uma obrigação deixa de ser atendida em virtude de uma greve deflagrada, atingindo todos os empregados; ou porque falta a matéria-prima no mercado, indispensável para a fabricação de um bem encomendado; ou devido ao desaparecimento de uma espécie de semente para uma cultura agrícola. A impossibilidade advinda é absoluta. Mas há situações melindrosas. Muitos acontecimentos não determinam, propriamente, a impossibilidade no adimplir da obrigação assumida em um contrato. No entanto, tornam-na extremamente difícil e onerosa, exigindo tamanhos sacrifícios que assume o aspecto de impossibilidade.

No caso de um contrato envolvendo a remessa de mercadorias para uma localidade servida por ferrovia, e danificando-se os trilhos, não está constrangido o devedor a adquirir caminhões, ou a fretá-los de terceiro, a qualquer preço, não havendo serviço regular de transporte em estrada de rodagem.

Observa Carvalho Santos que a impossibilidade deve ser entendida em termos, no que encontra apoio em Arnoldo Medeiros. Atender-se-ão as condições objetivas no caso concreto e o grau de capacidade humana para fazer frente ao compromisso. A lei não impõe o ônus de arruinar-se para o desincumbir da tarefa.[7]

Se uma greve de fretadores de transportes de carga irrompe após a assinatura de um contrato, não se reclama a remessa via aérea do produto. A dificuldade assume contornos de impossibilidade, acarretando sacrifícios insuportáveis.

No entanto, os problemas que surgem imprevistamente no mundo dos negócios, como repentino retraimento dos bancos, cancelamento de um empréstimo prometido, não escusam o devedor. Comum é tal expediente usado para justificar o não pagamento de uma dívida. A falta de recursos financeiros para aquisição de matéria-prima necessária a uma obra encaminhada; a crise econômica vigente; a insolvência ou falência; a inflação causadora da elevação do preço de um produto; a súbita alta de tarifas; o prejuízo provocado pela política cambial do governo relativamente a um bem importado e indispensável à fabricação de uma mercadoria contratada, formam hipóteses não identificadoras da impossibilidade, embora contenham certo grau de inevitabilidade.

Com mais razão, tais elementos não se reconhecem em convenções nas quais o risco, o aleatório e a viabilidade de prejuízo integram a natureza do ajuste, como no seguro, na compra e venda de uma safra futura, no agenciamento de viagens turísticas, de espetáculos teatrais, esportivos e recreativos. Nessas hipóteses, malgrado o alto custo do evento segurado, o insucesso da colheita e na venda de ingressos, não há exoneração do pagamento devido e combinado anteriormente.

O Código Civil de 1916, no art. 1.058, não tolerava o caso fortuito ou a força maior nas hipóteses dos arts. 955, 956 e 957, ou seja: na mora do devedor que não efetuasse o pagamento, e do credor que o não quisesse receber no tempo, lugar e forma convencionados;

---

[7] *Código Civil brasileiro*, ob. cit., t. XIV, p. 239.

no prejuízo por que respondesse o devedor pela mora que provocou; na impossibilidade da prestação advinda durante a mora, a menos que provasse o devedor a ausência de culpa no atraso da prestação, ou que o dano ocorreria ainda que a obrigação fosse desempenhada oportunamente. Em suma, em havendo mora era arredada a invocação da causa excludente de responsabilidade.

No entanto, não se impunham aquelas restrições. Desde que presente a mora, é possível entender-se que o caso fortuito ou de força maior surgiu quando da mora, não existindo ao tempo da previsão do cumprimento. Daí a desnecessidade da previsão daquelas hipóteses excludentes, no que agiu corretamente o Código em vigor.

No entanto, existem algumas situações especiais. Pelo art. 246, antes da escolha de coisa incerta, "não poderá o devedor alegar perda ou deterioração da coisa, ainda que por força maior ou caso fortuito". No art. 583, referente ao comodato: "Se, correndo risco o objeto do comodato juntamente com outros do comodatário, antepuser este a salvação dos seus abandonando o do comodante, responderá pelo dano ocorrido, ainda que se possa atribuir a caso fortuito, ou força maior".

Na locação, conforme o art. 575, "se, notificado o locatário, não restituir a coisa, pagará, enquanto a tiver em seu poder, o aluguel que o locador arbitrar, e responderá pelo dano que ela venha a sofrer, embora proveniente de caso fortuito".

Pelo art. 667, § 1.º, "se, não obstante proibição do mandante, o mandatário se fizer substituir na execução do mandato, responderá ao seu constituinte pelos prejuízos ocorridos sob a gerência do substituto, embora provenientes de caso fortuito, salvo provando que o caso teria sobrevindo, ainda que não tivesse havido substabelecimento".

Na forma do art. 862, "se a gestão foi iniciada contra a vontade manifesta ou presumível do interessado, responderá o gestor até pelos casos fortuitos, não provando que teriam sobrevindo, ainda quando se houvesse abatido".

Consoante o art. 868, temos que "o gestor responde pelo caso fortuito quando fizer operações arriscadas, ainda que o dono costumasse fazê-las, ou quando preterir interesse deste em proveito de interesses seus".

4 CASO FORTUITO OU FORÇA MAIOR NOS ACIDENTES DE TRÂNSITO

Em resumo, diante do que se viu, dois elementos caracterizam a espécie: um de ordem objetiva, que é a inevitabilidade, acarretadora da impossibilidade de impedir ou resistir ao acontecimento; o outro de ordem subjetiva, que consiste na ausência de culpa. É a aproximação das teorias objetiva e subjetiva – a primeira fundamentada no inevitável, independendo da pessoa e da previsibilidade; a segunda que tem por força maior a completa ausência de culpa, reconhecendo como causa excludente de responsabilidade o acontecimento que não se pode evitar com a mais apurada diligência.

Com fulcro em tais princípios, veremos algumas situações que isentam ou não do dever de reparar, nos acidentes de trânsito.

4.1 Furto ou desapossamento violento de veículos

Em tese, o furto de veículos é considerado como caso fortuito. Se o proprietário não autorizou a circulação e foi diligente na custódia, mas, a despeito de sua vontade, o terceiro, condutor do automóvel, dele se apoderou ilegalmente, este fato do terceiro é causa exoneradora da responsabilidade do proprietário, de acordo com antiga doutrina, representada por Alvino Lima.[8]

O guardião de coisa perigosa, se diligente na custódia e que, não obstante, é desapossado da coisa, mediante violência (roubo), não pode ser considerado responsável pelos danos que ela venha a produzir após o evento criminoso.

É antigo esse entendimento do STJ sobre o assunto: "Roubo com o emprego de arma de fogo – Força maior – Inevitabilidade. A responsabilidade de indenizar, na ausência de pactuação em contrário, pode ser afastada pela prova da ocorrência da força maior, como tal se qualificando o roubo de objeto sob a guarda do devedor. Segundo qualificada doutrina, que encontrou eco nesta Corte, caso fortuito 'é o acidente produzido por força física ininteligente, em condições que não podiam ser previstas pelas partes', enquanto a força maior 'é o fato de terceiro que criou, para a inexecução da obrigação, um obstáculo, que a boa vontade do devedor não pode vencer', com a observação de que o traço que os caracteriza não é a imprevisibilidade, mas a inevitabilidade".[9]

4.2 Fato de terceiro e causa estranha

O fato de terceiro não é caso fortuito. Ele se verifica quando aquele projeta o seu veículo contra o do causador direto, ou realiza manobras determinantes do acidente. Quando muito, admite-se o direito de regresso contra o causador indireto, para haver o montante da indenização.

No entanto, é afastada a responsabilidade quando um malfeitor lança uma pedra, de inopino, contra o para-brisa de um veículo, furtando a visão do motorista e motivando a colisão com outro veículo.

Orienta, sobre o assunto, a jurisprudência:

"Responsabilidade civil – Carro que, atingido por pedrada, colide com poste – Morte do motorista e ferimentos graves nos passageiros autores da ação indenizatória – Ato de terceiro e estranho aos deveres da ferrovia. O ato de terceiro que colhe uma pedra do leito da ferrovia e arremessa contra um carro causando acidente e danos graves é estranho aos riscos e deveres inerentes à atividade desenvolvida pela estrada de ferro. Ausência de responsabilidade."[10]

"A presunção de culpa da transportadora pode ser ilidida pela prova de ocorrência de fato de terceiro, comprovadas a atenção e cautela a que está obrigada no cumprimento do contrato de transporte a empresa. O arremesso de objeto, de fora para dentro do veículo, não guarda conexidade com a atividade normal do transportador. Sendo ato de terceiro, exclui a responsabilidade do transportador pelo dano causado ao passageiro."

Não havendo conexidade entre o fato de terceiro e a atividade do transportador, afasta-se a responsabilidade, o que ficou expresso no *decisum*: "Com efeito, a 2.ª Seção desta Corte assentou entendimento no sentido de que o fato de terceiro que não exonera o transportador de responsabilidade é o que guarda conexidade com a atividade, inserindo-se nos riscos próprios do deslocamento".[11]

---

[8] *A responsabilidade civil por fato de outrem*, ob. cit., p. 303.

[9] STJ, 4.ª Turma, REsp 258.707/SP, rel. Min. Sálvio de Figueiredo Teixeira, *DJU* 25.09.2000.

[10] STJ, 4.ª Turma, REsp 204.826/RJ, j. 03.12.2002, *DJU* 19.05.2003.

[11] STJ, 3.ª Turma, REsp 231.137/RS, j. 29.10.2003, *DJ* 17.11.2003, *RT* 823/158.

"O transportador não está investido no poder estatal de garantir a segurança pública, e, assim, não pode evitar ou impedir a morte dos passageiros do ônibus, ainda que se lamente o fato ocorrido e suas consequências. Caso fortuito ou de força maior caracterizado, não ensejando indenização pelos prejuízos dele resultantes."[12]

"Civil – Responsabilidade civil – Explosão de bomba em composição ferroviária – Fato de terceiro – Caso fortuito. O depósito de artefato explosivo na composição ferroviária por terceiro não é fato conexo aos riscos inerentes do deslocamento, mas constitui evento alheio ao contrato de transporte, não implicando responsabilidade da transportadora."[13]

Há, nestas circunstâncias, um fato súbito e imprevisível, alheio às preocupações normais do condutor e aos perigos correntes do trânsito.

A presente situação constitui o que Aguiar Dias denomina de causa estranha, e Savatier a entende como a força que suprime a vontade de liberdade de ação, a tal ponto que ao motorista não resta qualquer manobra salvadora no evento. Contudo, tal força tem o condão de eximir de responsabilidade se estranha ao trânsito. Não se há de considerar a hipótese, mesmo em acontecimentos nos quais não resta nenhuma opção ao causador direto da lesão, como quando seu carro é impelido ou lançado contra o veículo da vítima por um terceiro carro que o abalroa.

Nessa mesma dimensão enquadra-se o assalto a coletivo, com danos e inclusive morte de passageiro. A causa é estranha à direção, externa à circulação, não guardando relação com o trânsito, e estando presente a impossibilidade de se evitar o fato. Inconcebível que os transportadores guarneçam a carga e os passageiros com seguranças ou equipamentos de modo a evitar assaltos. A segurança, ademais, é encargo do Poder Público. Por outros termos, não está no poder do transportador evitar a ação criminosa de terceiros, uma vez que a característica típica de tais eventos é a inevitabilidade.

Mais recentemente, o STJ tem essa causa estranha como não conexa com a atividade do transportador, configurando-se, pois, como exoneradora da responsabilidade: "Nos moldes do entendimento uníssono desta Corte, com suporte na doutrina, o ato culposo de terceiro, conexo com a atividade do transportador e relacionado com os riscos próprios do negócio, caracteriza o fortuito interno, inapto a excluir a responsabilidade do transportador. Por sua vez, o ato de terceiro que seja doloso ou alheio aos riscos próprios da atividade explorada é fato estranho à atividade do transportador, caracterizando-se como fortuito externo, equiparável à força maior, rompendo o nexo causal e excluindo a responsabilidade civil do fornecedor".[14]

4.3 Defeito mecânico

O defeito do veículo, em algum de seus componentes, que provoca o acidente não se enquadra no conceito de caso fortuito, ou força maior, pois incumbe ao que o utiliza zelar pelo seu bom funcionamento.

Seja qual for o defeito, não se tipifica a fortuidade, mesmo na condução que tem quebrada a ponta de eixo, porque fatos assim soem acontecer, e quem dirige assume os riscos decorrentes, situados dentro do nível da previsibilidade. Realmente, a pessoa que coloca em circulação veículo automotor assume, só por isso, a responsabilidade pelos danos que do uso da coisa resultarem a terceiros. Os acidentes, inclusive os determinados pela imprudência de

---

[12] TJRJ, 15.ª Câm. Cív., Ap. Cív. 2000.001.10048, j. 08.02.2001.

[13] STJ, 4.ª Turma, REsp 589.051/SP, j. 23.03.2004, *DJU* 13.09.2004.

[14] EREsp 1.318.095/MG, 2.ª Seção, rel. Raul Araújo, j. 22.02.2017, *DJe* 14.03.2017.

outros motoristas, ou por defeitos da própria máquina, são fatos previsíveis e representam um risco que o condutor de automóveis assume, pela só utilização da coisa, não podendo servir de pretexto para eximir o autor do dano do dever de indenizar.

Os franceses Mazeaud e Tunc, sobre o assunto, doutrinam: "En lo que concierne a los accidentes debidos a la rotura de una pieza del coche (barra de dirección, frenos, hoja de ballestra etc.), aunque se habían estimado en otro tiempo que podían constituir un caso fortuito, la jurisprudencia está fijada hoy en día claramente en sentido contrario. El requisito de exterioridad pesa sin duda alguna sobre su resolución".[15]

4.4 Estouro de pneu

O estouro de pneu não constitui força maior ou caso fortuito.

Muitas razões forçam essa solução, como o mau estado externo, as imperfeições dos elementos componentes, o excesso de velocidade. Mas há casos em que a fortuidade ou a força maior conduzem ao acidente. Um pedaço de vidro, ou uma pedra cortante, ou outro objeto qualquer provocam o acidente, sem culpa do condutor, em algumas ocasiões. Por isso, os autores Mazeaud e Tunc aventam a possibilidade de isentar os agentes do evento da obrigação de indenizar. Se o veículo se encontrava em perfeitas condições mecânicas, trafegando em velocidade normal, não haveria culpa.[16]

É possível a ausência de culpa na ocorrência do acidente, embora difícil. O fato acima sempre é possível e deve prevê-lo o motorista, adaptando a velocidade de modo a não perder o controle na eventualidade de estouro do pneu. Na hipótese de não haver a menor culpa, incide a responsabilidade objetiva, decorrente unicamente do ônus da propriedade do veículo. Há de ser assim. Injusto e contrário à equidade se negue o direito ao ressarcimento em favor do prejudicado, livrando o causador da obrigação da reparação.

Sobre a matéria, tem aplicação o pensamento de Savatier, em tradução livre:

"Não há falta em utilizar um objeto que possa comportar um perigo? Não, se as necessidades da vida social e os usos legitimam a utilização do objeto. É o caso dos automóveis, das armas de fogo, das máquinas a vapor. A responsabilidade de direito que deriva hoje de seu uso, em virtude do art. 1.384, não repousa, pois, sobre uma falta. Até que a jurisprudência tivesse reconhecido esta responsabilidade independente, o vício ou a força própria de tais objetos constituía um caso fortuito, desde que o mal causado fosse imprevisível e inevitável para o dono da coisa. Tal podia ser, para o automóvel, a ruptura de uma mola, de um freio ou da direção, a projeção de pedregulhos pelas rodas, o estouro de um pneu. Estes fatos não permitiam subsistir uma responsabilidade a não ser que as circunstâncias tivessem sido previsíveis e evitáveis, e sua causa, seus efeitos. Mas, desde que o art. 1.384 pôs a cargo do dono da coisa o vício ou o fato próprio desta, estes fenômenos, ainda que imprevisíveis e inevitáveis, por eles não afastam mais sua responsabilidade. Do mesmo modo, os tribunais mostram hoje mais hesitação em considerá-los como casos fortuitos, mesmo relativamente ao art. 1.382.

---

[15] Tratado teórico y práctico de la responsabilidad civil, ob. cit., v. 20, t. II; v. 2, t. II, p. 214.

[16] Idem, v. 2, t. II, n. 1.600, p. 214.

Em todo caso, o dono da coisa não poderia invocar nenhum caso fortuito se estivesse em condições de prever e evitar o mal. Isto é o bastante para impedir, em geral, de tratar como caso fortuito seja a derrapagem de um automóvel provocada pelo estado do solo do qual o condutor teria o dever de desconfiar, seja o ofuscamento, pelos faróis de outro veículo, incidente muito frequentemente por não ser previsível, e que se deve ter como inofensivo, diminuindo a marcha ou parando, seja, com mais forte razão ainda, a má visibilidade ou a manutenção defeituosa da estrada sobre a qual o veículo circula".[17]

4.5 A derrapagem

A derrapagem igualmente não ilide o dever de indenizar, embora prove o motorista as más condições da estrada, o solo assentado com material impróprio, a pista escorregadia etc. A ele cabe neutralizar todas estas adversidades e estar preparado para superá-las.

Os danos causados em virtude da derrapagem, na verdade, são decorrência da velocidade inadequada, da falta de perícia no momento ou de outros fatores e falhas do motorista. Indaga-se se a regra se aplica também quando o fato se dá por motivo de uma freada brusca, exigida para evitar um atropelamento ou desviar de outro veículo que invade a mão de direção contrária. A resposta é afirmativa, eis que, nestas situações, um fato de terceiro é o agente mediato, cabendo ao autor direto a ação regressiva tão somente, como já foi decidido.

Não é mudada a posição ou diminuída a responsabilidade se a via se encontra molhada. Mas, em hipóteses anormais, como se foi derramado óleo na pista asfáltica, tornando-se derrapante e perigosa, o acidente é inevitável, se a velocidade se mantinha regular e se fosse possível controlar o carro na ausência daquele produto.

O que cumpre seja observado é superveniência ou não de um fator estranho, alterando as condições comuns, e favorecendo, com a sua presença, um resultado diferente.

4.6 Ofuscamento

Com maior razão, o ofuscamento é fato corriqueiro, plenamente previsível e evitável, que a todo motorista deve apresentar-se como normal e perfeitamente controlável.

Tal fenômeno é provocado pela luz do sol e pela luminosidade irradiada por outros veículos, que demandam em sentido contrário, à noite. Ao condutor cabe diminuir a velocidade, de modo a manter sob controle o carro, ao enfrentar este obstáculo. As condições necessárias ao que possui habilitação abrangem a capacidade de manter a máquina sob domínio seguro, na pista e mão de direção corretas. Mais que uma justificativa, a alegação de deslumbramento mostra não portar o autor do acidente a perícia exigida para enfrentar um acontecimento frequente e comum nas ruas, avenidas e estradas.

4.7 Pedra lançada pelas rodas do veículo

A pedra lançada pela roda em outro veículo, ou em pessoa, não isenta do dever de ressarcir, dada a frequência do evento e a previsibilidade dos danos ocasionáveis. Não se discute, nestas situações, a culpa. Incide o fundamento da responsabilidade objetiva. Não é justo suporte a vítima os efeitos nefastos de tais incidentes, sob o argumento de ser impossível

---

[17] René Savatier, *Traité de la responsabilité civile*, ob. cit., n. 188, p. 233-234.

evitar o fato. Está, aí, mais uma razão para concluirmos o quanto insuficiente é o princípio da culpa para embasar o dever de indenizar.

4.8 Acidentes provocados por mal súbito de quem dirige

O mal súbito que faz perder os sentidos, ou provoca a morte, importa em indenização pelos danos advindos, não se enquadrando, pois, na excludente de responsabilidade. É, em si, um caso fortuito. Entretanto, para efetivar-se a justiça, cumpre não se deixe a vítima prejudicada, na hipótese de ser atingida pelo veículo desgovernado.

4.9 Acidentes provocados por animais espantados por veículos

O professor argentino Antonio Cammarota bem coloca a questão e dá a resposta: "Acaso el transito de un camión cargado de varillas de hierro, que se chocan entre si y espantan a un caballo, que al desbocarse embieste y mata a un transeúnte, podría constituir fuerza mayor? Igualmente si se asusta por el paso de un escuadrón, de un vehículo? La solución negativa se impone", pois se trata de "hechos comunes, propios de los medios en que se producen, que obligan al propietario a preverlos y a no introducir animales sin la suficiente docilidad para suportalos. No se trata que el animal esté amansado, sino de que lo esté en la medida indispensable para que pueda transitar sin reacciones perniciosas para los demás, por causas en si mismas generales y perfectamente previsibles".[18]

Como ensina o mestre, o proprietário e o motorista não respondem pelos males oriundos dos animais que se assustam diante do trânsito de veículos, a menos que uma conduta irregular do condutor tenha espantado os animais, provocando sua debandada por vias onde transitam pessoas e trafegam outros veículos.

4.10 Acidentes provocados por fatos naturais

Os doutrinadores, conceituando o caso fortuito, ou de força maior, como o evento que não depende de ato ou omissão da vontade humana, discriminam alguns fatos naturais com o caráter irresistível e imprevisível: o terremoto, a inundação, o raio, o tufão, o desmoronamento.[19] Se a obrigação não é atendida em virtude de algum desses fenômenos, evidentemente há uma excludente justificável.

Nos acidentes de trânsito, se danos em outros veículos, ou em pessoas, ocorrerem porque o motorista trafega em local onde há inundação, ou durante uma tempestade, ou quando se abate sobre a terra um tufão, não se reconhece a isenção da responsabilidade. A culpa exsurge da conduta imprudente em dirigir sem condições de segurança.

Na verdade, tomando a lição de Savatier, a figura em exame dificilmente acontece. De modo geral, embora isento de culpa o comportamento, a indenização torna-se exigível por imposição de justiça e equidade. Mas não está fora de cogitação a presença da espécie em casos de emprego de máquinas e instrumentos que comportam perigo.[20] Basta que se

---

[18] *Responsabilidad extracontractual.* Buenos Aires: Depalma, 1947. v. 2, p. 554-555.
[19] Oliveira e Silva, *Das indenizações por acidentes.* 2.ª ed. Rio de Janeiro-São Paulo: Freitas Bastos, 1958. p. 38.
[20] *Traité de la responsabilité civile,* ob. cit., t. I, p. 234.

demonstre que o mal causado era imprevisível e inevitável. Saber se o acidente resultou de um caso fortuito ou de força maior é uma questão de fato concreto, somente apurável por meio da análise das circunstâncias afloradas no curso da ação intentada.

Na situação em exame, um raio que atinge subitamente uma condução, provocando a perda da direção do motorista e danos, não determina qualquer obrigação por parte deste. Percebe-se que o evento natural é uma causa estranha, não se relacionando ao veículo, o que não sucede na eventualidade de soltar-se o pino do embuchamento da direção, impossibilitando o controle. Nesta hipótese, como se observou, cabe a indenização.

5 CASO FORTUITO, OU FORÇA MAIOR, NA RESPONSABILIDADE OBJETIVA

Costuma-se distinguir o caso fortuito ou força maior em interno ou externo, para definir a responsabilidade na sua ocorrência.

Considera-se interno quando surge da própria coisa, de sua fabricação, fazendo parte da atividade do fornecedor; já tem-se como externo quando não se encontra qualquer relação entre a sua verificação e a coisa ou a atividade. O prejuízo que acontece é estranho ao produto ou serviço. Melhor explicam Carlos Alberto Menezes Direito e Sérgio Cavalieri Filho:

"Entende-se por fortuito interno o fato imprevisível, e por isso inevitável que se liga à organização da empresa, relaciona-se com os riscos da atividade desenvolvida pelo transportador. O estouro de pneu do ônibus, o incêndio do veículo, o mal súbito do motorista etc. são exemplos do fortuito interno; por isso que, não obstante acontecimentos imprevisíveis, estão ligados à organização do negócio explorado pelo transportador.

O fortuito externo é também fato imprevisível e inevitável, mas estranho à organização do negócio. É o fato que não guarda nenhuma ligação com a empresa, como fenômeno da natureza: tempestades, enchentes etc. Duas são, portanto, as características do fortuito externo: autonomia em relação aos riscos da empresa e inevitabilidade, razão pela qual alguns autores o denominam de força maior".[21]

Tudo, pois, que é inerente à coisa em si, à atividade, inclui-se no fortuito interno, como os rompimentos da coisa, a explosão de uma máquina, as derivações da matéria que está sendo manipulada. Diferentemente, se provém de uma causa que não tem qualquer relação com o bem ou o serviço que se executa, e nesta categoria a súbita intempérie, a queda de um objeto que está no espaço, a irrupção de um assaltante no interior da fábrica que desfere tiros nos trabalhadores, o lançamento de pedra no ônibus por um malfeitor, não fazem incidir a responsabilidade.

Nessa visão se revela a posição do Superior Tribunal de Justiça: "O roubo da mercadoria em trânsito, uma vez comprovado que o trabalhador não se desviou das cautelas e precauções a que está obrigado, configura força maior, suscetível, portanto, de excluir a responsabilidade".[22]

Situação bem caracterizadora da responsabilidade objetiva está no parágrafo único do art. 927 do Código Civil, emergindo o dever de reparar o dano independentemente de culpa nos casos previstos em lei ou se a atividade desenvolvida implicar risco para os direitos de outrem.

De sorte que, se perigosa a atividade, como o transporte de valores mobiliários, a fabricação de explosivos, a queda de um edifício do operário atingido por um repentino golpe de vento, a responsabilidade é uma consequência necessária. Também qualquer evento no

---

[21] Da responsabilidade civil, das preferências e privilégios creditórios, in Sálvio de Figueiredo Teixeira (coord.), *Comentários ao novo Código Civil*. Rio de Janeiro: Forense, 2004. v. 13, p. 88.

[22] STJ, 4.ª Turma, REsp 43.756-3/SP, j. 13.06.1994, *DJU* 1.º.08.1994.

seguro obrigatório, no acidente do trabalho, quando a indenização sempre é devida, não importando a causa. Incide a responsabilidade na queda de coisa do interior de moradia, ou que for lançada de seu interior.

Todavia, se irrompe a explosão por causa da queda de um raio que incendeia os explosivos, ou se cai objeto do edifício porque ocorre um tremor de terra (causas estranhas), não se reconhece a responsabilidade. Já o desastre com uma aeronave que é atingida por raio ou tempestade desencadeia a obrigação reparatória, pois inerente ao transporte aéreo o dano por tais fenômenos.

Capítulo V

Da Absolvição Criminal e dos Estados Excludentes de Criminalidade

1 ABSOLVIÇÃO CRIMINAL E RESPONSABILIDADE CIVIL

Emana do direito a disposição de que a isenção de responsabilidade criminal não implica a da responsabilidade civil. Com efeito, pontifica o art. 66 do CPP: "Não obstante a sentença absolutória no juízo criminal, a ação civil poderá ser proposta quando não tiver sido, categoricamente, reconhecida a inexistência material do fato". E no art. 67, temos: "Não impedirão igualmente a propositura da ação civil: I – o despacho de arquivamento do inquérito ou das peças de informação; II – a decisão que julgar extinta a punibilidade; III – a sentença absolutória que decidir que o fato imputado não constitui crime".

Para absolver, o juiz encontra um dos seguintes fundamentos, segundo previsto no art. 386 da lei adjetiva penal: "I – estar provada a inexistência do fato; II – não haver prova da existência do fato; III – não constituir o fato infração penal; IV – estar provado que o réu não concorreu para a infração penal; V – não existir prova de ter o réu concorrido para a infração penal; VI – existirem circunstâncias que excluam o crime ou isentem o réu de pena (arts. 20, 21, 23, 26 e § 1.º do art. 28, todos do Código Penal), ou mesmo se houver fundada dúvida sobre sua existência; VII – não existir prova suficiente para a condenação". Note-se que os incisos IV, V, VI e VII foram alterados pela Lei 11.690, de 09.06.2008.

Primeiramente, cabe esclarecer que o juiz criminal julga o crime. Quando fala em culpa, evidentemente está se referindo à culpa no âmbito criminal. Os princípios da valoração da prova na esfera cível e penal são basicamente diversos. No juízo criminal, nenhuma presunção, por mais veemente que seja, autoriza a aplicação da lei penal. No juízo cível, bastam presunções, indícios concordantes, para que se impute a alguém a responsabilidade pelos danos causados. Na dúvida, sobrevém a absolvição no direito penal. Tratando-se de decisão cível, este mesmo motivo tem significado diferente, ou seja, a vítima é favorecida. A presunção é de que está inocente. Domina na jurisprudência entendimento como o seguinte, que vem desde tempos antigos: "Não faz coisa julgada no cível a decisão criminal no tocante ao reconhecimento da ausência da culpabilidade do agente que foi o causador material do fato"[1] – pois a mais leve culpa enseja a reparação econômica, quando no juízo criminal a participação do agente deve ser considerável.

Em tese, os fundamentos absolutórios do art. 386 não eximem de responsabilidade o autor do acidente.

---

[1]   *RTJ* 80/279, RE 85.384, 2.ª Turma, rel. Min. Moreira Alves, j. 31.08.1976, *DJ* 1.º.10.1976.

As exceções vêm configuradas no art. 935 da lei civil, *ipsis litteris*: "A responsabilidade civil é independente da criminal, não se podendo questionar mais sobre a existência do fato, ou sobre quem seja o seu autor, quando estas questões se acharem decididas no juízo criminal".

Duas questões resolvidas no crime, pois, decidem no cível: a definidora quanto à existência do fato e a relativa ao reconhecimento do autor. Quanto à existência ou não do fato, está em sintonia com o art. 66 do CPP.

À luz dos arts. 66, 67 e 386 deste último diploma, conjugados com o art. 935 do Código Civil, a decisão criminal faz coisa julgada, impedindo o procedimento civil, nos seguintes casos: a) se declarar a inexistência do fato; b) se declarar outro autor do fato criminoso que não o réu.

De nenhuma importância, por conseguinte, reconhecer-se que o fato não constitui infração penal (art. 386, III, do CPP), diante da ordem em contrário do art. 67, III, já transcrito.

A circunstância de a ação não tipificar crime não firma a liberação de reparar o dano resultante. A sentença criminal pode, reconhecendo a existência do evento e da autoria, absolver o agente por não se completarem os elementos integrantes da responsabilidade penal. Com maior razão, a absolvição com outros embasamentos do art. 386 não tolhem a procura do juízo civil.

De observar que é reiterada a orientação jurisprudencial a respeito do assunto, fulcrada, sobretudo, no art. 935 do diploma civil: "Ademais, nos termos do art. 935 do Código Civil, a absolvição no Juízo criminal, diante da relativa independência entre as instâncias cível e criminal, apenas vincula o Juízo cível quando for reconhecida a inexistência do fato ou ficar demonstrado que o demandado não foi o seu autor".[2]

"Diante da relativa independência entre as instâncias cível e criminal (CC, art. 935), nem mesmo a absolvição no Juízo criminal tem o condão de vincular o Juízo cível, salvo quando for reconhecida a inexistência do fato ou ficar demonstrado que o demandado não foi o seu autor.

Sob esse enfoque, desinfluente que o REsp 1.046.316/SP, sob a relatoria do eminente Ministro Antonio Saldanha Palheiro, *DJe* 02.10.2018, tenha sido provido para declarar a extinção da punibilidade pela ocorrência da prescrição, porquanto a extinção da punibilidade, em função da prescrição retroativa da pretensão punitiva do Estado, não vincula o Juízo cível na apreciação de pedido de indenização decorrente do ato delituoso, o qual deverá, no âmbito de sua livre convicção, guiar-se pelos elementos de prova apresentados no âmbito de todo o processo, inclusive em eventual prova emprestada do processo criminal do qual tenha participado o réu, com observância ao contraditório, a fim de aferir sua responsabilidade pela reparação do dano, assim como ocorreu no caso em análise.

Decorre da interpretação do art. 63 do CPP que o trânsito em julgado da sentença penal condenatória é pressuposto, tão somente, para a sua execução no Juízo cível, não sendo, portanto, impedimento para que o ofendido proponha ação de conhecimento com o fim de obter a reparação dos danos causados, com amparo nos arts. 64 do CPP e 935 do CC".[3]

De sorte que, em vista do art. 935, embora sentenciando o juiz criminal que não houve culpa na conduta do agente, a decisão não repercute consequência na esfera civil. Tanto que possível a responsabilização civil sem a presença de conduta ilícita de parte ofensor. De

---

[2]   STJ, 3.ª Turma, AgInt no AREsp 1.491.263/SC, rel. Min. Marco Aurélio Bellizze, j. 19.08.2019, *DJe* 22.08.2019.

[3]   STJ, 3.ª Turma, AgInt no AREsp 1.333.528/SP, rel. Min. Marco Aurélio Bellizze, j. 19.08.2019, *DJe* 22.08.2019.

forma que, como entendia Aguiar Dias, não há coisa julgada no cível por causa da sentença criminal absolutória, pois cada jurisdição encara o fato com critério diferente. "O direito penal exige, para aplicar suas sanções, a integração de condições mais rigorosas, e, além disso, compreendidas em padrões taxativos *nulla poena sine lege*. São essas condições examinadas com maior prudência... O direito civil já parte de pressupostos diversos. Considera precipuamente o dano, e aquele estado de espírito apriorístico se volta em favor da vítima do prejuízo. A decisão proferida só atinge o patrimônio do responsável, do mesmo modo que protege a vítima, podendo, pois, ter eficácia em bases muito mais amplas."[4]

2 A SENTENÇA CRIMINAL E A COISA JULGADA NO CÍVEL

Para compreender melhor os estados excludentes de criminalidade, urge que se apreenda o significado da coisa julgada da sentença criminal na esfera do cível.

O art. 65 do CPP expressa que faz coisa julgada no cível a sentença penal que reconhecer ter sido o ato praticado em estado de necessidade, em legítima defesa, em estrito cumprimento de dever legal e no exercício regular de direito.

Como se percebe, o texto legal usa a expressão "coisa julgada". Quis o legislador considerar, para efeitos civis, como irrefragavelmente provados o estado de necessidade, a legítima defesa, o estrito cumprimento de dever legal e o exercício regular de direito. Não emprestou outro alcance à disposição, qual seja a impossibilidade de indenização. Reconhece-se a ação do agente sob aqueles estados, mas não se extrai a inviabilidade de indenização, ou que o ato não gera o dever de reparar o dano proveniente. Sabe-se que não só por atos nascidos da culpa cabe a recomposição dos prejuízos. A responsabilidade objetiva é consagrada em muitas hipóteses da lei civil e em mandamentos esparsos. O diploma processual penal não contempla a irreparabilidade.

Consideraremos cada uma das circunstâncias excludentes de criminalidade, de modo especial as dimensões e os impasses que refletem no âmbito do direito material civil.

3 O ESTADO DE NECESSIDADE

Expunha Hélio Tornaghi: "Quanto ao estado de necessidade, convém lembrar que nem sempre ele torna o ato danoso civilmente lícito, mas apenas na hipótese do art. 160, II, e sob as condições do parágrafo único desse mesmo artigo. Portanto, é também sem importância, a não ser na hipótese do art. 160, II, do CC, que haja ou não coisa julgada na esfera penal sobre o estado de necessidade".[5] O dispositivo invocado corresponde ao art. 188, II, do vigente Código Civil.

A previsão de mencionado dispositivo consiste na deterioração ou destruição da coisa alheia ou na lesão à pessoa a fim de remover perigo iminente. O parágrafo único do art. 188 restringe a aplicação da exceção aos casos em que as circunstâncias tornarem o ato absolutamente necessário, e desde que não se excedam os limites do indispensável para a remoção do perigo: "No caso do inciso II, o ato será legítimo somente quando as circunstâncias o tornarem absolutamente necessário, não excedendo os limites do indispensável para a remoção do perigo".

---

[4]   *Da responsabilidade civil*, ob. cit., v. 2, p. 878.

[5]   *Comentários ao Código de Processo Civil*. São Paulo: RT, 1976. v. 1, t. II, p. 138.

Salienta-se que o art. 929 prescreve que assiste à pessoa lesada, ou ao dono da coisa, a indenização pelo prejuízo sofrido, se não forem culpados do perigo, previsão que praticamente afasta situações desamparadas da proteção: "Se a pessoa lesada, ou o dono da coisa, no caso do inciso II do art. 188, não forem culpados do perigo, assistir-lhes-á direito à indenização do prejuízo que sofreram". Já o art. 930 garante ao autor do dano o direito de regresso contra o terceiro provocador do mal, para haver a importância que tiver ressarcido ao dono da coisa: "No caso do inciso II do art. 188, se o perigo ocorrer por culpa de terceiro, contra este terá o autor do dano ação regressiva para haver a importância que tiver ressarcido ao lesado".

O estado de necessidade, lecionava Cunha Gonçalves, "é uma situação de fato, em que uma pessoa, para se livrar de um perigo desencadeado, sacrifica outra pessoa ou coisa alheia".[6] No plano dos interesses, há um conflito, desencadeando-se o ferimento do direito de outrem, que foi posto em colisão com o do autor da lesão. Aí, sempre se assegura o direito de indenização, a menos que o lesado tenha provocado o perigo. Por isso, "o que pratica o ato em estado de necessidade tem de indenizar o dano que cause, não porque o seu ato seja ilícito (art. 159), não o é (art. 160, II), pois que se lhe preexcluiu a própria contrariedade a direito. Há colisão de interesses, a que o legislador teve de dar solução; e aprouve-lhe meter tais atos no rol dos atos-fatos. Este o ponto cientificamente mais importante. O dever de indenizar cabe ao agente, e só a ele, ainda que outrem tivesse salvo os seus interesses em virtude ou por causa do ato em estado de necessidade".[7] Os dispositivos referidos no texto correspondem aos arts. 186 e 188, II, do atual diploma civil.

Na linguagem do emérito jurista, o que pratica o ato em estado de necessidade é como quem respira, ou anda, ou se senta, ou se deita. O dever de reparar é eficácia do ato-fato jurídico, e não de ato ilícito. O dono da coisa, que sofreu prejuízo, portanto, tem o direito à indenização, por força do art. 929 do Código Civil. E o autor do dano poderá acionar o terceiro, se for o caso, isto é, se este foi culpado, para haver a importância despendida no ressarcimento ao titular da coisa.

Martinho Garcez, em primorosa obra sobre a responsabilidade civil, lembra antiga jurisprudência no sentido de que, na esfera civil, o estado de necessidade não evita a reparação do prejuízo que causar a outrem.[8]

O Superior Tribunal de Justiça tem decisão no seguinte sentido:

"O col. Tribunal *a quo*, à luz dos princípios da livre apreciação da prova e do livre convencimento motivado, bem como mediante análise do contexto fático-probatório dos autos, entendeu que ficou configurado o dever de indenizar, e também que o estado de necessidade não afasta a responsabilidade civil do agente – incidência da Súmula 7 do Superior Tribunal de Justiça.

'O acórdão recorrido decidiu em conformidade com a jurisprudência deste Superior Tribunal de Justiça em que a constatação do estado de necessidade, por si só, não exime o ocasionador direto do dano de responder pela reparação a que faz jus a vítima, ficando com ação regressiva contra o terceiro que deu origem à manobra determinante do evento lesivo' (AgRg no AREsp 55.751/RS, Rel. Ministro Paulo de Sanseverino, Terceira Turma, julgado em 11.06.2013, *DJe* de 14.06.2013)".[9] O art. 1.520 tem seu conteúdo reproduzido pelo art. 930 do Código em vigor.

---

[6]   *Tratado de direito civil*, ob. cit., v. 1, t. I, p. 318.

[7]   Pontes de Miranda, *Tratado de direito privado*, ob. cit., t. II, p. 299.

[8]   *Prática da responsabilidade civil*, ob. . cit., p. 222.

[9]   AgInt no AREsp 411.894/ES, 4.ª Turma, rel. Min. Lázaro Guimarães, j. 14.08.2018, *DJe* 20.08.2018.

Em outro aresto: "Acidente de trânsito ocorrido em estrada federal consistente na colisão de um automóvel com uma motocicleta, que trafegava em sua mão de direção. Alegação do motorista do automóvel de ter agido em estado de necessidade, pois teve a sua frente cortada por outro veículo, obrigando-o a invadir a outra pista da estrada. Irrelevância da alegação, mostrando-se correto o julgamento antecipado da lide por se tratar de hipótese de responsabilidade civil por ato lícito prevista nos artigos 929 e 930 do Código Civil. O estado de necessidade não afasta a responsabilidade civil do agente, quando o dono da coisa atingida ou a pessoa lesada pelo evento danoso não for culpado pela situação de perigo".[10]

Ainda o STJ, em decisões mais antigas: "O motorista do veículo simplesmente arremessado contra outro não tem sua conduta inserida na relação causal e por isso não responde pelos danos causados, devendo a ação indenizatória ser dirigida diretamente contra quem, culposamente, causou o primeiro abalroamento. Diferente é a situação do motorista que em estado de necessidade, para se salvar de perigo posto por outrem, vem a causar o choque com terceiro. Neste caso, ele responde, com direito de regresso contra o culpado (art. 1.520 do CC). Reconhecida no acórdão a primeira situação, não viola a lei a decisão que julga improcedente ação promovida contra o proprietário cujo veículo foi jogado contra os automóveis dos autores. Inexistência de ofensa aos princípios sobre a coisa julgada, pela simples menção à decisão adotada em outros processos, sobre o mesmo fato".[11] O art. 1.520 acima mencionado equivale ao art. 930 do Código de 2002.

"A empresa cujo preposto, buscando evitar atropelamento, procede à manobra evasiva que culmina no abalroamento de outro veículo, causando danos, responde civilmente pela sua reparação, ainda que não se configure, na espécie, a ilicitude do ato, praticado em estado de necessidade. Direito de regresso assegurado contra terceiro culpado pelo sinistro."[12]

Assinalou Aguiar Dias: "O estado de necessidade, ato ilícito, por sua natureza, não afasta, só por isso, a obrigação de indenizar. O caráter da responsabilidade civil, resultante do ato praticado em estado de necessidade, é objetivo e não subjetivo".[13]

De modo que transparece a unanimidade de entendimento da obrigação de indenizar, se o dono da coisa lesada não for culpado do perigo. Nesta ordem, se, para evitar um acidente, o motorista corta bruscamente a frente de outro veículo, responderá pelos danos, pois não é justo que a vítima suporte os prejuízos físicos e materiais a pretexto da ausência de culpa de parte do autor direto do evento. Este procurará acionar o provocador de seu ato, chamando-o a juízo posteriormente, para que indenize não somente a soma entregue à vítima, mas também a lesão por ele suportada em seu veículo.

4 LEGÍTIMA DEFESA

O art. 188, I, considera não ilícitos os atos praticados em legítima defesa ou no exercício regular de um direito reconhecido.

Reconhecida a legítima defesa pela sentença penal que transitou em julgado, em face das disposições acima, não é possível reabrir, no âmbito civil, a discussão sobre essa excludente de criminalidade. O juiz civil aceita aquilo que ficou reconhecido no juízo penal, inteligência adotada pelo STJ:

---

[10]   STJ, 3.ª Turma, REsp 1.278.627/SC, rel. Min. Paulo de Tarso Sanseverino, j. 18.12.2012, *DJe* 04.02.2013.
[11]   STJ, 4.ª Turma, REsp 81.631/SP, j. 05.03.1996.
[12]   STJ, 4.ª Turma, REsp 124.527/SP, j. 04.05.2000.
[13]   *Da responsabilidade civil*, ob. cit., v. 2, p. 884.

"Os efeitos da absolvição criminal por legítima defesa devem se estender ao âmbito administrativo e civil. Desse modo, tendo sido o autor posteriormente absolvido na esfera criminal em razão do reconhecimento de uma excludente de antijuricidade (legítima defesa real própria), impõe-se, *in casu*, a anulação do ato que o demitiu do serviço público pelos mesmos fatos".[14]

"A sentença absolutória proferida no juízo criminal subordina a jurisdição civil quando nega categoricamente a existência do fato ou a autoria, ou reconhece uma excludente de antijuridicidade (legítima defesa, exercício regular de um direito, estado de necessidade defensivo). A absolvição criminal por falta de prova, como ocorreu no caso, não impede procedência da ação cível".[15]

Não se pense, porém, que a excludente necessita do prévio reconhecimento no juízo penal para valer em matéria cível. Independentes são os campos, podendo vir alegada em qualquer esfera, e prevalecendo se perfeitamente provada.

O indivíduo exerce um direito ao defender a sua pessoa ou os bens que lhe pertencem, direito que emana diretamente da personalidade ou da natureza humana. De acordo com Carvalho Santos, cujos ensinamentos se mantêm atuais, pois equivalentes as disposições do anterior Código ao vigente, para valer a isenção de responsabilidade devem concorrer os seguintes requisitos, que provêm do direito penal, onde é tratada a legítima defesa: "a) agressão atual; b) impossibilidade de prevenir ou obstar a ação ou invocar e receber socorro de autoridade pública; c) ausência de provocação que ocasionasse a agressão, ou, em outros termos, a injustiça da agressão".[16] Mais especificamente, com base em Nelson Hungria, Serpa Lopes aponta os elementos assim descritos: "a) agressão atual ou iminente e injusta; b) preservação de um direito, próprio ou de outro; c) emprego moderado dos meios necessários à defesa".[17]

A legítima defesa pode ser própria ou de outrem, não se limitando à proteção da vida, mas compreendendo todos os direitos aptos a serem lesados. Porém, tratando-se da honra, modifica-se a situação: não se exclui a indenização. É evidente que, no âmbito do direito civil, não se considera a ofensa simplesmente moral como conceito da mesma espécie que o homicídio, perpetrado ou tentado. Trata-se de valores incomensuráveis, insuscetíveis de medida comum por intermédio de critérios racionais.

Quando o ato praticado em legítima defesa faz resultar lesão em pessoa estranha à agressão, a responsabilidade para com esta subsiste. Lembra Carvalho Santos, reportando-se ao dano sofrido por um estranho à agressão injusta que deu causa à repulsa: "*A agride B; B* defende-se. Mas o golpe desferido por ele em *A* vai atingir também *C*, que passava pelo local. *B* fica obrigado a indenizar *C*, muito embora o ato se considere crime justificável".[18]

Pontes de Miranda é do mesmo parecer: "O dano a terceiro, ou coisa de terceiro (não só a coisa, art. 1.520, parágrafo único), é ressarcível; porque é contrário a direito, defendendo-se de *A*, lesar *B*; aí, não há defesa".[19] O citado art. 1.520, parágrafo único, está reproduzido no art. 930, parágrafo único, do Código em vigor.

Outrossim, cabe a ação de indenização contra o terceiro agressor, que provocou a reação que redundou em dano. O causador direto do dano, ou da lesão, não responde civilmente

---

[14] REsp 396.756/RS, 5.ª Turma, rel. Min. Felix Fischer, j. 16.09.2003, *DJ* 28.10.2003.

[15] REsp 89.390/RJ, 4.ª Turma, rel. Min. Ruy Rosado de Aguiar, j. 10.06.1996, *DJ* 26.08.1996.

[16] *Código Civil brasileiro interpretado*, ob. cit., t. III, p. 333.

[17] *Curso de direito civil*, ob. cit., v. 1, p. 481.

[18] *Código Civil brasileiro interpretado*, ob. cit., t. III, p. 333.

[19] *Tratado de direito privado*, ob. cit., t. II, p. 885.

pelos prejuízos. Entrementes, aquele que fez surgir a reação do causador coloca-se no polo passivo na ação ressarcitória, conforme viabiliza o parágrafo único do art. 930: "A mesma ação competirá contra aquele em defesa de quem se causou o dano (art. 188, inciso I)".

Para uma melhor compreensão, transcreve-se o *caput* do art. 930: "No caso do inciso II do art. 188, se o perigo ocorrer por culpa de terceiro, contra este terá o autor do dano ação regressiva para haver a importância que tiver ressarcido ao lesado". Eventuais indenizações feitas pelo causador do dano são reembolsáveis junto ao terceiro.

As indenizações tornam-se postuláveis se atingida terceira pessoa na defesa do direito, e não aquele que provocou a situação de perigo, ensejadora da reação. Nessa dimensão a inteligência do art. 930, no tópico que condiciona o direito de regresso ao ressarcimento feito em favor do lesado. Unicamente em relação a terceiros ou estranhos, ou em qualquer caso se houver excesso na ação que repele a agressão, assegura-se a indenização, nos termos do parágrafo único do art. 188.

A legítima defesa putativa, isto é, o erro de fato sobre a existência de situação de legítima defesa, não é legítima defesa se houve negligência na apreciação errônea dos fatos, o que resta evidente, como nota o provecto autor.

4.1 Legítima defesa da propriedade e proporcionalidade dos meios empregados

O constante aumento da criminalidade leva a se buscarem inovações e aperfeiçoamentos nos meios de defesa, de modo a impedir ataques e invasões de propriedades particulares, em especial residências, hotéis, estabelecimentos comerciais e industriais, instituições financeiras e locais de prestação de serviços.

No intento de afastar ou repelir arrombadores, assaltantes e toda corja de malfeitores, utilizam-se vários aparelhos preventivos, equipamentos eletrônicos e engenhos mecânicos, como visores eletrônicos, cercas eletrificadas, muros com pedaços de vidro, sistemas de alarmes, grades com lanças ou pontas de ferro, fossos, pistolas automáticas, entrelaçamento de arame farpado e armadilhas de vários tipos, de modo a embaraçar ou dificultar ao extremo o acesso ou a invasão na propriedade.

São legítimos esses meios de defesa, conhecidos pela expressão *offendicula*, ou defesas predispostas, instalados em propriedades particulares, de modo a afugentar os que delas se aproximam, e mesmo impedir a invasão ou os arrombamentos?

O assunto já mereceu grandes debates, defendendo uma corrente que constituem formas do exercício regular de direito, enquanto outra pende para enquadrá-los como legítima defesa.

Em princípio, a todos se permite o exercício regular do direito de se defender, ou a legítima defesa pessoal e da propriedade. Não se impede a instalação de equipamentos ou aparelhos de proteção e que visem impedir as invasões e as ofensas à pessoa e aos bens próprios.

Deve-se levar em conta o disposto no art. 187 da lei civil: "Também comete ato ilícito o titular de um direito que, ao exercê-lo, excede manifestamente os limites impostos pelo seu fim econômico ou social, pela boa-fé ou pelos bons costumes".

Ou seja, deve-se levar em conta a proporcionalidade, a ponto de não se excederem, em consequências, os limites ou a necessidade da defesa pessoal ou do patrimônio. Se a finalidade visa impedir a escalada em muros, parece suficiente o uso de setas pontiagudas, ou de pedaços de vidro, ou que se energize eletricamente a cerca, em uma potência de força suficiente para repelir o invasor. Não carece, para a finalidade, que se instalem dispositivos que acionem pistolas automáticas, cujos projéteis, acertando pontos nevrálgicos do organismo humano, provocam inapelavelmente a morte. Despropositado afigura-se, também, que se coloquem detonadores camuflados ou não perceptíveis, os quais, tocados, explodem atingindo as pessoas próximas.

Já expunha José Frederico Marques, citado por Rui Stoco, que, estando o aparelho "disposto de modo que só funcione no momento necessário e com a proporcionalidade a que o proprietário era pessoalmente obrigado, nada impede a aplicação da legítima defesa. Se as condições desta não forem respeitadas, não se poderá invocar a legítima defesa em favor de quem haja usado o aparelho".[20]

Para tanto, e a fim de bem prevenir, mister se aponham avisos em letreiros ou cartazes, advertindo do perigo em escalar o muro, ou em adentrar no interior do pátio, ou no arrombamento de portas e janelas. Desde que se proporcione a cientificação preventiva do perigo, e não se empreguem meios de defesa que tragam resultados que ultrapassem o limite do razoável, legítimo o uso de tais sistemas de defesa. A todos se reconhece o direito de cercar a propriedade com aparelhos e equipamentos que assegurem a inviolabilidade e a defesa contra a injusta agressão.

Nessa mesma visão se garante a manutenção de cães no interior da propriedade, mesmo os de raça e instinto ferozes, que representem verdadeira ameaça à vida de invasores, desde que se previna a sua existência por meio de avisos colocados nos muros ou cercas.

5 EXERCÍCIO REGULAR DE UM DIREITO

Os atos cometidos no exercício regular de um direito reconhecido constam previstos no inc. I do art. 188 do Código Civil, sob a afirmação de que não constituem delitos, ou não são ilícitos.

Para a doutrina, não há exercício regular de direito se decorre transgressão à lei. Adverte Aguiar Dias: "No exercício regular de direito reconhecido será preciso indagar se não está ele, por uma das muitas razões que justificam a aplicação da doutrina objetiva, submetido a critério mais largo que o da culpa, para constituição da obrigação de reparar".[21] Nota-se a tendência em determinar a indenização, na hipótese de acontecer, eventualmente, uma situação de ofensa a um bem de outrem, apesar de praticada com apoio em tal princípio. De modo um tanto forte, sentencia Cunha Gonçalves: "O exercício do direito não é obrigatório; o seu titular ou sujeito pode realizá-lo, ou não, ou exercê-lo só em parte ou do modo que lhe aprouver. Excetuam-se os direitos que são também deveres, como o poder familiar, a tutela etc.".[22]

Pondera Carvalho Santos que o exercício do direito, embora possa gozar da mais ampla liberdade, não pode ir além de um justo limite: "Por isso que todo direito acaba onde começa o direito de outrem".[23] Sintetizando a doutrina francesa, lembra que "todo direito deve ter por limite a satisfação de um interesse sério e legítimo". Para ser legítimo, cumpre que seja normal.

Pontes de Miranda explica como há de se considerar a hipótese para excluir a ilicitude: "Se há dano, o que exercia o direito comete ato ilícito, salvo se regularmente o exercia, donde o ônus da prova, no direito brasileiro, ir ao culpado do dano, e não ao que sofreu, pois a

---

[20]   *Tratado de direito penal*. 2.ª ed. São Paulo: Saraiva, 1965. v. 2, p. 136.

[21]   *Da responsabilidade civil*, ob. cit., v. 2, p. 885.

[22]   *Tratado de direito civil*, ob. cit., v. 1, t. I, p. 475.

[23]   *Código Civil brasileiro interpretado*, ob. cit., t. III, p. 340.

esse somente incumbe provar o dano e a culpa, apontando a contrariedade do direito. O que alega ter sido o ato praticado no exercício regular do direito é que tem de provar esse exercício e essa regularidade".[24]

Por conseguinte, se o exercício de um direito provocar dano e não era praticado regularmente, constitui abuso de direito, entrando no mundo dos atos ilícitos. Em síntese, ou há abuso de direito, ou a justiça aconselha a indenização pelo critério da responsabilidade objetiva. Não é coerente sofra a vítima, inocentemente, lesões em seus bens, ou na sua pessoa, porque o ofensor agiu com respaldo em um direito seu reconhecido pela lei. É possível que inexista a ilicitude, mas sem subtrair o dever de indenizar o dano resultante.

A autoridade de Jorge Giorgi dá força a esta exegese: "El criterio que vamos buscando consiste unicamente en investigar si de parte del ofendido existia un derecho por el que le estaba garantido lo que perdió. En verdad, no hay derecho contra derecho; y es absurdo que el ejercicio del derecho propio pueda conducir a la violación del derecho ajeno, no pudiendo proteger la ley contemporáneamente el interés del perjudicado y el interés contrario del que causa el perjuicio. Por no haber reflexionado en esta verdad de buen sentido, algunos escritores han caído en el absurdo de reducir a puro juego de palabras al axioma *qui iure suo utitur, nemini iniuria facit*; sin comprender que la violación del derecho ajeno no puede nunca justificarse como ejercicio de derecho propio, porque no es legítima".[25]

Com respaldo neste ensinamento, que se generaliza no conceito da doutrina mais abalizada, indaga-se da possibilidade de acontecerem acidentes de trânsito amparados na excludente do exercício regular de direito. O condutor será envolvido em alguma situação lesiva a terceiros unicamente porque o exercício de um direito o obrigou?

É difícil acontecer a hipótese. Suponha-se que pratique um abalroamento para salvar a sua vida. A salvação da vida é um direito garantido a todas as pessoas. Mas aí a figura converte-se em estado de necessidade. Embora se livre a pessoa da responsabilidade criminal, a indenização civil é um dever inderrogável. Em outras circunstâncias da vida, há casos de isenção de responsabilidade, como ilustra o já citado Giorgi: "Por derecho natural y civil a un tiempo es lícito disponer y usar de las cosas propias, así como de nuestra actividad, como nos parezca, aun en perjuicio de los intereses ajenos, siempre que no se viole un derecho de tercero. Quien excava en su terreno y corta la vena de agua al pozo el vecino; quien cultivando el terreno propio rompe las raíces a los árboles del colidante...; quien levanta un edificio, o planta un árbol a la distancia legal, pero haciendo esto quita luces o vistas al vecino que no goza de una servidumbre, no comete injuria, ni queda tenido a indemnización de daños, porque usa de su derecho".[26] Não incide o dever de indenizar, nas hipóteses mencionadas, porque a lei permite o exercício do direito. No entanto, não havendo a isenção expressa da lei, cabe o ressarcimento.

6 O ESTRITO CUMPRIMENTO DE DEVER LEGAL

Com respeito ao estrito cumprimento de dever legal, embora reconhecida a causa de exclusão pela justiça criminal, com força de coisa julgada, isso não impede ao juízo cível conhecer do fato, para que se meça a extensão da agressão ou da conduta lesiva, e se avalie o grau de culpa com que o ato tenha sido praticado. Este o magistério de Hélio Tornaghi:

---

[24]   *Tratado de direito privado*, ob. cit., t. II, p. 291.

[25]   *Teoría de las obligaciones*. Trad. da 7.ª ed. italiana. Madrid: Reus, 1929. v. 5, p. 264.

[26]   *Teoría de las obligaciones*, ob. cit., p. 262.

"É absolutamente irrelevante no juízo cível que no criminal se haja decidido ter sido o ato danoso praticado no estrito cumprimento do dever legal. Tal circunstância exclui a ilicitude penal, mas não a civil. Nem do art. 159, nem do art. 160 do CC se infere a licitude civil do ato praticado no estrito cumprimento do dever legal. Ao contrário, o que é justo e razoável é que o dano seja ressarcido ou reparado. Na maioria dos casos (aqueles a que os alemães chamam *polizeinot stand*), o problema cai naquele outro das indenizações em direito público".[27] Os arts. 159 e 160 retrocitados equivalem aos arts. 186 e 188 do vigente Código Civil.

Com razão indaga Aguiar Dias, mantendo-se a atualidade da colocação: "Que dever legal é, de fato, o que pode causar dano impune? Compreende-se que isente de responsabilidade criminal, mas dá-lo sempre como causa de exoneração da responsabilidade civil é desconhecer o que está hoje assentado na consciência jurídica universal: todo dano injusto deve ser reparado".[28]

Diante desses doutos ensinamentos, chega-se à conclusão de que são indenizáveis os danos provocados pelo policial que, em perseguição a um meliante, projeta a viatura contra pedestre, saindo da pista por não conseguir controlar a direção, em virtude da velocidade desenfreada desenvolvida. Justifica-se o comportamento do ponto de vista funcional, mas não sob o âmbito civil e mesmo criminal.

De maneira idêntica, no tiroteio entre agentes da segurança e criminosos, em local público, não se exime o Estado da responsabilidade pelos danos decorrentes nas pessoas que foram atingidas e nas coisas prejudicadas.

A ambulância que apressadamente conduz o doente ao hospital, vindo a colidir contra outro veículo, em razão de manobra imprudente efetuada, não se livra do dever de reparar o montante apurado dos danos, apesar da urgência do atendimento médico que exigiu o excesso de velocidade.

7 POSSIBILIDADE DE SE CONTRAPOREM AS DECISÕES NA ÁREA CIVIL E NA ÁREA CRIMINAL

Seguindo a ação cível, e vindo a ser julgada procedente, não há que ser desconstituída se, posteriormente, no juízo criminal se reconhecer que inexistiu o fato, ou que outro indivíduo tenha sido quem o praticou. E isso pela razão de se reconhecer a soberania do juízo cível e do juízo penal em produzir as provas. É possível que no primeiro se consigam as provas que indiquem com certeza a existência do fato, e que formem convicção suficiente sobre a autoria. Já quanto ao juízo penal, não se descarta a eventualidade de que não se chegue a tais confirmações por falha na elaboração da prova, ou por desinteresse do agente do Ministério Público, ou por sua ineficiência. Até porque, acrescenta José de Aguiar Dias, no juízo criminal há mais rigor na aplicação da lei, além de cada jurisdição encarar o fato com critério diferente: "O direito penal exige, para aplicar suas sanções, a integração de condições mais rigorosas, e, além disso, compreendidas em padrões taxativos *nulla poena sine lege*. São essas condições examinadas com maior prudência... O direito civil já parte de pressupostos diversos. Considera precipuamente o dano, e aquele estado de espírito apriorístico se volta em favor da vítima do prejuízo. A decisão proferida só atinge o patrimônio do responsável, do mesmo modo que protege a vítima, podendo, pois, ter eficácia em bases muito mais amplas".[29]

---

[27] *Comentários ao Código de Processo Civil*, ob. cit., v. 1, t. II, p. 138.

[28] *Da responsabilidade civil*, ob. cit., v. 2, p. 885.

[29] *Da responsabilidade civil*, ob. cit., v. 2, p. 878.

Todavia, se suspenso o processo cível, ou se julgado antes o processo penal sem a suspensão daquele, e reconhecida a inexistência do fato, ou que outro tenha sido o autor, decorre a coisa julgada no juízo cível.

Apenas se o juiz ordenar a suspensão do processo cível, para aguardar o julgamento penal, opera-se a suspensão da prescrição, não correndo o prazo durante o período de duração da referida ação.

Capítulo VI

Responsabilidade e Fato de Terceiro

1 RESPONSABILIDADE DO CAUSADOR DIRETO

Na responsabilidade civil domina o princípio da obrigatoriedade do causador direto pela reparação dos danos causados nas mais variadas situações da vida. A circunstância de afigurar-se, no desencadeamento dos fatos, culpa de terceiro não libera o autor direto do dano do dever jurídico de indenizar. Na sistemática do direito brasileiro, art. 930 do Código Civil, concede-se a ação regressiva, em favor do autor do prejuízo, contra o terceiro que criou a situação de perigo, para haver a importância despendida no ressarcimento ao dono da coisa. Eis a norma: "No caso do inciso II do art. 188, se o perigo ocorrer por culpa de terceiro, contra este terá o autor do dano ação regressiva para haver a importância que tiver ressarcido ao lesado".

Para bem entender a situação, mister transcrever o inc. II do art. 188: "Não constituem atos ilícitos: (...) II – a deterioração ou destruição da coisa alheia, ou a lesão a pessoa, a fim de remover perigo iminente".

Quem põe um bem em atividade, o que é comum no caso de veículos, assume a responsabilidade pelos danos emergentes do seu uso. Assim vem equacionada a questão na jurisprudência: "O novo Código Civil (art. 933), seguindo evolução doutrinária, considera a responsabilidade civil por ato de terceiro como sendo objetiva, aumentando sobejamente a garantia da vítima. Malgrado a responsabilização objetiva do empregador, esta só exsurgirá se, antes, for demonstrada a culpa do empregado ou preposto, à exceção, por evidência, da relação de consumo (REsp 1135988/SP, Rel. Ministro Luís Felipe Salomão, Quarta Turma, *DJe* 17.10.2013)".[1]

É ao réu, obviamente, que cumpre descobrir o terceiro causador do acidente não só para haver a reparação do dano que sofreu, como, ainda, para o exercício da ação regressiva. Para Aguiar Dias, a culpa de terceiro emerge como matéria controvertida no direito. Alguns chegam ao extremo de que é fator de excludente da responsabilidade. Uma terceira corrente, ainda, endossa pensamento semelhante: só afasta a indenização a prova de se encontrar totalmente eliminada a relação de causalidade. Observa: "Os códigos filiados ao sistema francês não mencionam especialmente o fato de terceiro. Nosso Código também não o faz, limitando-se à clássica referência ao caso fortuito ou de força maior. Pelo contrário, o que nele encontramos é precisamente um sinal adverso ao reconhecimento amplo dos efeitos do fato de terceiro sobre a responsabilidade, no art. 1.520, onde se consagra tão somente a ação regressiva contra ele, e que supõe, logicamente, a responsabilidade, ou melhor, a obrigação de

---

[1] STJ, 4.ª Turma, AgInt no AREsp 1.079.508/SP, rel. Min. Marco Buzzi, j. 27.02.2018, *DJe* 05.03.2018.

reparar, por parte do sujeito desse direito regressivo".[2] Lembra-se que o art. 1.520 corresponde ao vigente art. 930, que mantém o teor nuclear da regra.

Em suma, o autor direto assume a reparação, podendo buscar a reposição da soma gasta junto ao terceiro culpado que, com seu procedimento, originou uma manobra determinante do evento lesivo.

2 A AÇÃO REGRESSIVA CONTRA O TERCEIRO

Frequentemente, os autores de ações provocadoras de prejuízos atribuem à culpa de terceiro a causa que levou ao fato. Em matéria criminal, a lei é mais favorável. Contudo, em matéria cível, com o objetivo de impedir a saída por esse caminho, o que se tornaria uma constante, o direito traça normas rígidas, como se extrai do art. 930. Assinalava Carvalho Santos, em lição pertinente com o sistema que se manteve no vigente Código: "O autor do dano responde pelo prejuízo que causou, ainda que o seu procedimento venha legitimado pelo estado de necessidade. Mas seria imposição da mais clamorosa injustiça fazê-lo suportar as consequências desse ato, defraudando o seu patrimônio, como castigando-o do ato que praticou em estado de necessidade, sem proporcionar-lhe uma via de compensação. O que seria um contrassenso, além do mais, porque é a própria lei que autoriza aquele procedimento, em tal circunstância. De forma que ao autor do dano fica assegurado o regresso contra o terceiro, de cuja culpa decorreu o prejuízo que aquele teve que indenizar".[3]

Quid juris se o autor do dano apresentar o causador real, no processo, e pretender sua exclusão do feito?

A solução vem proposta no art. 125, II, do CPC, nestes termos: "É admissível a denunciação da lide, promovida por qualquer das partes: (...) II – àquele que estiver obrigado, por lei ou pelo contrato, a indenizar, em ação regressiva, o prejuízo de quem for vencido no processo".

Não há outra solução. Não é possível o afastamento imediato do processo, assumindo, desde logo, o terceiro a responsabilidade. A lei civil teve na mais alta conta a vítima, prevalecendo o seu direito perante o do causador imediato da lesão. Bem explica Agrícola Barbi, sob o regime do art. 70, III, do CPC/1973, que corresponde ao art. 125, II, do vigente diploma: "Na hipótese do art. 70, III, o credor somente tem ação contra o denunciante, o qual, como tem ação regressiva contra outrem, denuncia a este a lide, apenas para o efeito de regresso. A sentença, no caso da denunciação da lide, disporá acerca da demanda entre o denunciante e seu adversário".[4]

Ortodoxamente, o terceiro, denunciado, não pode ser condenado, solidariamente, ou em substituição ao denunciante, a indenizar os danos. A sentença serve a este, unicamente, para demandar aquele, em ação própria, à qual é estranho o credor da primeira lide. O denunciado é considerado um mero assistente (art. 119 do CPC) do réu. Tem interesse jurídico na vitória dele, mas não como litisconsorte. Mesmo que não citado na ação principal, e ausente no relacionamento processual, garante-se contra ele a ação de regresso.

Isso significa que, havendo a denunciação, a responsabilidade do denunciado se torna coisa decidida, sem possibilidade de discussão sobre o direito material, na ação de regresso. O mérito de sua obrigação para com o denunciante fica definido na ação patrocinada pelo credor. Por essa razão se convencionou firmar que, uma vez consumada a intervenção, a

---

[2]   *Da responsabilidade civil*, ob. cit., v. 2, p. 251.

[3]   *Código Civil brasileiro interpretado*, ob. cit., t. XX, p. 210.

[4]   *Comentários ao Código de Processo Civil*. Rio de Janeiro: Forense, 1975. v. 1, t. II, p. 343.

sentença deve julgá-la, juntamente com a ação principal, uma vez que, num só processo, coexistem duas ações: a do autor contra o réu e a do denunciante contra o denunciado.

Quando não se dá a medida processual, mesmo por desatendimento do pedido pelo juiz, não ficará o processo eivado de nulidade. O efeito é que, posteriormente, ao demandar o responsável pela indenização, em regresso, discutir-se-á o mérito da responsabilidade do interveniente. Caso se procedesse ao chamamento no curso da ação principal, a sentença daria um título executivo ao autor do dano, para exigir do terceiro o valor desembolsado.

Convém repisar não se cogitar de responsabilidade solidária, ou de condenação, no mesmo feito, ao ressarcimento do prejuízo, por ambos os que se defendem. O direito brasileiro não prescreveu a solidariedade, como ocorre em outros sistemas. Duas relações distintas são apreciadas pela mesma sentença: a do autor com o denunciante e a deste com o denunciado.

3 AÇÃO DIRETA CONTRA O TERCEIRO

Embora posta a solução acima, o problema não é tão simples. Apresenta nuanças especiais que requerem o exame.

Imagine-se a hipótese de o denunciante ser insolvente, sem capacidade para ressarcir a vítima. Como ficará a situação do credor? Se aquele não satisfaz a obrigação, falece ao último interesse para acionar o denunciado? Consequentemente, o lesado ficaria inerte, numa posição de mera expectativa, aguardando que ocorra a capacidade financeira de seu adversário?

Absolutamente. Uma vez esgotados os meios para haver o crédito, não é justo se impeça que venha a acionar o denunciado, no lugar do réu, e receber daquele o valor sentenciado.

É possível ao autor litigar contra o agente direto do prejuízo e provocador mediato, cujo procedimento culposo foi o elemento que levou ao acidente. Configura-se, por conseguinte, a responsabilidade solidária, em tese, mas por iniciativa da vítima. Na oportunidade da defesa, cada acionado procurará eximir-se da culpa. A sentença definirá o responsável.

Como se verifica, a situação transmuda-se em litisconsórcio passivo (art. 113, I, do CPC). Se ambos os réus se portaram culposamente, consolida-se a responsabilidade passiva solidária. Se apenas um foi o causador, ficará decidido quem indenizará. Evita-se a lide posterior do autor do evento contra o responsável mediato.

Entretanto, dirigindo-se o litígio apenas contra o agente direto, e este chamando a juízo o responsável pelo acontecimento, posteriormente contra o último poderá voltar se o titular do direito, sempre que o primeiro não dispuser de meios para ressarcir a dívida. Não é coerente fique o credor sem receber o que lhe é devido.

E se o réu não usar do expediente da denúncia, e não estando capacitado para suportar a reparação, como agirá o lesado? A decisão firmou a responsabilidade dele, no papel de agente imediato. Seu ato, todavia, decorreu da conduta culposa do terceiro. A rigor, ao demandado cumpre recompor os prejuízos. Não oferecendo idoneidade econômica, nada impede à vítima voltar-se contra o terceiro, em novo litígio, para definir a obrigação deste, ou livrá-lo do dever de indenizar. Nesta demanda, a ele se permite que use de todos os meios processuais para a sua defesa. Incumbe-lhe evidenciar a sua não participação no evento desencadeador do acidente. Falando sobre a ação de regresso, Carvalho Santos aceita essa solução, na eventualidade de um dos obrigados, na escala sucessiva, não dispor de bens para suportar a indenização.[5] Porque, posicionando-se posteriormente à vítima, indo a juízo, pode ela agir indiferentemente contra um ou outro, pois nada lhe tira o direito de ingressar diretamente

---

[5] *Código Civil brasileiro interpretado*, ob. cit., t. III, p. 338.

contra o terceiro, não é justo se lhe impeça, depois de esgotados os meios de receber junto ao causador direto, a ação contra o terceiro. Pensar o contrário é tolher o direito de quem está com a razão, consagrado pelas disposições mais comuns da lei substantiva civil.

4 FATO DE TERCEIRO E CAUSA ESTRANHA

Em tese, o fato de terceiro só exonera da responsabilidade quando constitui causa estranha ao devedor.

O assunto ficou bem colocado neste aresto: "Já assentou a Corte que o fato de terceiro que acarreta a responsabilidade do transportador é aquele que com o transporte guarda conexidade, inserindo-se os riscos próprios do deslocamento. O mesmo não se verifica quando intervenha fato inteiramente estranho, devendo-se o dano a causa alheia ao transporte em si".[6]

O fato de terceiro caracteriza-se em hipóteses em que o motorista se vê obrigado a provocar um acidente porque foi impelido a desviar o veículo de um transeunte que se atirou à sua frente, ou de uma criança que atravessou correndo a pista, entre infindáveis outras ocorrências. A ação do agente surpreendido é legal e justa, mas suportará os prejuízos, pois não é justo que a vítima os padeça. A simples circunstância da propriedade do carro traz a responsabilidade.

No entanto, o fato de terceiro pode ser causa estranha ao acidente, por faltar a relação de causa e efeito. O evento não tem nenhuma vinculação com o veículo. Irrompe um elemento novo no desencadeamento de certo fato, não tendo qualquer relevância no comportamento do condutor. Ocorre independentemente das cautelas necessárias na direção do veículo. Exemplificando, se os passageiros de um coletivo brigam entre si e se lesionam, ou se alguém é ferido por um delinquente que assalta os usuários, não vemos relação de causalidade entre o veículo e o fato. Há, aqui, exoneração de responsabilidade, pois a causa da lesão não está no meio de transporte, nem surge da circunstância de estar viajando.

O fato de terceiro não vincula a relação de causalidade entre o dano e o desempenho do contrato. Falta conexidade nas duas realidades.

A primeira ação, causadora do acidente ou da lesão, é de tal força e intensidade que exclui a liberdade de ação do motorista. É o que se verifica na pedra lançada de inopino por um malfeitor contra o para-brisa de um veículo, furtando a visão ao motorista e determinando a colisão com outro veículo. Tal evento tipifica um fato súbito e imprevisível, alheio às preocupações normais daquele que dirige e aos perigos correntes do trânsito. Do mesmo modo, a transportadora não pode ser responsabilizada por fato que vitimou passageiro em consequência de disparo feito no interior da viatura por terceiro. Exclui-se a transportadora da condenação, permanecendo esta apenas com relação a terceiro, causador do disparo.

A matéria é examinada mais especificamente no Capítulo IV, item 4.2.

A responsabilidade objetiva do transportador decorre de desastres acontecidos entre veículos. A culpa presumida pressupõe um acidente com o veículo, mesmo que seja por culpa de terceiro, e não emana de elementos ou causas estranhas ao trânsito. O contrário seria admitir a responsabilidade por tudo o que sucedesse no interior da condução, sem qualquer participação dos que a dirigem. Inculcar-se-ia o dever de ressarcir os desfalques pelos assaltos que muitas vezes se repetem nos ônibus, executados por terceiros. A transportadora assume o compromisso com as pessoas que conduz, ou as mercadorias especificadas, e não

---

[6] STJ, 3.ª Turma, REsp 292.472, j. 27.08.2001, *DJU* 08.10.2001.

com os valores ou objetos que os passageiros guardam, sem conhecimento do encarregado pelo transporte.

5 RESPONSABILIDADE E PARTICIPAÇÃO EM UMA CONDUTA PERIGOSA

Em inúmeras vezes acontecem acidentes em que são envolvidos vários veículos, sem possibilidade de descobrir qual desencadeou o evento. Desde que se apure a conduta perigosa de todos ou alguns, dispensa-se a prova para discriminar qual atingiu o pedestre, ou abalroou o carro que não participava do tráfego-culposo. Desde que se demonstre a velocidade desenfreada, ou qualquer infração aos deveres de dirigir com atenção e cuidado, é admissível a cominação da responsabilidade sobre os envolvidos. Todavia, cumpre seja induvidosa a conduta perigosa. Se não se lograr evidenciar a transgressão às normas impostas pelo direito relativamente a um ou mais veículos, embora em movimento na ocasião do fato danoso, ficam excluídos da obrigação de indenizar.

A responsabilidade recai sobre todos porque não se pode averiguar qual dos vários partícipes causou o dano por sua ação, mas condição para essa aplicação é que o dano tenha sido provocado por um só agente. Se restar configurada a atuação direta de mais de um causador, exsurge então a responsabilidade solidária, porque há a atuação dos envolvidos em consonância com o art. 942, parágrafo único, segundo o qual "são solidariamente responsáveis com os autores os coautores e as pessoas designadas no art. 932". No acontecimento em que os condutores apenas efetuam uma atitude de ameaça à segurança alheia, a solidariedade se prende ao comportamento anterior ao dano, e a razão para suportar a condenação se fixa na circunstância de que a vítima não pode ficar sem indenização.

Não resta dúvida que o problema é melindroso, pois os prejuízos resultam causados só por uma pessoa. Não há uma soma de ações atentatórias ao patrimônio alheio. Verifica-se a solidariedade por haverem os motoristas comungado de uma mesma intenção, a qual levou à conduta inconveniente e perigosa. Assim, o elemento caracterizador da solidariedade, o nexo causal que leva à reparação, está no envolvimento de todos no mesmo procedimento condenável.

Hedemann exemplifica a situação: "Tres hijos de labradores organizan una carrera con sus coches de caballos. Un niño es atropellado precisamente cuando los tres participantes en la carrera galopaban envueltos en polvo. No puede asegurarse qué rueda pasó por encima del niño; sólo puede haber sido una, de modo que según el principio de causalidad hay un sólo agente. Sin embargo, responden los tres culpables solidarios, porque todos han tomado parte en el exceso. Si cada uno de ellos hubiere conducido su coche con independencia del otro (sin participar en una carrera) hubiera faltado la 'coparticipación'. Consecuentemente en esta última hipótesis, y debido a la imposibilidad de prueba, no respondería ninguno".[7]

A coparticipação mencionada deve ser entendida no seu real sentido. Não equivale a uma combinação prévia e expressa. Envolve mais um comportamento unânime e determinado de algumas pessoas, que efetuam a mesma manobra. Há como que uma concordância tácita para certo ato pelo qual todos optam. Hipótese frequente verifica-se quando dois motoristas disputam uma corrida em pista movimentada; ou, em desabalada velocidade, um impede a ultrapassagem do outro, ziguezagueando na rodovia. Se algum atropelamento ocorrer, sem meios de descobrir o autor direto, ambos suportarão as consequências.

O mesmo não se pode afirmar em situações diferentes, em que não há conexão de condutas. Se uma pessoa vier a ser acidentada quando dois veículos se cruzam em velocidade

---

[7] *Derecho de obligaciones*, ob. cit., v. 3, p. 545.

elevada, inadequada ao local, não terá direito a acionar os dois condutores. Eles não participavam de uma conduta a que, de comum acordo, haviam aderido, mesmo que tacitamente.

Por fim, da "responsabilidad colectiva sólo puede desligarse el individuo aislado cuando consiga probar la imposibilidad de conexión directa del daño con su persona. Ejemplo: tumulto popular con tiroteo en el que intervino el demandado; pero éste puede probar que tiró en dirección distinta de aquella en que se encontraba el demandante alcanzado".[8]

A responsabilidade pela participação em uma conduta perigosa não constitui princípio isolado no direito, mas vem reconhecida amplamente, como testemunham os alemães Enneccerus-Kipp-Wolff, no famoso *Tratado de direito civil*: "La culposa participación en una conducta peligrosa hace responsables de indemnización a todos los participes, si el peligro que implica esta conducta llega a tener realidad en virtud de un acto cuyo autor no puede ser descubierto. La ley dice: si no puede descubrirse quién de entre varios participes ha causado el daño por su acto".[9] Participar equivale a uma "cooperación en una actividad que de momento sólo determina un peligro, pero que en su desenvolvimiento ulterior conduce al acto causa inmediata del daño. Por tanto, todos los que toman parte en una riña son responsables de los daños causados por una cuchillada dada en la misma si no puede averiguarse quién es el autor", acrescentam. Exemplificando, afirmam que, se alguém toma parte em jogos notoriamente perigosos para o público, arcará com a responsabilidade, se não for capaz de indicar o autor da lesão concreta causada. De idêntico modo o indivíduo que dispara com outros, imprudentemente, em direção a um animal de caça, ferindo uma terceira pessoa, mesmo que haja autorização da autoridade competente para a prática de tal esporte. A obrigação de assumir os danos nasce da simples participação culposa. É culposa porque era possível prever a eventualidade da lesão aos bens jurídicos alheios.

6 DISPENSA DA DENUNCIAÇÃO NA RESPONSABILIDADE OBJETIVA

Há situações em que a responsabilidade é sempre objetiva, como no contrato de transporte. É indiferente, para a vítima, a ausência de culpa do transportador, e tão apenas do condutor. Da mesma forma quanto à responsabilidade do empregador ou patrão, em que é possível que nenhum liame de conduta culposa se encontre na relação de subordinação.

Sendo objetiva a responsabilidade, o cabimento da denunciação não se mede no grau cabível na responsabilidade aquiliana. É que resta garantida sempre a ação autônoma, e não se apresenta justo retardar a satisfação do crédito da vítima com delongas da citação e instrução concomitante das teses do denunciante e do denunciado.

O Superior Tribunal de Justiça já endossou esta exegese: "A responsabilidade da Administração é objetiva e não depende da existência de culpa ou dolo do motorista. Basta que se prove o dano e a relação de causalidade. Somente para efeito da ação de regresso é que se exige a prova da culpa ou do dolo do agente. Na hipótese, a denunciação à lide é admissível, embora facultativa".

Daí a conclusão assim ementada: "Embora cabível e até mesmo recomendável a denunciação à lide do servidor público causador do dano, uma vez indeferido tal pedido, injustificável se torna, nesta oportunidade, a anulação do processo para referida providência, em atenção aos princípios da economia e celeridades processuais".[10]

---

[8] Idem, p. 545-546.

[9] *Tratado de derecho civil* – Derecho de obligaciones, ob. cit., v. 2, t. II, p. 692, § 235, n. 3.

[10] STJ, 1.ª Turma, REsp 16.024-0/SP, j. 17.05.1993, *RSTJ* 48/213.

Em outro julgamento do STJ, veio reafirmada tal *ratio*.[11]

Restando assegurado o direito de regresso autônomo, o prejuízo maior do responsável direto restringe-se ao tempo maior exigido para reembolsar-se. Não é justo, todavia, anular um processo por falta de denunciação, com o que mais resta prejudicada a vítima, diante da constante postergação de ver satisfeito o seu crédito.

---

[11] STJ, 1.ª Turma, REsp 226.093/RJ, j. 14.11.2000, *DJ* 25.06.2001.

Capítulo VII

A Responsabilidade do Proprietário do Veículo pelo Acidente Provocado por Terceiro

1 RESPONSABILIDADE DO PROPRIETÁRIO E DO TERCEIRO QUE PROVOCOU O ACIDENTE

A responsabilidade pelo fato de outrem surge do acontecimento alheio, independente, na maioria das vezes, da culpa do civilmente responsável, mas sem prescindir da culpa do terceiro, autor do ato lesivo do direito.

Lecionava Alvino Lima que dois sujeitos passivos responsáveis se deparam perante a vítima, pelo ressarcimento do dano: "De um lado o agente, o autor do fato material ou da omissão lesivos do direito de outrem; de outro lado, os civilmente responsáveis pelas consequências do ato do autor material do dano, nos casos prefixados, limitativamente, em dispositivo legal. Esta responsabilidade assume aspectos diversos: 1.º – O responsável civilmente responde pelos efeitos do ato do autor material do dano, havendo, sem dúvida, uma responsabilidade pelo fato material de outrem, mas, em virtude de culpa própria presumida *juris tantum*. Trata-se da responsabilidade dos genitores, tutores, mestres, curadores, diretores de colégios etc.; 2.º – O civilmente responsável pelo fato de outrem, em face de uma presunção irrefragável de culpa, segundo a doutrina mais acolhida, mas criticada amplamente e substituída por outras. Trata-se da responsabilidade dos patrões, comitentes etc., pelos atos ilícitos dos seus prepostos, cometidos etc., desde que existam os requisitos legais daqueles atos ilícitos".[1]

O terceiro, autor da lesão, e o proprietário do bem, ou o patrão, ou o comitente, respondem solidariamente perante a vítima.

Não nos fixamos, aqui, na responsabilidade do preponente, do patrão ou do comitente, decorrente de contrato. Deter-nos-emos na responsabilidade derivada da culpa aquiliana, especialmente nos acidentes de trânsito causados por terceiros que dirigem os automotores.

2 RAZÕES QUE IMPÕEM A RESPONSABILIDADE DO PROPRIETÁRIO

Razões de ordem objetiva fizeram prevalecer a responsabilidade do proprietário do veículo causador do dano. A vítima fica bastante insegura ao acontecer o evento diante do anonimato da culpa, problema cada vez mais acentuado, pois enormes são as dificuldades na apuração do fato. A garantia da segurança do patrimônio próprio, a tentativa de afastar as fraudes, a ameaça do não ressarcimento dos prejuízos sofridos e o frequente estado de insolvência do

---

[1] *A responsabilidade civil pelo fato de outrem*. Rio de Janeiro: Forense, 1973. p. 22-23.

Cap. VII · A RESPONSABILIDADE DO PROPRIETÁRIO DO VEÍCULO PELO ACIDENTE PROVOCADO POR TERCEIRO | 69

autor material do ato lesivo somam-se entre os argumentos a favor da responsabilidade civil do proprietário, toda vez que o terceiro, na direção de um veículo, ocasiona ilegalmente um prejuízo a alguém. O responsável pode ser estranho ao ato danoso, como quando não há nenhuma relação jurídica com o autor material.

Colhe-se do magistério do jurista antes citado, com apoio em Cornu, Planiol e Ripert, Josserand e outros, que "se, no domínio das atividades pessoais, o critério preponderante de fixação da responsabilidade reside na culpa, elemento interno que se aprecia em função da liberdade da consciência, e, às vezes, do mérito do autor do dano, no caso de responsabilidade indireta, de responsabilidade pelo fato de outrem, predomina o elemento social, o critério objetivo".[2]

A jurisprudência inclina-se na mesma inteligência: "Quem permite que terceiro conduza seu veículo é responsável solidário pelos danos causados culposamente pelo permissionário".[3]

"Veículo dirigido por terceiro causador do acidente – Obrigação do proprietário de indenizar. Contra o proprietário de veículo dirigido por terceiro considerado culpado pelo acidente conspira a presunção *juris tantum* de culpa *in eligendo* e *in vigilando*, em razão do que sobre ele recai a responsabilidade pelo ressarcimento do dano que a outrem possa ter sido causado."[4]

Especialmente se o filho do proprietário do bem está no uso do bem recai a responsabilidade no proprietário: "O proprietário do veículo que o empresta a terceiro maior e habilitado, ainda que seja seu filho, responde pelos danos causados pelo uso culposo do veículo, não sendo possível se reconhecer sua irresponsabilidade na ação de indenização movida pela vítima".[5]

"A jurisprudência desta Corte Superior firmou-se no sentido de que o proprietário do veículo automotor responde, solidária e objetivamente, pelos atos culposos de terceiro condutor (AgInt no AREsp n.º 1.243.238/SC, Rel. Ministro Marco Buzzi, Quarta Turma, julgado em 12.02.2019, *DJe* 20.02.2019)."[6]

3 RESPONSABILIDADE DO PROPRIETÁRIO E AUSÊNCIA DE CULPA NO FATO DA ENTREGA DO VEÍCULO AO CAUSADOR DIRETO

O dever de ressarcir nem sempre se estriba na culpa do proprietário na entrega do veículo ao autor material. Sua atitude poderá estar revestida de todos os cuidados e cautelas aconselhados e impostos pela consciência. Viável que a permissão tenha recaído em pessoa prudente, habilitada e experiente na direção de carros. Mesmo nestas circunstâncias, a segurança e a tranquilidade social reclamam a sua presença na reparação do dano advindo do uso da condução.

Nada há de culposo no fato de emprestar um veículo a pessoa naquelas condições. O costume e a prática revelam o quanto é comum, nos dias atuais, este procedimento. Não convence a existência de culpa presumida, a não ser que se force um conceito igual, ou pelo menos parecido, à culpa indireta, que repousa sobre o autor do ato lesivo, e não sobre o

---

[2]   *A responsabilidade civil pelo fato de outrem*, ob. cit., p. 26-27.

[3]   STJ, 3.ª Turma, REsp 343.649/MG, j. 05.02.2004, *DJU* 25.02.2004.

[4]   STJ, 4.ª Turma, REsp 109.309/MG, j. 20.10.1998, *DJU* 30.11.1998.

[5]   TJRJ, 16.ª Câm. Cív., Ap. Cív. 2000.001.14039, j. 21.11.2000 – *Adcoas* 8202519, *Boletim de Jurisprudência Adcoas* 49/873, dez. 2001.

[6]   AgInt no REsp 1662465/RS, 4.ª Turma, rel. Min. Antônio Carlos Ferreira, j. 27.05.2019, *DJe* 30.05.2019.

responsável civilmente, como defendem Mazeaud-Tunc e outros. A conclusão é que os princípios fundamentais reguladores da responsabilidade pelo fato de outrem são os mesmos que regem a responsabilidade indireta, sem culpa, do comitente, do patrão, do pai em relação aos filhos menores, com fundamento no risco.

O proprietário responde porque confiou o carro a pessoa sem idoneidade econômica, pois, se a tivesse, contra ela ingressaria o lesado.[7]

Clássica é a lição de Aguiar Dias sobre a matéria: "É iniludível a responsabilidade do dono do veículo que, por seu descuido, permitiu que o carro fosse usado por terceiro. Ainda, porém, que o uso se faça à sua revelia, desde que se trata de pessoa a quem ele permitia o acesso ao carro ou ao local em que o guarda, deve o proprietário responder pelos danos resultantes".[8]

Nem sempre, todavia, nos deparamos, convém repisar, com um procedimento culposo do proprietário pelo fato de permitir o acesso de terceiros ao veículo. Se permite a pessoa habilitada, plenamente capacitada para qualquer manobra, não procedeu imprudentemente. Superada encontra-se a justificação com base na culpa, disseminada pela jurisprudência, para fundamentar a condenação em indenizar.

O art. 929 do Código Civil vem assim redigido: "Se a pessoa lesada, ou o dono da coisa, no caso do inciso II do art. 188, não forem culpados do perigo, assistir-lhes-á direito à indenização do prejuízo que sofreram".

Para bem entender a situação, mister transcrever o inc. II do art. 188: "Não constituem atos ilícitos: (...) II – a deterioração ou destruição da coisa alheia, ou a lesão a pessoa, a fim de remover perigo iminente".

Nota-se o caráter objetivo do art. 929.

A razão para buscar a reparação junto ao proprietário apoia-se em uma questão de justiça. Este oferece, em geral, melhores condições para garantir os prejuízos suportados. A teoria da responsabilidade objetiva tem aplicação, mais do que nunca, nessas hipóteses.

Relativamente aos acidentes provocados por filhos menores, revelou o Superior Tribunal de Justiça uma posição avançada, não atribuindo aos pais a responsabilidade, se emprestado o veículo por terceiro. Leva-se em conta a existência de habilitação, ou o exercício da direção por força da lei. Fazendo incidir a responsabilidade objetiva, unicamente o terceiro que permitiu a utilização é que pode ser chamado à responsabilidade. Eis a seguinte ementa: "Acidente de trânsito causado por menor de idade, habilitado legalmente como motorista, dirigindo veículo de terceiro. Exclusão da responsabilidade do pai pela indenização dos danos resultantes".

São fornecidas razões de tal enunciado, com base em lição de Wilson Melo da Silva:[9]

"A presunção de capacidade do filho para o exercício de sua profissão de motorista defluirá de ser ele portador de uma carteira de habilitação. E não haveria de ser por uma vigilância inexplicável na espécie, sem o menor sentido em virtude do reconhecimento, pelo Estado, da capacidade técnica do filho motorista, que o pai, absolutamente, pudesse ser com ele solidariamente responsável, na eventualidade de um dano.

Faltariam, aí, os pressupostos de uma impossível ou inócua vigilância. *Ad impossibilia nemo tenetur.*

O impossível a ninguém obriga e muito menos o disparatado e o ilógico.

---

[7]   Aguiar Dias, *Da responsabilidade civil*, ob. cit., p. 465-466.

[8]   Aguiar Dias, *Da responsabilidade civil*, ob. cit., v. 2, p. 29.

[9]   *Da responsabilidade civil automobilística*. São Paulo: Saraiva, 1974; 3.ª ed. 1980. p. 153-154.

Se, no entanto, ocorrer que esse filho, mesmo devidamente habilitado pelo Poder Público, tendo passado para o exercício do mister de condutor de veículos (amador ou profissional), se tornar um toxicômano, um ébrio inveterado ou vítima de alguns determinados tipos de moléstia (da epilepsia, por exemplo), aí, sim, caberia a seu pai ou tutor tomar as devidas providências, sob pena de responsabilidade solidária pelos possíveis acidentes do motorista, para que o filho ou tutelado não continuasse à testa de nenhum veículo.

Não se trataria, aqui, de vigilância quanto a uma capacidade técnica, sem sentido em face da caderneta de motorista, mas de uma incapacidade de ordem bem diversa, com relação à qual teria cabimento o dever de vigilância do responsável por tal motorista, ainda que menor púbere".

Segue o voto incutindo a responsabilidade se o filho fosse menor de 18 anos de idade, pelo fato de que se encontra impedido de dirigir pela lei. Aí se configuraria a culpa *in vigilando*.

Se o menor, pois, conduziu o veículo na companhia do tio, este o proprietário do carro – situação que, à vista da lição acima transcrita, exclui a responsabilidade civil do pai pelo indigitado acidente de trânsito.[10]

Ao que se depreende do julgado, não incide a responsabilidade dos pais em razão de não se encontrar o filho, na ocasião, em companhia deles. De sorte que, por não manterem eles a guarda no momento, a responsabilidade recairia na pessoa com a qual se encontrava o filho, que lhe entregou o veículo para dirigir. Conclui-se que a responsabilidade assenta no fato da propriedade do veículo.

4 RESPONSABILIDADE E VENDA DO VEÍCULO NÃO TRANSCRITA NO REGISTRO DE TÍTULOS E DOCUMENTOS

Estando o veículo alienado, embora se encontre ainda em nome do vendedor, quem responde pelos danos causados?

Em tese, domina o princípio de que a pessoa em cujo nome se encontra registrado o veículo responde pelos prejuízos causados.

Se a transferência se opera mediante recibo, ou contrato particular, e não por meio do certificado de propriedade, para valer em relação a terceiros cumpre se efetue o registro do documento no Ofício de Títulos e Documentos, como assinala o art. 129, n. 7, da Lei dos Registros Públicos (Lei 6.015/1973). Não basta o ato instrumentalizado no documento particular. Em decorrência dessa regra, que reproduziu disposição da Lei dos Registros Públicos anterior (Decreto 4.857/1939), defende-se que a pessoa em cujo nome vem registrado o documento de propriedade do veículo é sempre considerada responsável nos acidentes. Esta a inteligência que se deu à Súmula 489 do STF, de 1969, nestes termos: "A compra e venda de automóvel não prevalece contra terceiros, de boa-fé, se o contrato não foi transcrito no registro de títulos e documentos". Deve, entrementes, ser exatamente compreendida. Trata-se de princípio que firma a transferência de domínio independentemente de tradição da coisa. Em tese, prevalece o ato de registro do título, pois, como disserta Sebastião de Souza, não basta a entrega de coisa móvel para que se transfira o domínio. Tal entrega pode ter outra finalidade, como um comodato, uma locação, um penhor etc. É preciso que a entrega se faça com a intenção de transferir o domínio.[11] A rigor, permanecendo no certificado de registro do departamento de trânsito o nome de certa pessoa, a ela se atribui o domínio,

---

[10] STJ, 3.ª Turma, REsp 94.643/RJ, j. 26.06.2000, *DJU* 11.09.2000.

[11] *Da compra e venda*. 2.ª ed. Rio de Janeiro: Forense, 1956. p. 265-266.

a menos que o documento que alienou a propriedade se encontre lançado no Registro de Títulos e Documentos.

A forma comum de provar a titularidade do domínio é o certificado fornecido pelo Departamento de Trânsito, porque este documento é emitido mediante a apresentação do comprovante da compra e venda. E se o recibo, ou contrato particular, ou outro papel é registrado no ofício acima referido, transmite-se a propriedade do veículo independentemente da tradição, ou da alteração na circunscrição de trânsito.

Essas definições e a súmula mencionada ditaram forte corrente de entendimento no sentido de que a responsabilidade assenta no proprietário do veículo causador do desastre, ainda que o tenha vendido a terceiro, mas sem registrar o contrato. Responde ele pelos danos decorrentes do acidente embora efetuada a venda a terceiro, mas sem a formalização da transferência com a transcrição do contrato particular de venda no registro competente.

Para chegarmos a uma posição correta sobre o assunto, importa se conheça a natureza do certificado de propriedade. Esse documento, por si só, não atribui eficácia à transmissão de propriedade. Diante da circunstância, porém, de ser expedido em virtude da apresentação do comprovante da compra e venda, gera presunção de titularidade do domínio, até prova em contrário. Portanto, de real significação e decisivo é o recibo de compra e venda. Se ele dá causa ao certificado, isto é, importa em transferência de propriedade, pouco representa a hipótese de não efetuado o certificado, ou de não lavrado o registro do recibo na repartição competente.

A omissão de registro não implica invalidade (nulidade ou anulabilidade) do negócio. Implica somente maior discussão quanto à credibilidade do documento, em relação a terceiros. A tendência de se entender é no sentido de admitir o instrumento particular não registrado como meio de isenção de responsabilidade em favor daquele em cujo nome consta a propriedade no departamento de trânsito, desde que faça prova cabal e completa da alienação. Se o recibo é válido para gerar o certificado, é válido por si mesmo, ou subsiste pelo seu próprio conteúdo, e não em razão do outro documento que ele origina. De suma importância é a data inserida em seu contexto, a fim de esclarecer se foi elaborado antes ou depois da ocorrência, e evitar uma possível simulação.

A propósito, rezam o art. 409 e seu parágrafo único, IV, do CPC:

"A data do documento particular, quando a seu respeito surgir dúvida ou impugnação entre os litigantes, provar-se-á por todos os meios de direito.

Parágrafo único. Em relação a terceiros, considerar-se-á datado o documento particular: (...)

IV – da sua apresentação em repartição pública ou em juízo".

A lei mesma estabelece a data a ser levada em conta, segundo critérios casuística e taxativamente enumerados nos vários incisos do artigo transcrito. Na espécie em exame, a regra aplicável é a do inciso IV, dentre as figuradas no texto legal. A apresentação em repartição pública equivale ao comparecimento no tabelionato, para o reconhecimento das assinaturas. Se efetuado o ato anteriormente à data do acidente, a presunção é forte no sentido de que a transferência foi concretizada precedentemente ao evento danoso. A solução do Código não é gratuita nem arbitrária. Ela se atém à consideração de que, em se tratando de documento particular, formado com a participação exclusiva das pessoas diretamente interessadas no seu conteúdo, seria extremamente perigoso atribuir-lhe eficácia em face de terceiros antes que, ou pela intervenção de uma autoridade pública, ou pela ocorrência de ato ou fato capaz de tornar certa a existência anterior do documento, se possa ter certeza a respeito da data.

Se algo resta obscuro no instrumento, predomina a presunção da propriedade conforme consta no certificado.

Cap. VII · A RESPONSABILIDADE DO PROPRIETÁRIO DO VEÍCULO PELO ACIDENTE PROVOCADO POR TERCEIRO | 73

Consuma-se a tradição do veículo quando registrado o contrato de compra e venda independentemente da transmissão efetiva. No entanto, no caso de acidente por veículo pertencente a pessoa distinta da assinalada no certificado, desde que a prova da titularidade do domínio seja inquestionável, o ônus da indenização pesa sobre aquela, malgrado o recibo ou outra forma de instrumento não se encontre lançado no registro específico.

A doutrina há tempo vem se pronunciando segundo este entendimento, de acordo com o magistério de Wilson Melo da Silva:

"Na sistemática, portanto, da vigente legislação nacional, onde o princípio maior informativo da responsabilidade civil é o da culpa subjetiva e não ainda o do risco, que apenas em casos excepcionais tem tido acolhida, não se pode admitir a presunção, com a intensidade que alguns lhe atribuem, de que responsável pelo acidente automobilístico, no cível, seja a pessoa cujo nome apareça como o do proprietário do veículo, causador do acidente, nos registros das repartições de trânsito.

Responsabilizar-se alguém pelos danos ocasionados por intermédio de um veículo, pelo só fato de se encontrar o mesmo registrado em seu nome nos assentos da inspetoria do trânsito, seria, por vezes, simplista ou, talvez, cômodo. Não justo, em tese.

Culpa pressupõe, salvo as exceções legais mencionadas, fato próprio, vontade livre de querer, discernimento. Não seria a circunstância de um só registro, não traduzidor de uma verdade, em dado instante, em uma repartição pública, que iria fixar a responsabilidade por um fato alheio à vontade e à ciência do ex-dono do veículo, apenas porque a pessoa que dele o adquiriu não se deu pressa em fazer alterar, na repartição de trânsito, o nome do antigo proprietário para o seu próprio".[12]

Arremata o autor que *conditio sine qua non* para a transferência da propriedade é o registro de bens imóveis. O veículo não é bem imóvel. Pressuposto para documentar ou solenizar a compra e venda é o contrato, concertado entre vendedor e comprador, seguido de simples entrega da coisa do antigo para o novo dono.

O registro visa surtir efeitos no tocante à prova perante terceiros, valendo o instrumento *erga omnes*, e assegurando-se o titular contra possíveis alienações *a non domino*, penhoras e outras medidas constritivas judiciais.

Este posicionamento veio a ser adotado pelo STJ, por meio da Súmula 132, de 26.04.1995, com a seguinte redação: "A ausência de registro da transferência não implica a responsabilidade do antigo proprietário por dano resultante de acidente que envolva o veículo alienado".

Tornou-se a matéria pacífica em decisões posteriores do STJ:

"A ausência de registro de transferência não implica a responsabilidade do antigo proprietário por dano resultante de que envolva veículo alienado (Súmula 132/STJ). Rever a conclusão do Tribunal de origem acerca da alienação do veículo envolvido no acidente encontra óbice na Súmula 7/STJ".[13]

"Acidente de trânsito. Transferência da propriedade na repartição de trânsito. Precedentes.

Na linha de precedente da Corte, a 'circunstância de não se haver operado a transferência, junto à repartição de trânsito, e de não se ter diligenciado o registro na serventia de Títulos e Documentos não obsta que a prova da alienação se faça por outros meios' (REsp n.º 63.805/RS, 3.ª Turma, de minha relatoria, *DJ* de 17.03.97)".[14]

---

[12]   *Da responsabilidade civil automobilística*, ob. cit., p. 288-289.

[13]   AgRg no REsp 708.620/BA, 4.ª Turma, rel. Min. Luis Felipe Salomão, j. 07.12.2010, *DJe* 13.12.2010.

[14]   REsp 22.2092/ES, 3.ª Turma, rel. Min. Carlos Alberto Menezes Direito, j. 08.02.2000, *DJe* 08.03.2000.

5 RESPONSABILIZAÇÃO DO DENUNCIADO PARA INDENIZAR A VÍTIMA

Situações de incoerência podem ocorrer, de grave injustiça para a vítima. Normalmente, ingressa-se com a ação contra o proprietário – ou a pessoa em cujo nome se encontra registrado o veículo, quer no órgão de trânsito competente, quer no cartório de títulos e documentos. Este o caminho mais coerente e normal. Em considerável parte dos acidentes, não se descobre o autor causador – ou porque foge do local, ou porque nega a sua participação, não se logrando êxito em comprovar a participação.

Ajuizada a demanda, vem a contestação, sustentada na ilegitimidade passiva do réu, eis que vendido o veículo anteriormente ao fato, com firma reconhecida na época, ou na negativa de autoria, apontando o real causador.

Segundo exposto no item anterior, a tradição se dá mesmo sem o registro no departamento de trânsito, ou no ofício de títulos e documentos. É injusto obrigar a indenizar pela simples omissão em operar a transferência em órgãos competentes, ou em comunicar a alienação.

Mas, de outro lado, provoca-se uma injustiça ao prejudicado, que não tinha alternativa outra além de ingressar contra quem os documentos oficiais apontavam como proprietário.

De que maneira exigir que deveria ele conhecer o verdadeiro titular do veículo, se em muitos acidentes nem se procede ao registro da ocorrência em delegacia de polícia?

Quando há uma iniciação dos levantamentos na polícia, com exame e anotações de elementos constantes na documentação, exsurge alguma possibilidade de se conhecer o verdadeiro dono do carro. Porém, se inviável essa oportunidade, não resta outro caminho que acionar a pessoa que aparece como titular.

Há, aí, de parte desta pessoa, um mínimo de responsabilidade. Com o veículo ainda em seu nome nos registros públicos, é ela a virtual responsável. Máxime se a assinatura do recibo foi em branco, sem data, levando a retardar a transferência junto à repartição de trânsito. Há negligência ao não se levarem a efeito as providências de regularização da venda.

Mesmo assim, a responsabilidade seria apenas subsidiária, ou talvez admissível na circunstância de o efetivo proprietário ser insolvente.

A solução seguida, ao ficar provada a transferência, é dar pela carência de ação, diante da flagrante ilegitimidade passiva, ordenando que o réu arque com as custas e até honorários, por provocar sua omissão a propositura de ação contra pessoa errada.

Uma solução mais avançada, no entanto, é admitir a denunciação, se requerida, contra o real causador. Segue-se o processo, aproveitando-se os atos realizados, numa aplicação oportuna do parágrafo único do art. 283 do CPC, assim redigido: "Dar-se-á o aproveitamento dos atos praticados desde que não resulte prejuízo à defesa de qualquer parte".

No caso, cita-se o denunciado, reiniciando o procedimento, e havendo total garantia de defesa.

Evidente que parece paradoxal a solução, pois o conceito de denunciação não permitiria tal exegese, sendo ela cabível "àquele que estiver obrigado, por lei ou pelo contrato, a indenizar, em ação regressiva, o prejuízo de quem for vencido no processo" (art. 125, II, do CPC).

O direito de regresso corresponde à ação reconhecida em favor de alguém, prejudicado por ato de outrem, em ir contra ele para receber o que teve de pagar a terceira pessoa justamente por causa desse ato.

Assim, pela denunciação – no que segue orientação generalizada –, desde que procedente, fica assegurado o direito de regresso em favor daquele que paga. Na própria sentença indenizatória forma-se o título para o reembolso, que terá força executiva. Ou seja, procedente a ação e afirmada a responsabilidade do denunciado diante do denunciante, haverá também sentença sobre essa responsabilidade do denunciado em face do denunciante. Obriga-se o primeiro a pagar o último.

Embora, porém, tal sistematização tradicional – que não oferece contenciosidade –, surge uma orientação que dá nova figura à denúncia, emprestando-lhe um caráter de substituição processual.

Efetivamente, no intuito de dinamizar o procedimento, de aproveitar os atos, amolda-se o direito às situações práticas. Não se revelando eficaz a solução de um figurino de conceitos preconcebidos, parte-se para fundamentos novos. Arauto dessa dimensão é o magistrado paulista Francisco Fernandes de Araújo, que, em trabalho de notável saber, ainda na vigência do Código processual anterior, anunciava: "Não se vislumbra, por isso, incompatibilidade em que o réu, ao ser judicialmente acionado, para compor danos causados por veículo que não mais é seu, mas ainda consta em seu nome nos registros públicos, denuncie à lide àquele que tem a propriedade do veículo ao tempo dos fatos danosos, mesmo porque há presunção, embora relativa, no sentido de que o denunciante, na hipótese, é o dono do veículo, e deve provar seguramente o contrário, pois é exclusivamente seu o ônus da prova (art. 333, II, do CPC), sendo que a melhor maneira de fazê-lo é trazer o atual dono ao processo, que, por sua vez, também terá, em regra, real interesse no debate da prova, em confronto com o autor da demanda, no que concerne ao mérito da questão, ainda que admita, desde logo, ter adquirido efetivamente o veículo, pois muitas vezes poderá o próprio denunciado contribuir até para a improcedência da ação em relação a ele, denunciado, por ausência de culpa subjetiva ou extracontratual. Lá, questão de mérito; aqui, ilegitimidade da parte, ausência de uma das condições da ação". O citado art. 333, II, corresponde ao art. 373, II, do CPC/2015.

Prossegue o autor, com invocações jurisprudenciais: "Justifica-se a situação, a nosso ver, por diversos fundamentos, e, embora aparentemente errônea, sob o ponto de vista técnico-processual, apenas essa solução se ajusta à tutela do direito, às partes que o têm a ser protegido, conforme decisão do 1.º Tribunal de Alçada Civil de São Paulo, na Apelação 312.808, da Comarca de São Paulo, que admitiu a denunciação em caso que se inclui na espécie, tendo o acórdão a seguinte ementa: 'Denunciação da lide – Colisão de veículos – Ação de indenização – Inocorrência de qualquer culpa do denunciante – Hipótese de substituição processual – Voto vencido – Inteligência do art. 70, III, do CPC. Há hipóteses em que a denunciação da lide equivale, por assim dizer, a uma quase substituição processual, a apontar um responsável exclusivo pelo evento, e não uma situação em que existiria um responsável em caráter meramente subsidiário e outro responsável em caráter final e principal' (*RT* 576/134)".[15] O art. 70, III, suprarreferido, equivale ao art. 125, II, do CPC de 2015.

Já em passagem anterior, apontavam-se outras decisões, no mesmo rumo: "'Não há qualquer motivo em que a sentença dê pela carência da ação, em relação ao denunciante, e pela procedência ou improcedência quanto ao denunciado' (*RJTJESP* 101/144); 'Ocorrendo ilegitimidade passiva, o consectário é a extinção do processo, nos termos do art. 267, III, do CPC. Mas denunciada, embora irregularmente, a lide pelo réu ao autor do dano e este aceitando a titularidade da defesa, aproveita-se o processo pelo permissivo do art. 250, parágrafo único, do diploma formal' (*RT* 536/208)".[16] Os arts. 267, III, e 250, parágrafo único, têm regras equivalentes nos arts. 485, III, e 283, parágrafo único, do CPC/2015.

---

[15] Da responsabilidade civil por danos causados em acidentes de trânsito quando o veículo não mais pertence a quem aparece como dono no registro público. *Justitia*, n. 152, p. 107-109, 1990.

[16] Idem, p. 105.

Em verdade, nem todas as figuras jurídicas ou institutos ficam subsumidos ou se esgotam nos paradigmas ou previsões que estão no direito positivo ou representado por leis. Tal acontece com a substituição processual. O sentido da expressão não se exaure na hipótese dos arts. 108 e seguintes da lei instrumental. O significado terminológico de substituição envolve a troca de uma pessoa por outra, possível de operar-se em inúmeros casos.

O Superior Tribunal de Justiça também se inclina por essa orientação: "Em linha de princípio, a denunciação da lide não se presta à substituição de parte passiva. Contudo, se o réu alega ser parte ilegítima e ao mesmo tempo denuncia da lide ao verdadeiro responsável, e este, aceitando a litisdenunciação, contestar o pedido formulado pelo autor, passando à condição de litisconsorte passivo, não há prejuízo em que a sentença dê pela carência da ação, em relação ao denunciante, e pela procedência ou improcedência da pretensão quanto ao denunciado".[17]

A moderna concepção do direito processual civil leva a ir mais adiante, desde que instaurada a litigiosidade entre os causadores de uma quebra de harmonia social: o chamamento do responsável efetivo torna-se admissível por iniciativa unilateral e soberana do juiz. Desde que concentrada a discórdia na definição de quem é o responsável, sem qualquer direcionamento à denunciação, permite-se que o juiz ordene a citação do responsável indicado, para vir aos autos e assumir a posição de réu.

Concebido o direito como dialética, e bem dimensionada a primazia axiológica das suas finalidades, às escâncaras aparecem razões para o redirecionamento da ação contra aquele que realmente deu causa ao acidente.

Nessa linha de visão, não se impede a ação direta contra aquele que viria a ser denunciado, isto é, contra o segurador: "A ação indenizatória de danos materiais, advindos do atropelamento e morte causados por segurado, pode ser ajuizada diretamente contra a seguradora, que tem responsabilidade por força da apólice securitária e não por ter agido com culpa no acidente".[18]

Entretanto, com o passar do tempo, mudou o STJ substancialmente a posição, o que ocorreu com a Súmula 529, de 2015, impedindo o direcionamento da ação apenas contra o segurador: "No seguro de responsabilidade civil facultativo, não cabe o ajuizamento de ação pelo terceiro prejudicado direta e exclusivamente em face da seguradora do apontado causador do dano". A demanda dirigir-se-á contra o segurado e a seguradora, como se depreende do seguinte aresto:

"O propósito recursal é aferir se a seguradora deve indenizar o recorrente pelo óbito de sua esposa, vítima de acidente de trânsito envolvendo veículo objeto de seguro de responsabilidade civil facultativo.

Consoante a dicção da Súmula 529/STJ, 'no seguro de responsabilidade civil facultativo, não cabe o ajuizamento de ação pelo terceiro prejudicado direta e exclusivamente em face da seguradora do apontado causador do dano'. Hipótese em que, contudo, houve prévia decisão do STJ, anterior à aprovação da Súmula, admitindo o prosseguimento da ação de cobrança ajuizada exclusivamente contra a seguradora-recorrida.

No seguro de responsabilidade civil facultativo, a seguradora se obriga a ressarcir o segurado dos prejuízos econômicos que venha a sofrer por danos causados a terceiro.

---

[17] STJ, 4.ª Turma, REsp 23.039-5/GO, j. 25.11.1992, *RSTJ* 47/263.
[18] STJ, 3.ª Turma, REsp 444.716/BA, j. 11.05.2004, *DJU* 31.05.2004.

O pagamento da indenização securitária pressupõe, portanto, prévio reconhecimento da responsabilidade do segurado pelos danos provocados ao terceiro. Não basta, destarte, a pura e simples ocorrência de sinistro envolvendo o bem segurado.

Na hipótese dos autos, consoante soberanamente apurado pelo Tribunal de origem, não provou o autor-recorrente a culpa do segurado pelo acidente que vitimou sua esposa. Pelo contrário, o arcabouço fático-probatório da demanda indica que o acidente foi causado pela própria vítima, que conduzia o veículo em grave estado de embriaguez e com excesso de velocidade, propiciando que o automóvel se chocasse contra um poste de iluminação pública, sem a interferência de outras causas externas.

Recurso especial conhecido e não provido".[19]

O assunto já esteve submetido ao regime de recurso repetitivo, sendo sintetizado no Tema 471, com a seguinte tese: "Descabe ação do terceiro prejudicado ajuizada direta e exclusivamente em face da Seguradora do apontado causador do dano. No seguro de responsabilidade civil facultativo a obrigação da Seguradora de ressarcir danos sofridos por terceiros pressupõe a responsabilidade civil do segurado, a qual, de regra, não poderá ser reconhecida em demanda na qual este não interveio, sob pena de vulneração do devido processo legal e da ampla defesa".[20]

Desde que integrado o segurado na ação, é admitida a condenação direta do segurador a pagar o dano, como emerge do Tema 469, proclamando a tese de que, "em ação de reparação de danos movida em face do segurado, a Seguradora denunciada pode ser condenada direta e solidariamente junto com este a pagar a indenização devida à vítima, nos limites contratados na apólice".[21]

Necessário ponderar que a condenação do segurado e, por consequência, do segurador somente ocorrerá, se comprovada a culpa ou dolo do segurado no acidente em si. Mesmo que se admitisse unicamente o segurador no polo passivo, não se prescindiria da prova de culpa ou dolo de parte do segurado, ou do condutor do veículo.

6 AÇÃO DIRETA DO LESADO CONTRA O ESTADO E O PREPOSTO CAUSADOR DO DANO

Em geral, quando o causador do acidente é preposto do Estado, a ação é dirigida contra este, vindo ele a denunciar o causador direto, isto é, o funcionário ou preposto.

Entretanto, nada impede que a parte lesada vá buscar a indenização contra o ente público e o causador direto, dependendo a condenação deste da prova da conduta culposa. Uma vez estabelecida a responsabilidade do agente público, já fica definido o direito de reembolsar-se o Estado da quantia que pagar a título de indenização. Linha esta que entende plausível o Superior Tribunal de Justiça:

"Para o deslinde, anote-se que, em verdade, se a autora da ação, insculpindo a fundamentação do risco administrativo, tivesse apenas optado pelo chamamento do Estado, assim poderia ter alvitrado. No entanto, certamente atraída pelo imperativo da economia e a segurança do processual do contingente probatório, com uma única instrução e consequente sentença, chamou também o servidor público, para precaver-se contra a possibilidade de o Estado demonstrar que o seu agente agiu culposamente, invertendo a responsabilidade

---

19   STJ, 3.ª Turma, REsp 1659108/SP, rel. Min. Nancy Andrighi, j. 26.06.2018, *DJe* 02.08.2018.

20   REsp 962.230/RS, 2.ª Seção, rel. Min. Luis Felipe Salomão, j. 08.02.2012, *DJe* 20.04.2012.

21   REsp 925.130/SP, 2ª Seção, rel. Min. Luis Felipe Salomão, j. 08.02.2012, *DJe* 20.04.2012.

pelos danos causados. Lembre se que a própria Constituição Federal assegura 'o direito de regresso contra os responsáveis nos casos de dolo ou culpa' (art. 37, § 6.º), e assim também a Lei 4.619, de 1965, que trata da ação regressiva da União contra seus agentes. Poderia ser, isto sim, polêmico o chamamento exclusivo do servidor público, não se incluindo o Estado. Não é a hipótese.

Evidentemente, outrossim, o direito de regresso, por si, propiciador da denunciação da lide (art. 70, III, CPC), caso a autora, prontamente, como fez, não tivesse incluído o servidor público no polo passivo, o Estado estaria autorizado a promoveu, até mesmo, em homenagem à conveniência e celeridade do processo". O citado art. 70, III, corresponde ao art. 125, II, do CPC/2015.

Transcrevendo parte do REsp 594: "É de todo recomendável que o agente público, responsável pelos danos causados a terceiros, integre, desde logo, a lide, apresente a sua resposta, produza prova e acompanhe toda a tramitação do processo e que se resolva desde logo, em uma única ação, se ele agiu ou não com culpa ou dolo ou se não teve nenhuma responsabilidade pelo evento danoso".[22]

Apesar dessa inteligência, o STF, no RE 1.027.633, de 14.08.2019,da relatoria do Min. Marco Aurélio, decidiu da seguinte maneira: "A teor do disposto no artigo 37, parágrafo 6.º, da Constituição Federal, a ação por danos causados por agente público deve ser ajuizada contra o Estado ou a pessoa jurídica de direito privado, prestadora de serviço público, sendo parte ilegítima o autor do ato, assegurado o direito de regresso contra o responsável nos casos de dolo ou culpa". A decisão ensejou a tese do Tema 940 da repercussão geral.

7 CULPA DO CAUSADOR DO ACIDENTE NA AÇÃO DE REGRESSO DO ESTADO

Para o Estado se ressarcir regressivamente da indenização que paga em uma ação, há de restar provada a culpa do funcionário causador do acidente. O art. 37, § 6.º, da Constituição Federal é explícito a respeito: "As pessoas jurídicas de direito público e as de direito privado prestadoras de serviços públicos responderão pelos danos que seus agentes, nessa qualidade, causarem a terceiros, assegurado o direito de regresso contra o responsável nos casos de dolo ou culpa".

O próprio Código Civil contém norma em sentido equivalente, conforme art. 43: "As pessoas jurídicas de direito público interno são civilmente responsáveis por atos dos seus agentes que nessa qualidade causem danos a terceiros, ressalvado direito regressivo contra os causadores do dano, se houver, por parte destes, culpa ou dolo".

A jurisprudência tradicionalmente tem ressalvado a necessidade de se provar a culpa ou o dolo, mesmo na vigência do diploma civil anterior: "Embora a responsabilidade do Estado para com terceiros seja objetiva, a responsabilidade do agente perante o mesmo é subjetiva. Assim sendo, o direito de regresso somente é possível mediante prova da culpa do agente".

Insiste-se que não se assenta o direito de regresso na responsabilidade objetiva do agente causador, de conformidade com as razões do acórdão:

"Não se fala mais em responsabilidade objetiva, pois o que se levará em conta é a responsabilidade do agente. Este responderá perante o Estado, sempre que se provar ter procedido culposa ou dolosamente.

---

[22] STJ, 1.ª Turma, REsp 34.930-1/SP, rel. Min. Milton Luiz Pereira, j. 15.03.1995, *DJ* 17.04.1995, *RSTJ* 77/100.

Na espécie, cumpre observar se houve a denominada culpa aquiliana, derivada da inobservância de uma norma por imprudência ou negligência (art. 159 do CC).

Em casos como este, o ônus da prova é daquele que alega a culpa, ou seja, do Estado, que pretende o direito de regresso. Isso porque os nossos tribunais têm decidido pelo princípio de que a culpa aquiliana não se presume" (TJRJ, 4.ª Câm. Cív., Ap. 11.203).[23] O referido art. 159 corresponde ao art. 186 do vigente Código Civil.

"A ausência de má-fé não é causa excludente da responsabilidade da Administração por ato de seus agentes. A culpa ou má-fé constitui, apenas, pressuposto para a responsabilização do servidor, em eventual ação de regresso, pela indenização que o ente estatal tiver que suportar por força de decisão judicial, sem, no entanto, livrá-lo do dever de reparar o dano suportado pela vítima."[24]

---

[23] TRF-5.ª Reg., 2.ª Turma, REO 39.566, j. 13.09.1994, *JSTJ/TRF-Lex* 80/635.

[24] STJ, 1.ª Turma, REsp 1.038.259/SP, rel. Min. Sérgio Kukina, j. 08.02.2018, *DJe* 22.02.2018.

Capítulo VIII
Presunção da Culpa e Responsabilidade

1 GUARDA E RESPONSABILIDADE NO FURTO OU ROUBO DE VEÍCULO

Se uma pessoa não tem a guarda da coisa inanimada, responde pelos danos causados a terceiros?

A resposta é afirmativa, se o causador agiu com culpa.

A palavra "guarda" traduz a ideia de poder de vigilância, direção e controle, daí nascendo o dever de obstar a que o bem, sob custódia, produza danos em relação a estranhos.

De modo geral, o fato da posse da coisa faz presumir a responsabilidade, com as seguintes consequências:

a) a vítima, para obter uma indenização, não necessita provar a culpa do proprietário ou daquele que tem a guarda da coisa que originou o dano;

b) o proprietário ou o guarda da coisa não se exime da obrigação de indenizar o dano com a simples alegação e prova de que se houve com a prudência e diligência habituais;

c) a culpa não constitui o fundamento da responsabilidade pela guarda da coisa.

O proprietário ou guarda, para livrar-se da responsabilidade, precisa provar a ocorrência de caso fortuito, ou força maior, como fator causal do dano.

No entanto, se não está na guarda da *res*, por inúmeras razões jurídicas, não se invoca a sua responsabilidade desde que não tenha agido culposamente na entrega da coisa.

Os que discordam desse pensamento justificam a obrigação de reparar por meio de uma distinção que fazem sobre a guarda, classificando-a em guarda material e guarda jurídica. Argumentam que o detentor de má-fé, o usurpador, aquele que subtraiu o veículo, exerce a guarda apenas material. O proprietário, apesar do ato ilícito do que subtraiu ou usou da violência no desapossamento, conserva a guarda jurídica. Daí nasce, a seu cargo, a responsabilidade pelos danos emergentes, seja qual for a causa que os originou.

Essa doutrina vem apoiada por Aguiar Dias, no que foi bastante contestada por considerável parcela de autores e pela jurisprudência mais consentânea com a realidade, segundo judicioso exame de Mário Moacyr Porto, que, em uma passagem de sua valiosa obra *Ação de responsabilidade civil e outros estudos*, escreve: "O proprietário de um automóvel que é desapossado em razão de um roubo acha-se na impossibilidade de exercer sobre o veículo qualquer vigilância; por conseguinte, privado do uso, da direção e do controle do veículo, ele não tem mais a guarda e, em caso de acidente, não mais se encontra submetido à presunção de responsabilidade".[1]

---

[1] *Ação de responsabilidade civil e outros estudos.* São Paulo: RT, 1966. p. 70-71.

Realmente, sendo a guarda o controle ou o poder de vigilância sobre a coisa, não se entende como possa ser mantida quando o exercício do controle se torna impossível. Desde o momento em que o dono perde a direção do bem, deixa, evidentemente, de ser o guardião. A posse é um título jurídico que transfere direitos ao possuidor, mesmo quando se reveste de má-fé, acentua o já citado Mário Moacyr Porto. Partilhando-se de entendimento oposto, chega--se ao absurdo de que o possuidor ilegítimo tem todas as vantagens da posse, sem assumir, "no entretanto, o encargo da guarda e sem ter de sofrer o risco que esse encargo acarreta".[2]

Revela-se a posse no poder físico, no império sobre a coisa. Se o proprietário de um automóvel furtado não dispõe dessa faculdade, fere o mais elementar princípio de justiça pretender que ele responda pelos danos causados pelo ladrão. "O proprietário do automóvel furtado, privado do uso, da direção e do controle do veículo, não tem mais a guarda e não está mais submetido à presunção da responsabilidade", arremata o autor acima.[3]

A jurisprudência: "Não se pode exigir daquele que guarda automóvel, seu ou de outrem, mais cuidados do que se exigiria da média das pessoas. Só responde por culpa *in vigilando* aquele cuja omissão na guarda do veículo equivalha à culpa grave ou dolo. Não age com culpa *in vigilando* quem guarda veículo na garagem de sua casa e coloca as respectivas chaves em outro cômodo, na parte íntima da residência.

Afastada a culpa *in vigilando* do guardião do automóvel, também se afasta a culpa *in eligendo* do proprietário.

Declarada pelo acórdão recorrido a circunstância de que o veículo causador do dano – guardado em garagem – for furtado por terceiro, não há como cogitar-se em culpa *in vigilando*".[4]

"O proprietário de veículo responde pelos danos ocasionados por terceiro nos casos de culpa *in eligendo*. O roubo de veículo faz com que o proprietário perca a chamada guarda jurídica, afastando, assim, a responsabilidade indenizatória pelos danos que o autor do ilícito, em fuga, vier a causar. Recurso desprovido."[5]

"Não pode ser responsabilizado o proprietário do veículo quando este fora roubado e envolvido em acidente de trânsito, vez que não é possível configurar o nexo causal por culpa exclusiva de terceiro.

Ausente a responsabilidade do proprietário, não há que se falar em responsabilidade da seguradora.

Recurso conhecido e não provido. Sentença mantida."[6]

Os exemplos acima vêm respaldados na melhor doutrina, representada por autores clássicos, como Clóvis Beviláqua e Alvino Lima.[7]

Se o furto ou roubo acontece por culpa do guarda ou proprietário, no entanto, é inafastável a responsabilidade, afigurando-se como hipóteses o estacionamento do veículo em local isolado e desprovido de vigilância, ou o tráfego, durante o horário noturno, em áreas

---

[2] Idem, p. 74.

[3] Idem, ibidem.

[4] STJ, 3.ª Turma, REsp 445.896/DF, rel. Min. Humberto Gomes de Barros, j. 21.02.2006, *DJU* 10.04.2006.

[5] TJMG, 10.ª Câmara Cível, Apel. Cível 1.0342.10.004031-6/001 (0040316-16.2010.8.13.0342), rel. Des. Manoel dos Reis Morais, j. 13.08.2019, *DJ* 23.08.2019.

[6] TJDFT, 1.ª Turma, Apel. Cível 07069337420178070003-(0706933-74.2017.8.07.0003), rel. Romulo de Araújo Mendes, j. 05.09.2018, *DJ* 18.09.2018.

[7] *Código dos Estados Unidos do Brasil comentado*. Rio de Janeiro: Francisco Alves, 1926. v. 4, p. 222; e *A responsabilidade civil pelo fato de outrem*, ob. cit., p. 303, respectivamente.

infestadas de marginais e assaltantes. Não é necessário que se esqueçam as chaves na ignição, ou que fiquem as portas abertas para se referendar a culpa. Nos centros urbanos maiores, o simples fato de colocar o veículo em uma via sem fiscalização por certo espaço de tempo, em tempos de desenfreada escalada da delinquência, é sinal de imprevidência ou conduta relapsa, que enseja responsabilidade por eventuais danos a terceiros causados pelos meliantes.

Desde tempos antigos se firmou a responsabilidade em situações tais: "Incide na espécie a teoria clássica da responsabilidade civil subjetiva, estabelecida com fundamento no comportamento culposo *lato sensu*, e cuja previsão deflui da combinação dos arts. 186 e 927 do CC/02. No caso dos autos verifica-se que o réu negligenciou quanto ao dever de vigilância que lhe era exigível sobre o bem de sua propriedade, uma vez que, tendo deixado a chave do veículo na ignição, mesmo ciente do pedido de empréstimo deste por parte de seu amigo, ausentando-se do local, contribuiu pra que o mesmo fosse levado. A afirmativa ganha maior relevância na medida em que o requerido, ao verificar a ausência do veículo no local em que havia deixado, naturalmente dirigiu-se à sua casa sem adotar qualquer providência condizente com o alegado furto, somente vindo a registrar a respectiva ocorrência policial depois de tomar conhecimento acerca do evento danoso. Assim, sendo solidária a responsabilidade entre o condutor e o proprietário do automóvel, deve este responder pelos danos resultantes do sinistro, resguardado seu direito de regresso frente à sucessão ou o espólio do condutor. Apelo provido".[8]

Aguiar Dias vai mais longe, tendo como responsável aquele que permite o acesso ao carro, ou ao local em que o guarda, de terceiro que retirou o veículo sem autorização quando do acidente. Por ser o automóvel um instrumento perigoso, acrescenta, não pode ser deixado em situação de abandono, num local público. Cumpre se usem todas as cautelas para impedir que qualquer pessoa saia com a máquina, à revelia do dono.[9]

2 SUBTRAÇÃO DE VEÍCULO MEDIANTE VIOLÊNCIA E RESPONSABILIDADE CIVIL DE QUEM EXERCE A GUARDA

Se as divergências jurisprudenciais são de monta quanto ao furto de veículo em estacionamentos, pacífico é o entendimento de que não cabe responsabilizar aquele que exerce a guarda se a subtração se opera mediante violência, como por assalto ou roubo. A seguinte ementa bem revela o tratamento da matéria em casos que tais: "Mesmo quando as empresas não têm qualquer relação com o fornecimento de serviços de guarda e segurança, como as que se dedicam ao comércio atacadista de supermercados, assumem dever de guarda e conservação, cumprindo-lhes fornecer vigilância adequada, o que encerra compromisso de diligenciar as cautelas e providências assecuratórias regulares e normais. Não se mostra exigível à empresa, no entanto, como regra, evitar subtração realizada com emprego de ameaça e violência a que nem mesmo os próprios donos dos veículos teriam condições de resistir".

Entre os vários argumentos que reforçam tal tese, destacam-se os seguintes: "Havendo roubo e não furto, violência contra pessoas e não contra o veículo (o problema da identificação do delito, nessa segunda hipótese, embora importante em sede de direito penal, aqui não assume tal relevância), poderá, em tese, se configurar excludente de força maior, elidindo a responsabilidade da empresa quanto à indenização do prejuízo sofrido pelo cliente".

---

[8]   TJRS, 12.ª Câmara Cível, Apel. Cível 70012273892, rel. Cláudio Baldino Maciel, j. 10.11.2005, *DJ* 29.11.2005.

[9]   *Da responsabilidade civil*, ob. cit., v. 2, p. 481.

Adiante, aduz-se:

"Caracterizada, portanto, a força maior a que aludiu o apelante em suas razões de recurso. Fizeram o que estava ao alcance deles os prepostos do apelante para impedir o roubo – a rigor, tendo havido troca de tiros, chegaram a pôr em risco sua incolumidade física. Mais não era lícito exigir desses vigilantes.

Inexistindo, portanto, comprovada desídia do estabelecimento comercial e caracterizada, por outro lado, a força maior prevista no art. 1.058 e seu parágrafo único do CC, não há como vir a ser o réu compelido a indenizar o autor.

Não há, portanto, como acolher a irresignação recursal, lastreada às inteiras no argumento de que a recorrida se teria havido com negligência quanto à adoção das medidas preventivas de segurança que estavam ao seu alcance, sendo certo que a análise de tal aspecto, por exigir reexame da matéria fático-probatória, extravasa dos limites de cognição admissíveis em sede de recurso especial".[10] Lembra-se que o art. 1.058 do CC/1916 corresponde ao art. 393 do CC/2002.

No entanto, houve mudança de posição do STJ, conforme já observado, e demonstra o seguinte aresto, que afasta a responsabilidade se o estacionamento é público e aberto a todos:

"O Superior Tribunal de Justiça, conferindo interpretação extensiva à Súmula n.º 130/STJ, entende que estabelecimentos comerciais, tais como grandes *shoppings centers* e hipermercados, ao oferecerem estacionamento, ainda que gratuito, respondem pelos assaltos à mão armada praticados contra os clientes quando, apesar de o estacionamento não ser inerente à natureza do serviço prestado, gera legítima expectativa de segurança ao cliente em troca dos benefícios financeiros indiretos decorrentes desse acréscimo de conforto aos consumidores.

Nos casos em que o estacionamento representa mera comodidade, sendo área aberta, gratuita e de livre acesso por todos, o estabelecimento comercial não pode ser responsabilizado por roubo à mão armada, fato de terceiro que exclui a responsabilidade, por se tratar de fortuito externo".[11]

3 RESPONSABILIDADE E ACIDENTES PROVOCADOS POR OFICINAS, POSTOS DE LAVAGEM, GARAGENS E OUTROS ESTABELECIMENTOS DO GÊNERO

A circunstância de o titular do veículo entregar o carro a terceiros, como oficinas, garagens, postos de lavagem e outros estabelecimentos do gênero, para prestação de serviços, acarreta responsabilidade pelos danos causados a terceiros?

A exegese mais coerente assenta-se na responsabilidade do proprietário, se o preposto do estabelecimento dirige o veículo e provoca o acidente. O fato de confiar o veículo ao prestador de serviços permitiu que ele fosse manobrado. Ao terceiro assiste o direito de buscar a reparação junto ao proprietário, pois tem força o princípio que faz incidir a responsabilidade pelo fato da coisa, impondo ao respectivo proprietário que empresta o veículo a terceiro, ou confiando-o a seus cuidados e permitindo que dele se utilize, arcar com riscos do uso.

Em síntese, a responsabilidade resulta da solidariedade que advém da vontade das partes, pela entrega voluntária do bem ou em condições de se permitir a utilização, assumindo, pois, seu titular o risco do uso indevido. Ao permitir que o estabelecimento utilize o carro, e que seus prepostos o dirijam, o autorizante está firmando a sua responsabilidade solidária pelas consequências que se originarem.

---

[10] STJ, 4.ª Turma, REsp 35.827-2/SP, j. 12.12.1994, *RSTJ* 73/264.

[11] EREsp 1.431.606/SP, 2.ª Seção, rel. Min. Maria Isabel Gallotti, j. 27.03.2019, *DJe* 02.05.2019.

Mesmo que, ao se entregar um veículo a um posto para lavagem, a uma oficina mecânica ou a uma garagem, não se esteja pactuando com possíveis desmandos e imprudências dos funcionários ou prepostos, domina o princípio da segurança social, com alta preponderância da responsabilidade objetiva. Embora se fazendo a entrega nas mais categorizadas casas do gênero, sucedendo acidentes com veículos de terceiros, ao serem manobrados pelos empregados, é desarrazoado e injusto isentar de responsabilidade o titular do domínio.

Não é a má escolha que determina a responsabilidade, como se não ocorressem desastres nas oficinas mais especializadas. De que maneira poderá o interessado aquilatar se a casa que presta serviços tem ou não funcionários diligentes e capazes? Não há viabilidade prática para concluir se houve ou não culpa na escolha do estabelecimento. As mais simples oficinas, às vezes, são aquelas que oferecem maior eficiência no manuseio dos veículos.

Não se olvida que existe exegese diferente, de modo especial a assentada na doutrina francesa, no sentido de isentar o proprietário, em tais casos, da responsabilidade. Mazeaud-Tunc lecionam: "Igualmente, el propietario de un automóvil, cuando le encarga al dueño de un garage que le haga una reparación, no se convierte en el comitente de este otro, ni de los obreros del mismo cuando procedan a pruebas con el coche".[12]

Louis Josserand afirma: "Los daños causados a los terceros por esos encargados, cuando obran en el ejercicio o con ocasión de sus funciones, comprometen de plano la responsabilidad del patrono, del amo, del propietario, del mandante, los cuales no tienen siquiera el recurso de probar que no pudieron oponerse al hecho dañoso: la responsabilidad civil que les incumbe es irrefragable; la presunción de culpa que pesa sobre ellos es una presunción invencible *juris et de jure*".[13]

O próprio Leonardo A. Colombo, defensor da distinção em guarda material e guarda jurídica, põe a salvo a responsabilidade do proprietário se demonstrar "que no ha habido culpa de su parte y que aquel poder ha pasado a otros. Aceptar una conclusión diferente nos resulta no sólo chocante, sino injusto".[14]

Nem se encontraria a imposição da obrigação na inteligência da antiga Súmula 341 do STF, com a seguinte redação: "É presumida a culpa do patrão ou comitente pelo ato culposo do empregado ou preposto".

Não se pode impor a responsabilidade com base em presunções.

No entanto, não se isenta o proprietário do bem da responsabilidade objetiva, até por aplicação do art. 933 do Código Civil: "As pessoas indicadas nos incisos I a V do artigo antecedente, ainda que não haja culpa de sua parte, responderão pelos atos praticados pelos terceiros ali referidos".

Na espécie em exame, os princípios que regem as obrigações são os mesmos que disciplinam as relações entre preponente e preposto – art. 932, III.

Considerável parte da doutrina pátria antiga, nos exemplos que seguem, entretanto, vem mantendo fidelidade à inteligência da responsabilidade restrita ao estabelecimento ou titular que recebe o veículo para reparos, lavagem ou custódia.

Wilson Melo da Silva é do sentir de que, "confiado um veículo a determinada oficina para reparos ou consertos, responsáveis pelos acidentes ocorridos a tal veículo, ou por meio dele, durante o tempo de sua permanência na dita oficina, seriam apenas os proprietários

---

[12] *Tratado teórico y práctico de la responsabilidad civil,* ob. cit., v. 2, t. I, n. 896, p. 612.

[13] *Derecho civil.* Buenos Aires: Bosch, 1950. v. 1, t. II, n. 508, p. 390.

[14] *Culpa aquiliana.* 2.ª ed. Buenos Aires: Tipografia Editora Argentina, 1947. n. 173, p. 560.

da mesma e não o dono do veículo... Entre o dono do carro e os donos da oficina existem apenas relações de natureza contratual com cláusula, ínsita, de garantia pela conservação do veículo enquanto na oficina, para os fins avençados. Toda oficina mecânica de portas abertas ao público é presumida idônea e responsável, o que exclui, quanto aos que dela se valem, a alegação de uma possível culpa *in eligendo* ou *in vigilando*. É certo que, optando-se por uma oficina qualquer, dirigida por pessoas de notória experiência no *métier*, mas de parcos recursos econômicos, correria, o cliente, o risco de não lograr o ressarcimento efetivo pelos danos acontecidos ao veículo quando sob os cuidados de tal oficina". Contudo, "o mecânico responsável pela guarda de automóvel, que lhe é entregue para conserto, tem o dever de reparar dano sofrido por culpa sua ou de empregado seu". De modo que "pela reparação responsável será o dono da oficina, considerado, na espécie, o preponente do motorista, culpado pelo acidente".[15]

E, aprofundando o assunto, em outras situações: "Os carros, durante os trabalhos de lavagem e lubrificação, são considerados sob custódia e responsabilidade dos proprietários dos postos respectivos onde tais serviços se levam a efeito. Daí por que, pelos acidentes que venham a experimentar ou que venham a causar a terceiros (danos pessoais ou materiais) durante o momento de tais operações de lavagem ou lubrificação, a inteira responsabilidade ficaria a cargo dos proprietários dos mesmos postos. Isso em decorrência daquela presunção, já mencionada, da responsabilidade do preponente pelos atos delituais ou culposos do preposto".[16]

Alvino Lima, qualificando de indireta a responsabilidade do patrão ou comitente, afirma ser ela fatal, iniludível, "não se podendo provar se houve ou não culpa de sua parte e respondendo ele pelo fato ilícito do preposto ou empregado, no exercício de suas funções".[17] O exercício da atividade deste se projeta, automaticamente, contra o dono do estabelecimento, independentemente de sua coparticipação direta na prática do ato do preposto ou do empregado. O fundamento da responsabilidade, acrescenta o autor, parte do princípio do risco, que erigiu a doutrina objetiva, considerando o patrão como "garantidor" dos danos oriundos dos atos ilícitos dos prepostos.

Em verdade, nas consequências em relação a terceiros, a segurança jurídica impõe a responsabilidade do titular do bem, que é chamado a indenizar com fundamento na responsabilidade objetiva, o que limita consideravelmente seu campo de defesa. Parece aplicável a seguinte inteligência:

"Em acidente automobilístico, o proprietário do veículo responde objetiva e solidariamente pelos atos culposos de terceiro que o conduz, pouco importando que o motorista não seja seu empregado ou preposto, uma vez que, sendo o automóvel um veículo perigoso, o seu mau uso cria a responsabilidade pelos danos causados a terceiros.

Provada a responsabilidade do condutor, o proprietário do veículo fica solidariamente responsável pela reparação do dano, como criador do risco para os seus semelhantes (REsp 577902/DF, Rel. Ministro Antônio de Pádua Ribeiro, Rel. p Acórdão Ministra Nancy Andrighi, Terceira Turma, julgado em 13.06.2006, *DJ* 28.08.2006).

Há responsabilidade solidária da locadora de veículo pelos prejuízos causados pelo locatário, nos termos da Súmula 492 do STF, pouco importando cláusula consignada no contrato de locação de obrigatoriedade de seguro".[18]

---

[15] *Da responsabilidade civil automobilística*, ob. cit., p. 205-206.

[16] *Da responsabilidade civil automobilística*, ob. cit., p. 209.

[17] *A responsabilidade civil pelo fato de outrem*, ob. cit., p. 52.

[18] REsp 1.354.332/SP, 4.ª Turma, rel. Min. Luis Felipe Salomão, j. 23.08.2016, *DJe* 21.09.2016.

"Apelação cível. Responsabilidade civil em acidente de trânsito. Responsabilidade solidária entre proprietário e condutor do veículo.

A proprietária responde objetiva e solidariamente pelos eventos lesivos causados a terceiros por culpa do condutor do seu veículo, ainda que este tenha sido deixado em oficina. Teoria da guarda da coisa perigosa ou responsabilidade pelo fato da coisa. Facilitação da reparação integral dos danos suportados como elemento importante na adoção de tal teoria por esta Corte e pelo Superior Tribunal de Justiça. Apelação improvida."[19]

"A aplicação da teoria da guarda da coisa, da forma como aceita pelo acórdão recorrido, é costumeira nos tribunais nacionais; cite-se, do STF, o Recurso Extraordinário n.º 70054/SP, Rel. Min. Amaral Santos, julgado em 16.04.1971; do STJ, o AgRg no Ag n.º 574415/RS, 3.ª Turma, Rel. Min. Menezes Direito, *DJ* de 04.10.2004; o REsp 62163/RJ, 4.ª Turma, Rel. Min. Cesar Asfor Rocha, *DJ* de 09.08.1998 e o REsp 343649/MG, 3.ª Turma, Rel. Min. Humberto Gomes de Barros, *DJ* de 25.02.2004, este último assim ementado:

'Responsabilidade civil. Acidente de trânsito. Obrigação de indenizar – solidariedade. Proprietário do veículo. Quem permite que terceiro conduza seu veículo é responsável solidári pelos danos causados culposamente pelo permissionário. Recurso provido."[20]

Aguiar Dias entende também como responsável aquele que permite o acesso ao carro, ou ao local em que o guarda, de terceiro que retirou o veículo sem autorização quando do acidente. Por ser o automóvel um instrumento perigoso, acrescenta, não pode ser deixado em situação de abandono, num local público. Cumpre se usem todas as cautelas para impedir que qualquer pessoa saia com a máquina, à revelia do dono.[21]

Igualmente, na entrega de um veículo com um defeito no maquinismo, sem aviso ao encarregado da garagem ou da oficina, e acontecendo um acidente com danos nas manobras, o proprietário arca com as consequências. Há culpa *in omittendo*, pois não foi relatada uma circunstância determinante do evento, no que assente Colombo: "... será responsable el dueño de una máquina entregada a un taller para su compostura si, debido a su estado, ocasiona un daño a otro a raiz de un defecto del cual no ha sido advertido debidamente el tallerista".[22]

4 RESPONSABILIDADE NOS ACIDENTES OCORRIDOS NO INTERIOR DE ESTACIONAMENTO

Com certa frequência ocorrem acidentes no interior de locais usados como estacionamentos, ou em garagens onde se alugam espaços, mas provocados os acidentes por outros usuários ou proprietários de veículos, e não pelos prepostos ou empregados do dono da área ou da garagem.

Em tal eventualidade, não se pode atribuir a responsabilidade indenizatória ao proprietário do estacionamento. Deve ser buscada a reparação junto ao causador do acidente, eis que a obrigação do que explora a atividade de garagens é a guarda, não podendo influir ou mandar na conduta de outros que mantêm os veículos no mesmo local.

Acontece que, em matéria de responsabilidade civil decorrente de acidente de trânsito, na órbita do direito civil, embora a culpa do motorista deva ser considerada com maior

---

[19] TJRS, 12.ª Câmara Cível, Apel. Cível 70034099275, rel. Judith dos Santos Mottecy, j. 1.º.04.2010, *DJ* 07.04.2010.

[20] REsp 604.758/RS, 3.ª Turma, rel. Min. Humberto Gomes de Barros, j. 17.10.2006, *DJ* 18.12.2006.

[21] *Da responsabilidade civil*, ob. cit., v. 2, p. 481.

[22] *Culpa aquiliana*, ob. cit., p. 559, n. 173.

larguéza que na área do ilícito penal, não se permite dar uma amplitude ao ilícito civil a ponto de transformar a situação em caso de responsabilidade objetiva, com a aplicação do princípio de que a culpa se presume.

Exegese esta aplicada pelos pretórios: "Incontroverso o acidente de trânsito envolvendo os veículos das partes, os quais se chocaram no interior do estacionamento do hipermercado réu. II – Ausência de responsabilidade do mercado réu, considerando-se que o acidente de trânsito não teve qualquer relação com o ofício desenvolvido pelo preposto, que apenas circulava no local".[23]

"Acidente de trânsito em estacionamento de supermercado. Ausência de responsabilidade do estabelecimento comercial. Culpa exclusiva de terceiro identificado. Excludente de responsabilidade."[24]

Verdade que existe a Súmula 130/STJ, de 1995, nos seguintes dizeres: "A empresa responde, perante o cliente, pela reparação de dano ou furto de veículo ocorridos em seu estacionamento". Interessa, na hipótese, o dano. Responde a empresa se o dano é causado pelos seus prepostos.

Assim, endereça-se a ação indenizatória contra o provocador do acidente, que, dirigindo, foi colidir no veículo estacionado. A menos que verificada a concorrência do proprietário do espaço, possível de inferir no fato de autorizar a entrada de um número excessivo de carros, dificultando a movimentação interna, caso em que ele também é responsável solidário.

5 PRESUNÇÃO EM FAVOR DA VÍTIMA E RESPONSABILIDADE

Há forte tendência de se aproximar, em favor da vítima, a presunção da culpa do autor do acidente. Isso porque não é fácil a demonstração da culpa. Caso fosse ela, vítima, sempre obrigada a provar a culpa do responsável, raramente seria bem-sucedida na sua pretensão de obter ressarcimento, explica Aguiar Dias. Mesmo os mais intransigentes cultores da doutrina subjetiva reconhecem tal realidade. Passa-se, daí, a atribuir o ônus da prova, para livrar-se do dever de reparar, ao agente do evento danoso.

Há uma presunção de culpa e causalidade estabelecida em favor da vítima. Ao condutor recai o ônus de provar que não procedeu com culpa, conforme se decidiu:

"Em relação à responsabilidade civil por acidente de trânsito, consigna-se haver verdadeira interlocução entre o regramento posto no Código Civil e as normas que regem o comportamento de todos os agentes que atuam no trânsito, prescritas no Código de Trânsito Brasileiro. A responsabilidade extracontratual advinda do acidente de trânsito pressupõe, em regra, nos termos do art. 186 do Código Civil, uma conduta culposa que, a um só tempo, viola direito alheio e causa ao titular do direito vilipendiado prejuízos, de ordem material ou moral. E, para o específico propósito de se identificar a conduta imprudente, negligente ou inábil dos agentes que atuam no trânsito, revela-se indispensável analisar quais são os comportamentos esperados – e mesmo impostos – àqueles, estabelecidos nas normas de trânsito, especificadas no CTB.

A inobservância das normas de trânsito pode repercutir na responsabilização civil do infrator, a caracterizar a culpa presumida do infrator, se tal comportamento representar,

---

[23] RGS – Recurso Cível 71003781887, 2.ª Turma Recursal Cível, Turmas Recursais, rel. Fernanda Carravetta Vilande, j. 06.06.2012, publ. em 12.06.2012.

[24] RGS – Recurso Cível 71006162465/RS, 3.ª Turma Recursal Cível, Turmas Recursais, rel. Luís Francisco Franco, j. 29.09.2016, publ. 05.10.2016.

objetivamente, o comprometimento da segurança do trânsito na produção do evento danoso em exame; ou seja, se tal conduta, contrária às regras de trânsito, revela-se idônea a causar o acidente, no caso concreto, hipótese em que, diante da inversão do ônus probatório operado, caberá ao transgressor comprovar a ocorrência de alguma excludente do nexo da causalidade, tal como a culpa ou fato exclusivo da vítima, a culpa fato exclusivo de terceiro, o caso fortuito ou a força maior".[25]

Em matéria de responsabilidade civil, o princípio de que ao autor incumbe a prova (*actori incumbit probatio*) não é derrogado, mas recebe uma significação especial, isto é, sofre uma atenuação progressiva. É que o acidente, em situação normal, conduz a se supor a culpa do réu.

Embora o art. 373, I, do CPC estatua que o ônus da prova incumbe "ao autor, quanto ao fato constitutivo do seu direito", entrementes, em matéria de acidente de trânsito, dá-se um elastério condizente com a realidade vivida. Porque o encargo probatório é singularmente pesado, não raras vezes a vítima não tem como ver proclamado o seu direito.

Remonta desde o direito romano a presunção em benefício da vítima, fundada na *Lex Aquilia*, segundo a qual basta a culpa levíssima para gerar a reparação.

Os arts. 930, 932, 933, 936 e 937, dentre outros, do diploma civil deixam entrever casos de responsabilidade objetiva e de presunções que aproximam a responsabilidade pelo ato ilícito à responsabilidade pelo risco, no que houve um sensível apoio da doutrina e da jurisprudência em época anterior ao vigente Código Civil. Tratando-se de acidentes de trânsito, há descomunal diferença de forças com que se defrontam o causador do dano, que está no uso de bens como o veículo, e o pedestre.

Certos fatos existem que, pelas circunstâncias especiais como acontecem, basta serem provados para se chegar à evidência da culpa. É o caso do acidente de trânsito em que o automóvel bate num poste, quando a única explicação para justificar o evento é o caso fortuito. Fora disso, a culpa do motorista é incontestável. A presunção, sendo um meio de prova, revela, em tais situações, de modo incontroverso, a culpa do agente, que decorre, necessária e exclusivamente, do fato em si. É a presunção natural da culpa. A doutrina francesa de Planiol e Ripert é incisiva sobre o assunto: "Puede bastar la prueba del daño para que la culpa aparezca como natural presunción y el autor del daño deba encargarse de probar el caso fortuito, si quiere librarse". E prossegue: "La cuestión capital consiste en saber si incumbe el autor del acto ilícito demostrar la fuerza mayor, y, dado que se presume que los hombres son dueños de sus actos, la respuesta es afirmativa".[26]

A culpa aparece visível *prima facie* em fatos evidentes. Revelado o dano, como quando o veículo sai da estrada e atropela uma pessoa, não se questiona a respeito da culpa. É a chamada culpa *in re ipsa*, pela qual alguns fatos trazem em si o estigma da imprudência, ou da negligência, ou da imperícia. Uma vez demonstrados, surge a presunção do elemento subjetivo, obrigando o autor do mal à reparação: "Hay hechos que en si revelan plena culpa, nadie puede sustraerse a su lógica", reconhece Cammarota.[27]

O motorista que ingressa, abruptamente, em uma preferencial; que não observa o sinal luminoso que impede o cruzamento em uma esquina; que dobra à esquerda cortando a frente de veículo que vem em sentido contrário; que realiza ultrapassagem quando outro veículo se aproxima em direção contrária, vindo a provocar uma colisão; que, numa esquina,

---

[25]   STJ, 3.ª Turma, REsp 1.749.954/RO, rel. Min. Marco Aurélio Bellizze, j. 26.02.2019, *DJe* 15.03.2019.

[26]   Planiol-Ripert, *Tratado práctico de derecho civil francés*, ob. cit., t. VI, p. 782.

[27]   *Responsabilidad extracontratual*, ob. cit., v. 1, p. 368.

se desgoverna, sobe na calçada e lesiona pessoa que caminhava; que desenvolve velocidade desenfreada em artéria movimentada, repleta de pedestres; que trafega à noite, com faróis desligados; que não guarda uma distância adequada em relação ao veículo que vai à frente, vindo a colidir por trás; que segue na contramão e em curva da estrada, interceptando outro carro, entre outras incontáveis hipóteses, não se livra do ônus da indenização, pois o ato, por si, traz inerente o germe da culpa.

Especificamente em relação ao pedestre, tem-se que, quando ele se defronta com o motorista, a presunção de culpa é sempre do segundo, por conduzir objeto perigoso, que deve ser operado com o máximo de cautela e prudência. Ademais, é dever de todo condutor de veículo guardar atenção no pedestre que está a atravessar a via pública, ou segue à frente, pelo lado, facilitando a passagem e observando sua possível e repentina distração. O princípio ético-jurídico do *neminem laedere* exige de todo motorista o dever de dirigir com os cuidados indispensáveis à segurança do trânsito, em velocidade compatível com o local e de forma a ter o inteiro domínio sobre a máquina perigosa que impulsiona, em plena via urbana ou em estradas comuns.

São os princípios acima concepções do mundo moderno, industrializado, com pistas tumultuadas e repletas de veículos, os quais criam, continuadamente, um risco social para os transeuntes, e que levam a formular novas ideias sobre a responsabilidade, reconhecendo-a, não raras vezes, mesmo sem a configuração da culpa.

6 A PRESUNÇÃO NOS ACIDENTES PROVOCADOS POR ANIMAIS

Constitui este um assunto em que as legislações mais afinam com a aplicação da responsabilidade objetiva, em favor da vítima, limitando as possibilidades de defesa do proprietário do animal provocador do evento.

Colombo, estudando a lei argentina, salienta: "La responsabilidad emana de la falta de cuidado que el tenedor o guardián ejercen sobre los semovientes, cuya propia naturaleza obliga a prestarles especial atención, en tratándose de un ejemplar peligroso, a extremar las medidas a tal punto que no se admite excusabilidad alguna".[28] Em relação à vítima, "le basta comprobar la efectividad del daño y que el mismo ha sido producido por la bestia. La acción procederá si el demandado, excluido el supuesto de excepción (art. 1.129), no acredita, a su vez, que está amparado por alguna de las causas de exención permitidas por el Código".[29]

O direito alemão tem bem presente a teoria do risco, atribuindo ao proprietário a obrigação de reparar nas situações em que o animal provoca a morte de uma pessoa, ou dano ao seu corpo ou à saúde, ou prejuízo nas coisas, desde que "el daño se hubiera producido también con el empleo de esta diligencia y que, por tanto, su omisión no puede considerarse causante de los daños".[30]

As concepções individualistas da culpa cederam lugar a um tratamento mais social desde longa data, por influência, sobretudo, dos franceses Raymond Saleilles e Louis Josserand, ardorosos propagadores da responsabilidade objetiva.

No direito brasileiro anterior, a presunção da culpa do proprietário teve aceitação unânime. Ensinava Washington de Barros Monteiro: "Numa ação de indenização, o ofendido tem de provar apenas que sofreu dano, que esse dano foi devido a um animal e que este pertence

---

[28] *Culpa aquiliana*, ob. cit., p. 571, n. 177.

[29] *Culpa aquiliana*, ob. cit., p. 572.

[30] Karl Larenz, *Derecho de obligaciones*, ob. cit., t. II, p. 604.

ao réu. Para obter uma procedência, não carece o autor de mostrar que o dono do animal se houve, por exemplo, com culpa *in custodiendo*; contenta-se a lei com o dano objetivo. O réu, para exonerar-se da responsabilidade, é que precisa evidenciar que guardava e vigiava o animal com o cuidado devido".[31]

Carvalho Santos também se mostrava incisivo: "Em nosso direito, responde o dono ou detentor do animal pelos danos causados por este. Pouco importa que ele seja doméstico ou não: a obrigação de quem possui um animal é guardá-lo de maneira que não possa ofender a outrem. Se ocorre o dano, presume-se que essa vigilância foi descurada e a presunção subsiste ainda quando o animal tenha fugido, pois, se o fez, foi porque houve negligência na sua guarda".[32]

Outros autores importantes ressaltavam o mesmo ensinamento, como Pontes de Miranda,[33] Clóvis Beviláqua,[34] Carvalho de Mendonça[35] e José de Aguiar Dias.[36]

A jurisprudência, desde tempos antigos, não diverge: "Danos materiais. Acidente de trânsito. Animal na pista. Responsabilidade civil. Dever de indenizar. Responsabilidade do dono do animal. Pretensão de reexame do conjunto fático-probatório...".[37]

O Código Civil, quanto à presunção da responsabilidade do proprietário ou detentor, exclui a responsabilidade do proprietário, se ele conseguir provar a culpa da vítima ou a existência de força maior. Reza o art. 936: "O dono, ou detentor, do animal ressarcirá o dano por este causado, se não provar culpa da vítima ou força maior". Continua presumida a responsabilidade, sendo suficiente a prova do dano e do nexo causal para ensejar o direito, a menos que o dono demonstre a culpa da vítima ou a força maior.

Mais precisamente, o inc. I do art. 1.527 do Código revogado caracterizava a manifestação da culpa na circunstância de não provar o dono que guardava e vigiava o animal "com cuidado preciso". A culpa considerava-se presumida porque o dever de guardar e vigiar com cuidado preciso equivalia a impedir a fuga do local onde se encontrava guardado o animal, impondo, ainda, que fosse mantida uma vigilância permanente. Afastando-se do cercado, ou da área reservada para a sua permanência, não se verificava tal precaução. Como enfatizava Carvalho Santos, "cuidado preciso não chega a ter o homem que prova não ter agido com negligência. Porque a expressão envolve exigência de atenção maior, de vigilância imposta pelas circunstâncias especiais de cada caso".[38] Exemplificava Pontes de Miranda: "Se *A* fechou o cercado e lá pôs o cavalo, mas, devido às chuvas, caíram algumas estacas da cerca, e o cavalo, evadindo-se, causa danos, *A* é responsável: teve o procedimento, a vigilância, o cuidado normal, não o preciso".[39]

Perduram tais pressupostos no Código atual, porquanto a fuga do animal e a sua presença em locais impróprios revelam negligência e falta de cuidado – elementos que compõem a culpa. Chega a não ter importância se subjetiva ou objetiva a responsabilidade, exceto quanto à vítima, que não precisa pesquisar a existência da culpa. Assim, mesmo que culpada a vítima, configura-se a culpa concorrente do dono ou detentor do animal.

---

[31]   *Direito das obrigações*, ob. cit., v. 2, p. 424.

[32]   *Código Civil brasileiro interpretado*, ob. cit., t. XX, p. 321.

[33]   *Tratado de direito privado*, ob. cit., t. LIII, p. 310.

[34]   *Código Civil comentado*, ob. cit., v. 5, p. 310.

[35]   *Doutrina e prática das obrigações*. Rio de Janeiro: Freitas Bastos, 1938. v. 2, p. 427.

[36]   *Da responsabilidade civil*, ob. cit., v. 2, p. 508.

[37]   STJ, 2.ª Turma, AgRg no AREsp 775.611/RS, rel. Humberto Martins, j. 10.11.2015, *DJe* 20.11.2015.

[38]   *Código Civil brasileiro interpretado*, ob. cit., t. XX, p. 324.

[39]   *Tratado de direito privado*, ob. cit., t. LIII, p. 388-389, § 5.520, n. 3.

A culpa do dono é evidente quando cavalga em marcha imprópria para o local: "O cavaleiro que imprime velocidade em sua montaria e não a diminui mesmo ao se aproximar do grupo de crianças que segue mais à frente age com imprudência e responde civilmente em caso de atropelamento. A indenização por danos morais oriundos de ato ilícito, provado o nexo de causalidade, é cabível".[40]

6.1 Excludentes de responsabilidade

Duas são as causas de afastamento da responsabilidade: a culpa da vítima e a força maior.

A primeira excludente da responsabilidade é a verificação de culpa do ofendido. Pondera Pontes de Miranda que "a culpa do lesado somente exclui a responsabilidade quando pode ser tida como causa exclusiva do acidente".[41] Há concorrência se a conduta da vítima e a falta de vigilância do dono conduziram aos danos, exceto em situações especiais. Não raramente encontra-se um animal caminhando no meio ou ao lado da estrada, sendo divisado ao longe pelos que trafegam. Embora também se encontre culpa na falta de precauções para evitar a fuga do animal, vindo a atropelar a espécie nestas circunstâncias, a culpa é exclusiva do condutor, pois lhe era possível tomar as precauções recomendadas para o momento e impedir o evento. Mas despontando o animal numa curva, ou atravessando subitamente a pista, concorre o proprietário na indenização com o causador do atropelamento se este não foi suficientemente perito em evitar o fato, desviando ou realizando outra manobra salvadora.

A força maior, ou o caso fortuito, embora não mencionado este último pelo Código, constitui a segunda causa que afasta a responsabilidade. Para a conceituação dessa causa excludente, lembramos a lição de Pontes de Miranda, dizendo que os acontecimentos obra do acaso formam o conteúdo da espécie, destacando a distinção das expressões: "Força maior diz-se mais propriamente do acontecimento insólito, de impossível ou dificílima previsão, tal uma extraordinária seca, uma inundação, um incêndio, um tufão etc. Caso fortuito é um sucesso previsto, mas fatal, como a morte, a doença etc.".[42]

Em suma, encerram as expressões acontecimentos cuja capacidade de arredá-los está fora do alcance da vontade humana. Expressam, no caso dos animais, segundo o italiano Geri, "um evento imprevisível e inevitável, estranho ao comportamento da parte, de modo a excluir qualquer incidência causal e capaz de determinar a atividade prejudicial específica do animal" (tradução livre).[43] É o fato estranho à esfera da atividade do responsável, não fácil de se verificar. Em torno de sua objetividade há muita discussão, pois inúmeros acontecimentos da natureza são perceptíveis e as consequências imagináveis por uma atenção mais apurada. Assim, no dizer de Salvat, o cavalo espantado durante um furacão ou terremoto, que dispara e causa um acidente com um veículo, pode levar o seu proprietário a escusar-se de reparar os danos sob a alegação da força maior. Mas se os mesmos fenômenos naturais derrubam as cercas e as bestas invadem as rodovias, provocando estragos em carros, não liberam o dono de ressarcir, visto que lhe cabia prever o ocorrido com os acontecimentos bruscos e

---

[40] TAPR, 9.ª Câm. Cív., Ap. Cív. 0196868-5, *DJ* 04.10.2002, *Adcoas* 8215310, *Boletim de Jurisprudência Adcoas* 13/200, abr. 2003.

[41] *Tratado de direito privado*, ob. cit., t. LIII, p. 378, § 5.519, n. 11.

[42] Idem, t. LIII, p. 369, § 5.519, n. 10.

[43] *Responsabilità civile per danni da cose ed animali*. Milano: Giuffrè, 1967. p. 349. Texto original: "Un evento imprevisibile ed inevitabile, estraneo al comportamento della parte tale da escludere ogni incidenza causale e capace di determinare la particolare attività lesiva dell'animale".

inesperados, que ele, ou seu preposto, conheceram. Tendo ele descurado em providenciar na verificação dos resultados trazidos pelo repentino vendaval, obrou com manifesta negligência.[44]

E se o cavalo se espanta com o trovão, arremessando-se contra um automóvel, ou mesmo contra transeuntes; ou se desembesta devido ao latir de um cão, ou ao buzinar dos veículos, ou por razões outras, chama-se à responsabilidade o dono ou detentor, pois estampa-se imprudência no comportamento, pela circunstância de conduzir a espécime não adestrada em vias de circulação, nas quais são comuns fatos de tal ordem. O dano advindo é obra do susto, ou do medo, ou do espanto, que sói acometer os animais desabituados à vida da cidade, ou dos centros muito movimentados, observa apropriadamente Pontes de Miranda.[45]

Se um terceiro provoca a fuga do irracional, de modo proposital ou não, abrindo a porteira do local onde se encontra encerrado, é o titular da guarda ou o proprietário responsável pelos eventos lesivos a que venha a dar causa? A resposta está na responsabilidade do segundo. Não é justo se relegue a vítima a uma situação de quase impossibilidade no direito de ressarcimento dos danos. As mesmas razões que impõem o dono a indenizar os prejuízos resultantes do fato de terceiro se aplicam para assegurar a reparação neste caso. É inconcebível condicionar a garantia na recomposição das ofensas à descoberta do responsável direto e à sua capacidade econômica.

6.2 Furto ou apossamento ilícito do animal

Quid juris se um malfeitor furta ou se apossa ilicitamente do animal, o qual vem, posteriormente, a desencadear um dano?

Eis o entendimento de Geri: "Se o animal, não perdido ou escapado, tiver sido subtraído arbitrariamente (por exemplo, por furto ou apropriação ou de qualquer outra forma que tira o proprietário da custódia), responderá de acordo com o art. 2.052 quem entrou na posse arbitrária ... Como o usuário está isento de responsabilidade, é suficiente que ele demonstre ou denuncie o fato de que foi vítima, mesmo que ele não possa indicar a pessoa a quem ele alega a subtração ilegal" (tradução livre).[46]

Pontes de Miranda, partindo da ideia de que é responsável quem tira proveito, atribui o encargo da reparação ao possuidor de má-fé. "O ladrão de cavalos responde pelos danos causados pelos cavalos de que está com a posse, ou tença, de má-fé."[47] Aguiar Dias, afirmando que dificilmente o roubo poderá constituir caso fortuito, reconhece, no entanto, a injustiça se for dada uma interpretação favorável ao ladrão, pois seria tratado mais benevolamente do que o que tem o animal com o consentimento do dono.[48] Não é coerente obrigar o dono do animal à reparação, "porque o caso fortuito é causa da exoneração", salienta.

---

[44] *Tratado de derecho civil argentino*. 2.ª ed. Buenos Aires: Tipografia Editora Argentina, 1958. v. 4, p. 200.

[45] *Tratado de direito privado*, ob. cit., t. LIII, p. 370, § 5.519, n. 10.

[46] *Responsabilità civile per danni da cose ed animali*, ob. cit., p. 341.

[47] *Tratado de direito privado*, ob. cit., t. LIII, p. 329, § 5.518, n. 3. Texto original: . "Qualora l'animale, non smarrito nè fuggito, sia stato sottratto arbitrariamente (ad es. mediante furto od appropriazione od in altro qualsiasi modo che valga a spogliari il proprietario della custodia) risponde ai sensi dell'art. 2.052 colui che ne sia venuto in arbitrario possesso... Perchè l'utente sia liberato della responsabilità è suficiente che dimostri o denunzi il fatto del quale sia rimasto vittima, anche se non possa indicare la persona alla quale rilsalga l'illecita sottrazione".

[48] *Da responsabilidade civil*, ob. cit., v. 2, p. 510-511.

Entretanto, são uniformes os autores em assentar a necessidade da prova de que o furto não se deu por negligência do proprietário na guarda do animal. E a prova incumbe a ele, como em qualquer hipótese exonerativa.

Por que a fuga do animal por fato de terceiro não isenta de responsabilidade, ao passo que, na subtração, incide a excludente?

Nota-se que na última situação o dono é privado, ilicitamente, da guarda. No fato de terceiro, de modo especial, se a fuga acontece por culpa, ainda perdura o poder de vigilância. Juridicamente continua a guarda porque não houve o afastamento do animal do controle do detentor. Com o desapossamento contra a vontade, inexistem meios de conservar qualquer posse e de prever o menor movimento do animal. Foge ao bom senso a pretensão de fazer incidir o ônus, pelos males ocorridos, sobre aquele que ficou desprovido de condições para comandar o destino ou a ação do semovente.

Esta a distinção principal em relação à lesão em virtude do fato de terceiro, quando o agente imediato não assume a guarda ou o proveito do ser animal.

6.3 Sujeito passivo na ação de ressarcimento

Outro assunto de real importância diz respeito à capacidade para figurar como sujeito passivo na ação de ressarcimento.

Pelo art. 1.385 do Código Civil francês, o proprietário de um animal, ou aquele que dele se serve, é responsável pelo dano que ele cause, esteja o animal sob sua guarda, tenha se extraviado ou escapado.

Desponta a responsabilidade inspirada na obrigação de guardar. Pela lição de Pontes de Miranda, temos uma responsabilidade alternativa, e não cumulativa, o que significa fixar o dever de reparar ou no dono, ou no "tenedor" (detentor da posse; "mantenedor", que exerce a "mantença"). É viável a cumulativa se o proprietário e o comodatário tiram proveito.

Desenvolve o autor um longo estudo sobre a responsabilidade de quem tem proveito, o que gera certa confusão, pois é possível que sempre redunde em proveito para o dono, embora nenhuma guarda exerça, como na locação. Mas ressalta, também, a preponderância da responsabilidade determinada pelo exercício da guarda.

O proprietário deixa de ser responsável desde o momento em que outro se serve do animal, o que poderá suceder por comodato, usufruto, locação, ou pelo simples uso. "Se o animal foi alugado, ou emprestado, responsável é o locatário ou o comodatário, desde a tradição."[49] Salvat mostra que no direito argentino é a mesma coisa: "La ley hace pasar la responsabilidad a la persona a quien el animal ha sido remitido para servirse de él. Cualquiera sea la causa, desde el momento que el animal se envía para servirse de él, la responsabilidad pasa a la persona que lo tiene. Así, esta responsabilidad existe a cargo del locatario, como-datario o usufructuario".[50]

O direito italiano não diverge. Explica Geri que "a responsabilidade prevista no artigo 2.025 é alternativa ou disjuntiva e não cumulativa ou solidária", e que "do ponto de vista técnico-jurídico, a verdadeira causa da imputação é a persistência do poder-dever do governo

---

[49] Pontes de Miranda, *Tratado de direito privado*, ob. cit., t. LIII, p. 324, § 5.518, n. 3. Não diverge Aguiar Dias, como se pode ver em sua obra *Da responsabilidade civil*, ob. cit., v. 2, p. 512.

[50] *Tratado de derecho civil argentino*, ob. cit., v. 4, p. 193.

sobre o animal na posse do usuário, mesmo quando o próprio animal foi perdido ou fugiu" (tradução livre).[51]

Colin e Capitant lembram o mesmo princípio no direito francês: "Cuales son las personas responsables? Son éstas, según el texto, ya el propietario del animal, ya aquel que se sirve de él mientras lo utiliza. Cómo hay que entender estas palabras: 'aquel que se sirve de él'? Según la jurisprudencia, designan: A. Cualquier persona que tenga derecho a servirse del animal: comodatario, arrendatario, usuario etc.; B. Cualquier persona que por razón de su profesión recibe animales para su custodia, aunque propiamente hablando no se sirva de estos animales, como el veterinario, el herrador, el posadero etc.".[52]

No que se refere ao item *B*, Aguiar Dias igualmente concorda, desde que se possa deduzir haver o profissional assumido o poder de direção, e o proprietário não tenha manifestado a vontade de conservar a orientação das operações de tratamento.[53]

Uma situação especial chama a atenção: se o detentor é depositário, incidem as mesmas regras? Responde ele pelos danos causados pelo animal? Aguiar Dias pensa que ele se obriga a indenizar quando tenha adquirido o poder total de direção, a que tenha renunciado o dono. Pontes de Miranda explica este poder total de direção pelo uso do animal, pelo proveito que tira ou pelo serviço que ele presta. Não havendo essa transferência, ou não sendo aproveitado, há responsabilidade de ambos. "... o proprietário, porque não se exonerou completamente do dever de vigilância, quando o animal foi confiado a terceiro, sem se demitir inteiramente do poder de direção; o detentor, porque a lei não distingue a que título ele responde, quando estatui a sua responsabilidade".[54]

Há uma exceção às regras acima, de modo geral. Estando o animal, sob guarda de uma pessoa, infeccionado por uma doença transmissível, ou doença que o torne perigoso, como hidrofobia, o proprietário figurará como sujeito passivo se o mal causado a outrem é consequência da moléstia e se o detentor da guarda não foi noticiado, como deixa entrever Pontes de Miranda.[55] Havendo uma característica desconhecida daquele que tira o proveito, a qual conduz à prática de um dano, há responsabilidade extranegocial do titular do domínio. Carvalho Santos defende que se justifica igualmente o procedimento contra o detentor, que não tenha "sobre o animal mais que um direito pessoal de uso", na eventualidade de se atribuir o resultado negativo "aos vícios do animal".[56] Mas há de se convir que a solução é injusta, pois não é o uso que leva ao prejuízo, e sim o defeito ou o vício interno e ignorado. Notam Colin e Capitant que a responsabilidade não passa "al que se sirve del animal, si el propietario no ha prevenido a este último de los vicios del animal", incorrendo aquele "en una culpa personal".[57]

Por último, algumas considerações sobre casos especiais.

---

[51] *Responsabilità civile per danni da cose ed animali*, ob. cit., p. 333-334. Texto original: "La responsabilità prevista nell'articolo 2.025 è alternativa o disgiuntiva e non cumulativa o solidale", e que "dal punto di vista tecnico-giuridico la vera causa dell'imputazione esta nella persistenza del potere-dovere di governo sull'animale in testa all'utente, anche quando l'animale medesimo sia stato smarrito o siasi dato alla fuga".

[52] Ambrosio Colin y H. Capitant, *Curso elemental de derecho civil*. Trad. da 2.ª ed. francesa. Madrid: Reus, 1951. t. III, p. 871.

[53] *Da responsabilidade civil*, ob. cit., v. 2, p. 512.

[54] Idem, p. 511-512. Também em Pontes de Miranda, *Tratado de direito privado*, ob. cit., t. LIII, p. 324, § 5.518, n. 3.

[55] *Tratado de direito privado*, ob. cit., t. LIII, p. 324, § 5.518, n. 3.

[56] *Código Civil brasileiro interpretado*, ob. cit., t. XX, p. 323.

[57] *Curso elemental de derecho civil*, ob. cit., t. III, p. 871.

Se o preposto é encarregado da guarda, não há escusa para o proprietário. Se não incide o fundamento do art. 936 do CC, aplica-se a norma do art. 932, III, pelos danos oriundos, que, aliás, abrange outras categorias de pessoas chamadas a indenizar:

a) os pais, pelos danos provocados pelos animais dos filhos menores, que estejam sob sua autoridade e em sua companhia;

b) o tutor e o curador, pelo mesmo evento, se os pupilos e curatelados possuírem animais;

c) os donos de hotéis, hospedarias, casas ou estabelecimentos, onde se albergue por dinheiro, mesmo para fins de educação, se os hóspedes confiarem animais a serem guardados. Sob este item, também, chama-se a ressarcir o que tem estabelecimento apropriado para a guarda e mantença de animais, como canil, estância, haras.

A responsabilidade é solidária com o autor direto, pois o parágrafo único do art. 942 expressa: "São solidariamente responsáveis com os autores os coautores e as pessoas designadas no art. 932". Os bens do ofensor garantem o direito do lesado, facultando-se àquele demandar regressivamente contra quem incidiu em culpa *in vigilando, in negligendo* ou *in eligendo*.

No caso de empréstimo de "cavalo a caçador ou corredor-cavaleiro, o proprietário não responde, pois que não se trata de empregado ou preposto. Se ambos têm proveito, hão de responder ambos, se o dano foi causado a terceiro. Há a possibilidade de dois ou mais terem proveito; há, pois, a de dois ou mais responderem",[58] lembra Pontes de Miranda.

Se o pai e a mãe exercem usufruto sobre os animais do filho, este nenhuma responsabilidade tem, embora proprietário. Aqueles são chamados a indenizar.

"Nas corridas de cavalos, nas exposições agrícolas, nos concursos hípicos ou de animais de raça em geral, a guarda e uso ficam aos patrões dos jóqueis, dos prepostos dos donos de animais expostos e não às sociedades ou fundações que promoveram a exposição, ou as corridas, ou os concursos. Certamente, provada a culpa das sociedades ou fundações (arts. 159 e 1.521, III), serão responsáveis: mas tal responsabilidade nada tem com a do art. 1.527", observa, ainda, o autor acima.[59] Lembra-se que os apontados arts. 159, 1.521 e 1.527 equivalem aos arts. 186, 932 e 936 do atual Código.

Nos acidentes de trânsito ocorridos nas vias públicas em razão de animais soltos, além dos respectivos proprietários, podem ser acionados os concessionários e a própria autarquia, ou o Poder Público que exerce a jurisdição, se inexistente concessão. Embasa-se essa responsabilidade no art. 14 do Código de Defesa do Consumidor (Lei 8.078/1990), pois há a prestação de serviços de vigilância e conservação; no art. 37, § 6.º, da Carta Maior, que responsabiliza objetivamente as pessoas jurídicas de direito privado, prestadoras de serviços públicos, pelos danos que seus agentes causarem a terceiros por ação ou omissão; e o art. 1.º, §§ 2.º e 3.º, do Código de Trânsito Brasileiro (Lei 9.503/1997), que coloca o trânsito seguro como um direito de todos e um dever dos órgãos e entidades componentes do Sistema Nacional de Trânsito, os quais respondem pelos danos causados ao cidadão por omissão ou erro na manutenção ou execução da segurança do trânsito, inclusive no que envolve a existência de animais nas pistas.

Vasta a jurisprudência do STJ a respeito, citando-se um exemplo para evidenciar o tratamento dado:

"Na origem, trata-se de ação indenizatória, ajuizada pela parte ora agravada, com o objetivo de condenar o DNIT ao pagamento de indenização por danos morais e materiais,

---

[58] *Tratado de direito privado*, ob. cit., t. LIII, p. 325, § 5.518, n. 3.

[59] Idem, p. 327.

decorrentes de acidente automobilístico ocasionado por animal solto em rodovia federal. No caso, o Tribunal *a quo* afastou a responsabilidade civil do Estado na configuração do dano moral e material, em razão da falta de comprovação da culpa na conduta do DNIT, ao fundamento de que 'a ocorrência de animais em faixa de rolamento da rodovia não pode traduzir, necessariamente, uma negligência do órgão estatal'.

Contudo, o acórdão recorrido contraria a orientação desta Corte no sentido de ser dever estatal promover vigilância ostensiva e adequada, proporcionando segurança possível àqueles que trafegam pela rodovia, razão pela qual se verifica conduta omissiva e culposa do ente público, caracterizada pela negligência, apta à responsabilização da autarquia. Nesse sentido: STJ, REsp 1.198.534/RS, Rel. Ministra Eliana Calmon, Segunda Turma, *DJe* de 20.08.2010; STJ, REsp 438.831/RS, Rel. Ministro João Otávio de Noronha, Segunda Turma, *DJU* de 02.08.2006".[60]

7 INDENIZAÇÃO POR FURTO DE VEÍCULOS EM ESTACIONAMENTO GRATUITO

Um fenômeno frequente é o furto de veículos em estacionamentos, *shoppings*, pátios de colégios, universidades, parques de diversão e supermercados. Especialmente os *shoppings* e supermercados de grandes dimensões são construídos em locais de fácil acesso ao público, com extensas áreas reservadas aos veículos dos clientes.

O grande problema é a responsabilidade civil na indenização. Há tempo as decisões se dividem, uns entendendo que os estabelecimentos que exploram as atividades procuradas pelos que colocam os veículos em suas dependências devem arcar com a indenização, e outros tentando justificar a inexistência do contrato de depósito, ou de guarda, pois não há pagamento, daí nada podendo ser reclamado.

Deve-se caracterizar a relação que existe nesses estacionamentos.

O veículo tornou-se de vital importância para a locomoção, o que nem sequer cabe discutir. Melhor é considerá-lo como uma necessidade, importando em um custo para o Poder Público, para as pessoas e para todos aqueles que exploram alguma atividade, mormente relativa à produção ou ao comércio.

Inquestionavelmente, os modernos empreendimentos visam oferecer facilidades e vantagens aos clientes, como incentivo para serem procurados ou merecerem a preferência. Não há dúvida que o próprio cliente, ao final das contas, arca com a totalidade dos custos, mas resta também beneficiado pela comodidade que lhe é proporcionada. Assim, ele paga pelas mercadorias adquiridas e pelo estacionamento. A facilidade de estacionamento oferecida aos clientes é fator importante para que se alcance êxito na crescente procura dos *shoppings centers* e dos supermercados de grandes proporções. A construção de extensos pátios em áreas valorizadas, ou os sistemas de garagens em vários andares e pavimentos – tudo com forte aparato de segurança, guardas armados, viaturas circulando, guaritas, sistemas de comunicações internos –, importa em grandes e pesadas despesas, suportadas por todos que exploram os vários departamentos comerciais, ou proprietários de lojas. Indiretamente o custo é repassado aos clientes, sem distinção de terem ou não veículos. Cada proprietário de loja paga um valor proporcional à área alugada a título de despesa de condomínio. Ainda, o aluguel é calculado não apenas em vista do espaço ocupado pela loja, mas também, e proporcionalmente, em razão da parte ideal dos espaços de estacionamento, recreação, circulação interna etc.

---

[60] STJ, AgInt no AgInt no REsp 1631507/CE, 2.ª Turma, rel. Min. Assusete Magalhães, j. 21.08.2018, *DJe* 28.08.2018.

A atividade dos guardas, vigilantes ou garagistas, no entanto, não se dirige para cuidar de cada um dos veículos que ingressa no complexo de garagens. Inexiste um controle específico de cada veículo, com a entrega de um *ticket*, ou anotação das placas ou do nome do condutor ou proprietário. É evidente que, por mais este serviço, haveria um custo maior, com reflexos nas taxas de condomínio e, indiretamente, nos preços das mercadorias.

Essa realidade é inquestionável. Assim, não se firma uma relação contratual entre o cliente e o *shopping* com caráter de depósito, ou de guarda, mas de mera locação de espaço, com o pagamento indireto, embutido nos preços, e cobrado do público em geral que efetua transações.

Nos supermercados, em que não há o regime condominial da atividade comercial, os serviços de estacionamento também importam em custos, que repercutem nos preços das mercadorias.

Nos estacionamentos em parques de diversão, de estabelecimentos de ensino, as despesas com a conservação e pelo simples uso podem repercutir no preço das utilidades, do proveito oferecido ou dos serviços mantidos.

Todavia, se a prestação das utilidades envolve também a segurança, com o controle de entrada e saída de veículos, e inclusive seguro contra furtos, incêndios, ou acidentes verificados nos espaços internos, há incontestavelmente a majoração dos custos e o repasse nos preços do bem procurado – mercadorias, diversões, ensino. O adquirente ou usuário reembolsa o comerciante ou prestador de serviços qualitativamente superiores. A dimensão quantitativa das prestações e contraprestações deve fundar-se na realidade comutativa da relação contratual desenvolvida, sob pena de infringir-se um prejuízo a uma das partes.

Ademais, é perceptível a diferença, na prestação de serviços, quando o veículo é entregue para a guarda, sem outra finalidade, ou quando é simplesmente colocado em local reservado para a permanência enquanto se desenvolve uma atividade. Imprescindível distinguir a finalidade do espaço reservado: ou para a simples permanência enquanto se efetua, *v.g.*, a compra, ou para ser guardado e protegido o bem. Nesta última situação, há uma contratação objetivando a guarda. Na primeira, pactua-se unicamente um espaço para a permanência. A fim de impor a responsabilidade pela guarda e pelos danos que advierem, é necessária a entrega do veículo – que se efetua mediante a sua identificação, ou são as chaves cedidas, de modo que o encarregado tenha certa disponibilidade e condições de identificação. É óbvio que aí ingressa o elemento da confiabilidade, e trava-se uma relação de depósito.

A ocupação de espaço em estacionamento é, sobretudo, vista em duas dimensões pela jurisprudência: ou gratuitamente, quando não há o contrato de depósito, ou mediante pagamento, que representa um contrato de guarda e depósito. Olvida, porém, a primeira dimensão que existem contratos de depósito (tácito) sem pagamento pelo serviço.

Apenas no segundo caso admitem os julgados a indenização, em ocorrendo furto. De certo modo, há identificação com a caracterização desenvolvida acima. Nesta ótica a tendência do Superior Tribunal de Justiça: "Furto de veículo automotor ocorrido em estabelecimento de *shopping center* – Inexistência de maltrato ao dispositivo de lei federal apontado – Dissenso jurisprudencial incomprovado à míngua de similitude dos aspectos fáticos".[61]

Em todo o julgamento foi dada ênfase ao RE 114.671-1/RJ, de 20.10.1987, assim ementado: "Estacionamento de veículo. Furto. Não sendo cobrado dos proprietários de veículos o estacionamento no espaço destinado a esse fim, fora do prédio do supermercado, não

---

[61] STJ, REsp 4.111/SP, j. 24.09.1991, *RSTJ* 25/348.

há cuidar do dever de vigilância, em ordem a caracterizar a preponderância civil da firma proprietária do estacionamento, em caso de furto". Isso porque se oferece aos destinatários apenas o espaço para que estacionem seus carros.

Enfatiza-se no acórdão acima: "A tese do acórdão recorrido, de que o estacionamento é pago indiretamente pelas compras feitas pelos clientes, não tem, *data venia*, substância para confirmar a culpa do estabelecimento pelo furto do automóvel, em ordem a responsabilizá-lo pelo prejuízo sofrido pelo cliente. É que não há, na espécie, vigilância presumida, desde que o que é oferecido aos clientes é apenas espaço para que estacionem seus carros".

Efetivamente, não cabe subverter a ordem estabelecida subjacentemente no momento do contrato. Há uma relação de simples permissão para a permanência. Inadmissível a indenização pelo furto, se não identificados os veículos, por meio de *tickets* na entrada, ou se inexistente contrato de seguro firmado pelo estabelecimento, ou se não efetuada a entrega das chaves.

Vale lembrar este tópico de um julgamento: "Com efeito, é inequívoco que, no preâmbulo da relação contratual que se estabeleceu entre o cliente do estacionamento e seus responsáveis, existe tradição do veículo ocorrida com a entrega das chaves ao manobrista que lá está postado não apenas para estacionar os veículos. Ao contrário, tratando-se de indivíduo uniformizado e portando crachá de identificação, ele aparenta ser responsável também pela segurança do veículo".[62]

A presente ementa colocou com realismo a solução: "Inexiste responsabilidade contratual de *shopping center* pela guarda de veículos, quando se trata de estacionamento aberto, franqueado ao público, sem qualquer controle de entrada ou saída, inexistindo a figura de guardador de carro, mas de simples orientador de localização".[63]

Não se pode, de outro lado, e isso quanto a furtos ocorridos em locais de parques de diversão, ou de estacionamentos por simples tolerância, ter o ato gratuito de benemerência e cortesia como contrato de depósito, a ensejar a indenização. O presente aresto bem enfoca o assunto: "O furto de veículo em estacionamento de entidade filantrópica não é suficiente para caracterizar a responsabilidade da entidade pela guarda do veículo, uma vez que o estacionamento, na espécie, se destina à comodidade do público atendido pela associação e não para atrair clientes".[64]

De esclarecer, ainda, que nem sempre é fácil a prova de que efetivamente o carro esteve durante algum tempo no estacionamento. A mera prova testemunhal, além de perigosa, pode ensejar fraudes, levando à montagem de uma situação inexistente. No tocante a este aspecto, no entanto, tem-se entendido suficiente a certidão policial de não localização do veículo: "A alegação de que inocorreu comprovação do furto de veículo no pátio do estacionamento do supermercado cai por terra principalmente com a certidão de não localização de veículo, exarada pelo Departamento Estadual de Investigações Criminais e boletim de ocorrência, já que este último goza de presunção *juris tantum* de verdade dos atos jurídicos em geral, de forma que suas conclusões, não infirmadas por antiprova robusta, servem para estear a composição do conflito".[65]

---

[62] STJ, 4.ª Turma, REsp 37.363/SP, j. 13.12.1993, *RSTJ* 63/6.

[63] TJSE, Ap. Cív. 115/93, j. 29.09.1993, *RT* 708/166.

[64] TJPR, 2.ª Câm. Cív., Ap. Cív. 128.765-6, j. 19.03.2003, *Adcoas* 8217316, *Boletim de Jurisprudência Adcoas* 24/374, jun. 2003.

[65] TJSP, 1.ª Câm. Cív. de Férias, Ap. Cív. 220.519-1/7, *RT* 709/83.

Todavia, foi se fortalecendo a jurisprudência em sentido contrário – até corroborada em boa doutrina, como a de Yussef Said Cahali[66] e a de Claudia Lima Marques.[67] Consubstanciou-se esta inteligência na Súmula 130 do STJ, de 1995, sem perquirir se o estacionamento é pago ou não, nos seguintes termos: "A empresa responde, perante o cliente, pela reparação de dano ou furto de veículo ocorridos em seu estacionamento".

Transcrevem-se, exemplificativamente, as seguintes ementas do STJ, que expressam a tendência que passou a dominar, atrelando a jurisprudência dos tribunais estaduais:

"Responsabilidade civil – Furto de motocicleta – Estacionamento de banco. Ante o interesse da empresa em dispor de estacionamento para angariar clientela, é de presumir-se seu dever de guarda dos veículos ali estacionados, sendo indenizável o prejuízo decorrido".[68]

"Consoante a orientação jurisprudencial que veio a prevalecer nesta Corte, deve o estabelecimento comercial responder pelos prejuízos causados à sua clientela no interior de área própria destinada ao estacionamento de veículos."[69]

"Nos termos do Enunciado 130/STJ, 'a empresa responde, perante o cliente, pela reparação de dano ou furto de veículo ocorridos em seu estacionamento'. A jurisprudência deste Tribunal não faz distinção entre o consumidor que efetua a compra e aquele que apenas vai ao local sem nada despender. Em ambos os casos, entende-se pelo cabimento da indenização em decorrência do furto de veículo. A responsabilidade pela indenização não decorre de contrato de depósito, mas da obrigação de zelar pela guarda e segurança dos veículos estacionados no local, presumivelmente seguro."[70]

Mesmo que o estacionamento pertença ao Poder Público incide a responsabilidade: "Administrativo – Responsabilidade civil – Furto de veículo em estacionamento de universidade pública. 1. O Poder Público deve assumir a guarda e responsabilidade do veículo quando este ingressa em área de estacionamento pertencente a estabelecimento público. 2. Em tal hipótese, a responsabilidade por dano causado ao proprietário do bem colocado sob sua guarda não se funda no art. 37, § 6.º, da Constituição, mostrando-se inadequado falar-se em responsabilidade objetiva, como, aliás, decidiu o Colendo Supremo Tribunal Federal, mas de responsabilidade subjetiva. Precedente do STF".[71]

No entanto, foge do bom senso querer aplicar a exegese acima a áreas reservadas para o estacionamento em pequenos supermercados, ou em minimercados, onde não se implantou um aparato de segurança, ou uma infraestrutura apropriada para tanto, distinção que faz Carlos Roberto Gonçalves:

"Se esses estacionamentos têm um aparato de segurança com a finalidade de inspirar confiança a quem vai ter ao supermercado, caracterizado por grades, portões de entrada e de saída para os carros, guaritas para os guardas, não resta dúvida de que existe o dever de vigilância e a consequente responsabilidade em caso de furto, mesmo que as chaves do veículo permaneçam em poder do proprietário e o estacionamento seja gratuito. Assim tem sido decidido, como se pode verificar na *RJTJSP* 111/401.

---

[66] Furtos de veículos em estabelecimentos de *shoppings centers. Questões jurídica*. São Paulo: Saraiva, 1991. p. 238 e 240.

[67] *Contratos no Código de Defesa do Consumidor*. São Paulo: RT, 1992. p. 84.

[68] STJ, 3.ª Turma, REsp 14.991-0/SP, j. 30.06.1992, *RSTJ* 45/245. Ao longo do acórdão, apontam-se precedentes no mesmo sentido, um deles publicado no n. 36/364 da mesma revista.

[69] STJ, 4.ª Turma, REsp 11.872/SP, j. 09.06.1992.

[70] STJ, 4.ª Turma, REsp 437.649/SP, j. 24.02.2003.

[71] STJ, 2.ª Turma, REsp 615.282/PR, j. 06.04.2004, *DJU* 28.06.2004.

Quando, no entanto, não existe esse aparato e se trata de um simples estacionamento (geralmente uma área ao lado ou defronte ao estabelecimento, consistente num simples recuo da construção) cedido gratuitamente aos fregueses, não se pode dizer que foi assumido o dever de vigilância dos veículos, nem que existe responsabilidade do estabelecimento, em caso de furto".[72]

Com maior razão revela-se inconcebível a responsabilidade se a entidade presta atendimento gratuito ou público, dirigido genericamente a qualquer pessoa, sem avaliar o *status* econômico do usuário, como em hospitais que dão atendimento pelo Serviço Único de Saúde – SUS, ou em postos de saúde, escolas públicas, parques de diversão, jardins botânicos, centros zoológicos, praças de exposições, feiras populares, exposições de mercadorias, promoções municipais em locais determinados, eventos esportivos, com a reserva de extensas áreas para o estacionamento público, sem qualquer cobrança, e onde não existem seguranças. Mesmo que o aparato da instituição ou do acontecimento infunda certa sensação de segurança no usuário, não basta para imprimir certeza, ou despreocupar por inteiro no pertinente a eventuais danos ou furtos.

Mesmo que ocorra o roubo do veículo, ou por meio de ameaça especialmente com arma de fogo, a responsabilidade é do estabelecimento, se o fato dá enquanto se estaciona ou retira o veículo em local próprio para tanto, conforme a seguinte ementa do STJ:

"1. A controvérsia a ser dirimida no recurso especial reside em definir se há responsabilidade civil da empresa atacadista decorrente roubo de veículo de seu cliente, com emprego de arma de fogo, estacionamento gratuito, localizado em área pública externa ao estabelecimento comercial.

2. A jurisprudência do Superior Tribunal de Justiça é no sentido de que a empresa não possui responsabilidade pelo furto de veículo ocorrido em estacionamento público e externo ao seu estabelecimento comercial, tendo em vista que a utilização do local não é restrita aos seus consumidores.

3. Acórdão recorrido que, entendendo aplicável à hipótese a inteligência da Súmula n.º 130/STJ, concluiu pela procedência parcial do pedido autoral, condenando a requerida a reparar a vítima do crime de roubo pelo prejuízo material por ela suportado.

4. A teor do que dispõe a Súmula n.º 130/STJ, a empresa responde, perante o cliente, pela reparação de dano ou furto de veículos ocorridos no seu estacionamento.

5. Em casos de roubo, a jurisprudência desta Corte tem admitido a interpretação extensiva da Súmula n.º 130/STJ para entender configurado o dever de indenizar de estabelecimentos comerciais quando o crime for praticado no estacionamento de empresas destinadas à exploração econômica direta da referida atividade (hipótese em que configurado fortuito interno) ou quando esta for explorada de forma indireta por grandes *shopping centers* ou redes de hipermercados (hipótese em que o dever de reparar resulta da frustração de legítima expectativa de segurança do consumidor).

6. No caso, a prática do crime de roubo, com emprego inclusive de arma de fogo, de cliente de atacadista, ocorrido em estacionamento gratuito, localizado em área pública em frente ao estabelecimento comercial, constitui verdadeira hipótese de caso fortuito (ou motivo de força maior) que afasta da empresa o dever de indenizar o prejuízo suportado por seu cliente (art. 393 do Código Civil).

---

[72] *Responsabilidade civil*, ob. cit., p. 435.

7. Recurso especial provido".[73]

Consoante a inteligência *supra*, a empresa não tem responsabilidade pelo furto de veículo ocorrido em estacionamento público e externo ao seu estabelecimento comercial, tendo em vista que a utilização do local não é restrita aos seus consumidores.

Tal maneira de julgar é reiterativa, apontando-se mais um exemplo:

"O Superior Tribunal de Justiça, conferindo interpretação extensiva à Súmula n.º 130/STJ, entende que estabelecimentos comerciais, tais como grandes *shoppings centers* e hipermercados, ao oferecerem estacionamento, ainda que gratuito, respondem pelos assaltos à mão armada praticados contra os clientes quando, apesar de o estacionamento não ser inerente à natureza do serviço prestado, gera legítima expectativa de segurança ao cliente em troca dos benefícios financeiros indiretos decorrentes desse acréscimo de conforto aos consumidores.

Nos casos em que o estacionamento representa mera comodidade, sendo área aberta, gratuita e de livre acesso por todos, o estabelecimento comercial não pode ser responsabilizado por roubo à mão armada, fato de terceiro que exclui a responsabilidade, por se tratar de fortuito externo".[74]

8 RESPONSABILIDADE PELOS DANOS E FURTOS VERIFICADOS NOS CONDOMÍNIOS EDILÍCIOS

Em princípio, por força do art. 22, § 1.º, *b*, da Lei 4.591, de 16.12.1964, procura-se incutir a responsabilidade do condomínio pelos furtos e danos verificados no seu interior, prescrevendo que lhe compete, por meio do síndico, "exercer a administração interna da edificação ou do conjunto de edificações, no que respeita à sua vigilância, moralidade e segurança, bem como aos serviços que interessam a todos os moradores". Mesmo o art. 1.348, nos incisos II e V, do Código Civil atribui ao síndico a defesa dos interesses comuns e zelar pela prestação dos serviços que interessem aos possuidores.

Na verdade, a matéria sempre se revelou polêmica, divergindo os entendimentos sobre o assunto.

Atribuir a culpa pela mera obrigação de guarda, e depreender que houve falha no zelo, na implantação do sistema de vigilância, ou na escolha de pessoas para desempenhar a guarda, enfrenta contradição na própria argumentação do alegante, eis que ele também é condômino, a ele se debitando parcela de culpa. Torna-se estranha a sua posição, posto que restaria favorecido pela participação numa conduta repreendida. Seria aceitar que ele dirigisse a ação contra si próprio, situação que não se conforma com a regularidade dos princípios de coerência.

Vê-se, pois, que se está diante de uma situação especial, não se podendo olvidar as regras do bom senso. Manifestada a falha do condomínio, todos os condôminos são copartícipes, incidindo, inclusive, as regras da responsabilidade solidária, o que importa em admitir a ação contra somente um dos condôminos.

Nessa visão coaduna-se o seguinte aresto do STJ: "Os empregados não são prepostos apenas do condomínio, mas sim igualmente de todos e de cada um dos condôminos, ante a peculiar natureza associativa dos condomínios habitacionais. Lei 4.591/1964. As cláusulas de não responsabilidade do condomínio perante os condôminos, ou as deficiências na guarda e vigilância do prédio e dos veículos estacionados em suas dependências, estão vinculadas às

---

[73] TJ, REsp 1.642.397/DF, 3.ª Turma, rel. Min. Ricardo Villas Bôas Cueva, j. 20.03.2018, *DJe* 23.03.2018.

[74] STJ, EREsp 1.431.606/SP, 2.ª Seção, rel. Min. Maria Isabel Gallotti, j. 27.03.2019, *DJe* 02.05.2019.

deliberações regularmente adotadas na convenção, e/ou às conveniências e às disponibilidades dos condôminos em contribuir para as despesas e encargos comuns. Cláusula de isenção de responsabilidade, para quando os condôminos aceitam confiar a guarda de suas chaves aos porteiros do prédio, a fim de evitar o incômodo de pessoalmente movimentar seus veículos. Porteiro que se apodera de um carro, sai a passeio e o destrói em acidente. Incidência da cláusula. Lei 4.591/64, art. 9.º, §§ 2.º e 3.º, *c* e *d*".[75]

De outra parte, se a causa do evento está na pessoa de quem exerceu precariamente a função de síndico, a ele somente inculca-se a responsabilidade. Na hipótese de detectar-se desídia na empresa que presta o serviço de guarda, desloca-se para esta entidade a obrigação pela indenização.

Com certeza, o dever de indenizar é próprio e inerente emanação do dever de guarda, nascendo da natureza da responsabilidade objetiva, porquanto dificilmente se depara a pessoa com algum grau de culpa. Se for procurada a responsabilidade na deficiência do sistema de guarda e vigilância, sempre se encontrará alguma falha. Difícil, senão impossível, chegar à exaustão no cumprimento de todas as precauções ou exigências para implantar um sistema perfeito de segurança. Sempre aparecem pontos frágeis, ou precariedades em um setor ou outro. Daí, pois, a rigor e por força dos ditames que regem o depósito, não se isentaria o condomínio da responsabilidade. E tal se dá em relação a bens de terceiros, que são recebidos para a guarda, demandando a completa indenização pelo dano, furto ou qualquer evento prejudicial.

Diante dessa realidade *sui generis*, tem o Superior Tribunal de Justiça exposto uma exegese de somente obrigar-se o condomínio se há previsão expressa na convenção do condomínio, e admitindo a inserção de cláusula em sentido contrário:

"Lícito aos condomínios estabelecer não ser devida indenização, pelo condomínio, em virtude de danos sofridos por veículos estacionados na garagem do edifício".[76]

"Inexistindo expressa previsão estatutária, não é a entidade sociorrecreativa, assim como por igual acontece nos condomínios, responsável pelo furto de veículos ocorrido em suas dependências, dada a natureza comunitária entre os filiados, sem caráter lucrativo."[77]

Orientação que é seguida nos Tribunais estaduais, consoante o seguinte exemplo: "São da responsabilidade do condomínio os danos decorrentes de furtos ocorridos nas unidades autônomas que o integram se consta do Regulamento Interno a obrigação da manutenção deste serviço. Os danos morais resultantes de furto em residência estão relacionados à ofensa à privacidade dos moradores e à angústia de sofrerem violação domiciliar. Os danos materiais só podem ser reconhecidos se efetivamente comprovados, o que não se dá com a mera indicação da existência de bens, mas sem a prova de estarem na residência no momento do furto, máxime se correspondem a joias pertencentes à mulher e à filha afastadas do lar conjugal".[78]

9 FURTO DE VEÍCULO EM ESTACIONAMENTO PAGO DE LOGRADOUROS PÚBLICOS

Questão que tem trazido algum debate diz respeito à responsabilidade do Poder Público que explora o estacionamento em vias e outros logradouros públicos.

---

[75] STJ, 4.ª Turma, REsp 26.852-0/RJ, *DJU* 08.05.1993.

[76] STJ, 3.ª Turma, REsp 10.285/SP, j. 05.11.1991, *DJU* 16.12.1991.

[77] STJ, REsp 310953/SP, 4.ª Turma, rel. Min. Aldir Passarinho Junior, j. 10.04.2007, *DJ* 07.05.2007.

[78] TJRJ, 17.ª Câm. Cív., Ap. Cív. 2003.001.15319, reg. 25.09.2003, Adcoas 8223462, *Boletim de Jurisprudência Adcoas* 5/70, fev. 2004.

O Código de Trânsito Brasileiro (Lei 9.503/1997), no art. 24, X, atribui aos Municípios "implantar, manter e operar sistema de estacionamento rotativo pago nas vias". Importa em reconhecer a legalidade de o Município selecionar áreas ou vias públicas e destiná-las para o estacionamento, cobrando tarifas dos usuários, o que se faz normalmente por meio de parquímetros, nos quais se introduzem determinadas moedas, que expelem um cartão ou *ticket* com a marcação do espaço de tempo de permissão, devendo ser ele colocado no interior do painel do veículo, de sorte a ser percebido pelo agente fiscalizador.

Nota-se que o órgão municipal seleciona e destaca áreas para a finalidade de colocação dos veículos, cobrando, para tanto, valores escalonados de conformidade com a duração de tempo de utilização.

Uma vez ultrapassado o período de tempo autorizado, a permanência do veículo no local constitui infração de trânsito média, contemplada no art. 181, XVIII do citado Código (estacionamento em local proibido), sancionável com multa, sendo a aplicação da competência do Município, por força de seu art. 24, VI.

Importa analisar, aqui, a natureza desse estacionamento.

Não envolve um dever especial de guarda ou vigilância, tanto que o próprio condutor coloca o veículo no lugar reservado e que lhe interessa, mantendo em seu poder as chaves, e decidindo o tempo de uso do local público.

Outrossim, o poder municipal, ao instituir essa forma de uso da via ou espaço público, apenas disciplina e racionaliza a ocupação, democratizando o proveito, pois impede que uma única pessoa exerça o proveito.

Não se institui a tarifa para a guarda. A tanto está vedada a administração pública, posto prestaria um serviço particular mediante certa remuneração. A contratação para a realização de serviços a particulares fere a natureza e a finalidade do serviço público, que é oferecido indistintamente a todos os cidadãos.

Não se dá a contratação do serviço de guarda e muito menos se entrega o veículo para a guarda por terceiros, salientando-se que a presença do agente de trânsito restringe-se a constatar a obediência ou não do período de tempo do estacionamento ao marcado no bilhete.

De sorte que o eventual dano ou furto não importa em responsabilidade indenizatória do ente público.

10 RESPONSABILIDADE NOS DANOS E FURTOS OCORRIDOS EM ESTACIONAMENTOS DE RESTAURANTES, HOTÉIS, CLUBES E CASAS DE LAZER

Respondem os donos de restaurantes, hotéis, clubes e casas de lazer pelos danos que acontecerem enquanto exercem a guarda dos veículos entregues por seus clientes. Perante terceiros, porém, a responsabilidade recai no proprietário do bem, já que a relação estabelecida com o guardador não alcança os estranhos.

Revela-se comum a prática de clientes entregarem as chaves dos veículos a manobristas encarregados pelos donos dos estabelecimentos, que os colocam em locais, garagens e mesmo na própria via pública, ficando encarregados da guarda. Normalmente, o proprietário recebe um *ticket*, devolvendo-o posteriormente, quando lhe é restituído o veículo.

A guarda naturalmente é transferida para o dono do estabelecimento frequentado, que assume o encargo da vigilância. Não importa que haja gratuidade nesse serviço, ou uma gentileza, já que complementar a outra utilidade oferecida, e prestado para atrair clientes. Mesmo se colocado em via pública o veículo, permanece a responsabilidade, de nada valendo anotação no *ticket* isentando de obrigação indenizatória. Desde que transferida a posse do bem para uma pessoa encarregada do restaurante ou da casa frequentada, configura-se o dever de responder pelas decorrências que acontecerem. Transfere-se por certo período de tempo a guarda, firmando-se uma relação contratual de depósito. Nesse diapasão se decidiu:

"A entrega de veículo em confiança a manobrista de restaurante caracteriza contrato de depósito e, como tal, atrai a responsabilidade do estabelecimento comercial pelo furto, ainda que na via pública, impondo-lhe o dever de indenizar o proprietário pelos prejuízos daí decorrentes".[79]

"O empresário assume o dever de custódia e vigilância dos veículos de seus clientes. Risco da atividade. Incidência da Súmula 83 desta Corte.

O agravo não trouxe nenhum argumento novo capaz de modificar a conclusão alvitrada, a qual se mantém por seus próprios fundamentos."[80]

Não se equipara a situação aos casos de danos verificados quando confiados os carros a guardadores de ruas, conhecidos por "flanelinhas", sem qualquer vinculação com o dono do local frequentado, mas escolhidos livremente pelo proprietário do veículo.

Quem recebe hóspedes, e recolhe o veículo em garagem ou abrigo do hotel, igualmente celebra um contrato de depósito, com todas as obrigações ou encargos de depositário. Embora se constitua em simples cortesia a permissão de colocar o bem em área do hotel, sem a interferência de prepostos, ou o deslocamento por meio de prepostos, mantém-se a responsabilidade por eventuais ataques e furtos, porquanto, de um lado, esse favorecimento é inerente às vantagens decorrentes da hospedagem, e, de outro, submetido à custódia do hoteleiro o local, o que importa em dever de vigilância e guarda. Não descaracteriza a obrigação o fato de se inserirem em avisos ou regulamentos advertências da isenção da responsabilidade. Desde que se aceite o recebimento da coisa em área sob o controle do hotel, advêm as decorrências próprias do depósito. É inerente à permissão de se acolher o veículo o de guarda, fazendo incidir o disposto no art. 627 do Código Civil. Na realidade, parece mais aplicável a regra do parágrafo único do art. 649, impondo arcarem os hospedeiros com a responsabilidade pelos furtos e roubos praticados por pessoas do hotel ou estranhas, que tiveram acesso ao hotel. Encontra essa forma de entender acolhimento no Superior Tribunal de Justiça, que proclamou: "A empresa que explora hotel é responsável pela indenização de furto de automóvel, verificado em estacionamento que mantém, ainda que não cobre por esse serviço destinado a atrair clientela, por falta ao seu dever de vigilância".[81]

---

[79] STJ, 4.ª Turma, REsp 419.465/DF, *DJU* 05.05.2003, *Adcoas* 8217465, *Boletim de Jurisprudência Adcoas* 25/390, jun. 2003.

[80] STJ, 3.ª Turma, AgRg no AREsp 74422/SP, rel. Min. Sidnei Beneti, j. 13.12.2011, *DJe* 1.º.02.2012.

[81] STJ, 3.ª Turma, REsp 6.069/SP, j. 11.03.1991, *DJU* 17.06.1991.

Capítulo IX

Contrato de Transporte

1 TRANSPORTE ONEROSO

Desde o Decreto 2.681, de 07.12.1912, regulador da responsabilidade civil das estradas de ferro, as quais dominavam o transporte terrestre na época da promulgação do diploma, as normas disciplinadoras, de forma gradual e permanente, passaram a ser aplicadas às empresas de transporte rodoviário.

Havendo o contrato por meio de veículo de qualquer natureza, o recebimento da mercadoria cria para o condutor a obrigação de fazer a entrega sem alteração na qualidade nem na quantidade ao consignatário. A falta de cumprimento dessa obrigação só afasta a responsabilidade do transportador mediante prova de que o evento resultou de caso fortuito ou culpa da vítima. Constitui, pois, obrigação do transportador conduzir incólume a mercadoria até o lugar do destino. Não elide tal responsabilidade abalroamento com outro veículo ou fato de terceiro, contra o qual a transportadora possui direito de regresso. Estende-se a obrigação ao contrato de transporte de pessoas.

De acordo com o art. 1.º do citado Decreto 2.681/1912, "será sempre presumida a culpa e contra esta presunção só se admitirá alguma das seguintes provas: (...)". Segue o dispositivo discriminando uma série de hipóteses excludentes de responsabilidade, como o caso fortuito ou força maior, vício intrínseco da mercadoria, mau acondicionamento do produto entregue etc.

Os princípios estendem-se em favor do passageiro. A culpa do transportador é sempre presumida, competindo a ele demonstrar a ocorrência daquelas causas exoneradoras. O fato de terceiro, como a invasão da pista por outro veículo; a manobra que força a saída da estrada e a capotagem; o choque determinante de lesões; a operação de retorno, obstruindo a frente; a batida na parte traseira, projetando o carro contra outro, constituem exemplos caracterizadores da ausência de culpa do transportador, mas sem repercussão no campo da responsabilidade, relativamente à vítima que viaja no veículo acidentado.

Este entendimento foi sacramentado pelo Supremo Tribunal Federal na Súmula 187, de 1963: "A responsabilidade contratual do transportador, pelo acidente com o passageiro, não é elidida por culpa de terceiro, contra o qual tem ação regressiva". Desta sorte, o passageiro de coletivos tem legitimidade ativa para acionar o proprietário do veículo, independentemente da culpa de seu motorista. Se este não obrou culposamente, demandará, pela via de regresso, o terceiro causador do evento. O Superior Tribunal de Justiça seguiu a orientação: "'A responsabilidade contratual do transportador, pelo acidente com o passageiro, não é elidida por culpa de terceiro, contra o qual tem ação regressiva' (STF – Súmula 187). Recurso especial não conhecido".[1]

---

[1] STJ, 3.ª Turma, REsp 29.2418/SP, j. 1.º.10.2002, *DJU* 04.11.2002.

A jurisprudência foi construída, desde o começo, sob tal entendimento, sempre mantendo-se fiel aos princípios da responsabilidade objetiva.

Segundo jurisprudência deste Tribunal Superior, "A responsabilidade decorrente do contrato de transporte de pessoas é objetiva, sendo obrigação do transportador a reparação do dano causado ao passageiro quando demonstrado o nexo causal entre a lesão e a prestação do serviço, pois o contrato de transporte acarreta para o transportador a assunção de obrigação de resultado, impondo ao concessionário ou permissionário do serviço público o ônus de levar o passageiro incólume ao seu destino. É a chamada cláusula de incolumidade, que garante que o transportador irá empregar todos os expedientes que são próprios da atividade para preservar a integridade física do passageiro, contra os riscos inerentes ao negócio, durante todo o trajeto, até o destino final da viagem" (EREsp 1.318.095/MG, 2.ª Seção, rel. Min. Raul Araújo, j. 22.02.2017, *DJe* 14.03.2017).

Logo, a responsabilidade do transportador com relação aos passageiros é contratual e objetiva, nos termos dos arts. 734, *caput*, 735 e 738, parágrafo único, do Código Civil de 2002, somente podendo ser elidida por fortuito externo, força maior, fato exclusivo da vítima ou por fato doloso e exclusivo de terceiro – quando este não guardar conexidade com a atividade de transporte.

O Tribunal local, ao apreciar as provas produzidas nos autos, foi categórico em reconhecer os requisitos ensejadores da obrigação de indenizar, notadamente diante do descumprimento do seu dever de garantir a incolumidade do passageiro. Nestas circunstâncias, afigura-se inviável rever o substrato fático-probatório diante do óbice da Súmula 7/STJ".[2]

Inclusive se o passageiro desce do veículo, para prestar auxílio ao motorista, e sofre atropelamento: "A transportadora responde pela indenização de dano sofrido pelo passageiro que desce do ônibus avariado para auxiliar o motorista e é atropelado por outro veículo".[3]

Junto à transportadora também se busca a indenização quando contratada por empresa empregadora da vítima: "O transportador que celebra contrato com empresa para o transporte de seus empregados não fornece ao passageiro o transporte gratuito e tem a obrigação de levar a viagem a bom termo, obrigação que assume com a pessoa que transporta, pouco importando quem forneceu o numerário para o pagamento da passagem".[4]

A responsabilidade do transportador abrange a titularidade de cada unidade do veículo, isto é, tanto do semirreboque como do cavalo mecânico:

"O proprietário de semirreboque acoplado a cavalo mecânico é solidariamente responsável pelos danos decorrentes de acidente causado pelo condutor do veículo, devendo assim figurar no polo passivo da ação de indenização. Precedentes".[5]

"Em recurso especial, sob pena de ser inadmitido o inconformismo, a parte tem que apresentar, de modo inequívoco, os dispositivos violados, bem como desenvolver argumentação capaz de evidenciar a ofensa alegada, refutando a motivação do acórdão recorrido. A deficiência na fundamentação recursal atrai a incidência das Súmulas 283 e 284/STF.

Segundo orientação jurisprudencial desta Corte, na hipótese de acidente de trânsito causado pelo condutor do 'cavalo mecânico', o proprietário do veículo semirreboque responde solidariamente pelos danos causados à vítima. Precedentes."[6]

---

2   STJ, AgInt no AREsp 1.401.928/MA., 4.ª Turma, rel. Min. Raul Araújo, j. 15.08.2019, *DJe* 4.09.2019.

3   STJ, 4.ª Turma, REsp 246.294/RJ, j. 25.04.2000, *DJU* 12.06.2000.

4   STJ, 4.ª Turma, REsp 238.676/RJ, j. 08.02.2000, *DJU* 10.04.2000.

5   STJ, AgInt no REsp 1.548.722/TO, 4.ª Turma, rel. Min. Antônio Carlos Ferreira, j. 08.04.2019, *DJe* 16.04.2019.

6   STJ, AgInt no AREsp 398.184/SP, 4.ª Turma, rel. Min. Raul Araújo, j. 23.10.2018, *DJe* 26.10.2018.

2 A CULPA DA VÍTIMA NO TRANSPORTE ONEROSO

Em tese, o transportador assume todos os danos originados de um acidente, mesmo que tenha acontecido involuntariamente.

Como proceder, porém, quando o transportado revela culpa no desencadear do evento?

A questão concerne às obrigações do passageiro. Parte-se da visualização do dispositivo que trata da matéria, consubstanciado no parágrafo único do art. 738 da lei civil: "Se o prejuízo sofrido pela pessoa transportada for atribuível à transgressão de normas e instruções regulamentares, o juiz reduzirá equitativamente a indenização, na medida em que a vítima houver concorrido para a ocorrência do dano".

Há que se estudar a extensão da culpa de cada parte, e graduar a responsabilidade corretamente, em correspondência à intensidade da culpa. Transportador e passageiro, concorrendo no acontecimento danoso, suportarão as consequências conjuntamente. Não cessa a obrigação de ressarcir do primeiro, a qual é suscetível, somente, de mitigação.

Wilson Melo da Silva demonstra a antiguidade da inteligência: "É exato que o art. 17 do citado Decreto 2.681, de 07.12.1912, firma uma responsabilidade da empresa em todos os casos, salvo *vis major* ou culpa exclusiva do passageiro. Mas não se trata de isentar a empresa de responsabilidade, senão de graduá-la, de fixar-lhe os limites e a extensão. A chamada culpa concomitante da vítima não origina, propriamente, dever de indenizar, compensável com o direito à reparação. Apenas diminui a extensão desta em obséquio ao *munus cuique sua culpa nocet* (vide Von Tuhr, *Pratique générale du Cod. Féd. des Obligations*, v. 1, 1933, p. 90)".[7]

Entre os exemplos lembrados por Wilson Melo da Silva há o do ônibus que inicia a marcha de portas abertas, vindo o passageiro a ser lançado para fora, sofrendo lesões corporais. A culpa, pelo evento, restringe-se ao condutor. Na eventualidade, porém, de o passageiro, açodadamente, antes de estacionado o coletivo nos locais devidos, forçar a abertura de suas portas e vier a se acidentar na calçada, a culpa é imputada exclusivamente à vítima, exonerando-se o transportador de qualquer obrigação de indenizar o imprudente pelos danos. Mas se o passageiro, aberta a porta do veículo ainda em marcha e distante do ponto de parada normal, aproveitar da circunstância para um desembarque desastrado, razões há para entender que a culpa é concorrente: do lado da empresa, por permitir que a porta do ônibus estivesse aberta, contra o regulamento e as cautelas recomendadas; e de parte da vítima, pelo fato de haver descido do veículo ainda em movimento e fora do local ordinário de suas obrigatórias paradas, para subida ou descida dos usuários.[8]

Outras situações peculiares se oferecem.

Permanecendo o passageiro em pé, em vez de sentar, e existindo bancos disponíveis, não há que se inculcar responsabilidade ao transportador na ocorrência de uma freada súbita, que provoca a queda e ferimentos na pessoa, desde que necessária ou provocada por terceiros a manobra.

A responsabilidade objetiva nos transportes onerosos deve ser examinada com cautela. Não faltam entendimentos que consagram a obrigação integral em todos os eventos, encarando a responsabilidade sob um ângulo puramente objetivo. Indeniza-se porque há um contrato, desconsiderando-se outros aspectos e eventuais atitudes concorrentes da vítima. O argumento é que há o dever de garantir a incolumidade de todos os passageiros, sendo irrelevante a culpa concorrente. A responsabilidade começaria a vigorar desde o momento em que o

---

[7] *RF* 121/405, em *Da responsabilidade civil automobilística*, ob. cit., p. 114.

[8] *Da responsabilidade civil automobilística*, ob. cit., p. 115.

passageiro penetrasse no veículo. Seria uma decorrência da culpa *in re ipsa*, refutando-se categoricamente os argumentos dos subjetivistas, dos quais Luiz da Cunha Gonçalves foi um exemplo, como se percebe neste trecho de importante obra sua:

"(...) forçoso é reconhecer que também constitui imprudência ou culpa levíssima o fato de criar um risco para os outros exercer uma atividade de que possa resultar um dano aos outros. Esta atividade, ainda que exercida sem negligência ou desfalecimento de vontade, não deve ser equiparada ao acaso ou ao caso fortuito, que é necessariamente inevitável, imprevisível, indominável, requisitos que faltam aos atos humanos. O próprio caso fortuito só liberta da responsabilidade quando não haja sido, de nenhum modo, provocado por ato humano".[9]

Uma visão exclusivamente objetiva vem a ser uma negação de tendências inatas do homem, como a evolução e o progresso, caso não se exija, dos que usufruem dos bens, um comportamento conformado à natureza e às contingências dos mesmos.

Sustentar a plena aplicação da teoria do risco é ignorar que, no direito comum, a responsabilidade está intimamente ligada à culpa. Para fazê-la incidir sem ressalvas importa a necessidade de lei especial que a declare, como nos acidentes de trabalho, cujo regramento derroga o direito comum. No mais, a imposição de indenizar depende da culpa, que se presume contra o transportador, o que não significa ser indiferente ao exame dos fatos se alguma atitude da vítima concorreu para o desenlace danoso. Em todos os acontecimentos, impende se analise o comportamento do sujeito envolvido, e se meça até que ponto ele influiu para a consumação de certo resultado. Haveria um verdadeiro descalabro nas finanças das firmas de transporte se ignorássemos as repercussões da culpa da vítima na apreciação da responsabilidade. Deixaria de se realizar o princípio da correta distribuição da justiça.

3 O TRANSPORTE GRATUITO

Martinho Garcez Neto, sobre o assunto em epígrafe, explica: "Por outro lado, a circunstância de viajar a vítima, gratuitamente, no carro de propriedade do réu e por este dirigido na ocasião do acidente não poderia afetar a solução do caso. Realmente, se a responsabilidade pelo evento era exclusiva do proprietário do veículo", que cortou a frente do veículo onde viajava a vítima, "não seria de natureza benévola o transporte que iria determinar a procedência da ação, tornando responsável quem é outra e igual vítima da imprudência do motorista" do veículo.[10]

O Código de 2002 aporta regra sobre o assunto no art. 736: "Não se subordina às normas do contrato de transporte o feito gratuitamente, por amizade ou cortesia". Necessário ater-se à ressalva do parágrafo único: "Não se considera gratuito o transporte quando, embora feito sem remuneração, o transportador auferir vantagens indiretas".

Não é justo se igualem as mesmas normas e consequências para quem exerce a profissão do transporte e para quem pratica um ato de benevolência. No primeiro caso, não se perquire da culpa no proceder lesivo. No segundo, a concepção objetiva da responsabilidade é inaceitável, visto que o transporte gratuito configura um ato de cortesia. Nesse tipo de transporte, a responsabilidade é aquiliana, ou extracontratual, e requer prova da culpa do motorista. Sem apurar o elemento subjetivo, não se defere o ressarcimento. No transporte remunerado, independe a indenização da indagação de tal requisito.

---

[9]   *Tratado de direito civil*, ob. cit., v. 12, t. II, p. 489.
[10]   *Prática da responsabilidade civil*, ob. cit., p. 191.

Isto em virtude de as empresas explorarem o transporte com o fito do lucro, assumindo a obrigação do resultado visado, que é transportar o passageiro, são e salvo, desde o ponto de partida até o destino final.

Já enfatizava Martinho Garcez Neto que nem contrato se apresenta nesse plano. As vontades não se dispõem a assumir direitos e deveres, uma em relação à outra. Praticando um ato de generosidade, não é justo presumir se atribua ao motorista ou proprietário a responsabilidade por tudo quanto vier a ocorrer. Fosse dessa forma, jamais haveria o favor prestado. Nem a presunção de abraçar um compromisso com o caroneiro, pelos eventos lesivos previsíveis, é de se admitir. O dever aceito é agir com diligência ordinária e imposta para todas as ocasiões. O transportado, pois, só terá direito a ser indenizado pelos danos sofridos, no acidente, se o transportador tiver obrado culposamente.

A antiga jurisprudência, segundo o mesmo autor, já se orientava nesse sentido: "No transporte gratuito, por mera benevolência ou cortesia, ou até mesmo nos casos de verdadeiro contrato de transporte gratuito, o transportador somente responde pelos danos que culposamente causar ao transportado, mediante prova por este produzida".[11]

Em síntese, regulando-se o transporte gratuito pelos princípios gerais da responsabilidade, o condutor indenizará se procedeu culposamente, sob o fundamento exposto por João de Matos Antunes Varela: "A exclusão da responsabilidade objetiva no caso do transporte gratuito não se funda na ideia de que, aceitando a liberalidade, a pessoa transportada aceitou voluntariamente o risco inerente à utilização do veículo. Esta ideia não corresponde à realidade, na grande massa dos casos. Tampouco se pode filiar a solução em qualquer cláusula tácita de exclusão da responsabilidade (objetiva) do transportador, pela mesma razão de falta de correspondência com a realidade. O pensamento que serve de base à solução é a ideia (objetiva) da injustiça que constituiria a imposição da responsabilidade sem culpa a quem forneceu o transporte sem nenhum correspectivo, as mais das vezes por mero espírito de liberalidade".[12]

O ponto de vista exposto não é pacífico, vigorando posições diferentes em alguns sistemas jurídicos de outros países. Disserta, com acerto, Wilson Melo da Silva sobre a matéria, salientando o regime francês, no qual já se firmou, em determinada época, que, se "alguém se dispôs voluntariamente à utilização de uma coisa perigosa (e o automóvel obviamente se encontraria dentre as coisas de tal categoria), entende-se, ou deve entender-se, que aceitou os riscos do transporte gratuito, não podendo, por isso, invocar posteriormente, contra o transportador, a presunção da culpa virtual do art. 1.384, 1.ª alínea, do Código Napoleônico".[13]

Os passageiros, ou candidatos ao transporte gratuito, segundo Lalou, não se submetem aos riscos relativos a possíveis ferimentos, ou morte, durante o transporte. E houve "uma guinada de cento e oitenta graus da jurisprudência (...); não se pode, juridicamente, abrir mão, por via de um ajuste, de qualquer princípio de ordem pública".[14] Sempre é possível a responsabilidade, em qualquer tipo de contrato, a título oneroso ou gratuito. No entanto, não há a presunção da culpa. A vítima deve valer-se das regras legais comuns da responsabilidade extracontratual.

---

[11] Tribunal de Justiça do antigo Estado da Guanabara, Ap. Cív. 78.232, *Diário Oficial* de 28.08.1973 – Em *Prática da responsabilidade civil*, ob. cit., p. 215.

[12] *Das obrigações em geral*. Coimbra: Almedina, 1970. v. 1, p. 543.

[13] *Da responsabilidade civil automobilística*, ob. cit., p. 121.

[14] Idem, ibidem.

Embora por diferentes fundamentos, há consenso unânime quanto à exigência do elemento subjetivo para ensejar a reparação. Chama a atenção, entretanto, Wilson Melo da Silva para algumas situações, em que as circunstâncias aconselham a aceitação da teoria do risco.

É a hipótese de uma pessoa que insiste em ser conduzida em um veículo com apenas dois lugares, ainda que, para tanto, tenha de fazê-lo sentada nos joelhos de um dos ocupantes. Freando bruscamente o motorista, e lesionando-se tal pessoa numa das vistas, não lhe assiste pedir indenização, pois lhe era previsível o evento, aceitando-o, apesar de tudo. Da mesma forma, se alguém solicita carona e consegue com um condutor embriagado ou drogado. O possível acidente e as consequências resultantes não autorizam o direito à reparação, por idêntica razão.

No entanto, há que se observar que, se o motorista brecou subitamente por desenvolver excessiva velocidade, e se o embriagado procedeu a uma ultrapassagem indevida, vindo a colidir o carro, nasce a responsabilidade pelos danos, em concorrência com as vítimas, que também revelaram culpa na aceitação ou solicitação de transporte sem condições de segurança.

Aduz, ainda, o citado autor que no direito italiano, art. 1.681, última alínea do CC de 1942, vem equiparado o transporte oneroso ao gratuito, havendo, todavia uma distinção entre este último e o denominado amigável, de mera cortesia ("amichole o di mera cortesia"), o que não acontece na França, onde ambos se confundem, como assinala Borricand. Principalmente Peretti Griva se bateu em favor da contratualidade do transporte de pura cortesia, isto é, assimilando-o, nos seus efeitos, ao oneroso. Seja como for, é estranho e chocante que um ato de pura cortesia tenha consequências graves como o pago. A própria regra moral está a impor uma diferenciação ou, pelo menos, uma atenuação no exame dos resultados, favorecendo-se o transportador benévolo.

O Superior Tribunal de Justiça, seguindo em parte nessa linha, editou a Súmula 145, de 1995, restringindo a indenização se configurada a culpa grave ou o dolo: "No transporte desinteressado, de simples cortesia, o transportador só será civilmente responsável por danos causados ao transportado quando incorrer em dolo ou culpa grave". Várias as manifestações do Superior Tribunal de Justiça que levaram à citada súmula, como a do REsp 34.544-7/MG, de 13.12.1993,[15] merecendo transcrição esta passagem: "Consoante abalizada doutrina, o transporte gratuito 'não se regulará pelo direito comercial, nem pelo civil sobre locação de serviços, mas pelas regras gerais concernentes às obrigações de direito privado. Tratando-se de um contrato unilateral, o condutor, no caso de se impossibilitar a execução por algum acidente, só responderá pelo dano que resultar de seu dolo, Código Civil, art. 1.057. É o caso do acidente sofrido por pessoa que o motorista amador, ou dono do automóvel, transportava consigo por simples amabilidade (Vieira Ferreira, *Da responsabilidade civil em acidentes de trânsito*, Saraiva, 1944). Destarte, induvidoso que o transportador somente responderá perante o gratuitamente transportado se por dolo ou falta gravíssima houver dado origem ao dano que ocorrido durante o transporte benévolo. Nesse sentido está o acórdão proferido no REsp 3.035/RJ, rel. Min. Sálvio de Figueiredo, 4.ª Turma desta Corte Superior". O art. 1.057, acima referido, equivale ao art. 392 do Código de 2002.

Apontam-se, ainda, os REsp 3.254-0/RS, de 17.11.1994; 38.668-3/RJ, de 25.10.1993; 54.658-3, de 12.12.1994, e 153.690, de 15.06.2004.

Entrementes, é preciso observar: pelo ora vigente art. 736, não cabe mais diferenciar a culpa, para efeitos de responsabilidade. Desde que presente, seja qual for o seu grau, decorre

---

[15]   *RSTJ* 80/344-345. Ainda: STJ, 4.ª Turma, REsp 153.690/SP, j. 15.06.2004, *DJU* 23.08.2004.

a responsabilidade. De observar que o dispositivo restringe-se unicamente a não considerar contrato o transporte feito gratuitamente. Afasta-se somente a responsabilidade objetiva.

Pela exegese do STJ, incidiria a condenação em hipóteses como quando o motorista colide na traseira de outro veículo, ou quando bate em um obstáculo lateral da pista, ou tomba o veículo por excesso de velocidade. Configurar-se-á a culpa leve se a capotagem decorreu da súbita frenagem em razão da repentina presença de um animal na pista, ou do abalroamento por falta de uma destreza maior em controlar o carro no momento em que outro carro força a ultrapassagem, situações que arredam a indenização pelos danos resultantes na pessoa do caroneiro.

Diante da nova ordem vinda com o art. 736, sempre que verificada a culpa incide a responsabilidade.

Será solidária a responsabilidade, havendo culpa, entre o condutor e o proprietário do veículo, não se indagando sobre a culpa deste:

"Em matéria de acidente automobilístico, o proprietário do veículo responde objetiva e solidariamente pelos atos culposos de terceiro que o conduz e que provoca o acidente, pouco importando que o motorista não seja seu empregado ou preposto, ou que o transporte seja gratuito ou oneroso, uma vez que, sendo o automóvel um veículo perigoso, o seu mau uso cria a responsabilidade pelos danos causados a terceiros.

Provada a responsabilidade do condutor, o proprietário do veículo fica solidariamente responsável pela reparação do dano, como criador do risco para os seus semelhantes".[16]

4 TRANSPORTE E CULPA DE TERCEIRO

A matéria envolve a responsabilidade do transportador no acidente ou dano provocado por terceiro. Reza o art. 735 do Código Civil: "A responsabilidade contratual do transportador por acidente com o passageiro não é elidida por culpa de terceiro, contra o qual tem ação regressiva". Ao se firmar uma relação contratual de transporte, a responsabilidade é objetiva. Deve o transportador levar a efeito e a cabo a obrigação, assumindo todos os danos que possam resultar do desempenho de sua função, mesmo que provocados por terceiro.

Parte-se do secular princípio de que, na responsabilidade civil, domina a obrigatoriedade do causador direto pela reparação. A circunstância de afigurar-se, no desencadeamento dos fatos, culpa de terceiro não libera o autor direto do dano do dever jurídico de indenizar. Realmente, na sistemática do direito brasileiro – art. 930 (art. 1.520 do Código revogado) –, concede-se a ação regressiva, em favor do autor do prejuízo, contra o terceiro que criou a situação de perigo para haver a importância despendida no ressarcimento ao dono da coisa.

É ao réu, obviamente, que cumpre descobrir o terceiro causador do acidente que trouxe o dano ao passageiro, não só para haver a reparação do dano que sofreu, como, ainda, para o exercício da ação regressiva.

A responsabilidade objetiva do transportador decorre de desastre acontecido em função do transporte, ou do tráfego do veículo, ou da navegação. A culpa presumida pressupõe um acidente, ou um fato relacionado com a remoção da pessoa – não decorre de causas estranhas. O contrário seria admitir a responsabilidade por tudo o que sucedesse no interior da condução, sem qualquer participação dos que a dirigem. Inculcar-se-ia o dever de ressarcir os desfalques pelos assaltos executados por terceiros, que muitas vezes se repetem nos ônibus.

---

[16] STJ, 3.ª Turma, REsp. 577.902/DF, rel. Min. Antônio de Pádua Ribeiro, rel. p/ acórdão Min. Nancy Andrighi, j. 13.06.2006, *DJ* 28.08.2006.

O transportador assume o compromisso com as pessoas que conduz e as mercadorias especificadas, e não com os valores ou objetos que os passageiros guardam, sem conhecimento do encarregado pelo transporte.

5 QUEDA DE SURFISTA FERROVIÁRIO, DESEMBARQUE COM O VEÍCULO EM MOVIMENTO E TRANSPORTE DE PASSAGEIROS PENDURADOS

Nos últimos tempos, tem sido comum o surgimento de práticas que bem revelam o padrão de desvio típico de condutas, e que consiste em subirem os passageiros no teto de trens, bondes e até ônibus, ou em se pendurarem nas portas e saliências dos coletivos, ou em atrelarem bicicletas nas traseiras dos veículos, ou em se postarem em suportes que estão abaixo dos veículos, com grave risco para a própria vida.

Nos acidentes em tais circunstâncias, em princípio não se lança a responsabilidade contra o transportador. É evidente o teor de marginalidade de tais formas de conduta e, em geral, a completa falta de visão do condutor. Pode-se cogitar de atribuir alguma culpa à empresa se verificado o consentimento explícito, ou a completa displicência, o que importa em aceitar o transporte nessas condições.

Sobre o assunto foi decidido: "No caso de responsabilidade civil pelo acidente ferroviário com queda de trem do surfista ferroviário, a culpa é exclusiva da vítima. A pessoa que se arrisca em cima de uma composição ferroviária, praticando o denominado 'surf ferroviário', assume as consequências de seus atos, não se podendo exigir da companhia ferroviária efetiva fiscalização, o que seria até impraticável".[17]

A infração de normas pela pessoa transportada viola o disposto no art. 738 do diploma civil, sem regra equivalente no Código anterior. Ocorre que o passageiro deve se sujeitar às normas comuns de transporte, que não permitem a acomodação em locais impróprios ou perigosos do veículo.

Caso o passageiro desembarque encontrando-se o veículo em movimento, é da respectiva empresa ou do proprietário a responsabilidade se viabilizada essa conduta, com a abertura das portas antes do completo estacionamento. Do contrário, se por malabarismo ou conduta imprevisível e fora do normal se dá o atabalhoado desembarque, não se pode debitar a culpa ao condutor ou titular do veículo pelos danos que ocorrerem.

Na hipótese de ser permitido o transporte de pessoas penduradas nas janelas e portas, ou daqueles que viajam como pingentes, o fenômeno retrata a deficiência do serviço, ou a situação de excesso de lotação, o que acarreta a responsabilidade do transportador. A viagem em condições perigosas decorre de causas ligadas à empresa, em geral pela falta de veículos em horários de maior pico. Decidiu-se: "Pingente – Queda de trem em movimento – Culpa presumida – Art. 17 do DL 2.681/1912. Falecendo o passageiro, em razão da queda ocorrida, quando em movimento o comboio, há culpa presumida da empresa ferroviária, somente elidida pela demonstração de caso fortuito, força maior ou culpa exclusiva da vítima (art. 17 do DL 2.681/1912). Nos casos de pingente, e não de surfista ferroviário, porque dever contratual da companhia transportadora impedir que as pessoas viagem com parte do corpo projetado para o lado de fora do veículo, afastada resta a possibilidade de culpa exclusiva da vítima".[18]

---

[17]   STJ, 3.ª Turma, REsp 160.051/RJ, *DJU* 17.02.2003, *Adcoas* 8215759, *Boletim de jurisprudência Adcoas* 16/249, abr. 2003.

[18]   STJ, 4.ª Turma, REsp 259.261/SP, *DJU* 16.10.2000.

Capítulo X

Acidentes de Trânsito e Responsabilidade Civil no Arrendamento Mercantil

1 CONCEITO

Interessa, aqui, o estudo do arrendamento mercantil ou *leasing* unicamente para fins de responsabilidade. O problema da responsabilidade aparece mais nos acidentes que envolvem o bem arrendado, no sentido de definir se o terceiro prejudicado pode agir somente contra o arrendatário ou, também, contra o arrendante. Procede-se ao registro no órgão próprio do DETRAN local, para prevenir direitos relativamente a terceiros, como ordena o art. 129-B do Código de Trânsito Brasileiro, introduzido pela Lei nº 14.071, de 2020, a vigorar depois de corrido o prazo de 180 dias da publicação da lei, que ocorreu em 14.10.2020, no teor seguinte: "O registro de contratos de garantias de alienação fiduciária em operações financeiras, consórcio, arrendamento mercantil, reserva de domínio ou penhor será realizado nos órgãos ou entidades executivos de trânsito dos Estados e do Distrito Federal, em observância ao disposto no § 1º do art. 1.361 da Lei nº 10.406, de 10 de janeiro de 2002 (Código Civil), e na Lei nº 13.709, de 14 de agosto de 2018 (Lei Geral de Proteção de Dados Pessoais)".

José Wilson Nogueira de Queiroz manifesta a seguinte definição, no sentido lato: "Um acordo mediante o qual uma empresa, necessitando utilizar determinado equipamento, veículo ou imóvel (terreno ou edificação), ao invés de comprar, consegue que uma empresa (locadora) o adquira e o loque à empresa interessada (locatária), por prazo determinado, findo o qual poderá a locatária optar entre a devolução do objeto do contrato, a renovação da locação ou a sua aquisição por compra e venda, pelo valor residual avençado no instrumento contratual".[1]

Para Arnoldo Wald, trata-se de um contrato pelo qual uma empresa, desejando utilizar determinado equipamento, ou imóvel, consegue que uma instituição financeira adquira o referido bem, alugando-o ao interessado por prazo certo, admitindo-se que, terminado o prazo locativo, o locatário possa optar entre a devolução do bem, a renovação da locação, ou a compra pelo preço residual fixado no momento inicial do contrato.[2]

Claro é o conceito apresentado por Tavares Paes, outro especialista sobre a matéria: "É um contrato mediante o qual uma pessoa jurídica que desejar utilizar determinado bem ou equipamento, por determinado lapso de tempo, o faz por intermédio de uma sociedade de financiamento, que adquire o aludido bem e lhe aluga. Terminado o prazo locativo, passa a optar entre a devolução do bem, a renovação da locação, ou a aquisição pelo preço residual fixado inicialmente".[3]

De acordo com os princípios fundamentais do instituto, e tendo em conta o art. 1.º da Lei 6.099, de 12.09.1974, a qual rege o instituto, define-se ele como a operação financeira

---

[1] *Arrendamento mercantil* (leasing). 2.ª ed. Rio de Janeiro: Forense, 1983. p. 6.

[2] A introdução do *leasing* no Brasil. *RT* 415/10.

[3] *Leasing*. São Paulo: RT, 1977. p. 1.

realizada por uma empresa arrendadora, constituída e atuando sob o controle do Banco Central do Brasil, tendo por objeto o arrendamento de bens móveis ou imóveis, adquiridos junto a terceiros, para fins de uso próprio da arrendatária.

Ou é o contrato essencialmente complexo, visto encerrar uma promessa unilateral de venda, um mandato, uma locação de coisa, uma opção de compra e, no *leasing* operacional, mais uma prestação de serviços técnicos por parte da locadora, compondo, assim, obrigação contratual, como partes essenciais do negócio.

Pelo parágrafo único do art. 1.º da Lei 6.099/1974, alterada pela Lei 7.132, de 26.10.1983, "considera-se arrendamento mercantil, para os efeitos desta Lei, o negócio jurídico realizado entre pessoa jurídica, na qualidade de arrendadora, e pessoa física ou jurídica, na qualidade de arrendatária, e que tenha por objeto o arrendamento de bens adquiridos pela arrendadora, segundo especificações da arrendatária e para uso próprio desta".

Não se trata de uma simples locação com promessa de venda, como à primeira vista pode parecer, mas cuida-se de uma locação com uma consignação de uma promessa de compra, trazendo, porém, um elemento novo, que é o financiamento, numa operação específica que consiste na simbiose da locação, do financiamento e da venda.

Em suma, é a figura em exame uma alternativa de financiamento para a aquisição de qualquer tipo de veículo, máquina ou equipamento de fabricação nacional ou estrangeira, novo ou usado, incluindo, também, financiamento de imóveis.

2 AS MODALIDADES DE ARRENDAMENTO MERCANTIL

Sobressaem quatro tipos principais de *leasing*, assim discriminados e explicados:

2.1 O leasing *operacional*

Conhecido também como *renting*, expressa uma locação de instrumentos ou material, com cláusula de prestação de serviços, prevendo a opção de compra e a possibilidade de rescisão a qualquer tempo, desde que manifestada essa intenção com uma antecedência de, pelo menos, trinta dias.

Ao que parece, foi a primeira forma de *leasing* que surgiu, nos idos de 1920, quando indústrias norte-americanas alugavam seus produtos a fim de assegurar o escoamento, comprometendo-se a fornecer uma prestação de serviços de conservação das máquinas. Cuidava-se mais de um contrato de locação com promessa de venda de bem locado. Participavam duas figuras na relação jurídica: o locador, que é também o promitente vendedor e fabricante ou produtor do bem; e o locatário, titular da opção de compra, a quem é entregue a posse. Não intervém nenhum intermediário.

Rodolfo de Camargo Mancuso, em tese de mestrado sobre o assunto, escreve, relativamente ao arrendatário ou locatário, que tem ele "a faculdade de rescindir unilateralmente o contrato, sem que, com isso, se lhe retire necessariamente a opção de compra. Apenas, nesta última hipótese, o preço será aquele de mercado ao tempo do exercício da opção". É esse tipo de arrendamento considerado, pelo autor, uma subespécie do *financial leasing*, que será estudada a seguir. De outro lado, observa que "é notoriamente utilizado para bens de fácil colocação no mercado e que apresentam obsolescência precoce, *v.g.*, material eletrônico, máquina fotostática, automóveis".[4]

Tal espécie não consta expressa na Lei 6.099/1974, eis que o art. 2.º a afasta de seu tratamento: "Não terá o tratamento previsto nesta Lei o arrendamento de bens contratado

---

[4]   *Apontamentos sobre o contrato de* leasing. São Paulo: RT, 1978. p. 22.

entre pessoas jurídicas direta ou indiretamente coligadas ou interdependentes, assim como o contratado com o próprio fabricante". Embora os afastem os benefícios tributários da Lei 6.099/1974, não estão evidentemente proibidos. Apenas a sua prática não é favorecida com as isenções da lei,[5] tanto que regulamentados em resoluções do Banco Central.

2.2 O arrendamento mercantil financeiro

É o *leasing* financeiro, ou o *financial lease*, ou, ainda, o *full payout lease*, que é o *leasing* propriamente dito, o *leasing* puro, que, por estar mais ligado a departamentos de bancos, é também conhecido como *leasing* bancário. Tem como característica identificadora e mais saliente o financiamento que faz o locador, ou seja, o fabricante ou importador não figuram como locadores. Há uma empresa que desempenha esse papel, a cuja finalidade ela se dedica. Ocorre a aquisição do equipamento pela empresa de *leasing*, a qual contrata o arrendamento com o interessado.

A distinção com a forma operacional, ou o *renting*, está no acentuado caráter de locação que domina nessa espécie, sem haver necessidade de cláusula de opção, e com possibilidade de rescisão a qualquer momento. No *leasing* financeiro, domina o sentido do financiamento.

No seu início, apresentava-se como um negócio em que predominava a figura do intermediário, na pessoa de um corretor. Com o passar dos anos, começou a instituição bancária a dominar a operação, seja diretamente – *bankers lessors* –, ou por meio de subsidiárias – *bankers leasing corporation*. Retratando esse estágio da evolução, escreve Arnoldo Wald: "Finalmente, surgiu o *leasing* bancário ou financeiro, quando a função de intermediário passou a ser exercida pelos bancos, que complementaram ou substituíram a atividade dos antigos corretores pelas sociedades de crédito ao consumidor ou *sales finance companies*. Passou-se, assim, do *leasing* industrial ou operacional ao *leasing* financeiro, forma mais requintada e fecunda, que domina o mundo há cerca de 20 anos".[6]

A Lei 6.099/1974, com as alterações introduzidas pela Lei 7.132/1983, no art. 5.º, exprime os elementos sem os quais não se admite a avença em espécie:

"Art. 5.º Os contratos de arrendamento mercantil conterão as seguintes disposições:

a) prazo do contrato;

b) valor de cada contraprestação por períodos determinados, não superiores a um semestre;

c) opção de compra ou renovação de contrato, como faculdade do arrendatário;

d) preço para opção de compra ou critério para sua fixação, quando for estipulada esta cláusula.

Parágrafo único. Poderá o Conselho Monetário Nacional, nas operações que venha a definir, estabelecer que as contraprestações sejam estipuladas por períodos superiores aos previstos na alínea *b* deste artigo".

2.3 Arrendamento mercantil contratado com o próprio vendedor

É o *leaseback*, ou *leasing* de retro (no francês *cession-bail*), previsto no art. 9.º e em seu parágrafo único da Lei 6.099/1974, com a alteração da Lei 7.132/1983, que reza:

---

[5] Luiz Mélega, *O leasing e o sistema tributário brasileiro*. São Paulo: Saraiva, 1975. p. 52.

[6] Da licitude da inclusão da cláusula de correção cambial nas operações de arrendamento mercantil. *RT* 591/18.

"As operações de arrendamento mercantil contratadas com o próprio vendedor do bem ou com pessoas jurídicas a ele vinculadas, mediante quaisquer das relações previstas no art. 2.º desta Lei, poderão também ser realizadas por instituições financeiras expressamente autorizadas pelo Conselho Monetário Nacional, que estabelecerá as condições para a realização das operações previstas neste artigo.

Parágrafo único. Nos casos deste artigo, o prejuízo decorrente da venda do bem não será dedutível na determinação do lucro real".

Conhecido também como *sale and leaseback*, a expressão, traduzida para o português, significa "locação financeira restitutiva".

Nota-se o primeiro elemento identificador: as operações de arrendamento mercantil são contratadas com o próprio vendedor do bem ou com pessoas jurídicas a ele ligadas. Tem como pressuposto a alienação do bem pelo proprietário, aumentando, assim, a sua liquidez, e, após, arrendando o mesmo bem, o que determina a sua transformação em arrendatário, ou, conforme Rodolfo de Camargo Mancuso, "o locatário é que vende a coisa ao locador para, ao depois, dele tomá-la em locação".[7] Daí haver, pois, uma tradição apenas ficta.

Segundo regramentos ditados pelas autoridades fazendárias, como pelo Banco Central do Brasil, por meio de várias resoluções, tais operações se circunscrevem entre as empresas arrendatárias, que eram proprietárias, e os bancos de desenvolvimento, os bancos de investimento, as caixas econômicas e as sociedades de crédito imobiliário autorizadas pelo Sistema Financeiro da Habitação. Não é permitida relação negocial com pessoas jurídicas diferentes daquelas, como sociedades de arrendamento mercantil, muito menos com pessoas físicas.

Processa-se uma transferência do equipamento ou do imóvel. A entidade adquirente paga o valor do bem, deixando-o em poder do antigo proprietário, que se transmuda em arrendatário, do qual recebe valores periodicamente, em face da nova relação que se travou.

Há uma distinção do *leasing* propriamente dito, pois neste a relação é triangular: a locadora adquire o instrumento de terceira pessoa e o arrenda para outro interessado.

A vantagem ressalta, salienta José Wilson Nogueira de Queiroz, "porque a locatária alienante converterá parte do seu imobilizado em dinheiro, enfrentando a falta de liquidez, e não perdendo, todavia, a disposição do bem que permanece em seu poder e posse, passando a pagar aluguéis, com a possibilidade de usufruir dos benefícios fiscais com a dedução a título de despesas operativas, na forma permitida pelo art. 11 da Lei 6.099".[8]

Vê-se, pois, que o objetivo é munir a empresa de numerário para investir em outro ramo, ou no reaparelhamento de seu instrumentário, ou na edificação de novos compartimentos. Posteriormente, findo o prazo, terá a faculdade de renová-lo, ou recuperar a propriedade do bem pelo preço residual, isto é, descontado o conjunto das prestações pagas a título de locação.

A finalidade, portanto, é dar capacidade financeira à vendedora. Daí considerar-se o *leaseback* um financiamento obtido por meio da operação.

2.4 Arrendamento mercantil contratado com empresas integrantes do mesmo grupo financeiro

É o *self-lease*, isto é, o *leasing* consigo mesmo, ou formado entre empresas integrantes do mesmo grupo financeiro. Mantém-se no âmbito das empresas coligadas: uma arrenda ou loca à outra determinado bem, com opção de aquisição.

---

[7]   *Apontamentos sobre o contrato de* leasing, ob. cit., p. 23.

[8]   *Arrendamento mercantil* (leasing), ob. cit., p. 20.

Esclarece Celso Benjó: "O *self-leasing* é uma modalidade de *financial lease* e pode, basicamente, assumir duas formas: na primeira, as partes contratantes, *lesee and lessor*, estão vinculadas, isto é, possuem um elo que lhes permite ser classificadas ora como sociedade controladora e controlada, ou mesmo como sociedades coligadas. Na segunda, é o próprio fabricante que assume o papel de financiador e utiliza o *leasing* como método de financiamento". Distinguindo essa forma do *financial self*, diz que, "neste último, o fabricante, o financiador que utiliza o *leasing* em suas operações e o locatário são pessoas distintas. Já no primeiro, em uma de suas formas, há um vínculo intersocietário entre o financiador e o *lessee*; e, em outra, o próprio fabricante promove o *leasing* de seus produtos".[9]

Por sua vez, José Augusto Delgado, conceituando a modalidade como a operação realizada entre pessoas distintas, mas uma controlada por outra, com a finalidade de contornar a proibição de excesso de imobilização por parte dos grupos financeiros, apresenta as duas modalidades: "a) empresas de um mesmo grupo econômico assumem cada qual as funções de locador, locatário e vendedor (...); b) o próprio fabricante entrega a coisa em locação, o que se assemelha com o *leasing* industrial".[10]

As empresas coligadas ou interdependentes não são contempladas pela Lei 6.099/1974, de acordo com o seu art. 2.º, como favorecidas pelos benefícios fiscais. Estipula o dispositivo: "Não terá o tratamento previsto nesta Lei o arrendamento de bens contratado entre pessoas jurídicas direta ou indiretamente coligadas ou interdependentes, assim como o contratado com o próprio fabricante".

3 RESPONSABILIDADE POR ATO LESIVO DO ARRENDATÁRIO

Questão de suma importância diz respeito à responsabilidade civil quanto aos prejuízos causados a terceiros. A Súmula 492 do Supremo Tribunal Federal, de 1969, se equiparado o arrendamento mercantil à locação, praticamente encerra a discussão em torno do assunto: "A empresa locadora de veículos responde, civil e solidariamente com o locatário, pelos danos por este causados a terceiro, no uso do carro locado".

Cumpre que se proceda, no entanto, a maior desenvolvimento da matéria.

Trata-se de responsabilidade pelo fato de outrem, no caso, de quem usa ou aproveita o bem.

A responsabilidade, nessa hipótese, surge de acontecimento alheio, independente, na maioria das vezes, de culpa do arrendador, mas sem prescindir da culpa do titular da posse, autor do ato lesivo do direito.

O terceiro, autor da lesão, e o proprietário do bem, ou o empregador, ou o comitente, respondem solidariamente perante a vítima.

Razões de ordem objetiva fazem prevalecer a responsabilidade do proprietário do bem. Do contrário, a vítima fica bastante insegura ao acontecer o evento, diante do anonimato da culpa, problema cada vez mais acentuado, pois enormes são as dificuldades na apuração do fato. A garantia da segurança do patrimônio próprio, a tentativa de afastar as fraudes, a ameaça do não ressarcimento dos prejuízos sofridos e o frequente estado de insolvência do autor material do ato lesivo somam-se entre os argumentos a favor da responsabilidade civil do proprietário, toda vez que o terceiro, na utilização de um bem, ocasiona ilegalmente um

---

[9]   O *leasing* na sistemática jurídica nacional e internacional. *RT* 274/18.

[10]   A caracterização do *leasing* e seus efeitos jurídicos. *RF* 269/88.

prejuízo a alguém. O responsável pode ser estranho ao ato danoso, como quando não há nenhuma relação jurídica com o autor material.

No caso do *leasing*, a responsabilidade do arrendador é puramente objetiva. Como é sabido, o dever de ressarcir nem sempre se estriba na culpa do proprietário na entrega da coisa ao autor material. Sua atitude poderá estar revestida de todos os cuidados e cautelas aconselhados e impostos pela consciência. Viável que a permissão tenha recaído em pessoa prudente, habilitada e experiente na direção ou uso da coisa. Mesmo nessas circunstâncias, a segurança e a tranquilidade social reclamam a sua presença na reparação da lesão advinda com o uso da condução.

Nada há de culposo no fato de entregar o bem a pessoa naquelas condições. O costume e a prática revelam o quanto é comum, nos dias atuais, tal procedimento. Não convence a existência de culpa presumida, a não ser que se force um conceito igual, ou pelo menos parecido, à culpa indireta, que repousa sobre o autor do ato lesivo, e não sobre o responsável civilmente. A conclusão é que os princípios fundamentais reguladores da responsabilidade pelo fato de outrem são os mesmos que regem a responsabilidade indireta, sem culpa, do comitente, do empregador, do pai em relação aos filhos menores, com fundamento no risco. Tão certa é a responsabilidade do proprietário que se verifica, na clássica lição de José de Aguiar Dias, que, ainda "que o uso se faça à sua revelia, desde que se trate de pessoa a quem ele permitia o acesso ao carro ou ao local em que o guarda", deve ele responder pelos danos resultantes.[11]

Pouco importa a autorização para o uso a pessoa perita, ou plenamente capacitada, para qualquer utilização. Não se funda na culpa a responsabilidade. A norma do art. 929 do Código Civil resolve plenamente a questão: "Se a pessoa lesada, ou o dono da coisa, no caso do inciso II do art. 188, não forem culpados do perigo, assistir-lhes-á direito à indenização do prejuízo que sofreram".

Transparece o caráter objetivo da norma.

Conquanto o entendimento acima, uma inteligência contrária desponta no arrendamento mercantil desde tempos não recentes, no sentido da inexistência de responsabilidade solidária da arrendante.

As razões assentam-se no conceito de *leasing*, entendendo tratar-se de um contrato intermediário entre a compra e venda e a locação, exercendo função parecida com a da venda com reserva de domínio e com a alienação fiduciária. A exemplo de que se verifica com o *leasing*, também na alienação fiduciária a propriedade não se transfere de imediato ao possuidor direto.

"Por outro lado", segue Wilson Bussada, "e como é pacífico, não o é o domínio que enseja a responsabilidade civil, e, sim, a posse do veículo; mesmo porque, em termos de ato ilícito, o que tem relevo é a conduta do agente (CC, art. 159). Daí sequer se pode cogitar de responsabilidade solidária da empresa *lessor*, arrendante".[12] O artigo retrocitado equivale ao art. 186 do atual Código Civil.

Não se coaduna o entendimento acima com o *leasing*. O próprio art. 1.º da Lei 6.099/1974 expressa que o objeto do arrendamento é o bem adquirido de terceiro pela arrendadora, para fins de uso próprio da arrendatária.

---

[11] *Da responsabilidade civil*, ob. cit., v. 2, p. 29.

[12] *Responsabilidade civil interpretada pelos tribunais*. Rio de Janeiro: Liber Juris, 1984. p. 41-42.

Consequentemente, o bem pertence à arrendadora, que o empresta a um interessado, não se igualando, nessa parte, à figura da alienação fiduciária, em que o domínio é destacado da posse, senão transferido ao agente financeiro. A posse, entretanto, é do alienante. No *leasing*, o locatário ou arrendatário tem apenas o uso, tanto que se cogita, *v.g.*, de constrição judicial do bem, para garantia de obrigações contraídas perante terceiros, contrariamente ao que acontece com a alienação fiduciária. Nessa espécie, o pagamento das prestações, independentemente da opção no final do prazo de pagamento, consolida, de forma progressiva, o domínio em favor do detentor.

De outro lado, afirmar que o domínio não enseja a responsabilidade civil, o que é próprio da posse, ou da conduta do agente apenas, é desconhecer que, em muitas situações, justifica unicamente a indenização o mero fato em si, o que define a responsabilidade objetiva.

Embora nenhuma culpa ressalte da ação da empresa arrendante, é ela chamada a satisfazer os danos provocados pelo bem de sua propriedade. A noção de culpa é insuficiente para dar cobertura a todos os casos de danos, ou a teoria da culpa não consegue corresponder à ideia de uma responsabilidade sã e vigorosa.[13]

Alvino Lima, já em época antiga, ponderou: "Os problemas da responsabilidade são tão somente os da reparação de perdas. Os danos e a reparação não devem ser aferidos pela medida da culpabilidade, mas devem emergir do fato causador da lesão de um bem jurídico, a fim de se manterem incólumes a interesses em jogo, cujo desequilíbrio é manifesto se ficarmos dentro dos estreitos limites de uma responsabilidade subjetiva".[14]

A inserção de cláusula imputando a obrigação ao arrendatário pelos danos causados a terceiros pelo uso do bem circunscreve-se ao relacionamento dos contratantes, não atingindo terceiros, que não podem sofrer os efeitos das limitações estabelecidas, nem ver ameaçado o direito à reparação pelo dano suportado injustamente.

Mais incoerente o pensamento dos que excluem a solidariedade do arrendador se registrado o contrato no ofício de Registro de Títulos e Documentos, como outrora já quis defender a 2.ª Câmara Cível do Tribunal de Alçada do Paraná, na Ap. Cív. 13.986, de 13.10.1982, ao assentar, pelo voto do relator: "Cabe a denunciação à lide da arrendatária em contrato de *leasing* pela arrendadora. Para a arrendadora ser excluída da relação processual deve o contrato de *leasing* estar registrado no Registro de Títulos e Documentos, para que possa ser oponível *erga omnes*. Se carece de tal publicidade, a arrendante proprietária dos bens é civilmente responsável perante o terceiro pelos danos que a coisa objeto de *leasing* vier a ocasionar. Provada a culpa do preposto da denunciada à lide, a autora tem direito à indenização".[15]

A conclusão acima deriva de confusão entre a alienação fiduciária e o *leasing*, institutos cuja diferença mais se manifesta no curso do contrato, visto que, enquanto no primeiro a propriedade se vai transferindo ao alienante à medida que se efetua a satisfação das prestações, no último a aquisição ocorre apenas no final, desde que se faça valer a opção e venha a ser paga a quantia residual prevista. No decorrer do pacto, o detentor da coisa não passa de mero locatário, extinguindo-se qualquer vínculo obrigacional se não manifestada a preferência de compra. Tanto se expressa a consolidação do domínio na alienação fiduciária que na venda decorrente da busca e apreensão a quantia restante, depois de satisfeito o crédito da sociedade financeira, será entregue ao alienante fiduciário.

---

[13]   Marton, *Les fondaments de la responsabilité civile*, ob. cit., p. 151.

[14]   *Da culpa ao risco*, ob. cit., p. 101.

[15]   *RT* 572/200.

O registro no ofício de títulos e documentos visa precipuamente evitar a venda pelo alienante fiduciário a terceiros, com prejuízo ao credor e titular da posse indireta, o que induz admitir a lei a concentração de parte do domínio em nome da pessoa do alienante. No *leasing*, não se verificando, no curso do contrato, nenhuma relação de domínio em favor do locatário ou arrendatário, é totalmente irrelevante o registro, no ofício público citado, do documento.

Embora a posição defendida, no STJ domina a responsabilidade do arrendatário, sequer admitindo-se que o terceiro acione o arrendador:

"A arrendadora não é responsável pelos danos provocados pelo arrendatário. O *leasing* é operação financeira, na qual o bem, em regra objeto de promessa unilateral de venda futura, tem a sua posse transferida antecipadamente. A atividade, aliás, própria do mercado financeiro, não oferece potencial de risco capaz de por si acarretar a responsabilidade objetiva, ainda que a coisa arrendada seja automotor".[16]

"Tratando-se o arrendamento mercantil de contrato peculiar, de natureza mista, em que se mesclam a locação com a compra e venda do bem financiado, pertence à arrendatária, que detém a posse direta do bem, a legitimidade passiva para a ação movida pela vítima que foi agredida no trânsito. Precedentes."[17]

As penalidades por infrações de trânsito também recaem no arrendatário. Não cabe, como alguns órgãos cobradores já tentaram, exigir da arrendante os valores. O STJ orienta nesse sentido:

"A empresa arrendante e proprietária não tem responsabilidade pelas infrações de trânsito cometidas pelo arrendatário do veículo utilizado no transporte irregular de passageiros. Inteligência do art. 257, § 3.º, do CTB [Lei 9.503/1997]. Precedentes".[18]

"A empresa de *leasing* é parte ilegítima para figurar no polo passivo de demanda que tenha por objeto a cobrança de multa decorrente da utilização indevida do bem pelo arrendatário (possuidor direto da coisa), não se afigurando razoável exigir da arrendadora a fiscalização do uso do veículo arrendado (Precedentes do STJ: AgRg no Ag 909.245-SP, rel. Min. José Delgado, Primeira Turma, j. 18.03.2008, *DJ* 07.05.2008; e REsp 787429/SP, rel. Min. Francisco Falcão, Primeira Turma, j. 04.04.2006, *DJ* 04.05.2006)."[19]

Assim como o arrendatário deve responder pelo ressarcimento, assiste-lhe legitimidade para buscar a reparação dos danos, inclusive o valor da desvalorização do bem:

"Acidente de veículo objeto de contrato de arrendamento mercantil. Indenização. Cumulação de verba ressarcitória da desvalorização com parcelas do contrato. Enriquecimento ilícito. Inexistência.

Mesmo simples arrendatário mercantil de veículo danificado tem direito à verba ressarcitória da desvalorização, em razão do sinistro, sem se falar em enriquecimento ilícito. Isso porque, caso venha a adquirir o automóvel, ao final, vai recebê-lo com esse *minus*; se, ao contrário, não exercer a opção de compra, terá que pagar à empresa arrendadora pela desvalorização.

Recurso especial a que não se conhece".[20]

---

[16] STJ, 3.ª Turma, REsp 5.508/SP, rel. Min. Cláudio Santos, *DJ* 03.12.1990, *Revista do Superior Tribunal de Justiça* 22/186.

[17] STJ, AgInt no REsp 1.332.589/SP, 4.ª Turma, rel. Min. Marco Buzzi, j. 24.04.2018, *DJe* 02.05.2018.

[18] STJ, 2.ª Turma, REsp 1.095.329/SP, j. 10.02.2009, *DJU* 05.03.2009.

[19] STJ, 1.ª Turma, AgRg no REsp 967.461/SP, j. 02.04.2009, *DJ* 06.05.2009.

[20] STJ, 3.ª Turma, REsp 418.915/RJ, rel. Min. Castro Filho, j. 28.05.2002, *DJ* 24.06.2002.

"No julgamento do REsp 1114406/SP representativo de controvérsia, a 1.ª Seção desta Corte assentou que o arrendatário se equipara ao proprietário enquanto em vigor o contrato de arrendamento para fins de responsabilidade quanto às despesas relativas à remoção, guarda e conservação de veículo apreendido. Seguindo essa mesma linha de raciocínio, tem-se que o arrendatário possui legitimidade ativa para figurar em demanda envolvendo o bem arrendado, conforme já decidiu esta Corte em casos semelhantes ao presente."[21]

4 RESPONSABILIDADE DA SOCIEDADE ARRENDANTE POR FATO DE TERCEIRO SEM CULPA DO ARRENDATÁRIO

Em princípio, o provocador direto responde pelos danos causados a terceiros e, na hipótese em estudo, solidariamente com o proprietário. Mesmo na circunstância de afigurar-se, no desencadeamento dos fatos, culpa de terceira pessoa, forçando o locatário a atingir outro bem ou veículo, ou, ainda, um ser humano, há a referida solidariedade.

A culpa de terceiro não libera o autor direto de dano do dever jurídico de indenizar. Na sistemática do direito brasileiro, art. 929 da lei civil, concede-se a ação regressiva em favor do autor para haver a importância despendida no ressarcimento ao dono da coisa. Quem põe um veículo automotor em circulação, coloca uma máquina em funcionamento, assume a responsabilidade pelos danos emergentes de seu uso.

É ao proprietário, obviamente, que cumpre descobrir o terceiro causador do dano, não só para haver a reparação do prejuízo que sofreu, como, ainda, para o exercício da ação regressiva. Segundo Aguiar Dias, a culpa de terceiro emerge como matéria controvertida no direito. Alguns chegam ao extremo de que ela é fator de excludente da responsabilidade. Outra corrente, ainda, endossa pensamento semelhante: só afasta a indenização a prova de se encontrar totalmente eliminada a relação de causalidade. Contudo, lembra Aguiar Dias, "os códigos filiados ao sistema francês não mencionam especialmente o fato de terceiro. Nosso Código também não o faz, limitando-se à clássica referência ao caso fortuito ou de força maior. Pelo contrário, o que nele encontramos é precisamente um sinal adverso ao reconhecimento amplo dos efeitos do fato de terceiro sobre a responsabilidade, no art. 1.520, onde se consagra tão somente a ação regressiva contra ele, e que supõe, logicamente, a responsabilidade, ou melhor, a obrigação de reparar, por parte do sujeito desse direito regressivo".[22] Recorda-se que o apontado art. 1.520 corresponde ao art. 930 do atual Código Civil.

Em suma, o autor direto e, por via de consequência, o locador assumem a reparação, podendo buscar a reposição da soma gasta junto ao terceiro culpado que, com seu procedimento, originou uma manobra determinante do evento lesivo.

Daí que figurarão no polo passivo da relação processual desencadeada o detentor da coisa e o proprietário, ambos numa posição de solidariedade necessária. Faculta-se-lhes denunciar o terceiro na ação e, após, voltarem-se contra ele.

---

[21]   STJ, AgInt no AREsp 1.360.138/RS, 4.ª Turma, rel. Min. Luis Felipe Salomão, j. 12.02.2019, *DJe* 19.02.2019.

[22]   *Da responsabilidade civil*, ob. cit., v. 2, p. 251.

Capítulo XI

Responsabilidade Civil e Acidentes de Trânsito ocorridos em Países do Mercosul

1 O PROTOCOLO DE SAN LUIS

O processo de globalização verificado mundialmente teve forte influência na criação do Mercado Comum do Sul (Mercosul), auspiciado na meta primordial da integração da América Latina, processo que vem se desenvolvendo há longo tempo, e que começou a se concretizar a partir do já distante ano de 1980, com o Tratado de Montevidéu. Inspirado o Mercosul no protótipo do Mercado Comum Europeu, adquiriu forma e foi se firmando com o Tratado de Assunção, realizado em março de 1991, assinado pelo Brasil, Argentina, Uruguai e Paraguai, já visando avanços em áreas da legislação, em pontos de atuação comum. Representou o lançamento de ideias da institucionalização de um sistema jurídico ou de um direito comunitário supranacional, visando, quem sabe, a formação de uma nova ordem jurídica comum a vários países, integrando os Estados que formam o Mercosul. Várias outras reuniões se desenvolveram, como aquelas que resultaram no Protocolo de Ouro Preto, realizada em Minas Gerais, e no Protocolo de Brasília – Soluções de Controvérsias.

Dá Antônio Carlos Viana Santos as origens do Mercosul: "O Mercosul, que deita raízes históricas na necessidade de integração econômica e de comércio internacional, a partir de um eixo simbiótico entre o Brasil e a Argentina, evoluiu para um passo mais ambicioso de formação de um mercado comum do sul, ao qual na origem também se integraram o Paraguai e o Uruguai, cujo crescimento e ampliação vêm obedecendo ao passo da cautela e da ponderação...".[1]

A partir de 2012 e de 2015, respectivamente a Venezuela e a Bolívia passaram a fazer parte do Mercosul, por meio de adesão.

Relativamente à dimensão de uma ordem institucional, teve importância concreta o Protocolo San Luis, firmado e assinado na localidade de Potreros de Los Funes, província de San Luis da República da Argentina, em 25 de junho de 1996. Representou a abertura para a instituição de uma nova ordem jurídica no Mercosul, porquanto, além de envolver vários aspectos econômicos, como a formação de uma área de livre-comércio entre as partes contratantes, abriu perspectivas para aspectos legais e jurisdicionais. Na verdade, significou a primeira medida objetiva e palpável, posto que, antes, as reuniões e conclaves não passavam de dissertações sobre um direito supranacional, ou sobre o processo de mundialização da

---

[1] Estado nacional e jurisdição supranacional. *Revista da Escola Paulista da Magistratura*, ano 1, n. 2, p. 134.

economia e dos meios de produção, sobre franquias alfandegárias, com exposições de concessões mútuas que deveriam as nações fazer, para permitir uma igualização no tratamento sobretudo comercial.

Ocorre que foi esse conclave de nações americanas que conduziu à assinatura do chamado Protocolo de San Luis sobre Matéria de Responsabilidade Civil Emergente de Acidentes de Trânsito entre os Estados-Partes do Mercosul. De acordo com cláusulas insertas, entraria em vigor o Protocolo 30 dias depois da ratificação, o que se deu, no Brasil, mediante a aprovação pelo Senado Federal, em 12 de setembro de 1996.

Dito tratado foi promulgado, no Brasil, pelo Decreto 3.856, de 03.07.2001.

Pela primeira vez foi tratada matéria envolvendo a responsabilidade civil, por acidentes de trânsito que possam ocorrer em países que integram o Mercosul. Dois os pontos principais: os acidentes em que se envolvem pessoas de um mesmo país e acidentes nos quais os protagonistas ou atingidos são de países distintos.

Restringe-se o Protocolo unicamente a matéria civil, sem qualquer envolvimento com os delitos de trânsito, cujo processamento obedece à legislação do país onde os fatos ocorreram. Com efeito, reza o art. 1.º do Protocolo: "O presente protocolo estabelece o direito aplicável e a jurisdição internacionalmente competente em casos de responsabilidade civil emergente de acidentes de trânsito ocorridos no território de um Estado-Parte, nos quais participem, ou dos quais resultem atingidas, pessoas domiciliadas em outro Estado-Parte".

Não é mencionada a *responsabilidade penal*.

Esta a matéria a ser discutida. Qual a lei aplicável e onde correrá o respectivo processo? São os pontos primordiais por revelarem maior interesse prático.

2 FORÇA OBRIGATÓRIA DOS TRATADOS E CONVENÇÕES INTERNACIONAIS

Desde o momento em que a Constituição Federal, no art. 84, VIII, atribui ao Presidente da República "celebrar tratados, convenções e atos internacionais, sujeitos a referendo do Congresso Nacional", é incontornável que empresta força obrigatória a tais tratados, protocolos ou convenções. Uma vez aprovados, adquirem *status* de lei interna, ou incorporam-se à legislação do país, e inclusive estão acima das leis internas, eis que dotados de personalidade jurídica de direito internacional. Vale transcrever a lição do magistrado paulista Rui Stoco, sobre o assunto.

"As convenções e tratados devem ser considerados leis internas. Não se pode aplicar a lei do país quando existe tratado ou convenção aceita e homologada por disposição legal interna, que a incorpora ao acervo legislativo pátrio de forma cogente e *erga omnes*.

Uma vez editado tratado internacional, aprovado pelo Brasil, passa a fazer parte integrante do direito interno e sobrepõe-se às normas ordinárias aqui editadas.

Apenas a Constituição Federal prevalece e exerce supremacia sobre ele.

Segundo a lição do Ministro Francisco Rezek, somente há prevalência do tratado quando o conflito diz respeito a lei editada pelo Congresso Nacional (*Direito dos tratados*, Forense, Rio, 1984).

E mais: o tratado não se revoga com a edição de lei que contrarie norma nele contida. Isso porque a lei superveniente, de caráter geral, não afeta as disposições especiais naquele contidas (STJ, *RSTJ* 83/175).

Como observaram Ronald D. Rotunda, John E. Nowak e Nelson Yong, 'os tratados internacionais tornam-se a suprema lei da terra, prevalecendo sobre as leis nacionais, não entrando na órbita de consideração do poder jurisdicional' (*Treatise on constitucional law, substance and procedure*, St. Paul, 2.ª reimpr., 1987, v. I, p. 385)".[2]

O Des. paulista Antônio Carlos Viana Santos chega a ponto de afirmar que os tratados internacionais não podem ser contestados pela justiça interna: "O poder de fazer tratados pertence à União, portanto, ao Presidente, não estando sujeitos às limitações constitucionais nem mesmo aos direitos reservados aos Estados-membros. Basta que o Presidente obedeça às formalidades legais impostas e à ratificação pelo Senado".[3]

Embora não se vá a tanto, o certo é a encampação pela lei interna dos tratados e protocolos celebrados com outros países, desde que manifestado o referendo do Congresso Nacional. Todavia, mesmo que se opere a dita inclusão na lei interna, não se aplicam os dispositivos que afrontam a Constituição Federal, como, aliás, acontece com qualquer lei comum que se encontra em vigor. Todavia, em face de outros diplomas, fica evidente que a aceitação pelo Congresso Nacional lhe dá relevância perante outros diplomas.

3 A LEI APLICÁVEL NOS ACIDENTES DE TRÂNSITO OCORRIDOS NOS PAÍSES QUE INTEGRAM O MERCOSUL

Em matéria de responsabilidade, procura-se ver qual lei se aplica em acidentes que acontecem nos países do Mercosul.

Duas as hipóteses previstas no art. 3.º: a) quando são envolvidas pessoas de diferentes países, aplicando-se o direito interno do país em cujo território ocorreu o acidente; b) quando são envolvidas pessoas de um mesmo país, mas diferente daquele em que ocorreu o acidente, aplicando-se, então, o direito interno deste país.

Eis o texto do art. 3.º do Protocolo San Luis, que dita as soluções:

"A responsabilidade civil por acidentes de trânsito será regida pelo direito interno do Estado Parte em cujo território ocorreu o acidente.

Se no acidente participarem ou resultarem atingidas unicamente pessoas domiciliadas em outro Estado-Parte, o mesmo será regido pelo direito interno *deste último*" (grifo nosso).

Nota-se que, em princípio, prepondera o consagrado critério da territorialidade, com o que se observa o princípio universal de respeito à autonomia das nações. Aplica-se o direito do território do Estado onde ocorreu o fato. Incumbe às partes envolvidas a obediência ao sistema legal vigente no país do acontecimento. De modo que se sujeitam os envolvidos à lei local. Isso se uma das partes é do país da ocorrência, ou se ambas pertencem a nações diferentes. Nada de novo ou diferente consta introduzido, no que está de acordo com a lei brasileira, conforme estatui o art. 9.º da Lei de Introdução às Normas do Direito Brasileiro: "Para qualificar e reger as obrigações, aplicar-se-á a lei do país em que se constituírem".

A novidade está na segunda parte do cânone acima: se os envolvidos são de um mesmo Estado-Parte diferente daquele onde ocorreu o acidente, incide a legislação do país de onde são originárias as pessoas. Nessa hipótese, permite-se que procurem a solução judicial em consonância com o direito de sua proveniência. Exemplificando: se dois brasileiros se envolvem num acidente no Paraguai, permite-se que qualquer deles procure a justiça competente do Brasil. De igual modo, se aqui se dá o evento entre dois paraguaios, admissível que solucionem a questão no Paraguai.

---

[2] Protocolo de San Luis – Responsabilidade civil decorrente de acidentes de trânsito ocorridos nos países integrantes do Mercosul. *Tribuna da Magistratura – Cadernos de Doutrina*, p. 199, ago. 1997.

[3] Estado nacional e jurisdição supranacional, ob. cit., p. 2.

Entretanto, as regras de circulação que se aferirão para determinar a responsabilidade são as do país onde se deu o acidente, por força do art. 5.º do Protocolo: "Qualquer que seja o direito aplicável à responsabilidade, levar-se-ão em conta as regras de circulação e segurança em vigor no lugar e no momento do acidente".

Transparece uma aparente contradição entre a segunda parte do art. 3.º e conteúdo do art. 5.º, estatuindo o primeiro dispositivo a incidência do direito do mesmo país de onde os envolvidos são provenientes, e o segundo ordenando que se aplicam as regras de circulação em vigor do lugar do acidente. Fica evidente a distinção entre o direito e as regras de circulação. Quanto ao direito, há a indicação do art. 6.º quanto ao que consiste:

"O direito aplicável à responsabilidade civil, conforme os artigos 3.º e 4.º, dentre outros aspectos, terminará especialmente:

a) as condições e a extensão da responsabilidade;

b) as causas de isenção, assim como toda delimitação de responsabilidade;

c) a existência e a natureza dos danos suscetíveis de reparação;

d) as modalidades e extensão da reparação;

e) a responsabilização do proprietário do veículo, por atos ou fatos de seus dependentes, subordinados ou qualquer outro usuário a título legítimo;

f) a prescrição e a caducidade".

Assim, no pertinente à responsabilidade civil, à dimensão indenizatória, à legitimação ativa e passiva, segue-se o direito do país das partes.

Relativamente às regras de circulação, como também se verá no item seguinte, há de ater-se à legislação local, que pode diferir da existente no país dos envolvidos. É possível que certa manobra ensejadora do acidente, autorizada pela país de origem, seja proibida no país do lugar do acidente com danos.

4 DOMICÍLIO E COMPETÊNCIA PARA A AÇÃO DE RESPONSABILIDADE CIVIL

Há uma obrigatoriedade e não faculdade de ingresso judicial no país de origem dos envolvidos, se atingidas pessoas de país diferente daquele onde ocorre o fato. Ressalta-se a obrigatoriedade porque não consta na segunda parte do art. 3.º uma viabilidade, mas incisivamente é estabelecido que "o mesmo se regulará pelo direito interno deste último".

De sorte que o domicílio não pode ser no Estado-Parte do fato. Necessária a compreensão de domicílio segundo o Protocolo, em seu art. 2.º, que define o domicílio da pessoa física e da pessoa jurídica.

Tratando-se de pessoa física, estabelece-se o domicílio na seguinte ordem: 1.º pela residência habitual; 2.º pelo centro principal dos seus negócios; 3.º pelo lugar onde o acidentado tiver simples residência.

Cuidando-se de pessoa jurídica: 1.º a sede principal da administração; 2.º o local onde funcionem as sucursais, estabelecimentos, agências ou qualquer outra espécie de representação.

Merece destaque que a simples residência da pessoa natural basta para determinar a eleição do juízo. Não, porém, se a residência revela-se esporádica, ou por temporadas, mais para o veraneio. Não cabe, aí, a pessoa eleger, *v.g.*, o juízo do local do fato, em detrimento daquele da residência do outro envolvido.

No âmbito geral, não discrepou da lei brasileira na fixação do domicílio acima. No tocante à pessoa natural, estatui o art. 70 do Código Civil: "O domicílio da pessoa natural é o lugar onde ela estabelece a sua residência com ânimo definitivo". Tendo a pessoa natural "diversas residências, onde, alternadamente, viva, considerar-se-á domicílio seu qualquer delas" (art. 71 do Código Civil). Já referentemente à pessoa jurídica, no que interessa, o domicílio é "o lugar onde funcionarem as respectivas diretorias e administrações, ou onde elegerem domicílio especial no seu estatuto ou atos constitutivos" (art. 75, IV, do Código Civil).

De modo que, para os casos de ações que tramitarem no Estado-Parte onde se deu o fato, levar-se-ão em conta as regras do art. 2.º acima para fixar o domicílio e para, a partir daí, chegar-se à competência.

Se dois brasileiros colidirem seus veículos num dos países que integram o Mercosul, residindo ambos no Brasil, devendo sujeitar-se à lei brasileira, estabelecerão, para o ingresso da ação, a competência prevista no Código de Processo Civil, art. 53, V, com exceção ao que diz com o foro do local do fato.

Por conseguinte, leva-se a aplicar a legislação do país do qual os atingidos procedem.

Todavia, mais para os casos dos países que seguem o princípio da territorialidade, ou seja, em que os agentes não pertencem a um mesmo país externo, vigoram leis definidoras da competência que não ofendem os princípios básicos do respectivo direito nacional. Apresenta o art. 7.º as alternativas oferecidas, quanto ao local do ajuizamento da lide: "Para exercer as ações compreendidas neste Protocolo serão competentes, à eleição do autor, os Tribunais do Estado-Parte: a) onde ocorreu o acidente; b) do domicílio do demandado; e c) do domicílio do demandante".

Ressalta-se a aplicação do dispositivo para as pessoas não oriundas do mesmo país, e para as oriundas é prevalente a regra da segunda parte do art. 3.º.

Este, ao que se vê, o entendimento da jurisprudência do TJRS, que já apreciou alguns casos: "Jurisdição internacional concorrente da autoridade judicial brasileira: insere-se na esfera da jurisdição internacional concorrente da autoridade judicial brasileira a ação condenatória por danos decorrentes de abalroamento ocorrido no território da República Oriental do Uruguai, na qual litigam nacionais brasileiros com domicílio no Brasil (autores) e nacional brasileiro com domicílio no Brasil (réu). Irrelevância do local do ilícito extracontratual em causa para fins de identificação da jurisdição para a causa. Jurisdição internacional concorrente do Brasil fundada tanto no domicílio do réu quanto no domicílio dos autores".[4]

Se os danos não se limitarem à pessoa e ao patrimônio dos atingidos nacionais de outro país, mas abrangerem coisas alheias aos veículos, não prevalece, quanto aos danos de tais coisas, a transferência da competência para o país da procedência. Na justiça local, resolver-se-á a responsabilidade no concernente a esses danos. Em tal rumo conduz o art. 4.º do Protocolo: "A responsabilidade civil por danos sofridos nas coisas alheias aos veículos acidentados como consequência do acidente de trânsito, será regida pelo direito interno do Estado-Parte no qual se produziu o fato". É natural processar-se o pedido de indenização no país que sofreu os danos, seja pelo lado de pessoas físicas, seja pelo de pessoas jurídicas, tanto privadas como públicas, como no caso de danos surgidos a terceiros, a imóveis laterais da pista, a muros, a *guard rails*, a suportes de redes elétricas ou de telefonia etc. Impossível impor a segunda parte da regra do art. 3.º.

Questão mais delicada prende-se à antijuridicidade da ação, que assim pode considerar-se no país de domicílio dos atingidos, e não naquele da ocorrência do fato. Por outras palavras,

---

[4] TJRS, 12.ª Câm. Cív., Ap. Cív. 70081431199, rel. Umberto Guaspari Sudbrack, j. 24.10.2019, publ. em 28.10.2019.

indaga-se qual direito vigora, isto é, se o do domicílio dos atingidos pelo acidente, ou o daquele do país onde aconteceu o acidente.

Ocorre que um acidente pode derivar de, no país do fato, *v.g.*, vigorarem regras de ultrapassagem diferentes daquelas de onde são provenientes as pessoas causadoras do acidente. Por conseguinte, era obrigado o condutor a seguir as regras do local onde se encontrava, as quais não se revelam coincidentes com as do país-domicílio dos atingidos pelo evento. No art. 5.º do Protocolo San Luis, como visto, consta que, para oportunizar a responsabilidade civil, "qualquer que seja o direito aplicável à responsabilidade, levar-se-ão em conta as regras de circulação e segurança em vigor no lugar e no momento do acidente". Por outras palavras, há que se averiguar se o causador do acidente violou as regras de circulação e segurança em vigor no país onde se deu o fato.

Num exemplo simples, não está fora de cogitação que em determinado país do Mercosul somente se permita a ultrapassagem pelo lado direito, diversamente do que domina no Brasil. Verificado o acidente em virtude dessa regra, parece que não poderá o lesado merecer a indenização pela lei brasileira, porque dispõe ela o contrário. Acontece que, enquanto no exterior, era obrigado a acatar a legislação que lá vigorava.

Mesmo assim, há que se analisar se efetivamente não houve outra causa eficiente do acidente, quando então ingressa outro elemento determinante da culpa, como excesso de velocidade ou omissão de cautelas comuns que devem ser observadas na condução do veículo.

Verifica, quanto a isso, Rui Stoco: "Ainda que o agente tenha respeitado e não infringido as regras de trânsito e segurança do local do fato, poderá eventualmente ser responsabilizado segundo a legislação vigente no seu país de origem, como, ainda assim, se possa inferir culpa no seu comportamento ativo ou omissivo ou mesmo se a hipótese for de responsabilidade objetiva em razão da particular condição do sujeito passivo da ação (Poder Público, concessionárias de serviço público, patrão em relação ao empregado em outras hipóteses)".[5]

5 RESTITUIÇÃO DOS VEÍCULOS ACIDENTADOS

Assumiram os Estados-Partes o compromisso de devolverem os veículos atingidos em acidentes dentro de seus territórios. Tal regra consta inserta no art. 8.º: "Os veículos automotores matriculados em um Estado-Parte e sinistrados em outro deverão ser oportunamente devolvidos ao Estado de seu registro, de conformidade com a lei do lugar onde ocorreu o sinistro. No caso de sua destruição total, à parte interessada ficará facultado dispor do veículo sem outros encargos que não a satisfação das exigências de ordem fiscal. O disposto neste artigo não obstará a adoção das medidas acauteladoras cabíveis".

Firma-se, no dispositivo, a obrigação da devolução, devendo entender-se, porém, que tal se dará se não atingido o patrimônio próprio do país nem restar vulnerada a legislação interna. Parece natural que, verificadas ofensas às pessoas dos litigantes e ao patrimônio público, não cabe o atendimento literal da regra acima. Unicamente depois de levados a efeito os competentes registros e inquéritos internos é que se produzirá a restituição, e desde que a legislação não disponha o contrário.

---

[5] Protocolo de San Luis – Responsabilidade civil decorrente de acidentes de trânsito ocorridos nos países integrantes do Mercosul, ob. cit., p. 202.

PARTE II

A CULPA NO CÓDIGO DE TRÂNSITO BRASILEIRO

Capítulo XII
Condutas exigidas pelo Código de Trânsito Brasileiro

1 A PREVISÃO DE CONDUTAS PELO CÓDIGO DE TRÂNSITO BRASILEIRO

O Código de Trânsito Brasileiro, introduzido pela Lei 9.503, de 23.09.1997, descreve um vasto rol de condutas que pode levar à responsabilização se ocorrerem danos. A desobediência de determinadas regras já revela a culpa e implica responsabilidade.

O Capítulo III, tratando de normas gerais de circulação e conduta, assinala para obrigações não apenas na direção do veículo, mas também nas condições do motorista e do próprio veículo. Ao longo dos dispositivos, preceitua normas para os condutores e os pedestres; para a circulação de veículos de carga ou de passeio; sobre os limites de velocidade, sobre a segurança dos veículos, sobre a ultrapassagem e vários outros assuntos. Uma vez desobedecidas as regras, e resultando danos, acarretam necessariamente a responsabilidade.

Passa-se, pois, a identificar as regras mais comuns sobre a condução, e unicamente as que mais podem causar danos determinantes da responsabilidade.

2 OBSERVÂNCIA DAS BOAS CONDIÇÕES DO VEÍCULO

A exigência aparece no art. 27: "Antes de colocar o veículo em circulação nas vias públicas, o condutor deverá verificar a existência e as boas condições de funcionamento dos equipamentos de uso obrigatório, bem como assegurar-se da existência de combustível suficiente para chegar ao local de destino".

É dever do condutor assegurar o bom estado de conservação do seu veículo, para que possa circular com total segurança, principalmente no que diz respeito à existência e ao perfeito funcionamento dos equipamentos obrigatórios, o que muito influirá para que a circulação ocorra sem riscos. É certo que a deficiência de elementos do veículo, como dos freios e da iluminação, conduz a situações de perigo, repercutindo no trânsito em geral.

Citam-se como equipamentos obrigatórios o cinto de segurança, o encosto da cabeça, o triângulo luminoso, os espelhos retrovisores, os faróis e os componentes externos de sinalização (pisca-pisca, luz de freio, luz indicadora da marcha a ré), o extintor de incêndio, a roda sobressalente, além de outros componentes.

Por isso, temos no art. 27 uma norma cogente, impondo um dever ao condutor de sempre verificar se o veículo possui plenas condições de circulação. Inclusive quanto ao cinto de segurança, podendo arcar com a responsabilidade na falta de uso. Realmente, é do condutor a responsabilidade caso os demais ocupantes não o estejam usando, cabendo-lhe, por isso, verificar e exigir que todos os que estiverem no veículo já o tenham colocado antes de dar a partida.

3 DOMÍNIO DO VEÍCULO E CONDIÇÕES PESSOAIS DURANTE A CONDUÇÃO

Reza o art. 28: "O condutor deverá, a todo momento, ter domínio de seu veículo, dirigindo-o com atenção e cuidados indispensáveis à segurança do trânsito".

O condutor é responsável pelo seu veículo e por tudo o que possa resultar de sua conduta ao dirigir. Assim, deve dirigir atentamente, conscientizando-se de todas as precauções possíveis a fim de evitar acidentes e não obstruir o trânsito. Exercer o domínio ou o controle sobre o veículo significa um ato de vontade, ou a extensão do querer. Nesse sentido a previsão do art. 28, de que o condutor deve sempre dirigir com atenção e ter o total domínio de seu veículo.

Qualquer decorrência resultante do uso do veículo é atribuída ao seu condutor. Por isso, incumbe-lhe manter o domínio completo do veículo, que circulará segundo a sua vontade exclusiva. Para que isso ocorra, deverá encontrar-se sóbrio e consciente, isto é, não embriagado ou sob o efeito de substância tóxica; evitará distrações, como olhar para pessoas que andam pelas calçadas, conversar com acompanhantes no veículo, ler cartazes expostos pela via, fumar ao dirigir, falar ao telefone celular. Quanto a fumar enquanto estiver dirigindo, constitui a infração prevista no art. 252, V (direção com apenas uma das mãos), eis que por inúmeras vezes o motorista terá de dirigir com apenas uma das mãos. Falar ao telefone celular caracteriza a infração do inc. VI do art. 252 (utilização de fones nos ouvidos conectados a aparelhagem sonora ou de telefone celular). Enfim, não desviará sua atenção para que não perca o domínio sobre a direção. Outrossim, tomará cuidados para a segurança do trânsito, como circular na sua mão de direção, parar quando cruzar por vias preferenciais, acionar o sinal indicativo quando for parar ou passar para outra via etc.

O descumprimento da obrigação pode importar em infração prevista no art. 230, XII, posto que está proibido o aparelho, além da infração do art. 169, porquanto, fatalmente, fica o motorista sem atenção ou dirige sem os cuidados indispensáveis à segurança.

Salienta-se que, entre os cuidados indispensáveis exigidos do motorista, inclui-se o seu próprio estado físico. Além de ajustar o seu cinto de segurança e verificar o de todos os ocupantes do veículo, certificar-se da existência e do bom funcionamento dos equipamentos de uso obrigatório e dominar o veículo, cumpre que tenha a certeza de que possui condições físicas para dirigir com total segurança.

Nesse sentido, impõe-se ao condutor evitar dirigir sabendo que não poderá fazê-lo com segurança, ou seja, sabendo que, pelo seu estado físico, é possível advirem problemas e dificuldades para controlar o veículo durante a direção, como nos casos em que a pessoa é portadora de alguma doença que diminua os seus reflexos, quando não estiver enxergando bem, quando sentir transtornos, tonturas, dor de cabeça, ou contrair uma forte gripe e até mesmo um simples resfriado, pois um mero espirro pode lhe desviar a atenção por breves instantes, proporcionando algum acidente, já que nesse momento o condutor não estará dirigindo com toda a atenção necessária.

Com isso, vê-se que tanto o condutor como o veículo devem estar em bom estado para imprimir segurança ao trânsito, ou seja, o condutor, com domínio sobre o veículo e em perfeitas condições físicas; o veículo, com o bom funcionamento dos equipamentos de uso obrigatório, além, é claro, da suficiência de combustível necessário para o trajeto que se pretende percorrer. Essas precauções são de extrema importância, pois, como antes referido, o motorista é responsável por tudo o que possa advir de sua condução.

4 IMPOSIÇÕES NA CIRCULAÇÃO DE VEÍCULOS

Há normas que regulam a circulação dos veículos para que ela ocorra de maneira ordeira e de modo a que todos possam transitar com segurança. Basta imaginar o caos que resultaria do trânsito se não houvesse regras a serem seguidas durante o trajeto, onde ninguém se entenderia, cada um defendendo estar com a razão e a primazia ao dirigir. Daí a importância de haver normas que regulem minuciosa e rigorosamente a circulação, ordenando a forma como os motoristas devem se portar ao dirigir e quem terá a preferência de passagem. A respeito, dispõe o art. 29: "O trânsito de veículos nas vias terrestres abertas à circulação obedecerá às seguintes normas".

Descrevem-se, em seguida, as condutas impostas:

a) Circulação pelo lado direito da via

"I – a circulação far-se-á pelo lado direito da via, admitindo-se as exceções devidamente sinalizadas."

Inicialmente, preceitua-se que o veículo deve sempre circular pelo lado direito da via (inc. I). Com a circulação predominantemente pelo lado direito, permite-se que na mesma via possam trafegar veículos que se dirigem a sentidos opostos sem nenhum problema, pois, no rumo em que se segue o veículo, a circulação estende-se sempre pelo lado direito.

Para essa regra há exceções, que aparecerão indicadas pela devida sinalização. Casuisticamente, cita-se o exemplo do deslocamento do veículo para a esquerda da via quando da realização de uma ultrapassagem, permitida em local apropriado e se constarem nas vias de sentido único várias faixas de circulação. Basta haver a sinalização para determinar a obediência e o cumprimento por todos, sem possibilidades de escusas para o desatendimento.

b) Distância a ser mantida entre os veículos

"II – o condutor deverá guardar distância de segurança lateral e frontal entre o seu e os demais veículos, bem como em relação ao bordo da pista, considerando-se, no momento, a velocidade e as condições do local, da circulação, do veículo e as condições climáticas."

Exige-se do condutor do veículo que, ao dirigir, mantenha uma distância adequada dos demais veículos e do bordo da pista. Ordena a norma que se mantenha uma distância de segurança lateral e frontal do veículo que transita na frente e também do bordo da pista, além de considerar os fatores velocidade e condições do local, da circulação, do veículo e o clima.

É preceito que deve ser sempre observado pelos motoristas, até porque também a desobediência caracteriza uma infração grave, punida com multa (art. 192). Mantendo uma regular distância, o condutor terá um domínio maior de seu veículo, controlando-o quando aquele que segue na sua frente diminui a velocidade ou para abruptamente, ou quando fizer uma manobra brusca para a lateral, ao desviar de um objeto ou buraco existente na pista. Sobre a colisão por trás, é preciso salientar que, em geral, a presunção da culpa é sempre daquele que bate na traseira de outro veículo. Daí a importância de que, na condução de veículo, se verifique a observância de distância suficiente para possibilitar qualquer manobra rápida e brusca, imposta por súbita freada do carro que segue à frente. A não ser que fato extraordinário ocorra, a responsabilidade é do que colide atrás. Há presunção relativa contra aquele que bate, a ele cabendo fazer a prova da ocorrência de fato extraordinário. Ou seja, a culpa fica afastada quando, por exemplo, se comprova que o veículo da frente estaciona de forma inopinada, sem motivo justificável e sem a utilização de sinais acautelatórios, ou freia repentinamente (o que é vedado pelo art. 42). De qualquer forma, haverá maior segurança se o condutor guardar uma distância capaz de lhe dar condições de controlar o veículo.

Quanto ao veículo, é evidente que aquele que não estiver com seus componentes funcionando perfeitamente, principalmente os freios, deverá manter uma distância de segurança maior do que aquele que possuir excelente manutenção.

Em termos mais exatos, aconselha-se manter uma distância mínima de dez metros, podendo chegar a até cinquenta metros para quando for desenvolvida velocidade elevada, o que será examinado com mais profundidade nos comentários ao art. 192.

c) Preferência em cruzamento nos locais não sinalizados

"III – quando veículos, transitando por fluxos que se cruzem, se aproximarem de local não sinalizado, terá preferência de passagem:

a) no caso de apenas um fluxo ser proveniente de rodovia, aquele que estiver circulando por ela;

b) no caso de rotatória, aquele que estiver circulando por ela;

c) nos demais casos, o que vier pela direita do condutor."

No inc. III e alíneas, estabelece o Código o direito de preferência nos cruzamentos de veículos em locais não sinalizados, como forma de evitar que, devido à falta de sinalização, ocorram acidentes em virtude da dúvida que surgiria aos motoristas quanto a quem caberia a preferência.

Inicialmente, prevê-se que, quando apenas um fluxo for proveniente de rodovia, terá preferência de passagem aquele veículo que por ela estiver circulando (alínea *a*). Isso ocorre pelo fato de os veículos desenvolverem nas rodovias uma velocidade maior, e de nelas ocorrer um fluxo superior ao das outras vias. Entretanto, não é possível emprestar total prioridade a quem demanda na rodovia, mormente em pistas de grande trânsito e de ampla visibilidade. Sempre se exige, nos cruzamentos, uma moderação da velocidade, com observação do movimento nas demais vias. Assim, há a preferência daquele que trafegar pela rodovia, mas isso não significa que esteja ele eximido de diminuir a velocidade e proceder com cautela ao passar por cruzamentos.

Quando mais de um veículo atingir uma rotatória, vindos todos de sentidos opostos, dispõe-se que terá preferência aquele que estiver circulando por ela (alínea *b*), ou seja, terá primazia de passagem o veículo que primeiro adentrar na rotatória. Obviamente que, nesse caso, todo condutor, ao se aproximar da rótula, deverá parar antes de nela ingressar, certificando-se de que não há nenhum outro por ela circulando, pois é fato muito comum dois ou mais carros ingressarem na travessia pela rotatória ao mesmo tempo, vindo a ocasionar acidentes. A forma de evitar que isso ocorra, como já referido, é a precaução que o motorista sempre deve ter ao atingir esses cruzamentos.

Para os demais casos, ou seja, quando não for apenas uma rodovia ou uma rotatória, o preceito é o assegurar-se a preferência de passagem para o veículo que vier pela direita do condutor (alínea *c*). Adotou-se esse critério por ser de mais fácil percepção para os motoristas e mais seguro do que o usado antigamente, que firmava a preferência para o veículo que já iniciara o cruzamento, ou que se encontrava ultimando a travessia. Era a chamada teoria do eixo médio.

A regra é adotada pela unanimidade da jurisprudência, desde tempos antigos, afastando a teoria do eixo médio: "Acidente de trânsito – Cruzamento não sinalizado – Preferência do veículo que provém da direita (CNT, art. 13, IV) – Desacolhimento da tese do eixo médio ou da preferência de quem primeiro chega ao cruzamento – Recurso improvido".[1]

---

[1] TARS, 1.ª Câm. Cív., Ap. Cív. 187.002.340, j. 31.03.1987, *JTARS* 63/265.

Há fundadas razões que aconselham o desacolhimento da teoria, como o favorecimento de velocidade, a fim de chegar antes o motorista ao cruzamento, e não precisar parar o veículo, o que perceberam os tribunais mesmo antes do atual Código: "A teoria do eixo médio não mais tem aceitação pela jurisprudência, pois levaria a admitir-se que teria razão o motorista do veículo que estivesse animado de mais velocidade. Com efeito, se dois veículos se aproximassem do cruzamento ao mesmo tempo, atingiria o eixo central aquele que estivesse com mais velocidade, e tal teoria acabava por estimular o excesso de velocidade. Daí a sua rejeição hoje pela doutrina e jurisprudência".[2]

Não se pode, porém, dar total preferência a quem vem pela direita, especialmente se, pelo costume local, é reconhecida a preferência de conformidade com o uso, e, nos primórdios em que a matéria passou a ser enfrentada judicialmente, decidiu-se: "Acidente de trânsito – Cruzamento não sinalizado – Conflito de preferências: a do caminhão da ré, porque procedia da direita; e a do automóvel do autor, porque trafegava em via pública mais ampla, de tráfego mais intenso e reconhecida como preferencial pelos usuários – Recurso provido em parte, e reconhecida a culpa concorrente".

Nos fundamentos do voto, colhe-se: "Diversos julgados deste Tribunal têm admitido se determine a preferência, em cruzamento não sinalizado, pela maior importância de uma das vias em relação à outra (*Julgados do TARS* 6/153, 7/189, 8/159), eis que a regra do art. 13, IV, do CNT não é absoluta (*Julgados do TARS* 9/164). Por isso, 'embora não sinalizada, pode ser havida uma rua como preferencial, em face das circunstâncias de fato que imponham essa condição à inteligência e sensibilidade dos motoristas, de modo que o uso consagre como necessária' (acórdão da 2.ª Câm. Cív., *Julgados do TARS* 1/324)".[3] A norma do citado art. 13, IV, do CNT vem prevista, atualmente, no art. 29, III, *c*, do CTB.

Veja-se, também, o seguinte aresto, sobre a relatividade da regra, se uma das vias é tida como preferencial, de maior fluxo de veículos:

"'Num cruzamento não sinalizado, em princípio, a preferência é do veículo que vem da direita, consoante determina o art. 29, III, 'c' do CTB. Contudo, se as vias têm fluxos de trânsito muito distintos, como ocorre entre ruas e avenidas, a regra de experiência determina que o veículo que trafega pela rua dê preferência ao veículo que trafega pela avenida, independentemente da sinalização' (REsp n. 1.069.446/PR, Relatora Ministra Nancy Andrighi, Terceira Turma, julgado em 20.10.2011, *DJe* 3.11.2011). Incidência da Súmula n. 83/STJ".[4]

d) Faixas de circulação no tráfego em via com várias pistas

"IV – quando uma pista de rolamento comportar várias faixas de circulação no mesmo sentido, são as da direita destinadas ao deslocamento dos veículos mais lentos e de maior porte, quando não houver faixa especial a eles destinada, e as da esquerda, destinadas à ultrapassagem e ao deslocamento dos veículos de maior velocidade."

No inc. IV, temos a disposição de como deve ser o trânsito em pistas de rolamento que comportam várias faixas de circulação no mesmo sentido. Está especificado que as faixas da direita são destinadas aos veículos mais lentos e de maior porte, quando não houver faixa especial a eles destinada, ficando as da esquerda destinadas à transposição e ao deslocamento dos veículos de maior velocidade.

---

[2]   1.º TACSP, 5.ª Câm., Ap. 329.443, j. 05.09.1984.

[3]   TARS, 3.ª Câm. Cív., Ap. Cív. 186.037.677, j. 25.08.1986, *JTARS* 60/293.

[4]   AgInt no AREsp 903883/MG, 4.ª Turma, rel. Min. Antonio Carlos Ferreira, j. 15.04.2019, *DJe* 23.04.2019.

Os veículos lentos, ou que desejam trafegar em velocidade reduzida, bem como os de maior porte, seguirão sempre pela faixa da direita, possibilitando, com isso, que o fluxo dos veículos se desenvolva de maneira célere, reservando-se as faixas da esquerda para o deslocamento dos automóveis em velocidade superior e para as ultrapassagens, que certamente serão realizadas com maior segurança. Cuida a regra de uma obrigação, eis que, além de estar prevista como uma norma de circulação e conduta, também se trata de uma infração média, contemplada no inc. II do art. 185, punida com multa, o que deve ser observado pelos agentes de trânsito, já que, normalmente, parece que a regra é desconhecida.

Assim, as ultrapassagens efetuam-se sempre pela faixa da esquerda, cabendo aos condutores dos veículos que trafegam nas faixas da direita manter a atenção e observância quando da efetivação de uma ultrapassagem, permitindo-a, sob pena de, caso venham a causar algum sinistro, responderem pelos danos que ocorrerem.

e) Permissão para o tráfego de veículos sobre passeios, calçadas e acostamentos

"V – o trânsito de veículos sobre passeios, calçadas e nos acostamentos só poderá ocorrer para que se adentre ou se saia dos imóveis ou áreas especiais de estacionamento."

Excepcionando a regra geral de que a circulação se fará sempre sobre a via, admite-se o trânsito de veículos em passeios, calçadas e acostamentos, para que se adentre ou saia de imóveis ou de áreas especiais de estacionamento.

Segundo conceituado no Anexo I do Código, passeio é a "parte da calçada ou da pista de rolamento, neste último caso, separada por pintura ou elemento físico separador, livre de interferências, destinada à circulação exclusiva de pedestres e, excepcionalmente, de ciclistas"; calçada considera-se a "parte da via, normalmente segregada e em nível diferente, não destinada à circulação de veículos, reservada ao trânsito de pedestres e, quando possível, à implantação de mobiliário urbano, sinalização, vegetação e outros fins"; acostamento vem a ser a "parte da via diferenciada da pista de rolamento destinada à parada ou estacionamento de veículos, em caso de emergência, e à circulação de pedestres e bicicletas, quando não houver local apropriado para esse fim".

Pelos conceitos acima expostos, vê-se claramente que passeio, calçada e acostamento não são locais apropriados para a circulação de veículos, mas sim destinados ao trânsito de pedestres, ou, no caso do acostamento, para parada e estacionamento em situação de emergência e deslocamento de bicicletas, quando não houver local apropriado (ciclovia). No caso de violação a essa norma, prevê-se uma penalidade – multa –, pois se trata de uma infração prevista no art. 193.

Ocorre que, embora destinados a finalidades específicas, como aos pedestres, tais espaços também se constituem em linha divisória entre as vias de circulação dos veículos e dos imóveis e áreas de estacionamento. Assim, abre-se uma exceção para que os veículos possam adentrar nas garagens dos prédios a fim de serem estacionados, bem como para entrarem em sítios ou fazendas que são separadas da via pelo acostamento.

É necessário lembrar que ao condutor incumbe ter a precaução devida ao cruzar por esses locais (passeio, calçada e acostamento), pois ali a preferência será sempre do pedestre e, no caso de saída para o leito da via, a preferência de passagem favorecerá o veículo que já estiver por ela circulando.

Da mesma forma nos acostamentos: embora proibidos ao tráfego de veículos, há situações especiais que obrigam ao trânsito por eles, como nas interrupções do leito das estradas, ou para paradas de emergência. A saída do acostamento, bem como do estacionamento, no entanto, será precedida de muita cautela, competindo ao motorista averiguar as condições para ingressar na pista, sob pena de responder por danos que venha a causar.

f) Prioridade dos veículos precedidos de batedores

"VI – os veículos precedidos de batedores terão prioridade de passagem, respeitadas as demais normas de circulação."

Terão prioridade de passagem os veículos precedidos de batedores. Dá-se essa preferência em razão da importância das pessoas que estão sendo conduzidas, como autoridades e personalidades, para que possam atingir mais rapidamente e com segurança o seu destino, pois sabe-se do risco que haveria para elas se o veículo que as transporta parasse constantemente, como o assédio de fãs e populares, o que perturbaria o trânsito, havendo até mesmo risco de sequestros.

Apesar de possuírem certas prerrogativas, é evidente que os veículos precedidos de batedores não se desvinculam das normas de circulação previstas no Código, como aponta expressamente o inc. VI, muito menos há isenção de responsabilidade nas hipóteses de causarem danos. Assim, não sendo absolutas nem arbitrárias tais prerrogativas, devem ser respeitados os cruzamentos, sinais e locais de estacionamento, sob pena de responsabilidade do condutor do veículo ou do órgão a que pertence.

g) Preferência dos veículos que prestam serviços de interesse público

"VII – os veículos destinados a socorro de incêndio e salvamento, os de polícia, os de fiscalização e operação de trânsito e as ambulâncias, além de prioridade de trânsito, gozam de livre circulação, estacionamento e parada, quando em serviço de urgência e devidamente identificados por dispositivos regulamentares de alarme sonoro e iluminação vermelha intermitente, observadas as seguintes disposições:

a) quando os dispositivos estiverem acionados, indicando a proximidade dos veículos, todos os condutores deverão deixar livre a passagem pela faixa da esquerda, indo para a direita da via e parando, se necessário;

b) os pedestres, ao ouvir o alarme sonoro, deverão aguardar no passeio, só atravessando a via quando o mesmo já tiver passado pelo local;

c) o uso de dispositivos de alarme sonoro e de iluminação vermelha intermitente só poderá ocorrer quando da efetiva prestação de serviço de urgência;

d) a prioridade de passagem na via e no cruzamento deverá se dar com velocidade reduzida e com os devidos cuidados de segurança, obedecidas as demais normas deste Código."

Já no inc. VII do art. 29, há disposições que regulam o trânsito de veículos que prestam relevante serviço público, como os destinados a socorro de incêndio e salvamento, os de polícia, fiscalização e operação de trânsito e as ambulâncias. Concedem-se a esses veículos algumas prerrogativas, tendo prioridade de trânsito, livre circulação, estacionamento e parada. Salienta-se que só existirão esses direitos quando devidamente identificados os veículos e em serviço.

Com isso, permite-se a eles transitar sem obedecer a determinados preceitos, como velocidade máxima para alguns locais (não se pode abranger muito essa disposição); ou aguardar locais apropriados para ultrapassar, devendo os demais motoristas ceder a passagem; passar pelo sinal vermelho quando possível (evitando causar um percalço maior); e parar ou estacionar em lugares que, em princípio, são proibidos. Ressalte-se competir aos condutores sempre agir com a devida cautela e atenção.

O preceito é de ser observado por todos os usuários das vias terrestres. Para os condutores dos demais veículos que circulam na via, impõe-se que deixem livre a passagem pela faixa da esquerda e, quando preciso, que parem (alínea *a*). Trata-se de uma imposição, um dever dos motoristas, consubstanciado na infração prevista no art. 189 do CTB, punida com multa. Assim, cumpre que desloquem seus veículos para a lateral e, se não houver espaço suficiente para o tráfego de dois automóveis na via, devem pará-lo, possibilitando ao veículo de urgência passar com mais rapidez. Entretanto, isso não significa que devam os condutores danificar seus veículos (colocando-os sobre canteiros e calçadas) nem que se sujeitem a acidentes. Quanto aos pedestres, atravessarão a via somente após a passagem do veículo (alínea *b*).

Nos dois casos vistos (alíneas *a* e *b*), os veículos de urgência trafegarão sempre com os dispositivos de alarme sonoro e de iluminação vermelha intermitente acionados, o que demonstrará a realização de um serviço de emergência, que está ensejando a preferência de passagem. Ressalta-se que somente nos casos de efetiva urgência os dispositivos referidos serão utilizados (alínea *c*), não se os admitindo em outras ocasiões, como quando a utilização se dá apenas para que o veículo possa trafegar com prevalência sobre os demais, sem a devida necessidade.

No entanto, as disposições que preveem a prioridade de passagem não são arbitrárias, nem possui o condutor total liberdade ao dirigir: deve passar pelos cruzamentos com velocidade reduzida e com os indispensáveis cuidados de segurança, obedecendo, sobretudo, às demais normas de circulação (alínea *d*).

Assim, não se encontram os motoristas desses veículos isentos de responsabilidade nos acidentes que provocam, embora transportem doentes em perigo de vida ou estejam na perseguição de um criminoso, buscando garantir a segurança da população. Apesar das normas que dão especial proteção e certas garantias, não ficam eximidas de responsabilidade as manobras imprudentes e desrespeitadoras dos motoristas, mesmo que se encontrem praticando serviço de grande relevância, como, aliás, já vem sendo decidido: "Acidente de trânsito – Indenização – Reparação de danos causados por colisão de veículos – Motorista de ambulância em velocidade excessiva que desrespeita semáforo, colidindo com táxi que o estava transpondo, já na metade do cruzamento – Culpa comprovada por prova testemunhal – Irrelevância de estar conduzindo paciente gravemente enfermo – Falta da necessária cautela".

E a seguir: "Evidente a culpa do motorista de ambulância que, trafegando com excessiva velocidade e desrespeitando semáforo, colide com táxi que o estava transpondo, já na metade do cruzamento, ocorrência atestada por prova testemunhal, não o eximindo o fato de transportar paciente gravemente enfermo".[5]

O estado de necessidade, na hipótese possível, não isenta de responsabilidade na reparação dos danos advindos.

Em mais exemplos:

"O Código de Trânsito assegurou prioridade de locomoção e livre circulação às ambulâncias em situação de emergência, porém não afastou o dever de cautela e de prudência, pelo menos razoável, do seu condutor. Comprovado que a ambulância abalroou veículo que se encontrava parado na via de tráfego, impõe-se o dever de indenizar *ex vi* do art. 37, § 6.º, da CF/88".[6]

"O Código de Trânsito assegurou prioridade de locomoção e livre circulação em situação de emergência, porém não afastou o dever de cautela e de prudência, pelo menos razoável,

---

[5]   1.º TACSP, 2.ª Câm., Ap. 394.764-8 (reexame), j. 05.07.1988, *RT* 633/119.

[6]   TRF-1.ª Reg., 3.ª Turma, Ap. Cív. 96.01.04441-8/PA, *Boletim de Jurisprudência Adcoas* 28/437, 15-19 jul. 2002.

do seu condutor. Comprovado que a ambulância abalroou veículo que se encontrava parado na via de tráfego, impõe-se o dever de indenizar *ex vi* do art. 37, § 6.º, da CF/1988."[7]

Da mesma forma: "Acidente de trânsito – Viatura policial – Prioridade de trânsito que não dispensa o dever de cautela – Inteligência do art. 13, IX, do CNT – Responsabilidade civil do Estado – Culpa da Administração alegada – Alegação que não impede o reconhecimento da responsabilidade objetiva – Julgamento *extra petita* não configurado – Pedido atendido com base no direito aplicável aos fatos – Aplicação do princípio *jura novit curia* – Inteligência do art. 37, § 6.º, da CF".[8]

"O Tribunal de origem, a despeito de reconhecer a preferência do direito de passagem da ambulância, ressaltou que tal direito não é absoluto, na medida em que não exime o motorista de agir com prudência e cautela no trânsito.

No caso, ficou demonstrada a existência de elementos que caracterizem a culpa do ora recorrente, notadamente, sua imprudência."[9]

h) Livre parada dos veículos prestadores de serviços de utilidade pública

"VIII – os veículos prestadores de serviços de utilidade pública, quando em atendimento na via, gozam de livre parada e estacionamento no local da prestação de serviço, desde que devidamente sinalizados, devendo estar identificados na forma estabelecida pelo CONTRAN."

Prevê o Código a livre parada e estacionamento, *no local da prestação do serviço*, para os veículos prestadores de serviços de utilidade pública, desde que devidamente sinalizados e identificados na forma estabelecida pelo CONTRAN.

Além dos veículos enumerados no inc. VII, gozam de algumas prerrogativas os veículos de utilidade pública, ou seja, aqueles que desempenham algum serviço de ordem pública, como o caminhão da coleta de lixo, guinchos (somente em caso de socorros de emergência), carros-fortes, veículos de empresas de serviço telefônico ou de energia elétrica, viaturas que tratam de obra de saneamento urbano etc. Enfim, aos veículos utilizados em serviços de caráter público, gozando de livre parada e estacionamento, permite-se parar e estacionar em locais que, em princípio, são proibidos e inadequados.

Salienta-se que essa regalia só existirá quando e no local da prestação do serviço, não podendo usufruir de tal direito em outras situações que não desempenhando a atividade pública.

Devem tais veículos estar devidamente sinalizados e identificados na forma prevista pelo CONTRAN.

i) Cautelas a serem observadas na ultrapassagem de veículos

"IX – a ultrapassagem de outro veículo em movimento deverá ser feita pela esquerda, obedecida a sinalização regulamentar e as demais normas estabelecidas neste Código, exceto quando o veículo a ser ultrapassado estiver sinalizando o propósito de entrar à esquerda;

X – todo condutor deverá, antes de efetuar uma ultrapassagem, certificar-se de que:

a) nenhum condutor que venha atrás haja começado uma manobra para ultrapassá-lo;

---

[7] TRF-1.ª Reg., 3.ª Turma, Ap. Cív. 96.01.04441-8/PA, *DJ* 24.10.2001, *Adcoas* 8207433, *Boletim de Jurisprudência Adcoas* 28/437, jul. 2002.

[8] 1.º TACSP, 2.ª Câm. Esp., Ap. 440.243-5, j. 05.07.1990, *RT* 658/127.

[9] STJ, 4.ª Turma, AgRg no AREsp 654.178/RJ, rel. Min. Raul Araújo, j. 09.06.2015, *DJe* 1.º.07.2015.

b) quem o precede na mesma faixa de trânsito não haja indicado o propósito de ultrapassar um terceiro;

c) a faixa de trânsito que vai tomar esteja livre numa extensão suficiente para que sua manobra não ponha em perigo ou obstrua o trânsito que venha em sentido contrário;

XI – todo condutor ao efetuar a ultrapassagem deverá:

a) indicar com antecedência a manobra pretendida, acionando a luz indicadora de direção do veículo ou por meio de gesto convencional de braço;

b) afastar-se do usuário ou usuários aos quais ultrapassa, de tal forma que deixe livre uma distância lateral de segurança;

c) retomar, após a efetivação da manobra, a faixa de trânsito de origem, acionando a luz indicadora de direção do veículo ou fazendo gesto convencional de braço, adotando os cuidados necessários para não pôr em perigo ou obstruir o trânsito dos veículos que ultrapassou."

No inc. IX, começa o Código a normatizar a ultrapassagem de veículos, prevendo que se efetuará sempre pela esquerda, obedecendo-se à sinalização e demais normas de circulação. Excetua-se dessa regra o caso em que o veículo a ser ultrapassado sinaliza que vai entrar à esquerda, quando, então, a ultrapassagem se dará pelo lado direito.

Cuida-se de uma exceção à regra geral de que a circulação se dará sempre pelo lado direito da via (inc. IX). Obviamente que a ultrapassagem pela esquerda somente ocorrerá em lugares permitidos, indicados por meio de sinalização adequada (como as marcas viárias tracejadas, que indicam ser o local próprio para ultrapassagens). *A contrario sensu*, tem-se como fator preponderante para apurar a responsabilidade em acidentes a existência de sinalização proibitiva, no local de ultrapassagem, constituída de faixa contínua no centro da pista. Ultrapassando em local proibido, responde o condutor pelos danos que vier a causar, além, é claro, pela infração do art. 203 e incisos.

De modo que é permitida a ultrapassagem em local de circulação proibida (contramão de direção), cumprindo que se observem sempre as disposições contidas no Código, como as dos incs. X e XI e § 1.º do art. 29 e as dos arts. 30 a 33.

No sistema anterior, já havia a previsão de que as ultrapassagens, a não ser em situações especiais, se fariam pela esquerda, como no art. 38, II, do Regulamento do CNT – disposições que agora estão mais bem especificadas em três incisos (IX, X e XI) e em mais quatro artigos (30 a 33).

No entanto, como referido, não é sempre que a ultrapassagem será realizada pela esquerda. Em certas circunstâncias, é admitida pela direita da pista, quando o veículo que for ultrapassado estiver entrando à esquerda.

É evidente que impende se afigure, para o motorista, a existência de espaço suficiente para a manobra, de modo a conseguir segurança e garantia, evitando uma situação de perigo.

De modo geral, quem se encontra à direita não oferece perfeita visibilidade para o condutor que está à esquerda, a menos que este se encontre com o veículo parado.

Já no inc. X ordena-se aos condutores que se munam de certos cuidados ao efetuarem uma ultrapassagem, para que seja procedida com maior segurança. Cumpre que se certifiquem de que "nenhum condutor que venha atrás haja começado uma manobra para ultrapassá-lo" (alínea *a*), pois decorreria o risco de resultar uma colisão com o veículo que já iniciara a ultrapassagem, o qual, por desenvolver uma velocidade maior, teria dificuldades no controle. Não pode, pois, o condutor começar uma manobra quando estiver prestes a ser ultrapassado.

Da mesma forma, somente admissível encetar a ultrapassagem se "quem o precede na mesma faixa de trânsito não haja indicado o propósito de ultrapassar um terceiro" (alínea *b*).

É evidente que aquele que vai à frente e primeiro indicou a intenção de realizar a ultrapassagem terá prioridade sobre o que vem atrás e ainda não havia sinalizado o seu propósito. Ora, é importante, também, conservar certa distância do veículo que está à frente, pois é bem possível que ele igualmente inicie tal manobra.

Por fim, ordena-se que os motoristas observem com um maior cuidado o local em que efetuarão a ultrapassagem, de sorte a se propiciarem condições de total segurança, certificando-se de que "a faixa de trânsito que vai tomar esteja livre numa extensão suficiente para que sua manobra não ponha em perigo ou obstrua o trânsito que venha em sentido contrário" (alínea *c*). Admite-se a manobra se houver espaço suficiente e boa visibilidade para a sua realização, sem colocar em perigo o trânsito que se desenvolve no sentido oposto.

Sabendo-se que a ultrapassagem constitui um dos fatores de maior incidência nos acidentes de trânsito, exigem-se cautela e certa perícia ao ser efetuada.

Amiúde, no entanto, é encetada sem maiores cuidados, razão por que se revela uma das manobras de alto risco no trânsito. Daí a disposição do inc. X, exigindo dos condutores o máximo cuidado.

Trata-se de presunção *juris tantum*. Assim, se restar provado que o veículo da frente entrou de inopino na faixa em que a ultrapassagem se desenvolvia ou se repentinamente adentrar na via sem tomar as devidas precauções, afasta-se a presunção de culpa.

Também prescreve o Código, no inc. XI, condutas reclamadas do motorista ao efetuar uma ultrapassagem, de modo que seja realizada de forma a garantir a sua segurança e a dos demais usuários e a não interromper o tráfego na via.

Inicialmente, prevê-se que incumbe ao condutor indicar com antecedência, por meio de luz indicadora de direção ou gesto convencional de braço, a manobra que pretende realizar (alínea *a*). A indicação antecederá ao início do deslocamento, a fim de possibilitar aos motoristas dos demais veículos que transitam na via que possam se precaver com os devidos cuidados, deixando livre a passagem para que seja realizada a ultrapassagem, e assim obedecendo ao disposto nas alíneas *a* e *b* do inc. X, já referidas. Comuns são os acidentes em que o veículo que abalroa outro por trás é pego de surpresa diante da manobra inesperada e desavisada do condutor do veículo que trafega à sua frente. Daí a importância da indicação com antecedência da manobra a ser realizada, tanto que é prevista a desobediência no art. 196 como uma infração grave, punida com multa.

Da mesma forma, obriga a alínea *b* ao condutor que se afaste do usuário ou dos usuários aos quais ultrapassa, deixando livre uma distância lateral de segurança. Como o próprio dispositivo prescreve, cumpre se guarde certa distância, de modo a possibilitar a realização da manobra com maior segurança, sem pôr em risco os demais usuários. Com mais espaço, certamente a ultrapassagem será mais bem-sucedida, ocasionando riscos menores ao trânsito.

De outro lado, após efetivar a ultrapassagem, o condutor retomará a sua faixa de origem, novamente acionando a luz indicadora de direção ou fazendo gesto convencional de braço, munindo-se de todos os cuidados possíveis para não pôr em perigo ou obstruir o trânsito dos veículos que ultrapassou (alínea *c*).

j) Preferências no deslocamento dos veículos sobre trilhos

"XII – os veículos que se deslocam sobre trilhos terão preferência de passagem sobre os demais, respeitadas as normas de circulação."

Também gozam de preferência de passagem os veículos que se deslocam sobre trilhos, respeitadas as normas de circulação. Os trens, bondes, metrôs e demais veículos que trafegam em trilhos têm prioridade de trânsito, em virtude de possuírem uma mecânica que não permite que parem e voltem a circular com rapidez diversas vezes durante o percurso. Se não houvesse preferência nos cruzamentos, não teriam como parar abruptamente.

Ressalta-se que em todos os lugares onde houver uma estrada com um caminho de trilhos deve existir uma sinalização específica e adequada para que os condutores dos veículos que por ele cruzarem parem e observem a preferência. Assumem os condutores desses veículos a responsabilidade pelos danos que vierem a ocorrer, em vista da prioridade que possuem os que transitam sobre os trilhos. Há a presunção de culpa, que é relativa, até prova em contrário.

Assim, provando-se que o local não estava devidamente sinalizado, chama-se à responsabilidade a entidade encarregada da via férrea.

No entanto, tais veículos não se desoneram de precauções nas passagens de nível, observando o seguinte aresto: "Se é verdade que cabia ao condutor do caminhão agir com mais cautela ao cruzar passagem de nível, em razão de sua preferência absoluta, não é menos verdade que ao condutor da locomotiva incumbia não só usar de velocidade adequada para o local, tendo em vista manobra que executava, bem como acionar a buzina para alertar os veículos de sua proximidade. Deixando de fazê-lo, incorreu na chamada culpa concorrente".[10]

k) Cuidados na transposição de faixas

"§ 1.º As normas de ultrapassagem previstas nas alíneas *a* e *b* do inciso X e *a* e *b* do inciso XI aplicam-se à transposição de faixas, que pode ser realizada tanto pela faixa da esquerda como pela da direita."

Segundo o disposto no § 1.º, aplicam-se à transposição de faixas as regras constantes nas alíneas *a* e *b* do inc. X e *a* e *b* do inc. XI, ou seja, também quando o trânsito se der em pista com várias faixas de circulação no mesmo sentido, deve-se observar, antes de mudar de faixa, se o condutor do veículo que vem atrás não iniciou a manobra de ultrapassagem ou transposição de faixa, ou se outro motorista não indicou a intenção de ultrapassar terceiro, ou, ainda, de transpor a faixa. Da mesma forma, cabe-lhe, ao realizar a mudança de faixa, indicar com antecedência o seu propósito e se afastar dos demais usuários, deixando livre uma distância lateral de segurança. Salienta-se que essas normas devem ser observadas tanto quando o deslocamento for para a faixa da esquerda como quando for para a da direita.

l) Hierarquia a ser observada na circulação entre os veículos

"§ 2.º Respeitadas as normas de circulação e conduta estabelecidas neste artigo, em ordem decrescente, os veículos de maior porte serão sempre responsáveis pela segurança dos menores, os motorizados pelos não motorizados e, juntos, pela incolumidade dos pedestres."

Conforme se verifica do disposto no § 2.º, há uma hierarquia a ser observada entre os veículos que trafegam nas vias, sempre, é claro, respeitadas as normas de circulação.

Com esse preceito, prevê-se que os veículos de maior porte são responsáveis pela segurança dos de menor porte. Esse dispositivo veio de encontro a uma antiga reivindicação dos usuários das vias, que por vezes são jogados para fora das estradas em decorrência de manobras arriscadas e perigosas dos condutores dos veículos maiores, que abusam de sua superioridade física para levar vantagem no trânsito.

---

[10] TAPR, 6.ª Câm. Cív., Ap. Cív. 0187185-2, *DJ* 04.10.2002, *Adcoas* 8216252, *Boletim de Jurisprudência Adcoas* 24/376, jun. 2003.

De sorte que são os caminhões responsáveis pela segurança dos veículos de passeio, cumprindo que zelem pela sua própria incolumidade e assumam as consequências pelos danos que causarem. Obviamente, se o veículo de carga transitar respeitando todas as normas de circulação e conduta, sendo o acidente causado por manobra imprudente do motorista do veículo de passeio, neste recairá a responsabilidade. O que se requer dos condutores dos veículos de maior porte é uma cautela superior, sempre em busca da segurança no trânsito.

O mesmo se aplica na relação automóvel de passeio e motocicleta, sendo o primeiro responsável pelo segundo, em face da fragilidade apresentada pelas motocicletas diante dos demais veículos.

Prepondera a responsabilidade dos veículos motorizados diante dos não motorizados. Possuem aqueles um maior impulso, mais força, velocidade superior e melhor controle por parte de seus condutores. Daí serem responsáveis pelos veículos não motorizados, como bicicletas e carroças.

Encerra-se o dispositivo prevendo que todos os veículos respondem pela incolumidade dos pedestres. O princípio maior é o de respeito à vida humana e à integridade física. Sendo o pedestre sempre a parte mais frágil no sistema viário, outra não poderia ser a disposição impondo a sua segurança.

Quando o pedestre se defronta com o motorista, a presunção de culpa recai sempre no segundo, por conduzir objeto perigoso, o qual se impõe que seja operado com o máximo de cautela e prudência. Ademais, é dever de todo condutor de veículo guardar atenção nos movimentos do pedestre que está a atravessar a via pública, ou segue à frente, pelo lado – facilitando-lhe a passagem e observando a possível e repentina distração dele. O princípio ético-jurídico *neminem laedere* exige de todo motorista a obrigação de dirigir com os cuidados indispensáveis à segurança do trânsito, em velocidade compatível com o local e de forma a manter o completo domínio sobre a máquina perigosa que impulsiona, em plena via pública ou em estradas comuns.

É claro que, na apuração da responsabilidade, averiguar-se-á se o motorista seguiu as normas de circulação e conduta, se o fato se apresentava previsível e se observou todas as cautelas necessárias ao trafegar, bem como o grau de culpa de cada envolvido, condutor e pedestre.

5   DEVERES DOS CONDUTORES DE VEÍCULOS AO SEREM ULTRAPASSADOS

Estabelece o art. 30:

"Art. 30. Todo condutor, ao perceber que outro que o segue tem o propósito de ultrapassá-lo, deverá:

I – se estiver circulando pela faixa da esquerda, deslocar-se para a faixa da direita, sem acelerar a marcha;

II – se estiver circulando pelas demais faixas, manter-se naquela na qual está circulando, sem acelerar a marcha.

Parágrafo único. Os veículos mais lentos, quando em fila, deverão manter distância suficiente entre si para permitir que veículos que os ultrapassem possam se intercalar na fila com segurança".

Neste artigo, ao contrário do previsto no anterior, prescrevem-se condutas e regras impostas ao motorista do veículo que estiver sendo ultrapassado. São cuidados necessários e de rigorosa observância, para que a ultrapassagem a ser efetuada ocorra de maneira inteiramente segura, ou com um mínimo de risco.

A imposição de deslocamento para a faixa da direita, quando circular pela da esquerda, é condição para viabilizar a ultrapassagem que o outro veículo efetivará, que, de acordo com o inc. IX do art. 29, deverá ser feita sempre pela esquerda. Então, com o fito de deixar livre a faixa da esquerda para a ultrapassagem, impõe-se ao veículo que está por ser transposto que se desloque para a direita.

Se a circulação não se proceder pela faixa da esquerda, o veículo permanecerá na faixa em que se encontra, até que a ultrapassagem se complete.

Em qualquer caso, ordena-se que o condutor não acelere a marcha, para não dificultar a manobra daquele que vai ultrapassar, evitando, assim, riscos inesperados. É que o motorista que desencadear a ultrapassagem, ao iniciar o seu desiderato, já calculou a transposição de acordo com a velocidade que estava sendo desenvolvida pelo veículo a ser ultrapassado. Se este acelerar, obviamente criará uma dificuldade maior à realização da manobra. Daí o preceito de que o motorista do veículo que está sendo ultrapassado manterá estável a sua velocidade, ou a diminuirá – jamais o acelerará, sob pena de responder pelo acidente que vier a ocorrer.

Relativamente aos veículos mais lentos, determina-se, quando trafegam em fila, que mantenham entre si uma distância suficiente, de modo a permitir a entrada de veículo que está efetuando uma ultrapassagem.

Principalmente em vias de duplo sentido, são corriqueiros os acidentes envolvendo veículo que, ao realizar uma ultrapassagem, não conseguiu retornar à sua faixa de direção por falta de espaço. Objetivando evitar que isso ocorra, compete aos condutores dos veículos que transitam em velocidade reduzida conservar espaço suficiente para que possa adentrar o veículo que realiza a transposição.

De outro lado, há, ainda, a norma do art. 192, que considera infração grave deixar de guardar distância de segurança. Observando-se esse preceito, certamente será mantido um espaço suficiente que permita a entrada de um veículo.

6 ULTRAPASSAGEM POR VEÍCULO DE TRANSPORTE COLETIVO

Reza o art. 31: "O condutor que tenha o propósito de ultrapassar um veículo de transporte coletivo que esteja parado, efetuando embarque ou desembarque de passageiros, deverá reduzir a velocidade, dirigindo com atenção redobrada ou parar o veículo com vistas à segurança dos pedestres".

Inúmeros são os atropelamentos de pedestres que, inadvertidamente, são atingidos ao tentar atravessar a via, passando em frente a ônibus que está parado. É verdade que, na maioria das vezes, a culpa é do pedestre, que cruza a pista sem a devida atenção. Contudo, como já referido, os motoristas são responsáveis pela incolumidade dos pedestres, devendo zelar pela sua segurança.

Assim, incumbe aos condutores, quando cruzarem por veículos de transporte coletivo momentaneamente parados, aumentar a cautela, diminuindo a velocidade ou, se necessário, até suspendendo a marcha, com o intuito de evitar o atropelamento de pedestres que podem surgir repentinamente.

Onde há um ônibus parado, normalmente concentra-se ali um núcleo de pessoas, embarcando ou desembarcando da condução, sendo de esperar que sempre haja imprudentes tentando realizar a travessia da rua de forma incorreta ou inopinadamente, sem a devida visibilidade. Por isso, compete ao condutor do veículo reduzir a velocidade.

Entretanto, não se responsabilizará o condutor que trafega em locais onde é mais intenso o movimento e o transeunte atravessa a via quando praticamente o veículo se encontra ultrapassando-o, em velocidade reduzida. Em circunstâncias tais, não se atribui a culpa ao motorista. Nem cabe invocar a teoria do risco, para incutir a responsabilidade. O só fato de possuir veículo não é suficiente para obrigar a indenizar.

7 PONTOS E LOCAIS DE ULTRAPASSAGEM PROIBIDOS

Ordena o art. 32: "O condutor não poderá ultrapassar veículos em vias com duplo sentido de direção e pista única, nos trechos em curvas e em aclives sem visibilidade suficiente, nas passagens de nível, nas pontes e viadutos e nas travessias de pedestres, exceto quando houver sinalização permitindo a ultrapassagem".

Já o art. 33: "Nas interseções e suas proximidades, o condutor não poderá efetuar ultrapassagem".

Procede-se à ultrapassagem na forma o mais segura possível, de modo a ter o condutor total controle de seu veículo, espaço suficiente e ampla visibilidade da pista.

Assim, nas vias com duplo sentido de direção, ou de tráfego de veículos nos dois sentidos, e em pista única, são proibidas as ultrapassagens onde houver curvas e aclives sem visibilidade suficiente, passagem de nível, pontes, viadutos e travessias de pedestres. Excetuam-se dessa regra os locais permitidos por meio de sinalização.

A visibilidade da pista é fator preponderante, devendo sempre existir da forma mais clara para se efetuar uma ultrapassagem. Nas curvas e aclives dificilmente tem o motorista condições de visualizar se no sentido contrário ao seu trafega outro veículo ou não. Para evitar uma colisão frontal é que se proíbe a ultrapassagem em tais locais, respondendo o condutor pelos danos que possam decorrer de um possível acidente. Há ainda, mesmo que não resulte dano, a punição com multa para os infratores, prevista no inc. I do art. 203.

Nas passagens de nível, pontes e viadutos também são proibidas as ultrapassagens, eis que, nesses locais, o motorista fica sem o controle necessário do veículo para realizar manobras arriscadas, por falta de espaço suficiente. Caso tenha de desviar, não terá espaço físico para a manobra, já que encontrará a lateral da ponte ou do viaduto. Esses casos consideram-se infrações ao art. 202, II (passagem de nível), e ao art. 203, III (passagem em pontes e viadutos). Da mesma forma, responderá o motorista que efetuar a manobra nesses locais pelos danos resultantes.

Onde se estenderem travessias de pedestres, são igualmente proibidas as ultrapassagens, porquanto, da mesma forma que nas pontes e viadutos, não haverá espaço suficiente, em vista de concentrar-se um maior número de pessoas transitando pela passarela e em suas redondezas.

Sempre que a visibilidade está prejudicada, que se afigura impossível qualquer inflexão do veículo para o lado da pista, é desaconselhada qualquer pretensão de ultrapassagem, exceto, é claro, nos casos em que houver sinalização.

Conforme conceituado no Anexo I do Código, interseção é "todo cruzamento em nível, entroncamento ou bifurcação, incluindo as áreas formadas por tais cruzamentos, entroncamentos ou bifurcações". São locais onde se concentra uma circulação constante de veículos, oriundos de outras vias ou lugares, e em locais assemelhados, como postos de gasolina, restaurantes, vilarejos e entradas de cidades, onde se verifica constante entrada e saída. Mais compreensível seria o emprego da palavra *cruzamento*, amplamente conhecida e já difundida no uso comum.

Daí a proibição de ultrapassagem nesses trechos e em suas proximidades, pois é comum a entrada repentina de veículo na via, sendo que os condutores, não raramente, olham apenas para o sentido da faixa na qual querem entrar, não visualizando a direção oposta, onde é possível ocorrer uma ultrapassagem.

Ocorrendo acidentes em tais locais, responderá pelos danos o motorista do veículo que efetuar a ultrapassagem, pois realizada em lugar proibido, transitando na contramão de direção.

8 REALIZAÇÃO DE MANOBRAS SEM PERIGO AOS DEMAIS USUÁRIOS DA VIA

Prevê o art. 34: "O condutor que queira executar uma manobra deverá certificar-se de que pode executá-la sem perigo para os demais usuários da via que o seguem, precedem ou vão cruzar com ele, considerando sua posição, sua direção e sua velocidade".

Como já frisado em mais de uma oportunidade, sempre antes de iniciar qualquer manobra, o condutor precaver-se-á com as cautelas necessárias para que conduza o veículo de forma tranquila e segura. Deve certificar-se sobre se a manobra não acarretará nenhum perigo aos demais usuários da via. Evitará, assim, que um ato repentino e inoportuno possa exigir do veículo que está atrás uma manobra brusca e até a perda do controle do automóvel.

Cumpre se levem sempre em conta, na realização da manobra, a posição do veículo na pista, para que não atrapalhe o tráfego, a direção em que segue e a velocidade atingida, de forma que, seja qual for a manobra a ser executada, possa, o condutor, manter o total controle do veículo.

9 SINALIZAÇÃO PARA O DESLOCAMENTO LATERAL DO VEÍCULO

Encerra o art. 35:

"Art. 35. Antes de iniciar qualquer manobra que implique um deslocamento lateral, o condutor deverá indicar seu propósito de forma clara e com a devida antecedência, por meio da luz indicadora de direção de seu veículo, ou fazendo gesto convencional de braço.

Parágrafo único. Entende-se por deslocamento lateral a transposição de faixas, movimentos de conversão à direita, à esquerda e retornos".

Inúmeros são os acidentes em que o motorista é surpreendido por manobra repentina e desavisada do veículo que trafega à sua frente, realizando deslocamentos sem indicar com antecedência tal intenção.

Para evitar que isso ocorra, impõe-se ao condutor que, antes da realização de qualquer deslocamento lateral de seu veículo, indique previamente a sua intenção, possibilitando aos demais usuários da via que tomem as devidas precauções.

A indicação leva-se a efeito por meio de luz indicadora de direção do veículo (o chamado "pisca"), acionando a luz da esquerda quando o deslocamento for para a esquerda e a da direita quando for para este lado. Outra forma de indicar a manobra que se pretende realizar é por meio de gesto convencional de braço, quando é indicada de forma manual a operação que será efetuada. Se for dobrar para a direita, cabe-lhe colocar o braço para fora da janela, inclinado para cima. Quando for dobrar para a esquerda, o braço ficará reto, para o lado. É de extrema importância que o motorista indique a sua intenção, tanto que a inobservância desse gesto é prevista como infração grave pelo Código, no art. 196, punível com multa, apontando outras tipicidades os autores Geraldo de Faria Lemos Pinheiro, Dorival Ribeiro e Juarez de Oliveira: "A desobediência dessas regras implica a tipificação dos arts. 169 e 196 do CTB. Tratando-se de manobra que implique operação de retorno, a conduta poderá justificar a infração do art. 206 do CTB. Há outras manobras para as quais o Código estipula penalidades específicas, sendo conveniente atentar para o conceito de manobra contido no Anexo I do CTB".[11]

No parágrafo único, encontramos o conceito do que se entende por deslocamento lateral, que acontece nos casos de transposição de faixas. De acordo com o Anexo I, considera-se transposição de faixas a "passagem de um veículo de uma faixa demarcada para outra", nos movimentos de conversão à direita ou à esquerda – efetuados em ultrapassagens, para estacionar ou entrar em outra via – e para a realização de retorno que, também conforme disposto no Anexo I, é o "movimento de inversão total de sentido da direção original de veículos", ou, em outras palavras, o ato em que o veículo inverte o seu sentido de direção.

10 PREFERÊNCIA A SER DADA NO INGRESSO NA VIA

Assinala o art. 36: "O condutor que for ingressar numa via, procedente de um lote lindeiro a essa via, deverá dar preferência aos veículos e pedestres que por ela estejam transitando".

---

[11] *Código de Trânsito Brasileiro sistematizado*. 2.ª ed. São Paulo: Juarez de Oliveira, 2000. p. 30.

A preferência pende sempre para o veículo que está trafegando na via, bem como para pedestre que por ela estiver transitando. Assim, quando um veículo pretender ingressar na via, oriundo de um lote lindeiro – como uma garagem ou estacionamento –, deve parar e dar preferência de passagem a quem já estiver transitando na via.

Isso já foi abordado quando do comentário ao inc. V do art. 29, ao qual nos reportamos, evitando-se repetições, apenas salientando que, ao pretender ingressar na via, obriga-se o condutor a proceder com o máximo de cautela ou diligência, atendo-se para o movimento na pista, na calçada e no acostamento (quando houver), eis que a preferência recai nos veículos e nos pedestres que já estiverem ali transitando.

11 CAUTELAS NA REALIZAÇÃO DE CONVERSÕES E RETORNOS

Está no art. 37: "Nas vias providas de acostamento, a conversão à esquerda e a operação de retorno deverão ser feitas nos locais apropriados e, onde estes não existirem, o condutor deverá aguardar no acostamento, à direita, para cruzar a pista com segurança".

Para a realização de conversões à esquerda ou do retorno, há, nas vias que possuem acostamento, locais apropriados a tais manobras, normalmente consistentes em entradas na lateral da pista, às vezes dividida por um canteiro, possibilitando ao veículo adentrar e ao motorista parar e olhar o movimento na pista, para, após, efetivar a operação desejada com maior segurança.

Entretanto, não são todas as vias que possuem ditos locais. Às vezes, não há espaços para convergir ou retornar. Nesses casos, exige-se do condutor que aguarde no acostamento e espere que se ofereçam condições para efetivar a manobra sem gerar perigo para o trânsito.

Com essa disposição, procura-se evitar manobras arriscadas que representam riscos aos usuários da via, como nos casos em que o veículo para no meio da pista para realizar a conversão, ou a atravessa repentinamente, "cortando" a frente dos demais veículos, ato que manifesta uma clara imprudência do condutor.

Obrigação primária do motorista é aguardar no acostamento a ocasião oportuna para realizar a operação desejada (onde não houver local apropriado).

Nas vias extensas, maior é a velocidade permitida e desenvolvida, inclusive procedendo--se mais facilmente às ultrapassagens, tornando extremamente perigosa a parada do veículo no meio da artéria para o retorno ou o ingresso em via secundária, o que justifica a parada no acostamento, até que se possibilite o momento oportuno para a efetivação da manobra.

12 INGRESSO À DIREITA OU À ESQUERDA DE OUTRA VIA OU EM LOTES LINDEIROS

Está no art. 38:

"Art. 38. Antes de entrar à direita ou à esquerda, em outra via ou em lotes lindeiros, o condutor deverá:

I – ao sair da via pelo lado direito, aproximar-se o máximo possível do bordo direito da pista e executar sua manobra no menor espaço possível;

II – ao sair da via pelo lado esquerdo, aproximar-se o máximo possível de seu eixo ou da linha divisória da pista, quando houver, caso se trate de uma pista com circulação nos dois sentidos, ou do bordo esquerdo, tratando-se de uma pista de um só sentido.

Parágrafo único. Durante a manobra de mudança de direção, o condutor deverá ceder passagem aos pedestres e ciclistas, aos veículos que transitem em sentido contrário pela pista da via da qual vai sair, respeitadas as normas de preferência de passagem".

Neste artigo, traçam-se condutas de estrita observância, quando da realização de manobras de entrada em outra via ou em lotes lindeiros. São preceitos dirigidos à segurança e efetivação do ato com maior perfeição. Salienta-se que, além das normas deste dispositivo, devem-se obedecer, também, as disposições contidas nos arts. 35 e 36.

Para sair de uma via pelo lado direito (inc. I), o condutor aproximar-se-á o máximo que puder do bordo direito da pista, para que realize a entrada no menor espaço possível. Conjugando-se com as demais disposições do Código, ao efetuar a saída pelo lado direito, deverá indicar com antecedência a sua intenção por meio da luz indicadora de direção ou gesto convencional de braço (art. 35), diminuirá gradativamente a velocidade e, aí sim, chegará ao bordo direito da via para a realização da manobra. Procedendo dessa maneira, o veículo sairá com maior cuidado da estrada, possibilitando que o tráfego na pista continue a ocorrer de forma regular, eis que os demais usuários já saberão com antecedência a operação que estará sendo efetuada, tomando as devidas precauções.

A Lei nº 14.071, de 13.10.2020, a vigorar após 180 dias de sua publicação, que ocorreu no dia 14 do mesmo mês, introduziu, no art. 44-A do Código de Trânsito Brasileiro, uma nova modalidade de preferência pelo lado direito de direção: "É livre o movimento de conversão à direita diante de sinal vermelho do semáforo onde houver sinalização indicativa que permita essa conversão, observados os arts. 44, 45 e 70 deste Código."

Deve, pois, existir sinalização permitindo a conversão, mas não olvidando as regras dos artigos mencionados.

Eis os textos dos dispositivos:

"Art. 44. Ao aproximar-se de qualquer tipo de cruzamento, o condutor do veículo deve demonstrar prudência especial, transitando em velocidade moderada, de forma que possa deter seu veículo com segurança para dar passagem a pedestre e a veículos que tenham o direito de preferência. (...)

Art. 45. Mesmo que a indicação luminosa do semáforo lhe seja favorável, nenhum condutor pode entrar em uma interseção se houver possibilidade de ser obrigado a imobilizar o veículo na área do cruzamento, obstruindo ou impedindo a passagem do trânsito transversal. (...)

Art. 70. Os pedestres que estiverem atravessando a via sobre as faixas delimitadas para esse fim terão prioridade de passagem, exceto nos locais com sinalização semafórica, onde deverão ser respeitadas as disposições deste Código".

No caso de saída da via pelo lado esquerdo (Inc. II), o condutor se aproximará do bordo esquerdo da via, tratando-se de via de um só sentido, adotando o mesmo procedimento visto no inc. I. Cuidando-se de pista com circulação nos dois sentidos, posicionar-se-á o máximo possível rente ao seu eixo ou à linha divisória.

Nas conversões à esquerda, especialmente em rua movimentada, por cortarem o fluxo contrário de trânsito, munir-se-ão os condutores de todas as cautelas, sobretudo por constituir a manobra conduta de risco elevado. Parando o automóvel no eixo da pista, ou na sua linha divisória, o condutor aguardará com maior segurança o momento oportuno para atravessar a via, sem, com isso, obstruir o trânsito que ali é desenvolvido.

É de ser salientado, entretanto, que esse posicionamento no meio da pista, e após infletir para a esquerda, é autorizado unicamente em vias urbanas, e não em estradas ou vias de longa extensão, e que têm preferência em relação a qualquer outra. Normalmente, as estradas possuem acostamentos, onde a manobra será realizada de acordo com o previsto no art. 37 do Código.

No parágrafo único vem estabelecida a preferência de passagem aos pedestres, ciclistas e veículos que transitem em sentido contrário. Respeitam-se, assim, as normas atinentes à preferência de passagem, ou seja, quem já estiver circulando na via terá a preferência,

148 | ACIDENTES DE TRÂNSITO: RESPONSABILIDADE E REPARAÇÃO – *Arnaldo Rizzardo*

obedecendo-se, é claro, às exceções que constarem previstas no Código, *v.g.*, a atribuída às ambulâncias e aos veículos de polícia, quando em serviço (inc. VII do art. 29).

13 RETORNO NAS VIAS URBANAS

Consta do art. 39: "Nas vias urbanas, a operação de retorno deverá ser feita nos locais para isto determinados, quer por meio de sinalização, quer pela existência de locais apropriados, ou, ainda, em outros locais que ofereçam condições de segurança e fluidez, observadas as características da via, do veículo, das condições meteorológicas e da movimentação de pedestres e ciclistas".

Efetua-se a operação de retorno sempre com o máximo de cautela, nos locais determinados ou apropriados, ou, ainda, quando houver condições para que a manobra seja realizada com segurança e fluidez.

Os locais determinados para a realização de retorno normalmente são indicados por meio de sinalização adequada, informando aos motoristas a existência de um local para a manobra. Nas pistas de sentido único de direção, é comum que se encontre do lado esquerdo da pista, possibilitando que o veículo atravesse para a outra via, onde o trânsito flui no sentido contrário. No caso de via com circulação nos dois sentidos, o lugar apropriado para a efetivação do retorno fica, na maioria das vezes, à direita da pista, consistente em uma entrada, onde o veículo faz a volta e aguarda o momento oportuno para atravessar a via e efetuar a manobra.

Não havendo esses locais específicos, deverá o condutor escolher outro que apresente segurança, preferencialmente um acostamento, e aguardar até que a pista fique livre ou ofereça condições para a efetivação da operação.

Leva-se sempre em consideração se a via proporciona locais apropriados, como, *v.g.*, não ser pista muito estreita ou esburacada; se o veículo permite que o retorno seja efetuado com segurança e rapidez (os caminhões são mais lentos e, em alguns locais, por serem muito grandes, não conseguem realizar a operação, a não ser em um tempo muito demorado, o que certamente causaria transtornos e a obstaculização da via); as condições meteorológicas, pois em um dia chuvoso a cautela deve ser redobrada, ainda mais em pistas que ficam escorregadias; e a movimentação de pedestres e ciclistas que, conforme visto no parágrafo único do art. 38, sempre terão preferência se já estiverem na via quando for realizada a operação de mudança de direção (no caso, o retorno).

14 USO DAS LUZES DO VEÍCULO

De notar, primeiramente, que o tráfego, à noite, de veículo com faróis desligados constitui elemento de culpa nos acidentes que ocorrerem, no que exemplifica a jurisprudência: "O tráfego irregular do veículo na pista que é empurrado por seus ocupantes com as luzes apagadas, à noite, em lugar desprovido de iluminação artificial, configura culpa exclusiva em evento danoso que vier a ocorrer com o veículo que trafega atrás, especialmente quando não exigível do motorista deste providência diversa e o fato é imprevisível".[12]

Quanto ao uso de luzes, impõe o art. 40: "O uso de luzes em veículo obedecerá às seguintes determinações: (...)".

As luzes no veículo, como faróis, sinaleiras e luz de placa, em muito contribuem para que a circulação ocorra de forma segura, ajudando o motorista a ter melhor visibilidade da pista, ou

---

[12] 1.º Colégio Recursal, JE Cív./SP, Rec. 12.095, j. 26.06.2003, *Adcoas* 8220025, *Boletim de Jurisprudência Adcoas* 39/612, set. 2003.

a indicar alguma situação anormal, e servindo, ainda, para revelar a própria presença do veículo aos demais usuários. Assim, devido a essa importância, são traçadas várias normas para o uso das luzes, cujo desrespeito poderá concorrer para acidentes e, assim, acarretar a responsabilidade.

a) Uso dos faróis

"I – o condutor manterá acesos os faróis do veículo, utilizando luz baixa, durante a noite e durante o dia nos túneis providos de iluminação pública e nas rodovias (redação da Lei n.º 13.290/2016);

II – nas vias não iluminadas o condutor deve usar luz alta, exceto ao cruzar com outro veículo ou ao segui-lo;

III – a troca de luz baixa e alta, de forma intermitente e por curto período de tempo, com o objetivo de advertir outros motoristas, só poderá ser utilizada para indicar a intenção de ultrapassar o veículo que segue à frente ou para indicar a existência de risco à segurança para os veículos que circulam no sentido contrário."

Inicialmente, regula-se o uso dos faróis, que devem estar acesos, em ocasiões especificadas na posição de luz baixa (inc. I).

Em primeiro lugar, nos túneis, principalmente os mais longos, é importante que os faróis estejam sempre acionados, mesmo durante o dia, eis que são lugares escuros, onde a visibilidade é prejudicada, inclusive nos que possuem iluminação. Para melhorar a visibilidade é que se prevê o uso dos faróis nesses locais. Em segundo lugar, nas rodovias também passou a ser obrigatório o uso de luz baixa nas rodovias, que são as vias rurais pavimentadas, isto é, as vias que se estendem fora dos perímetros urbanos. A exigência não abrange as estradas, que são as vias rurais não pavimentadas.

O dispositivo acima discrimina as hipóteses de uso obrigatório dos faróis acesos. Não proíbe outras situações, depreendendo-se a permissão para constantemente trafegar com eles ligados, se tal for da vontade do condutor.

A Lei 14.071, publicada em 14.10.2020, e devendo entrar em vigor depois de 180 dias, modificou o inc. I, passando a ter a seguinte redação: "I – o condutor manterá acesos os faróis do veículo, por meio da utilização da luz baixa: a) à noite; b) mesmo durante o dia, em túneis e sob chuva, neblina ou cerração".

No inc. II, há a previsão de que em circulação, nas vias não iluminadas, o condutor manterá acesos os faróis do veículo, sempre com luz alta, entendendo-se que seja durante a noite, embora não mencionada expressamente essa circunstância. Ademais, referindo a norma o uso nas vias não iluminadas, conclui-se que unicamente durante a noite incide a obrigação, eis que, no período diurno, não se mantém ligada a iluminação. Inclusive nas vias urbanas segue-se a determinação, caso desprovidas de iluminação. Nas estradas e rodovias, o conveniente é circular constantemente com os faróis acesos, mesmo durante o dia, por ensejar a visualização do veículo a longa distância.

Determina-se que nas vias desprovidas de iluminação pública é obrigatório o uso da luz alta, com o que resultará maior visibilidade da pista. Excetuam-se desse preceito os casos em que se cruzar com outro veículo vindo na direção oposta, ou quando outro veículo transitar numa distância não muito longa na frente, pois, com o uso da luz alta nessas hipóteses, ofuscar-se-ia a visão dos condutores de tais veículos, fator capaz de ocasionar algum acidente ou manobra perigosa. Nesse caso – uso do facho de luz alta perturbando a visão de outro motorista –, incorrerá o condutor na infração prevista no art. 223.

Mesmo em vias iluminadas é de se acionar o uso dos faróis, mas então com a luz baixa, permitindo que o condutor tenha uma visão bastante clara da pista e possibilitando aos demais usuários a visualização de seu veículo a uma distância maior do que a normal.

Em certas ocasiões, tolera-se e aconselha-se a troca de luz alta e baixa de forma inter-mitente (inc. III). É o caso de uso como forma de indicar ao motorista de veículo que segue à frente a intenção de ultrapassá-lo, e de que seja facilitada tal manobra. Possível de ocorrer, também, em situações de emergência que ensejam um deslocamento mais rápido, ou em vias que permitem uma velocidade elevada, quando o veículo que segue à frente transitar em velocidade inferior à máxima permitida.

Também é usada a troca de luz quando se desejar avisar outros motoristas que há algum risco para o trânsito, advertindo que deve haver cautela maior, como nos casos de acidentes, buracos na pista, deslizamentos e estradas interrompidas.

Ressalta-se que somente nessas hipóteses é que se permite a troca de luz, conforme prevê o art. 251, considerando como infração tal ato em outras situações que não as previstas no Código, como, *v.g.*, sinal de luz indicando que há policiamento na via, fato que é proibido e punido com multa.

b) Uso das luzes de posição

"IV – o condutor manterá acesas pelo menos as luzes de posição do veículo quando sob chuva forte, neblina ou cerração."

Luz de posição do veículo, na forma do disposto no Anexo I do Código, é a "luz do veículo destinada a indicar a presença e a largura do veículo". Na maioria dos automóveis consiste na primeira fase dos faróis, quando a luz gerada é fraca.

Com a finalidade de indicar justamente a presença e a largura do veículo é que se exige o uso das luzes de posição quando sob chuva forte, neblina ou cerração, que são situações em que a visibilidade fica prejudicada. Assim, mantendo acesas as luzes de posição, possibilita-se que o veículo transite de forma mais segura, permitindo a visualização do automóvel mesmo nas ocasiões em que fica dificultada a verificação da sua presença. No entanto, é de se anotar que a Lei 14.071, publicada em 14.10.2020, a entrar em vigência 180 dias da publicação, revogou o inciso IV.

c) Uso do pisca-alerta

"V – o condutor utilizará o pisca-alerta nas seguintes situações:

a) em imobilizações ou situações de emergência;

b) quando a regulamentação da via assim o determinar."

De acordo com o Anexo I do Código, consiste o pisca-alerta em uma "luz intermitente do veículo, utilizada em caráter de advertência, destinada a indicar aos demais usuários da via que o veículo está imobilizado ou em situação de emergência".

O inc. V nada mais faz do que dar obrigatoriedade ao conceito. Será usado o pisca-alerta somente em situações excepcionais, como forma de advertir os demais usuários para que tomem precauções ao cruzar pelo veículo, ou para indicar que se precisa de ajuda.

Uma das hipóteses previstas para o uso do pisca-alerta é em caso de imobilizações ou situações de emergência (alínea *a*). Assim, pode ocorrer, *v.g.*, nos casos em que o veículo não puder prosseguir devido a algum defeito mecânico, tendo de ficar parado na via, advertindo, com o uso do dispositivo, da anormalidade e para a cautela de desvio, pois aguarda conserto. Da mesma forma quando se transporta uma pessoa que está passando mal e necessitando chegar a hospital, quando o pisca-alerta indicará aos demais motoristas a urgência no deslocamento.

Igualmente é demandada a utilização do pisca-alerta quando o determinar a regulamen-tação da via (alínea *b*). Cuida-se de uma inovação trazida pelo Código, no sentido de que algumas vias, por exigirem dos condutores cuidado maior no dirigir e velocidade reduzida, requerem o uso do pisca-alerta como forma de prevenir e avisar dos riscos ali existentes.

Também é utilizado o pisca-alerta quando se deseja advertir os demais usuários que há algum problema na via, como um acidente ou bloqueio parcial por defeito na pista. Da mesma forma, quando é realizado transporte de cargas perigosas ou muito pesadas, sendo obrigado o veículo a transitar em velocidade reduzida, o pisca-alerta transmitirá aos demais usuários a necessidade de serem tomadas precauções.

15 FRENAGEM BRUSCA DO VEÍCULO

Manda o art. 42: "Nenhum condutor deverá frear bruscamente seu veículo, salvo por razões de segurança".

Muitos acidentes decorrem da frenagem brusca e repentina do veículo que trafega à frente, a qual, por ser totalmente imprevista, não dá tempo e condições para que o motorista que vem atrás pare o veículo, ou desvie para evitar o choque.

Daí o preceito estabelecendo a proibição ao motorista de frear bruscamente, mormente quando for desnecessário e incabível, havendo condições de pará-lo lentamente, como forma de garantir a sua segurança e a dos demais usuários da via.

Na colisão por trás, embora a presunção de culpa seja daquele que bate, pois deve sempre manter certa distância de segurança (art. 29, II), sabe-se que esse princípio é relativo, afastando-se a culpa se demonstrado que o veículo da frente agiu de forma imprudente e com manobra desnecessária, situação comum na freada repentina.

Isso ocorre pelo fato de que, parando o motorista o veículo repentinamente, ou de inopino, não pode pretender se beneficiar da presunção de culpa daquele que o abalroa por trás.

No entanto, não é sempre que a frenagem brusca é desautorizada. Surgem casos que levam à necessidade e à permissão, sendo de fundamental importância para a segurança no trânsito. Excepcionalmente autoriza-se nas situações de inevitabilidade de conduta diferente, como, *v.g.*, na de um veículo cortar inesperadamente a frente do que tem a preferência, o qual se vê constrangido a frear bruscamente para evitar a colisão. Outrossim, se um pedestre atravessar inadvertidamente a rua, tendo o motorista de parar de inopino para não atropelar o transeunte.

16 CUIDADOS AO REGULAR A VELOCIDADE

Exige o art. 43:

"Art. 43. Ao regular a velocidade, o condutor deverá observar constantemente as condições físicas da via, do veículo e da carga, as condições meteorológicas e a intensidade do trânsito, obedecendo aos limites máximos de velocidade estabelecidos para a via, além de:

I – não obstruir a marcha normal dos demais veículos em circulação sem causa justificada, transitando a uma velocidade anormalmente reduzida;

II – sempre que quiser diminuir a velocidade de seu veículo deverá antes certificar-se de que pode fazê-lo sem risco nem inconvenientes para os outros condutores, a não ser que haja perigo iminente;

III – indicar, de forma clara, com a antecedência necessária e a sinalização devida, a manobra de redução de velocidade".

Inúmeros são os preceitos e fatores que conduzem à observância da velocidade ao dirigir, sempre visando garantir uma maior segurança no trânsito. Sendo a velocidade fator extremamente importante no tráfego e apontada por muitos como responsável por grande parte dos acidentes – embora a imprudência e a falta de bom senso de alguns motoristas sejam preponderantes –, é de relevância que haja normas e atos de estrita obediência pelo motorista ao regular a velocidade.

No *caput* do art. 43, prescrevem-se fatores de rigorosa e constante atenção pelo condutor ao dimensionar a velocidade, atinentes às condições da via, do veículo e da carga que é transportada. Uma via em melhores condições de trafegabilidade permite velocidade mais elevada, levando-se em conta a possibilidade do veículo, o perfeito funcionamento, a potência do motor, a correta e boa manutenção, bem como o volume e o peso da carga. Um veículo com muito peso deve transitar com maior cuidado e com velocidade reduzida relativamente aos demais.

As condições meteorológicas e a intensidade do trânsito também são levadas em alta conta, pois com chuva há maiores riscos, impondo-se uma velocidade bem menor do que em dias secos. Relativamente à intensidade do trânsito, quanto maior for o número de veículos circulando na via, obviamente a velocidade será reduzida, por aumentar a probabilidade de acidentes e por haver um menor espaço físico para velocidade superior. Da mesma forma, é evidente que serão obedecidos os limites máximos de velocidade estabelecidos para a via, indicados por meio de sinalização ou, quando inexistente, observados segundo o disposto no § 1.º do art. 61, que será objeto de análise no momento oportuno.

Além desses preceitos estabelecidos no *caput*, preveem-se outras condutas impostas ao motorista, sempre ligadas à velocidade desenvolvida.

No inc. I impede-se que o condutor transite a uma velocidade excessivamente reduzida sem causa justificada, ou fora do normal, evitando, com isso, a obstrução da marcha dos demais veículos em circulação. É defeso ao condutor, em rodovias de trânsito rápido, circular a uma velocidade assaz reduzida, como se estivesse passeando ou olhando a paisagem, impedindo que os demais veículos circulem de acordo com o permitido para a via, sob pena de incidir na infração prevista no art. 219, que prevê como infração média o ato de transitar em velocidade inferior à metade da máxima estabelecida para o local.

Tal velocidade diminuta só é admitida em casos justificados, como, *v.g.*, em havendo defeito mecânico no veículo (caso em que deverá transitar com o pisca-alerta acionado), se as condições da pista e do clima a exigirem ou se trafegar na faixa da direita, no caso de estender-se mais de uma faixa de circulação no mesmo sentido.

Para a eventualidade de o condutor querer diminuir a velocidade do veículo, incumbe-lhe certificar-se de que pode realizar a manobra sem causar riscos ou inconvenientes para os demais motoristas, a menos que se depare com perigo iminente (inc. II).

A redução da velocidade sempre implicará a mudança do fluxo do veículo e, não raras vezes, dos demais que demandam atrás. Cuida-se, pois, de manobra que reclama cautela e observância no tráfego desenvolvido, a fim de não causar nenhum perigo com uma redução repentina da velocidade. Deparando-se com algum perigo iminente, como um buraco na pista ou a visualização de algum pedestre que demonstre a intenção de cruzar a rua, é possível e necessária a diminuição da velocidade de forma mais célere, dispensando os cuidados habituais, como forma de garantir a segurança do próprio condutor e dos demais usuários.

Também agrega-se aos deveres do motorista, antes de iniciar a manobra de redução da velocidade, indicar de modo claro e com a devida sinalização a sua intenção (inc. III). A norma é reclamada para que os demais condutores saibam que a velocidade do veículo da frente será reduzida, munindo-se eles, então, das devidas cautelas. A forma mais empregada para indicar a intenção de reduzir a velocidade é por meio da luz de freio, que é acionada por um leve toque no pedal correspondente, de modo a reduzir lentamente a velocidade ou, em alguns casos, por meio de gesto convencional de braço.

17 PRUDÊNCIA NA APROXIMAÇÃO DE CRUZAMENTOS

Encerra o art. 44: "Ao aproximar-se de qualquer tipo de cruzamento, o condutor do veículo deve demonstrar prudência especial, transitando em velocidade moderada, de forma que possa deter seu veículo com segurança para dar passagem a pedestres e a veículos que tenham o direito de preferência".

Como já referido em tópicos anteriores, sempre que o condutor se aproximar de cruzamentos, agirá com cautela especial, imprimindo velocidade moderada, capaz de lhe permitir que pare o veículo com segurança no caso de haver algum pedestre atravessando a pista, ou se deparar com veículo tendo o direito de preferência no cruzamento. Cuida-se de norma direcionada à segurança no trânsito, visando impedir colisões e atropelamentos, de grande frequência em cruzamentos, o que representa um sintoma do tráfego em alta velocidade e da ausência de atenção quando das manobras em inflexões para as direções das várias artérias que se encontram.

Salienta-se que são cuidados de rigorosa obediência nos cruzamentos, mesmo que amparado o condutor na preferência de passagem, pois assim consegue-se evitar acidentes inclusive nos casos em que o veículo tem a frente "cortada" por outro que, inadvertidamente, cruza a via sem respeitar a preferência, ou não verifica se há outro automóvel transitando na pista. Essa conduta faz parte das medidas preconizadas como direção defensiva.

18 IMOBILIZAÇÃO TEMPORÁRIA DO VEÍCULO NA VIA

Prescreve o art. 46: "Sempre que for necessária a imobilização temporária de um veículo no leito viário, em situação de emergência, deverá ser providenciada a imediata sinalização de advertência, na forma estabelecida pelo CONTRAN".

Há situações em que é necessária a imobilização temporária do veículo no leito viário, sempre determinada por fatores de emergência, como nos casos de repentino defeito mecânico no carro ou de acidentes, em que é aconselhável que o veículo permaneça no local do sinistro para provável averiguação policial.

Em tal quadro, o condutor providenciará a imediata sinalização de advertência, como acionar o pisca-alerta (na forma do previsto na alínea *a* do inc. V do art. 40) e utilizar o triângulo de sinalização, conhecido como dispositivo de sinalização refletora de emergência.

Agindo dessa maneira, os demais usuários da via serão advertidos de que há um veículo parado em situação de emergência, tomando as devidas precauções.

19 EMBARQUE E DESEMBARQUE DO VEÍCULO

Consta do art. 49:

"Art. 49. O condutor e os passageiros não deverão abrir a porta do veículo, deixá-la aberta ou descer do veículo sem antes se certificarem de que isso não constitui perigo para eles e para outros usuários da via.

Parágrafo único. O embarque e o desembarque devem ocorrer sempre do lado da calçada, exceto para o condutor".

Por meio de uma norma de conduta dirigida à segurança de todos os usuários da via, prescreve-se que o ato de abrir a porta do veículo será precedido de certa cautela, visando evitar acidentes que muitas vezes ocorrem por apanharem-se os condutores de surpresa quando é aberta de inopino porta de veículo que se encontra estacionado.

Assim, cumpre ao condutor, ao estacionar, observar o movimento de veículos na via, assegurando-se de que se encontra livre ou ao menos lhe oferece segurança, para somente então abrir a porta, ou permitir que o acompanhante abra a do seu lado.

Efetivamente, age imprudentemente o motorista que, estacionado, abre a porta do veículo, sem previamente verificar a movimentação de outros automotores, como já se decidiu:

"De acordo com o art. 49 do CTB, o condutor e os passageiros não deverão abrir a porta do veículo, deixá-la aberta ou descer do veículo sem antes se certificarem de que isso não constitui perigo para eles e para outros usuários da via".

Consta do acórdão: "Por meio de uma norma de conduta dirigida à segurança de todos os usuários da via, prescreve-se que o ato de abrir a porta do veículo deve ser precedido de certa cautela, no intuito de evitar acidentes que muitas vezes ocorrem por apanharem-se os condutores de surpresa quando é aberta subitamente porta de veículo que se encontra estacionado. Assim, cumpre ao condutor, ao estacionar, observar o movimento de veículos na via, assegurando-se de que se encontra livre ou ao menos lhe oferece segurança, para somente então abrir a porta, ou permitir que o acompanhante abra a do seu lado (...).

O preceito contido no mencionado dispositivo legal demonstra, com clareza, que age com imprudência o motorista que abre a porta do automóvel sem previamente verificar a movimentação ou fluxo de outros veículos, devendo o condutor que assim procede ser responsabilizado na hipótese de sua conduta ser causadora de qualquer acidente".[13]

Daí a importância de agirem o condutor e os passageiros do veículo com prudência ao abrirem a porta do automóvel.

No parágrafo único impõe-se que o embarque e o desembarque ocorrerão sempre do lado da calçada. Como já frisado, evita-se que seja aberta a porta do lado da rua, onde aumentam os riscos de acidentes, em virtude do tráfego ali existente. Excetua-se da regra o motorista, eis que seria criar uma dificuldade maior impor que ele saísse pelo lado da calçada, até por razões de espaço físico, já que teria de se deslocar de um banco para outro, passando por cima da alavanca da marcha ou do painel de controle (em alguns veículos, situado ao lado do banco – como o acionamento de vidros elétricos), exigindo não raramente certos malabarismos. Assim, admite-se que o condutor embarque e desembarque pelo lado da pista, mas sempre munindo-se das devidas precauções para a sua segurança e a dos demais usuários.

20 CONDUÇÃO DE VEÍCULOS DE TRAÇÃO ANIMAL

Manda o art. 52: "Os veículos de tração animal serão conduzidos pela direita da pista, junto à guia da calçada (meio-fio) ou acostamento, sempre que não houver faixa especial a eles destinada, devendo seus condutores obedecer, no que couber, às normas de circulação previstas neste Código e às que vierem a ser fixadas pelo órgão ou entidade com circunscrição sobre a via".

As normas de circulação e conduta são cogentes e obrigatórias a todos os usuários das vias terrestres. Assim, também os veículos de tração animal, como carroças e charretes, circularão de acordo com os parâmetros do Código.

Dada a sua circulação lenta, os veículos de tração animal serão conduzidos pela direita da pista, junto à guia da calçada (meio-fio) ou acostamento, não obstruindo, assim, o trânsito dos veículos automotores, que desenvolvem uma velocidade superior, e deixando um espaço maior na pista. No caso de trafegarem pelo acostamento, a pista ficará livre e reservada apenas aos automotores. Logicamente, essa conduta é exigida tão somente nos locais onde não houver faixa especial a eles destinada, na qual trafegarão, sem ingressar na reservada aos demais veículos.

Seguindo a regra geral, como acima frisado, os condutores desses veículos acatarão as normas de circulação previstas no Código, no que lhes for pertinente, e as que se introduzirem pelo órgão ou entidade com circunscrição sobre a via.

---

[13]   STJ, REsp 1.635.638/SP, 3.ª Turma, rel. Min. Nancy Andrighi, j. 04.04.2017, *DJe* 10.04.2017.

21 CIRCULAÇÃO DE ANIMAIS NAS VIAS

Dispõe o art. 53:

"Art. 53. Os animais isolados ou em grupos só podem circular nas vias quando conduzidos por um guia, observado o seguinte:

I – para facilitar os deslocamentos, os rebanhos deverão ser divididos em grupos de tamanho moderado e separados uns dos outros por espaços suficientes para não obstruir o trânsito;

II – os animais que circularem pela pista de rolamento deverão ser mantidos junto ao bordo da pista".

Muitas vezes se faz necessária a circulação de animais nas vias, como, *v.g.*, quando conduzidos para outra parte do campo, onde o acesso pela via se apresenta mais fácil e rápido, ou quando o campo se situa do lado oposto da via. Dentro dessa realidade, traçam-se normas observáveis quando da circulação de animais, isolados ou em grupos, acompanhados obrigatoriamente, por todo o trajeto, de um ou mais guias para o controle.

Inicialmente, dispõe-se sobre a divisão dos rebanhos em grupos de tamanho moderado, separados uns dos outros por espaços suficientes, de modo a não prejudicar ou até impedir o trânsito, facilitando o deslocamento dos animais (inc. I). Evita-se a concentração ou o ajuntamento de muitos animais, o que dificultaria o controle por parte do guia, e certamente impediria a passagem dos veículos que trafegam na via. Divididos em grupos moderados, o controle é facilitado e dificilmente os animais obstruirão o trânsito, pois separados uns dos outros, de forma que possam circular somente pelo acostamento da pista.

No caso de não haver alternativa outra que a circulação pela pista de rolamento (inc. II), manter-se-ão os animais junto ao bordo da pista, de forma a permitir espaço e condições para a passagem dos veículos com segurança. Certamente o condutor do veículo que perceber a circulação de animais na pista diminuirá a sua velocidade, passando pelo local com maior cautela, mantendo certa distância entre o automóvel e os animais, o que lhe dará maior segurança e diminuirá o risco de acidentes no caso de um animal sair do grupo e do controle do guia, o que é muito comum.

22 CIRCULAÇÃO DE MOTOCICLETAS, MOTONETAS, CICLOMOTORES E BICICLETAS

Traz o Código uma série de normas relativamente à circulação de motocicletas, motonetas e ciclomotores. Tais veículos passaram a ocupar grande importância e ser objeto de preocupação nos últimos tempos, não apenas pelo grau de perigo que oferecem aos seus condutores, mas pela forma como trafegam, provocando situações de risco constante ao trânsito em geral. Com efeito, devido ao seu tamanho reduzido e à facilidade com que se deslocam, são utilizados em grande escala em várias atividades, como de pequenos transportes de produtos comerciais e alimentos, de encomendas rápidas, propagando-se o uso inclusive nas atividades de interesse público, e assim nas entregas de correspondência, nos serviços de comunicações, nas escoltas e no próprio policiamento em vias públicas.

Diante do trânsito cada vez mais tumultuado e trancado dos centros urbanos, especialmente as motocicletas representam uma alternativa de deslocamento rápido. Difunde-se o uso na camada da população mais jovem, pelo atrativo ou fascínio de liberdade e clima de aventura que proporcionam.

Consoante o Anexo I do Código, *motocicleta* corresponde ao "veículo automotor de duas rodas, com ou sem *sidecar*, dirigido por condutor em posição montada". *Motoneta* é o "veículo automotor de duas rodas, dirigido por condutor em posição sentada". E como *ciclomotor* define-se "o veículo de duas ou três rodas, provido de um motor de combustão interna, cuja cilindrada não exceda a cinquenta centímetros cúbicos (3,05 polegadas cúbicas) e cuja velocidade máxima de fabricação não exceda a cinquenta quilômetros por hora". *Bicicleta* vem a ser o "veículo de propulsão humana, dotado de duas rodas, não sendo, para efeito deste Código, similar à motocicleta, motoneta e ciclomotor".

Seguem as principais disposições do Código a respeito do assunto.

a) Quanto aos condutores

"Art. 54. Os condutores de motocicletas, motonetas e ciclomotores só poderão circular nas vias:

I – utilizando capacete de segurança, com viseira ou óculos protetores;

II – segurando o guidom com as duas mãos;

III – usando vestuário de proteção, de acordo com as especificações do CONTRAN."

b) Quanto ao transporte de passageiros

"Art. 55. Os passageiros de motocicletas, motonetas e ciclomotores só poderão ser transportados:

I – utilizando capacete de segurança;

II – em carro lateral acoplado aos veículos ou em assento suplementar atrás do condutor;

III – usando vestuário de proteção, de acordo com as especificações do CONTRAN."

c) Quanto à condução de ciclomotores

"Art. 57. Os ciclomotores devem ser conduzidos pela direita da pista de rolamento, preferencialmente no centro da faixa mais à direita ou no bordo direito da pista sempre que não houver acostamento ou faixa própria a eles destinada, proibida a sua circulação nas vias de trânsito rápido e sobre as calçadas das vias urbanas.

Parágrafo único. Quando uma via comportar duas ou mais faixas de trânsito e a da direita for destinada ao uso exclusivo de outro tipo de veículo, os ciclomotores deverão circular pela faixa adjacente à da direita."

d) Quanto à circulação de bicicletas

"Art. 58. Nas vias urbanas e nas rurais de pista dupla, a circulação de bicicletas deverá ocorrer, quando não houver ciclovia, ciclofaixa, ou acostamento, ou quando não for possível a utilização destes, nos bordos da pista de rolamento, no mesmo sentido de circulação regulamentado para a via, com preferência sobre os veículos automotores.

Parágrafo único. A autoridade de trânsito com circunscrição sobre a via poderá autorizar a circulação de bicicletas no sentido contrário ao fluxo dos veículos automotores, desde que dotado o trecho com ciclofaixa.

Art. 59. Desde que autorizado e devidamente sinalizado pelo órgão ou entidade com circunscrição sobre a via, será permitida a circulação de bicicletas nos passeios."

23 USO OBRIGATÓRIO DO CINTO DE SEGURANÇA

Estabelece o art. 65: "É obrigatório o uso do cinto de segurança para condutor e passageiros em todas as vias do território nacional, salvo em situações regulamentadas pelo CONTRAN".

A obrigatoriedade do uso do cinto de segurança em todas as vias do território nacional é outra grande novidade trazida pelo atual Código, cuidando-se de dispositivo aguardado por muitos como uma das soluções para diminuir a mortalidade e as lesões graves ocorridas em acidentes. A não observância do uso importa em infração.

A obrigatoriedade do uso diz respeito a toda e qualquer circulação de veículo, na generalidade das vias do território nacional.

É incontroverso que o uso do cinto de segurança diminui em muito os riscos de lesões graves na eventualidade de acidente, protegendo o motorista e os passageiros no momento do impacto, principalmente os que se encontram nos bancos dianteiros.

Para cada pessoa que estiver no veículo deverá haver um cinto de segurança. Se cinco os cintos, unicamente cinco pessoas poderão ser transportadas. Mesmo que um dos passageiros seja criança recém-nascida, deverá existir, para ela, um cinto de segurança, ou um sistema de retenção equivalente (cadeirinha presa no encosto do banco, popularmente denominada *moisés*). Encontrando-se dormindo a criança, não poderá permanecer no colo. Apesar de ordenar o Código que os menores de dez anos somente possam viajar no banco traseiro, havendo unicamente quatro menores sendo transportados pelo condutor, em um automóvel, permite-se ao de maior estatura que fique no banco dianteiro. Em camionetas com um único banco, igualmente autorizado o transporte de menor.

A Lei 14.071, publicada em 14.10.2020, e com vigência a partir de 180 dias da publicação, encerra a seguinte regra no art. 64 e em seu parágrafo único do CTB, alterando redação anterior: "As crianças com idade inferior a 10 (dez) anos que não tenham atingido 1,45 m (um metro e quarenta e cinco centímetros) de altura devem ser transportadas nos bancos traseiros, em dispositivo de retenção adequado para cada idade, peso e altura, salvo exceções relacionadas a tipos específicos de veículos regulamentadas pelo Contran. Parágrafo único. O Contran disciplinará o uso excepcional de dispositivos de retenção no banco dianteiro do veículo e as especificações técnicas dos dispositivos de retenção a que se refere o caput deste artigo".

Pelos danos ocorridos ou agravados em decorrência da falta de uso deve responder o condutor ou proprietário, posto que obrigatório. Afigurando-se a certeza das decorrências prejudiciais da desobediência à determinação, revela imprudência e negligência a conduta que aceita transportar pessoa sem a devida colocação do cinto. A obstinação do passageiro, que retira o equipamento no curso da viagem, e vindo ele a se lesionar em acidente, importa em isentar o condutor de responsabilidade.

Se a falta de uso não isenta aquele que provoca acidente e lesões, na verdade decorre o agravamento das consequências, importando em reconhecer a concorrência de culpa, situação bem exposta no seguinte aresto: "Vítima que não utilizava cinto de segurança. Fato relevante para as consequências do acidente. Configuração de culpa concorrente e não exclusiva. Redução proporcional das verbas indenizatórias".[14]

"Solidariedade passiva da proprietária do veículo. 1.2. Reconhecimento da culpa concorrente (estimada em 30%). Caso em que a autora não utilizava na oportunidade cinto de segurança, tendo sido projetada contra o painel e para-brisa do veículo. Descumprimento da obrigatoriedade imposta pelo art. 65 do Código de Trânsito. Lesões que teriam sido minoradas, ou evitadas, se utilizado o equipamento. Precedentes".[15]

---

[14] TJPR, 1.ª Câm. Cív., Ap. Cív. 7131946/PR 0713194-6, rel. Vitor Roberto Silva, j. 16.06.2011.

[15] TJRS, Ap. Cív. 70023930282, 12.ª Câm. Cív., rel. Des. Orlando Henemann Júnior, j. 25.09.2008, publ. 24.10.2008.

Capítulo XIII
Situações Caracterizadoras da Culpa

1 CULPA E CONDUTA

Não há dúvida de que a conduta humana é praticamente a única causadora dos acidentes de trânsito. No ato de dirigir são infringidas as regras básicas da direção, quer as delineadas em leis e regulamentos vigentes, quer as ditadas pelo bom senso, o que determina as colisões, as derrapagens, os abalroamentos, as quedas, os atropelamentos e toda sorte de sinistros e danos, que podem acarretar direito à indenização em favor das vítimas ou lesados.

É justamente o estudo da conduta humana que interessa para se vislumbrar o elemento que autoriza a indenização, especialmente naquelas hipóteses já consolidadas na prática pretoriana, que trazem ínsita a culpa em suas várias modalidades de manifestação. Hipóteses essas que variam e se multiplicam consideravelmente, em proporção direta ao grau de incapacidade, despreparo e irresponsabilidade dos condutores, que colocam o País na vanguarda das estatísticas em acidentes de trânsito que ocorrem na generalidade das nações.

Por meio de inúmeras formas de conduta percebe-se a presença ou não da culpa nos acidentes de trânsito que se verificam. Em algumas, basta o fato para inferir o elemento subjetivo da ilicitude, ou da culpabilidade; em outras, impõe-se a responsabilidade mais por razões de ordem objetiva.

Aliás, basta ler o art. 28 do CTB (Lei 9.503/1997) para depreender como deve ser a conduta de quem dirige: "O condutor deverá, a todo momento, ter domínio de seu veículo, dirigindo-o com atenção e cuidados indispensáveis à segurança do trânsito". Segundo o art. 169 do mesmo diploma, "dirigir sem atenção ou sem os cuidados indispensáveis à segurança" constitui infração de natureza leve.

2 ABALROAMENTOS SUCESSIVOS

Os abalroamentos sucessivos acontecem principalmente em vias de tráfego congestionado, em momentos de deslocamento das pessoas para as periferias das cidades, ou ao término de eventos de grande frequência.

A pressa e a agitação incutem nervosismo e falta de calma nos condutores, que procuram fazer manobras arriscadas e sem condições de espaço para a ultrapassagem de veículos que se encontram à frente.

Em princípio, a culpa é sempre do motorista que bate atrás do carro que segue à frente, em função da regra de conduta que exige precaução e diligência em momentos de maior perigo, e que se encontra consubstanciada no art. 29, II, do Código de Trânsito Brasileiro, sancionado pela Lei 9.503/1997, e que já vinha no art. 175, III, do Regulamento do Código

Nacional de Trânsito de 1966 (Decreto 62.127/1968). Consta do art. 29, II, acima referido: "O condutor deverá guardar distância de segurança lateral e frontal entre o seu e os demais veículos, bem como em relação ao bordo da pista, considerando se, no momento, a velocidade e as condições do local, da circulação, do veículo e as condições climáticas".

Como a marcha desenvolvida é lenta, a distância entre um veículo e outro não necessita ser grande, mas o suficiente para frear sem perigo de colidir com o que segue à frente: "'Aquele que sofreu a batida na traseira de seu automóvel tem em seu favor a presunção de culpa do outro condutor, ante a aparente inobservância do dever de cautela pelo motorista, nos termos do inc. II do art. 29 do Código de Trânsito Brasileiro. Precedentes' (AgInt no AREsp n. 483.170/SP, Relator Ministro Marco Buzzi, Quarta Turma, julgado em 19.10.2017, *DJe* 25.10.2017)".[1]

Entretanto, situações especiais ocorrem, como na colisão, pelo veículo que está atrás, no veículo que vai à frente e que se encontra convergindo à esquerda, a fim de ultrapassar outro veículo. Os dois condutores refletem culpa na conduta: o que está à frente, por realizar a manobra sem condições propícias e fazer sinais; e aquele que o precede, por não revelar atenção.

Ou, ainda, a responsabilidade assenta-se no motorista que, integrando a corrente de tráfego, descura-se quanto à possibilidade de o veículo que lhe vai à frente ter de parar de inopino, determinando a colisão.

De modo geral, no abalroamento sucessivo, domina o entendimento de que a responsabilidade é do condutor que provocou a colisão no veículo que está à frente. Os demais veículos, uns batendo nos outros, consideram-se corpos neutros:

"No caso de colisões sucessivas, a presunção de culpa recai sobre o condutor do último veículo, já que este foi o último a abalroar a traseira do veículo à sua frente, caso em que se aplica a teoria do corpo neutro".[2]

"Tratando-se de colisões sucessivas, a presunção recai sobre o condutor que colide com o primeiro veículo, desencadeando as demais colisões."[3]

"Processo civil. Apelação cível. Indenização por danos materiais. Colisão de veículos. Engavetamento. Teoria do corpo neutro. Colisões sucessivas e independentes. Sentença reformada. Segundo a teoria do corpo neutro, o veículo lançado à frente na hipótese de engarrafamento não é considerado causador do sinistro, e, portanto, seu condutor exime-se de responsabilidade pelos danos suportados pelo proprietário do veículo abalroado."[4]

Logo, aplica-se a teoria do corpo neutro, pela qual aquele que desencadeou a primeira colisão responde por todas as que dela decorreram.

3 ACIDENTES EM FAIXAS DE SEGURANÇA PARA PEDESTRES

De modo especial nas vias urbanas estabelecem se faixas de preferência para a passagem de pedestres, às vezes com sinalização luminosa, que distribui momentos de travessia da pista, e às vezes sem tal sinalização.

---

[1] STJ, 4.ª Turma, AgInt no AREsp 1.162.733/RS, rel. Min. Antonio Carlos Ferreira, j. 12.12.2017, *DJe* 19.12.2017.

[2] TJRS, 12.ª Câm. Cív., Ap. Cív. 70035263102, rel. Elaine Maria Canto da Fonseca, j. 25.02.2016, *DJ* 02.03.2016.

[3] Recurso Cível 71005529755, 1.ª Turma Recursal Cível, Turmas Recursais, rel. Mara Lúcia Coccaro Martins Facchini, j. 24.11.2015.

[4] TJDF e Territórios, 3.ª Turma, rel. Fátima Rafael, Processo 57.2017.8.07.0010/DF 0703098-57.2017.8.07.0010, j. 21.06.2019, publ. 28.06.2010.

A respeito, ordena o art. 70 da Lei 9.503/1997 (Código de Trânsito Brasileiro), disposição já contida no art. 178, XI, do Regulamento do Código Nacional de Trânsito revogado: "Os pedestres que estiverem atravessando a via sobre as faixas delimitadas para esse fim terão prioridade de passagem, exceto nos locais com sinalização semafórica, onde deverão ser respeitadas as disposições deste Código". O parágrafo único: "Nos locais em que houver sinalização semafórica de controle de passagem será dada preferência aos pedestres que não tenham concluído a travessia, mesmo em caso de mudança do semáforo liberando a passagem dos veículos".

Nota se que a preferência não diz apenas com a sinalização luminosa favorável. Inclusive quando inexistir esta, e se encontre o pedestre atravessando a pista pela faixa de segurança, é obrigado o motorista a parar o veículo e aguardar que a pista fique livre.

Em geral, as faixas de segurança existem em locais de grande movimentação de pedestres, o que impõe redobrada atenção e redução da velocidade imprimida no veículo, em consonância com a regra do art. 311 do Código de Trânsito vigente: "Trafegar em velocidade incompatível com a segurança nas proximidades de escolas, hospitais, estações de embarque e desembarque de passageiros, logradouros estreitos, ou onde haja grande movimentação ou concentração de pessoas, gerando perigo de dano".

Como consta em jurisprudência, exige se a observância das convenções de trânsito relativas a faixas de segurança mesmo que se encontre o motorista em uma atividade que impõe alta velocidade:

"Reconhecida a culpa da ré pelo acidente, eis que transitava pela via sem a atenção e cuidados necessários, e, embora tenha antevisto o pedestre atravessando a pista, não logrou evitar o atropelamento. Caso em que a vítima foi atingida pelo veículo conduzido pela ré sobre a faixa de segurança. É devida indenização pelos danos morais advindos da violação da integridade física do autor. (...). Apelação parcialmente provida".[5]

"Age com culpa o motorista que atropela pedestre que transita em faixa. O dano moral sofrido pela autora está configurado em razão do próprio acidente, sendo cabível a condenação do réu a este título."[6]

4 ACIDENTES POR DEFEITOS NA PISTA

Com frequência, os acidentes se devem a defeitos apresentados pelas pistas, especialmente aquelas que permitem velocidade mais elevada, ou nas vias de trânsito rápido.

É dever do Poder Público sinalizar as rodovias e ruas urbanas que apresentarem defeitos, como se depreende do art. 90, § 1.º, da Lei 9.503/1997 (CTB): "O órgão ou entidade de trânsito com circunscrição sobre a via é responsável pela implantação da sinalização, respondendo pela sua falta, insuficiência ou incorreta colocação".

No tocante aos sinais, vários tipos se destacam na enumeração do art. 87 da mesma Lei 9.503/1997: "Os sinais de trânsito classificam se em: I – verticais; II – horizontais; III – dispositivos de sinalização auxiliar; IV – luminosos; V – sonoros; VI – gestos do agente de trânsito e do condutor".

Fundamentalmente, o objetivo é avisar os usuários da existência e natureza do perigo na via.

---

[5] TJRS, 11.ª Câm. Cív., Ap. Cív. 70055913198, rel. Luiz Roberto Imperatore de Assis Brasil, j. 26.02.2014.

[6] TJRS, 12.ª Câm. Cív., Ap. Cív. 70006079578, j. 29.05.2003, *Adcoas* 8221211, *Boletim de Jurisprudência Adcoas* 45/709, nov. 2003.

A jurisprudência tem firmado a responsabilidade do Poder Público pela falta de sinalização, vindo a ocorrer acidentes em virtude de defeitos na pista, quando graves, não perceptíveis facilmente: "Cuida-se de inconformismo contra acórdão do Tribunal de origem que condenou o DNIT por acidente sofrido por particular em virtude de ausência de sinalização no local em obras. No presente caso, não se está a condenar o recorrente pela existência de qualquer buraco na estrada, mas por falta de sinalização em obra, o que gerou estragos, na rodovia, hábeis a causar acidentes, como no caso em concreto. Importante destacar o Acórdão quando atesta a existência do nexo de causalidade entre a atuação do DNIT e o evento danoso, a responsabilidade civil decorrente de conduta omissiva verificada, o dano moral e a proporcionalidade da indenização".

É que, sustenta-se no voto, "no presente caso, não se está a condenar o recorrente pela existência de qualquer buraco na estrada, mas por falta de sinalização em uma obra, o que gerou estragos, na rodovia, hábeis a causar acidentes, como no caso em concreto. Importante destacar o Acórdão quando atesta a existência do nexo de causalidade entre a atuação do DNIT e o evento danoso, a responsabilidade civil decorrente de conduta omissiva verificada:

'O juízo de primeiro grau entendeu pela culpa do DNIT no tocante à presença do buraco sem qualquer sinalização, colocando em risco a integridade física dos motoristas que por ali passavam, mas também confere culpa em concorrência com o autor por não ter sido devidamente diligente na direção de sua motocicleta antes do trevo. Julgo, no entanto, que a parte autora tem razão ao afirmar que a culpa pelo ocorrido é exclusiva do DNIT, inexiste culpa concorrente sua. (…) A partir da análise acima, chego à conclusão de que o autor foi vítima do descaso do DNIT com a sinalização do local em obras.

A ré estava ciente de que deveria e como deveria prevenir acidentes na rodovia, mas se absteve de sinalizar o local. Ao contrário, estava a rodovia em obras, com material e maquinário próximos à pista e ainda assim os veículos circulavam sem nenhuma sinalização. Diante disso, a responsabilidade da Administração decorre de sua omissão em promover o correto gerenciamento e sinalização das mudanças ocorridas na rodovia em razão de obras. Houve deficiência desse aspecto, tendo em vista que a rodovia estava em obras, necessitando de melhor sinalização.

Não agiu com a devida prudência o DNIT, que, ao realizar intervenções na rodovia, deveria ter tomado as cautelas de sinalizar o trânsito. Verifica-se, assim, que o condutor trafegava pela rodovia que deveria estar mais bem sinalizada para que os motoristas percebessem que se aproximavam de uma rodovia modificada, com a aproximação de local perigoso (com buracos, pista com britas, por exemplo). Restou demonstrado que a falta de cuidado (serviço) para o tráfego com segurança na rodovia foram determinantes e causa direta e imediata para o incidente. Logo, as provas juntadas ao processo foram suficientes para comprovar o nexo de causalidade alegado".[7]

A falta de sinalização é o fator preponderante da responsabilidade do órgão responsável, mas pressupondo-se, sempre, o defeito na pista, conforme esta decisão: "O Tribunal *a quo* consignou que, 'diante das provas robustas de que o causador do acidente foram os buracos de grandes proporções encontrados na pista de rolamento, que se encontrava em condição ruim, aliado a falta de sinalização da existência do buraco ou sobre o perigo na pista, deve o DNIT ressarcir os danos materiais suportados pelo autor/apelado' e afastou a incomprovada a alegação de culpa exclusiva ou concorrente da vítima".[8]

---

[7] STJ, 2.ª Turma, REsp 1.793.090/RS, rel. Herman Benjamin, j. 16.05.2019, *DJe* 30.05.2019.

[8] STJ, 2.ª Turma, AgRg no AREsp 522.239/SC, rel. Herman Benjamin, j. 11.11.2014, *DJe* 05.12.2014.

A concessionária da via, ou a prestadora de serviços, na omissão da correta sinalização de defeitos ou de obras em andamento, responde objetivamente pelos danos advindos:

"As concessionárias de serviços rodoviários, nas suas relações com o usuário, subordinam-se aos preceitos do Código de Defesa do Consumidor e respondem objetivamente pelos defeitos na prestação do serviço. Precedentes.

No caso, a autora é consumidora por equiparação em relação ao defeito na prestação do serviço, nos termos do art. 17 do Código consumerista. Isso porque prevê o dispositivo que 'equiparam-se aos consumidores todas as vítimas do evento', ou seja, estende o conceito de consumidor àqueles que, mesmo não tendo sido consumidores diretos, acabam por sofrer as consequências do acidente de consumo, sendo também chamados de *bystanders* (consumidores por equiparação).

A responsabilidade civil das pessoas jurídicas de direito privado prestadoras de serviço público é objetiva relativamente a terceiros usuários e não usuários do serviço, segundo decorre do art. 37, § 6.º, da Constituição Federal (RE 591874, Relator(a): Min. Ricardo Lewandowski, Tribunal Pleno, julgado em 26.08.2009, Repercussão Geral – Mérito, *DJe-237* divulg. 17.12.2009, public. 18.12.2009)".[9]

É preciso, no entanto, que o defeito, geralmente buraco, tenha proporções completamente anormais e não seja facilmente perceptível, porquanto é comum em todas as pistas do País a existência de buracos, desníveis no asfalto, rompimentos nos acostamentos e várias outras contingências.

É evidente que a ocorrência de crateras nas vias, ou vãos causados pelas águas das chuvas, com mais de um metro de diâmetro e certa profundidade, importa em responsabilidade do ente público, que descurou na sua função de vigilância e advertência aos usuários.

De igual modo, incide a responsabilidade se o ente público faz ou permite a realização de obras ao longo das pistas, com escavações e depósitos de materiais nas margens, ausente qualquer sinalização.

5 ACIDENTE PROVOCADO EM OFICINA MECÂNICA À QUAL FOI CONFIADO O CARRO

É chamado a responder o proprietário do veículo pelos danos causados a terceiros, no caso de ser o veículo confiado a oficina mecânica, ou estabelecimentos do gênero, embora devam estes últimos, por princípio moral, em primeira mão, ou, pelos menos solidariamente, arcar com a indenização. Na qualidade de titular do bem, assume a responsabilidade. Não se concebe que terceiros fiquem à margem da proteção pelo fato de não exercer o proprietário a guarda do bem.

A jurisprudência, há tempos, inclina se na inteligência defendida:

"Quem permite que terceiro conduza seu veículo é responsável solidário pelos danos causados culposamente pelo permissionário".[10]

"Veículo dirigido por terceiro causador do acidente – Obrigação do proprietário de indenizar. Contra o proprietário de veículo dirigido por terceiro considerado culpado pelo acidente conspira a presunção *juris tantum* de culpa *in eligendo* e *in vigilando*, em razão do

---

[9]   STJ, 4.ª Turma, REsp 1.268.743/RJ, rel. Min. Luis Felipe Salomão, j. 04.02.2014, *DJe* 07.04.2014.
[10] STJ, 3.ª Turma, REsp 343.649/MG, j. 05.02.2004, *DJU* 25.02.2004.

que sobre ele recai a responsabilidade pelo ressarcimento do dano que a outrem possa ter sido causado."[11]

Mesmo que não se constate culpa no procedimento do proprietário, quando da entrega, responde pelo fato de ser proprietário da coisa. Em verdade, pelo só fato de confiar a coisa a outrem estabelece-se uma relação de preposição, levando a enfocar-se o assunto sob o ângulo do art. 932, III, do Código Civil.

A razão para se buscar a reparação junto ao proprietário se apoia em uma questão de justiça. Este oferece, em geral, melhores condições para garantir os prejuízos suportados. A teoria da responsabilidade objetiva tem aplicação, mais do que nunca, nessas hipóteses.

Mesmo assim, não se desconhece inteligência contrária, como a seguinte ementa, em decisão antiga do STJ: "Civil. Responsabilidade civil. Veículo que, entregue à oficina para pintura, vem a trafegar, causando acidente de trânsito. Responsabilidade do proprietário da oficina pelos danos decorrentes, e não do dono do veículo. Recurso especial conhecido e provido".[12]

6 AMPLA VISIBILIDADE DO MOTORISTA EM CRUZAMENTOS NÃO SINALIZADOS

A "rotatória" é um recurso de engenharia que tem por objetivo evitar o encontro de fluxos que se cruzariam, dispensando também a instalação de semáforos.

A regra do art. 29, III, *a*, do Código de Trânsito Brasileiro, concernente à preferência de quem provém da direita nos cruzamentos não sinalizados, matéria analisada mais profundamente adiante, é, em certas ocasiões, relativa, máxime se o motorista tem ampla visibilidade do local onde vai ingressar, inclusive do veículo que de lá está vindo. Em uma antiga decisão, a matéria foi analisada: "Acidente de trânsito – Indenização – Evento ocorrido no interior de rotatória – Preferência de passagem de quem vinha pela direita alegada – Inadmissibilidade – Hipótese em que o motorista tinha ampla visão da praça onde iria ingressar – Verba não devida".

No tocante à visibilidade, constou no voto: "Na hipótese de mera preferência, importa notar o ângulo visual do motorista. Tendo este ampla visão da rotatória onde pretende ingressar, deve aguardar a passagem de quem nela já se encontra e posteriormente iniciar a travessia".

E quanto ao valor relativo da mera preferência: "A sinalização de advertência ou de proibição não é apenas dada pelo sinal 'Pare'. Na hipótese de mera preferência, importante notar o ângulo visual do motorista. Pela foto, vai que o autor tinha toda a visão da praça onde iria ingressar. Deveria ter aguardado a passagem do réu para, posteriormente, iniciar a travessia. Não poderia ter interceptado a sua frente, nem ingressar na pista da praça sem cautela".[13]

7 ATROPELAMENTO DE PEDESTRES EM VIAS URBANAS DE GRANDE MOVIMENTAÇÃO

Com certa frequência, pedestres são atropelados mais em razão de sua total desatenção, ao atravessarem vias preferenciais com sinalização desfavorável a eles, ou caminharem no leito das artérias improvidentemente, ou, de súbito, ingressarem nas ruas à frente dos veículos.

---

[11] STJ, 4.ª Turma, REsp 109.309/MG, j. 20.10.1998, *DJU* 30.11.1998.

[12] STJ, REsp 94.222/SP, 3.ª Turma, rel. Min. Ari Pargendler, j. 09.12.1999, *DJ* 07.02.2000.

[13] 1.º TACSP, 7.ª Câm., Ap. 354.726, j. 22.04.1986, *RT* 610/119.

Tendo em vista tal realidade, o legislador impôs uma série de cuidados e regras a serem observados pelos condutores. Ordena o art. 68 do Código de Trânsito Brasileiro: "É assegurada ao pedestre a utilização dos passeios ou passagens apropriadas das vias urbanas e dos acostamentos das vias rurais para circulação, podendo a autoridade competente permitir a utilização de parte da calçada para outros fins, desde que não seja prejudicial ao fluxo de pedestres".

No art. 220 do CTB destacam se várias regras impondo a redução da velocidade do veículo, cuja inobservância acarreta infrações: "I – quando se aproximar de passeatas, aglomerações, cortejos, préstitos e desfiles (...); II – nos locais onde o trânsito esteja sendo controlado pelo agente da autoridade de trânsito, mediante sinais sonoros ou gestos; III – ao aproximar-se da guia da calçada (meio-fio) ou acostamento; (...); VIII – sob chuva, neblina, cerração ou ventos fortes; IX – quando houver má visibilidade; X – quando o pavimento se apresentar escorregadio, defeituoso ou avariado; XI – à aproximação de animais na pista; XII – em declive; XIII – ao ultrapassar ciclista (...); XIV – nas proximidades de escolas, hospitais, estações de embarque e desembarque de passageiros ou onde haja intensa movimentação de pedestres".

Inúmeras outras hipóteses poderiam ser acrescentadas, como na ultrapassagem de ônibus parados para a saída de passageiros, nas proximidades de fábricas e em qualquer pista urbana ou mesmo não urbana, sempre que houver pessoas transitando em calçadas ou faixas privativas e nos acostamentos.

Torna-se perfeitamente previsível que, de um momento para outro, alguém, imprudentemente ou com pressa, cometa algum desatino e ingresse na pista de rolamento. Por isso, coloca-se sempre o motorista em grau de maior responsabilidade pelos eventos que podem ocorrer envolvendo pedestres. Sua culpa é presumida:

"Por ocasião do acidente, não havia outros veículos a obstaculizar a visão do motorista, de modo que o atropelamento se verificou por conta da desatenção do acusado, o que não teria ocorrido se o réu estivesse conduzindo o veículo de forma cautelosa ao trânsito e ao fluxo de pessoas. Exigia-se do recorrente, ainda mais em se tratando de via urbana e de local com intenso fluxo de veículos e pedestres, que trafegasse com o veículo automotor de forma atenta e com os cuidados indispensáveis à segurança do trânsito, mas não o fez, culminando sua ação, assim, no evento morte da vítima. Dessa forma, resta claro que o acusado descumpriu os deveres de cuidado na condução de veículo que lhe cabiam, conforme prevê o artigo 28 do CTB, criando, com sua conduta negligente, um risco não permitido, materializado no resultado lesivo, qual seja, a morte da ofendida, o qual poderia ter previsto, de modo que demonstrada a culpa, na modalidade da negligência. Condenação mantida".[14]

Em geral, a culpa é concorrente, mesmo que levíssima a culpa do condutor: "Age com imprudência aquele que dirige em excesso de velocidade, especialmente em via urbana. Comportamento desatento da vítima ao efetuar a travessia que igualmente contribuiu para o resultado".[15]

Exemplo de concorrência na culpa para o atropelamento é quando o pedestre que fica indeciso ao atravessar a rua, a princípio avançando e depois retrocedendo, inesperadamente, seus passos. Essa conduta infunde confiança no condutor. Todavia, de modo inesperado, o mesmo pedestre parte correndo para o outro lado da via.

---

[14] TJRS, 6.ª Câm. Crim., Ap. Crim. 70080317977, rel. Vanderlei Teresinha Tremeia Kubiak, j. 24.09.2019, publ. 03.10.2019.

[15] TJRS, 12.ª Câm. Cív., Ap. Cív. 70080336167, rel. Pedro Luiz Pozza, j. 11.04.2019, publ. 16.04.2019.

Já de parte do motorista, verificando a indecisão da pessoa que está na margem da via, mesmo que dê alguns passos à frente e depois retroceda, deve coadunar a velocidade às circunstâncias do local. Assim, é evidente a culpa de quem dirige que não breca ou diminui a velocidade diante de uma pessoa que atravessa a pista, mas simplesmente usa da buzina, ou não é precavido ao cruzar por obstáculos à sua visão, sitos em calçadas ou beiras da pista, como veículos parados, objetos volumosos, cartazes etc., não se descartando a hipótese de, repentinamente, surgir uma pessoa por trás de tais coisas e atravessar rapidamente a pista.

8 COLISÃO POR TRÁS

Em geral, a presunção da culpa é sempre daquele que bate na parte traseira de outro veículo. Constitui princípio elementar de condução de veículo a observância de distância suficiente para possibilitar qualquer manobra rápida e brusca, imposta por súbita freada do carro que segue à frente.

Ordena o art. 29, II, do vigente CTB: "O condutor deverá guardar distância de segurança lateral e frontal entre o seu e os demais veículos, bem como em relação ao bordo da pista, considerando-se, no momento, a velocidade e as condições do local, da circulação, do veículo e as condições climáticas".

Isso de modo especial quando a pista se encontra molhada, ou as condições do tempo não oferecem clara visibilidade, ou nas proximidades de pontos sinalizados das vias e de semáforos.

A não ser que fato extraordinário ocorra, a responsabilidade é sempre do que colide atrás: "Abalroamento traseiro na condução de veículos automotores. Aquele que sofreu a batida na traseira de seu automóvel tem em seu favor a presunção de culpa do outro condutor, ante a aparente inobservância do dever de cautela pelo motorista, nos termos do inciso II do art. 29 do Código de Trânsito Brasileiro. Precedentes. Tribunal de origem que consignou a falta de atenção do motorista e a culpa pela colisão traseira que ensejou o engavetamento. Impossibilidade de revolvimento da matéria fática probatória dos autos. Incidência da Súmula 7/STJ".[16]

Por incidir a presunção contra aquele que bate, a ele cabe fazer a prova da ocorrência de fato extraordinário, como a repentina freada do carro que segue à frente. Ou seja, a culpa fica afastada quando se comprova que o veículo da frente estaciona de forma inopinada, sem motivo justificável e sem a utilização dos sinais acautelatórios: "Culpa presumida daquele que bateu na traseira elidida pela prova oral produzida. Caso concreto em que o réu freou abrupta e repentinamente o seu automóvel na rodovia, ocasionando a colisão. Parte autora que observou o distanciamento de segurança exigido pela norma contida no artigo 29, inciso II, do CTB. Dever de reparação dos demandados quanto aos danos materiais ocasionados no automóvel do requerente, no montante correspondente ao valor de mercado do bem à época do sinistro".[17]

Situação essa que ocorre com frequência principalmente nos grandes centros, quando os motoristas desenvolvem velocidade inapropriada, e são obrigados a constantes paradas em face do movimento de pedestres e da convulsão do trânsito, exigindo-se dos condutores redobrados cuidados. E quem para o seu veículo repentinamente, de inopino, no meio da pista, não pode pretender se beneficiar da presunção de que quem abalroa por trás é culpado.

---

[16]   STJ, 4.ª Turma, AgInt no AREsp 483170/SP, rel. Min. Marco Buzzi, j. 19.10.2017, *DJe* 25.10.2017.

[17]   Recurso Cível 71008155467, 2.ª Turma Recursal Cível, Turmas Recursais, rel. Roberto Behrensdorf Gomes da Silva, j. 17.12.2018, publ. 18.12.2018.

A presunção não é absoluta, cedendo diante da comprovada imprudência do condutor que vai à frente, como, aliás, reconhece a jurisprudência: "Não se nega, é verdade, que a presunção de culpa do motorista que colide contra a traseira de outro veículo seja relativa, admitindo prova em contrário, tendo em vista que podem ocorrer situações em que o culpado seja o motorista que vai à frente. *Verbi gratia*, quando ultrapassa outro veículo e em seguida freia bruscamente, sem motivo; ou, ainda, quando faz alguma manobra em marcha à ré, sem as devidas cautelas".[18]

9 CONDUÇÃO DE VEÍCULO SOB EFEITO DE ÁLCOOL OU SUBSTÂNCIA PSICOATIVA

Estabelece o art. 165 do CTB regra de direção sob efeito de álcool ou substância psicoativa, no sentido de que a direção "sob a influência de álcool ou de qualquer outra substância psicoativa que determine dependência" será punida com "multa (dez vezes) e suspensão do direito de dirigir por 12 (doze) meses".

Por sua vez, o parágrafo único manda aplicar em dobro a multa em caso de reincidência no período de até 12 (doze) meses.

Já o art. 306 do CTB contempla a penalização criminal na direção em tais condições, consistente em detenção de seis meses a três anos, multa e suspensão ou proibição de se obter a permissão ou a habilitação para dirigir veículo automotor (pena esta considerada constitucional pelo STF, no RE 607.107/Pleno, de 12.02.2020, tendo gerado a tese do Tema 486: "É constitucional a imposição da pena de suspensão de habilitação para dirigir veículo automotor ao motorista profissional condenado por homicídio culposo no trânsito").

Os respectivos parágrafos esclarecem a concentração de álcool por litro de sangue para caracterizar o crime, os sinais que indicam a embriaguez e outras formas de teste de alcoolemia. Revela importância a quantidade de álcool necessária, que é igual ou superior a seis decigramas por litro de sangue, ou igual ou superior a 0,3 miligrama de álcool por litro de ar alveolar. De acordo com o § 4.º, introduzido pela Lei 13.840/2019, na medição poderá ser utilizado qualquer aparelho homologado pelo Instituto Nacional de Metrologia, Qualidade e Tecnologia (INMETRO).

O interesse na análise, aqui, restringe-se à responsabilidade civil.

Constitui uma das mais graves causas de acidentes de trânsito a bebida alcoólica, sendo incontáveis as mortes provocadas por motoristas alcoolizados ou sob o efeito de substâncias tóxicas, isto é, psicoativas, na linguagem trazida pela Lei 11.705/2008.

Seu art. 6.º definiu como bebida alcoólica aquela que é potável e que contém álcool em sua composição, em grau de concentração igual ou superior a meio grau Gay-Lussac (quantidade de álcool medida em um determinado volume). Haverá na composição certa quantidade de álcool, mesmo que em nível fraquíssimo, consoante previsto.

Retratam os anais das delegacias de trânsito ocorrências de acidentes insólitos, como os de veículos que se precipitam sobre pedestres que aguardam em paradas de ônibus, ou que caminham nas calçadas e locais a eles destinados.

O efeito catastrófico do álcool vem forçando os países a reduzir continuamente os limites de alcoolemia na condução de veículos, como na Inglaterra e Estados Unidos, onde é zero o nível máximo tolerado.

---

[18] STJ, 4.ª Turma, REsp 198.196/RS, *DJU* 12.04.1999, *ADV Jurisprudência* 41/662, 17 out. 1999.

Inúmeras as medidas, campanhas e disposições normativas de prevenção, educação e proibição relativas a bebidas alcoólicas.

Como prevenção, há o art. 4.º-A da Lei 9.294/1996, alterada pela Lei 11.705/2008, impondo a fixação de advertência escrita, de forma legível e ostensiva, de que é proibido dirigir sob a influência de álcool, com a previsão de detenção para os infratores.

Quanto à constatação do álcool, presentemente, a Res. CONTRAN 432/2013, que revogou resoluções anteriores, discrimina, no art. 3.º, os tipos de exames para aferir a existência de penalidades e a medida administrativa aplicável.

No pertinente aos tipos de exames, são os seguintes:

"I – exame de sangue;

II – exames realizados por laboratórios especializados, indicados pelo órgão ou entidade de trânsito competente ou pela Polícia Judiciária, em caso de consumo de outras substâncias psicoativas que determinem dependência;

III – teste em aparelho destinado à medição do teor alcoólico no ar alveolar (etilômetro);

IV – verificação dos sinais que indiquem a alteração da capacidade psicomotora do condutor".

Relativamente à medida administrativa, ordenado que seja observado o disposto no § 4.º do art. 270 do CTB, em redação da Lei 13.281/2016 (recolhimento do veículo em depósito, se não se apresentar, no local, condutor habilitado).

O § 1.º do mesmo art. 3.º da Res. 432/2013 do CONTRAN aponta para outros tipos de provas, como a testemunhal e a de imagem e vídeo. Os parágrafos posteriores emprestam mais importância ao teste com etilômetro, o qual dispensa que se aguarde resultado de exames de sangue ou clínicos para fins de autuação administrativa.

Especificamente para a infração do art. 165 do CTB, o art. 6.º da Res. 432/2013 enumera os seguintes exames:

"I – exame de sangue que apresente qualquer concentração de álcool por litro de sangue;

II – teste de etilômetro com medição realizada igual ou superior a 0,05 miligrama de álcool por litro de ar alveolar expirado (0,05 mg/l), descontado o erro máximo admissível nos termos da 'Tabela de Valores Referenciais para Etilômetro' constante no Anexo I;

III – sinais de alteração da capacidade psicomotora obtidos na forma do art. 5.º".

Desde a Lei 11.705/2008, não importa mais o teor ou a quantidade de álcool encontrada no sangue. Basta a constatação de álcool ou de substância psicoativa no sangue para caracterizar a infração. Qualquer quantidade de álcool no sangue do condutor já é capaz de produzir as punições administrativas. Basta um bombom de licor ou algum enxaguante bucal com álcool, ou 200 ml de cerveja, para evidenciar a substância alcoólica, o que importará na aplicação das penalidades administrativas. Embora o dispositivo contenha os dizeres "sob influência de álcool ou substância psicoativa", a sua simples presença no sangue tipifica a infração. Não mais se estabelece um limite mínimo de concentração para caracterizar o estado alcoólico, como ocorria antes da Lei 11.705/2008. Em decorrência, apurada a existência de álcool no sangue, já se verifica a influência de álcool ou substância psicoativa.

O Dec. 6.488/2008, no entanto, permite certa tolerância, de até dois decigramas por litro de sangue e de um décimo de miligrama por litro de ar expelido dos pulmões, consoante se denota do seu art. 1.º, §§ 2.º e 3.º:

"Art. 1.º Qualquer concentração de álcool por litro de sangue sujeita o condutor às penalidades administrativas do art. 165 da Lei 9.503/1997 – Código de Trânsito Brasileiro, por dirigir sob a influência de álcool.

§ 1.º As margens de tolerância de álcool no sangue para casos específicos serão definidas em Resolução do Conselho Nacional de Trânsito – CONTRAN, nos termos de proposta formulada pelo Ministro de Estado da Saúde.

§ 2.º Enquanto não editado o ato de que trata o § 1.º, a margem de tolerância será de duas decigramas por litro de sangue para todos os casos.

§ 3.º Na hipótese do § 2.º, caso a aferição da quantidade de álcool no sangue seja feito por meio de teste em aparelho de ar alveolar pulmonar (etilômetro), a margem de tolerância será de um décimo de miligrama por litro de ar expelido dos pulmões".

Não basta a mera embriaguez para inferir a responsabilidade nos acidentes de trânsito. Indispensável que se demonstre a causalidade no evento, pois não se trata de responsabilidade objetiva, isto é, de imputar a obrigação indenizatória pelo mero fato de o condutor dirigir embriagado. Nesta orientação inclina-se a jurisprudência:

"Para a configuração da culpa da vítima nas hipóteses de atropelamento, deverá restar comprovada sua contribuição para o evento danoso. Deve o motorista atuar com todas as cautelas necessárias ao transitar em região onde se verificam veículos estacionados no acostamento e circulação de pessoas. A embriaguez de motorista que atropela transeunte é forte elemento para configuração da culpa pelo acidente, especialmente quando acompanhado por outros elementos probatórios".[19]

"Ação de indenização. Para que o uso de álcool por segurado falecido em atropelamento exclua o dever da seguradora de indenizar, o acidente deve ter ocorrido em consequência, direta ou indireta, da alteração mental da vítima, em virtude da ação do álcool, e, portanto, tal relação deve ser demonstrada. Se não houver prova, a indenização é devida. Recurso provido."[20]

"Apelação cível. Responsabilidade civil em acidente de trânsito. Culpa do réu não demonstrada. Embriaguez. Ausência de nexo de causalidade. O fato de o réu estar aparentemente embriagado quando do acontecimento dos fatos não comprova a culpa do mesmo, visto que não demonstrado o nexo causal entre a embriaguez e o acidente."[21]

Indo adiante, se não provado o nexo causal entre o fato e a embriaguez, nem pode a seguradora negar a cobrir os danos havidos do acidente: "A mera constatação de embriaguez de motorista não é razão bastante para eximir a seguradora de pagar indenização pactuada. Incumbe à seguradora o ônus da prova relativa ao nexo causal entre o acidente e o estado de embriaguez do segurado".[22]

10 CONVERGÊNCIA À ESQUERDA SOBRE A PISTA E CONVERSÃO À ESQUERDA EM PISTA COM SINAL DO SEMÁFORO ABERTO

Ocorrem situações em que o condutor, em faixa dupla, repentinamente converge à esquerda, cortando a frente do veículo que o está ultrapassando, causando a colisão.

---

[19] TJSC, 6.ª Câm. Dir. Civ., Ap. Cív. 2007.049071-2, rel. Stanley da Silva Braga, j. 12.05.2011, *DJ* 25.05.2011.

[20] TJSP, 29.ª Câm. Dir. Priv., Ap. 0017659-43.2010.8.26.0302, relatora Silvia Rocha, j. 26.02.2014, data de Registro de 26.02.2014.

[21] TJRGS, 11.ª Câm. Cív., Ap. Cív. 70034752162, rel. Katia Elenise Oliveira da Silva, j. 18.08.2010, *DJ* 31.08.2010.

[22] STJ, 3.ª Turma, AgRg no AREsp 596.811/SP, rel. Min. João Otávio de Noronha, j. 22.09.2015, *DJe* 28.09.2015.

Há várias normas que tratam da postura do condutor quando está sendo ultrapassado. O art. 30, I, do Código de Trânsito vigente adverte: "Todo condutor, ao perceber que outro que o segue tem o propósito de ultrapassá-lo, deverá: I – se estiver circulando pela faixa da esquerda, deslocar-se para a faixa da direita, sem acelerar a marcha; (...)".

Já o inc. I do art. 29, também do vigente Código: "A circulação far-se-á pelo lado direito da via, admitindo-se as exceções devidamente sinalizadas".

O inc. IV do mesmo art. 29: "Quando uma pista de rolamento comportar várias faixas de circulação no mesmo sentido, são as da direita destinadas ao deslocamento dos veículos mais lentos e de maior porte, quando não houver faixa especial a eles destinada, e as da esquerda, destinadas à ultrapassagem e ao deslocamento dos veículos de maior velocidade".

O art. 35, também do Código introduzido pela Lei 9.503/1997: "Antes de iniciar qualquer manobra que implique um deslocamento lateral, o condutor deverá indicar seu propósito de forma clara e com a devida antecedência, por meio da luz indicadora de direção de seu veículo, ou fazendo gesto convencional de braço".

De modo que transparecem traçadas várias condutas a serem obedecidas, quando da ultrapassagem. O deslocamento para a esquerda, fato bastante comum, determina a responsabilidade pelos danos que venham a ocorrer. Necessário observar, em tal situação, que a manobra de conversão à esquerda representa obstrução do tráfego de veículos.

Demandando os veículos em sentidos opostos e existindo semáforo no cruzamento perpendicular com outra via, não é permitido a um deles convergir à esquerda, justamente no momento em que um passar pelo outro, estando o sinal aberto para trafegarem. Aquele que pretende convergir para a esquerda deve aguardar que o veículo que continua na mesma direção conclua a passagem no cruzamento. A conversão à esquerda com semáforo amarelo não retira o direito de preferência de passagem ao veículo que segue na mesma direção.

Acontece que o sinal amarelo existe para que seja concluída a manobra dos veículos que, tendo antes para si a luz verde, podem ter sua segurança prejudicada, pela necessidade de frenar bruscamente. Portanto, dois carros em sentidos opostos têm a mesma proibição ou permissão de movimento frente ao semáforo. Aquele que deseja fazer conversão à esquerda fica em situação igual ao que está na rua perpendicular, não podendo cortar a corrente de tráfego.

Por diferentes termos, se dois carros se encontram na mesma rua, em sentidos opostos, ambos têm a mesma permissão ou a mesma proibição de movimento frente ao semáforo, desde que, evidentemente, permaneçam naquele sentido. Estão subordinados à mesma regra. No entanto, se qualquer deles quiser mudar de direção para atravessar esse fluxo, como na conversão à esquerda, o mesmo sinal amarelo que lhe permitia seguir em frente agora o proíbe de infletir para a esquerda. Não se permite que corte a corrente de tráfego. Portanto, a culpa é exclusiva de quem, assim procedendo, corta a corrente do tráfego.

11 DANO CAUSADO POR VEÍCULO PROJETADO POR OUTRO VEÍCULO

Bastante comum é o acidente em que um veículo, estacionado ou mesmo trafegando, vem a ser atingido por outro projetado por um terceiro veículo. Embora se tenha defendido a responsabilidade do causador direto, e isso para se imprimir segurança social ou maior garantia à vítima, a jurisprudência vem se inclinando para entendimento diferente, não responsabilizando o motorista cujo veículo serviu como mero instrumento da ação culposa de terceiro.

Neste rumo, foi ementado: "Não há de se atribuir responsabilidade civil ao condutor de veículo que, atingido por outro, desgovernado, vem a colidir com coisa alheia, provocando-lhe dano, sendo tal situação diversa daquela em que o condutor do veículo, ao tentar desviar-se de abalroamento, acaba por causar prejuízo a outrem. No caso em tela, o prejuízo experimentado pelo dono da coisa danificada não guarda relação de causalidade com qualquer atitude volitiva do referido condutor, cujo veículo restou envolvido no acidente como mero instrumento da ação culposa de terceiro".

Aponta-se, no voto embasador da ementa acima, a distinção que se deve fazer quando o condutor, para evitar uma colisão ou atropelamento, desvia e bate ou atinge outro veículo ou pedestre:

"Em sede doutrinária, merece transcrição a lição do já referido Carlos Roberto Gonçalves, que, de modo preciso, sintetiza todas as considerações que venho de expender: 'Muitas vezes, o ato daquele que atropela alguém ou causa alguma outra espécie de dano pode não ser o responsável pelo evento, o verdadeiro causador do dano, mas, sim, o ato de um terceiro.

Em matéria de responsabilidade civil, no entanto, predomina o princípio da obrigatoriedade do causador direto em reparar o dano. A culpa de terceiro não exonera o autor direto do dano do dever jurídico de indenizar.

O assunto vem regulado nos arts. 1.519 e 1.520 do CC, concedendo ao último ação regressiva contra o terceiro que criou a situação de perigo, para haver a importância despendida no ressarcimento ao dono da coisa.

Consoante a lição de Carvalho Santos, 'o autor do dano responde pelo prejuízo que causou, ainda que o seu procedimento venha legitimado pelo estado de necessidade' (*Código Civil brasileiro interpretado*, t. XX, p. 210). Só lhe resta, depois de pagar a indenização, o direito à ação regressiva contra o terceiro.

Segundo entendimento acolhido na jurisprudência, os acidentes, inclusive os determinados pela imprudência de terceiros, são fatos previsíveis e representam um risco que o condutor de automóveis assume pela só utilização da coisa, não podendo os atos de terceiros servir de pretexto para eximir o causador direto do dano do dever de indenizar (cf. *RT* 416/345).

Quando, no entanto, o ato de terceiro é a causa exclusiva do prejuízo, desaparece a relação de causalidade entre a ação ou a omissão do agente e o dano. A exclusão de responsabilidade se dará porque o fato de terceiro se reveste de características semelhantes às do caso fortuito, sendo imprevisível e inevitável. Melhor dizendo, somente quando o fato de terceiro se revestir dessas características, e, portanto, equiparar-se ao caso fortuito ou à força maior, é que poderá ser excluída a responsabilidade do causador direto do dano' (*Responsabilidade civil*, Saraiva, 5ª ed., 1994, n. 106, 1, p. 491)".[23]

Os citados arts. 1.519 e 1.520 correspondem aos arts. 929 e 930 do atual diploma civil.

Em idêntico sentido o dano causado em coisa pelo veículo projetado por outro veículo: "O motorista do veículo simplesmente arremessado contra outro não tem sua conduta inserida na relação causal e por isso não responde pelos danos causados, devendo a ação indenizatória ser dirigida diretamente contra quem, culposamente, causou o primeiro abalroamento. Diferente é a situação do motorista que, em estado de necessidade para se salvar de perigo posto por outrem, vem a causar o choque com terceiro. Neste caso, ele responde, com direito de regresso contra o culpado (art. 1.520 do CC). Reconhecida no acórdão a primeira situação, não viola a lei a decisão que julga improcedente ação promovida contra o proprietário cujo veículo foi jogado contra os automóveis dos autores. Inexistência de ofensa aos princípios

---

[23] STJ, 4.ª Turma, REsp 54.444-0/SP, j. 18.10.1994, *RSTJ* 67/513.

Cap. XIII · SITUAÇÕES CARACTERIZADORAS DA CULPA | **171**

sobre a coisa julgada, pela simples menção à decisão adotada em outros processos, sobre o mesmo fato".[24] O art. 1.520 acima mencionado equivale ao art. 930 do Código de 2002.

Entretanto, se decorrente o evento de manobra por causa de conduta perigosa de terceiro, o causador direto é o responsável: "Consoante a jurisprudência do Superior Tribunal de Justiça, o proprietário do veículo responde objetiva e solidariamente pelos atos culposos de terceiro que o conduz, provocando acidente de trânsito, pouco importando que o motorista não seja seu empregado ou preposto, ou que o transporte seja gratuito ou oneroso".[25]

12 DANO EM VEÍCULO ESTACIONADO IRREGULARMENTE

Ocorrem acidentes também em razão de os veículos se encontrarem estacionados irregularmente. Não raramente busca-se judicialmente uma indenização em razão do acidente causado na locomoção de um veículo que raspa ou bate na lateral ou traseira de outro veículo.

O Código de Trânsito Brasileiro prevê várias situações de infrações neste aspecto. Assim, constam cominadas penalidades no art. 181, como: "Estacionar o veículo: I – nas esquinas e a menos de cinco metros do bordo do alinhamento da via transversal (...); II – afastado da guia da calçada (meio-fio) de cinquenta centímetros a um metro (...); III – afastado da guia da calçada (meio-fio) a mais de um metro (...); IV – em desacordo com as posições estabelecidas neste Código (...); V – na pista de rolamento das estradas, das rodovias, das vias de trânsito rápido e das vias dotadas de acostamento (...); (...) XI – ao lado de outro veículo em fila dupla (...); XII – na área de cruzamento de vias, prejudicando a circulação de veículos e pedestres (...)".

Todavia, tais infrações são de ordem administrativa. Não importam, por este fato apenas, em indenização pelos acidentes que podem ocorrer, provocados em razão da culpa de terceiros.

Cabe ao motorista precaver-se e não tentar a movimentação difícil, resultante em danos no veículo irregularmente estacionado.

De igual modo quando carros estão parados demasiadamente afastados do meio-fio da calçada, ou dentro da pista de rolamento. Uma infração não justifica a conduta culposa de outro motorista, provocando danos materiais.

13 DEFEITO MECÂNICO E RESPONSABILIDADE DO CONDUTOR

O defeito mecânico não exime de responsabilidade indenizatória. É evidente que a vítima não pode suportar os prejuízos decorrentes do uso de um bem pelo proprietário. Com frequência verificam-se acidentes por quebra da barra de direção, ou do eixo do veículo, ou por súbito rompimento dos freios. Trata-se da preponderância da responsabilidade objetiva.

Quem responde pelos danos é o proprietário do veículo, e não o condutor. Este seria obrigado solidário exclusivamente se presente a culpa ou o dolo em sua conduta.

Sobre o acidente tendo como causa a falha ou defeito mecânico inesperado e repentino, a jurisprudência mantém a responsabilidade do proprietário:

"A falha mecânica, ainda que ocorrida em veículo que estivesse em perfeito estado de conservação, não afasta a responsabilidade do causador do dano, pois se trata de fato previsível.

---

[24] STJ, 4.ª Turma, REsp 81.631/SP, j. 05.03.1996.

[25] STJ, 3.ª Turma, AgInt no REsp 1.815.476/RS, rel. Min. Paulo de Tarso Sanseverino, j. 25.11.2019, *DJe* 02.12.2019.

No voto, a justificação: "Consabido que a falha mecânica, ainda que ocorrida em veículo que estivesse em perfeito estado de conservação, não afasta a responsabilidade do causador do dano, pois se trata de fato previsível.

Nesse sentido, colaciono precedente deste Colegiado:

'Apelação cível. Responsabilidade civil em acidente de trânsito. Falha no sistema de freios. Engavetamento. Caso fortuito não configurado. Ausência de responsabilidade do motorista do ônibus. Inaplicabilidade do CPC/2015. Art. 14 do CPC. Regra de direito intertemporal. Decisão proferida anteriormente à entrada da Lei 13.105/2015. Mérito. A falha mecânica não configura caso fortuito, tampouco isenta o proprietário de responsabilidade pelo sinistro. Precedentes jurisprudenciais. Uma vez que o condutor do ônibus estava a serviço da corré e que não tinha o dever de efetuar a manutenção do bem, sua responsabilidade deve ser afastada. Responsabilidade dos demais requeridos inalterada. É possível a compensação dos honorários advocatícios, forte a aplicação do artigo 21 do CPC/73 e Súmula 306 do STJ, porquanto inaplicável o regramento previsto no Código de Processo Civil vigente, já que a sentença e o recurso de apelação foram praticados na vigência da antiga legislação processual civil. Apelo provido parcialmente. Unânime (Apelação Cível n.º 70064424724, Décima Segunda Câmara Cível, Tribunal de Justiça do RS, Relator: Alexandre Kreutz, julgado em 24.11.2016)'".[26]

14 DERRAPAGEM

Normalmente, a derrapagem não representa nenhum fator de isenção de responsabilidade, mas reflete imperícia ou falta de capacidade de controle na direção. Isso a menos que tenha sido derramada alguma substância oleosa na pista, tornando-a derrapante.

Nessa hipótese, a responsabilidade é de quem esparramou o produto, como se decidiu: "Reconhecido no acórdão que o acidente do qual resultou a lesão do autor decorreu da derrapagem do veículo, o que significa ter o motorista perdido o seu controle, impõe-se a conclusão de que houve culpa na produção do resultado. Qualificação jurídica dos fatos que pode ser feita no recurso especial".[27]

Consoante o voto do Relator, "a derrapagem é o resultado do desgoverno, a significar que o condutor já não tinha o controle do veículo. O motorista que permite a derrapagem e por causa disso perde o controle do carro está dirigindo sem o cuidado que era exigido nas circunstâncias, pouco importando as condições da pista, o traçado da estrada etc. No lugar onde se encontrava, deveria dirigir de modo a manter o controle do carro; se não pudesse controlá-lo, não poderia continuar trafegando. O que não se permite é alguém dirigir em condições adversas, sem observar o cuidado exigido, e atribuir o resultado do acidente ao azar. Se o desastre acontece, é porque o motorista está dirigindo sem a regra de cuidado exigida". A menos que tenha sido derramado líquido ou substância escorregadia na pista que provoque a derrapagem ou o desequilíbrio do veículo.

O Código de Trânsito Brasileiro, no art. 231, estabelece penalidades para quem derramar, lançar ou arrastar sobre a via carga que esteja transportando, ou combustível ou lubrificante que utiliza e consome.

De modo que o acidente ocorrido em razão da substância escorregadia esparramada na via pública determina a responsabilidade, na indenização, de quem causou o derramamento, ou de quem competia a conservação. É como se decidiu: "Recurso inominado. Ação de inde-

---

[26] TJRS, 12.ª Câm. Cív., Ap. Cív. 70074662776, rel. Pedro Luiz Pozza, j. 06.02.2018, publ. 08.02.2018.

[27] STJ, 4.ª Turma, REsp 236.458/RJ, rel. Min. Ruy Rosado de Aguiar, j. 07.12.1999, *DJ* 28.02.2000.

nização por dano material e moral. Acidente de trânsito. Óleo diesel sobre a pista. Rodovia Régis Bittencourt. Derrapagem do veículo que rodou e colidiu no muro lateral, na segunda pista. Mais três acidentes logo depois, pelo mesmo motivo. Nexo causal comprovado. Aplicação do art. 37, § 6.º, da CF e art. 14 do CDC. Responsabilidade civil objetiva. Precedentes do STJ e do STF. Danos materiais comprovados por orçamentos e recibos. Danos morais não configurados. Ausência de lesão corporal, tampouco de transtornos acima do esperado. Sentença reformada no ponto. Recurso provido em parte".[28]

No voto do Relator, observou-se: "Compulsando os autos, tenho que a sentença hostilizada não merece reparo quanto à questão de fundo. Neste diapasão, assevero que a concessionária, prestadora de serviço público, responde objetivamente pelos danos causados, nos termos do art. 37, § 6.º, da CF. Ressalto ainda quanto à incidência da norma prevista no art. 14 do CDC, porquanto há nexo causal entre o serviço prestado pela parte ré e o evento danoso. Verifica-se às fls. 54-65 que existem mais três boletins de ocorrência realizados logo após o acidente de trânsito, todos ocorridos no mesmo local e em razão do óleo diesel existente na pista de rolamento. As fotos 40-52 também demonstram o local exato do acidente, a pista com o óleo diesel e os veículos acidentados".

A derrapagem, porém, não decorrente de tal fenômeno, mas de outros elementos, como barro existente na pista, ou por se encontrar ela molhada, não isenta de responsabilidade o causador do acidente:

"Responsabilização civil subjetiva. Ação de reparação de danos materiais e lucros cessantes. Culpa exclusiva do condutor do veículo demandado. Perda do controle do veículo automotor e derrapagem na pista. Conduta imprudente que deu causa ao evento danoso. Dever de reparação. Danos materiais comprovados. Sentença mantida. Recurso improvido".[29]

15 ESTACIONAMENTO COM PORTA ABERTA

Ao estacionar, deve o motorista observar a corrente de trânsito, assegurando-se de que se encontra livre, para somente então abrir a porta, ou permitir que o acompanhante abra a de seu lado. Constitui regra de trânsito elementar que, ao estacionar, o condutor deve fazê-lo corretamente, de modo a manter a linha de seu veículo, de uma das laterais, junto ao meio-fio e, em princípio, não abrir a porta para o leito carroçável, sem que tenha plenas condições para tanto, atento ao fluxo de veículos, já que a passagem goza de absoluta preferência.

Efetivamente, age imprudentemente o motorista que, estacionado, abre a porta do veículo, sem previamente verificar a movimentação de outros automotores. Tal se depreende do art. 49 do CTB: "O condutor e os passageiros não deverão abrir a porta do veículo, deixá-la aberta ou descer do veículo sem antes se certificarem de que isso não constitui perigo para eles e para outros usuários da via".

Adverte a jurisprudência: "De acordo com o art. 49 do CTB, o condutor e os passageiros não deverão abrir a porta do veículo, deixá-la aberta ou descer do veículo sem antes se certificarem de que isso não constitui perigo para eles e para outros usuários da via".

Explica o voto da Relatora que, "por meio de uma norma de conduta dirigida à segurança de todos os usuários da via, prescreve-se que o ato de abrir a porta do veículo deve

---

[28] Recurso Cível 71007568967, 4.ª Turma Recursal Cível, Turmas Recursais, rel. Luis Antonio Behrensdorf Gomes da Silva, j. 21.06.2018, publ. 04.07.2018.

[29] Recurso Cível 71008553893, 1.ª Turma Recursal Cível, Turmas Recursais, rel. José Ricardo de Bem Sanhudo, j. 28.05.2019, publ. 04.06.2019.

174 ACIDENTES DE TRÂNSITO: RESPONSABILIDADE E REPARAÇÃO – *Arnaldo Rizzardo*

ser precedido de certa cautela, no intuito de evitar acidentes que muitas vezes ocorrem por apanharem-se os condutores de surpresa quando é aberta subitamente porta de veículo que se encontra estacionado. Assim, cumpre ao condutor, ao estacionar, observar o movimento de veículos na via, assegurando-se de que se encontra livre ou ao menos lhe oferece segurança, para somente então abrir a porta, ou permitir que o acompanhante abra a do seu lado (Rizzardo, Arnaldo. *Comentários ao Código de Trânsito Brasileiro*. 7. ed. rev., atual. e ampl. São Paulo: Editora Revista dos Tribunais, 2008).

O preceito contido no mencionado dispositivo legal demonstra, com clareza, que age com imprudência o motorista que abre a porta do automóvel sem previamente verificar a movimentação ou fluxo de outros veículos, devendo o condutor que assim procede ser responsabilizado na hipótese de sua conduta ser causadora de qualquer acidente".[30]

16 ESTOURO DE PNEU E QUEBRA DA BARRA DA DIREÇÃO

Inúmeros acidentes se verificam sob a alegação de estouro de pneu, ou da quebra da barra da direção, ou mesmo de vários outros defeitos que subitamente acontecem nos veículos, enquanto trafegam, causando colisões ou atropelando pedestres.

Argui-se, em geral, a isenção de responsabilidade forte no caso fortuito, que não é aceita, segundo revelam as seguintes decisões pretorianas: "Em casos de responsabilidade civil em acidente de trânsito, a ação pode ser direcionada diretamente contra o suposto responsável pelo evento danoso e a seguradora por ele contratada. O estouro de pneu consiste em fortuito interno que não afasta a responsabilidade, porque evento previsível. O fato de o condutor ter sido absolvido na seara criminal, por falta de provas, não impede a sua condenação na seara cível, haja vista a independência das responsabilidades".

E no voto observa-se que os réus "pretendem se desonerar da obrigação de responder pelos danos porque a causa do acidente (estouro de um pneu) consistiria em caso fortuito ou de força maior, excludente da responsabilidade. Ao tratar do tema, Rui Stoco considera não ser possível uma afirmação peremptória e taxativa de que o estouro de pneu jamais caracteriza caso fortuito. Todavia, para configurar caso fortuito, o evento, segundo ele, precisa refugir da previsibilidade do condutor e afastar qualquer possibilidade de prevenção e cuidado prévio (como, por exemplo, no caso de defeito de fábrica em lotes de pneus novos, produzidos por marca tradicional) (...).

(...) Aplicável ao caso em exame a teoria da responsabilidade objetiva do poder público, a teor do art. 37, § 6.º, da CF, somente elidida se demonstrada a culpa exclusiva da vítima, ou se o dano decorreu de caso fortuito, força maior ou fato de terceiro. Caso em que o funcionário municipal, condutor da ambulância, perdeu o controle do veículo e o capotou, causando lesões à autora passageira e a morte de seu marido, pai dos demais autores, que seguia para Porto Alegre para internação hospitalar.

Desacolhimento da alegação de caso fortuito, qual seja, estouro do pneu dianteiro direito, fato que teria ocasionado a perda do controle do veículo. O caso em exame trata de fortuito interno (ligado à condição do veículo), que não afasta a responsabilidade, porque evento previsível".[31]

Se apurada a responsabilidade do fabricante pelo defeito, é apropriada a demanda contra ele:

---

[30] STJ, REsp 1635638/SP, 3.ª Turma, rel. Min. Nancy Andrighi, j. 04.04.2017, *DJe* 10.04.2017.

[31] TJRS, 11.ª Câm. Cív., Ap. Cív. 70073718322, rel. Antônio Maria Rodrigues de Freitas Iserhard, j. 18.04.2018, publ. 24.04.2018.

Cap. XIII · SITUAÇÕES CARACTERIZADORAS DA CULPA | **175**

"Demonstrada a ocorrência do acidente em virtude de defeito do pneu, fato do produto, esgota-se o ônus probatório do autor (art. 333, I, do CPC), cabendo à fabricante, para desconstituir sua responsabilidade objetiva, demonstrar uma das causas excludentes do nexo causal (art. 12, § 3.º, do CDC). Fixada pela Corte de origem a existência de nexo causal entre o defeito de fabricação que causou o estouro de pneu e o acidente automobilístico, inviável se afigura a revisão de tal premissa de ordem fática no estrito âmbito do recurso especial. Incidência da Súmula n. 7 desta Corte".[32]

Quanto ao acidente provocado em razão da quebra ou do rompimento da barra de direção, assenta-se a responsabilidade do proprietário, segundo evidenciam os seguintes exemplos:

"Admitindo os próprios réus que o condutor de seu veículo perdeu o controle, porque houve a quebra da barra de direção, vindo a colidir contra um automóvel de terceiro, girando na pista e na sequência colidindo contra o caminhão da autora, manifesta a culpa do condutor do veículo dos réus. Além disso, a falha mecânica não serve de razão para afastar a culpa, pois indica a negligência na manutenção do veículo".[33]

"Somente o caso fortuito externo dá ensejo à exclusão da responsabilidade civil, por ser imprevisível. Considerando, a quebra da barra de direção, caso fortuito interno, portanto, previsível, enseja-se a reparação do dano pelo seu causador (Apelação Cível n. 99.013126-2, de Chapecó, Rel. Des. Carlos Prudêncio, julgada em 21.10.1999)."[34]

E assim há de ser, porquanto a vítima não pode ficar à mercê da presença comprovada da culpa na conservação do veículo, a fim de receber a reparação pelos danos que vier a sofrer. Não interessa a ela a causa do acidente. Mais que qualquer outra explicação, tem preponderância a responsabilidade objetiva, como foi amplamente justificado em capítulos anteriores.

17 EXCESSO DE VELOCIDADE POR AMBULÂNCIAS E VIATURAS

Não se encontram os motoristas de ambulâncias e veículos do gênero isentos de responsabilidade nos acidentes que provocam por excesso de velocidade, embora transportem doentes em perigo de vida.

Há, em verdade, normas que dão especial proteção e certas garantias a tais veículos, como se vê do art. 29, VI e VII, do Código em vigor: "O trânsito de veículos nas vias terrestres abertas à circulação obedecerá as seguintes normas: (...) VI – os veículos precedidos de batedores terão prioridade de passagem, respeitadas as demais normas de circulação; VII – os veículos destinados a socorro de incêndio e salvamento, os de polícia, os de fiscalização e operação de trânsito e as ambulâncias, além de prioridade de trânsito, gozam de livre circulação, estacionamento e parada, quando em serviço de urgência e devidamente identificados por dispositivos regulamentares de alarme sonoro e iluminação vermelha intermitente, observadas as seguintes disposições: *a*) quando os dispositivos estiverem acionados, indicando a proximidade dos veículos, todos os condutores deverão deixar livre a passagem pela faixa da esquerda, indo para a direita da via e parando, se necessário; *b*) os pedestres, ao ouvir o alarme sonoro, deverão aguardar no passeio, só atravessando a via quando o veículo já tiver passado pelo local; *c*) o uso de dispositivos de alarme sonoro e de iluminação vermelha intermitente só poderá ocorrer quando da efetiva prestação de serviço de urgência;

---

[32] STJ, 4.ª Turma, REsp 1.281.742/SP, rel. Min. Marco Buzzi, j. 13.11.2012, *DJe* 05.12.2012.

[33] Recurso Cível 71003443868, 1.ª Turma Recursal Cível, Turmas Recursais, rel. Ricardo Torres Hermann, j. 10.05.2012, publ. 14.05.2012.

[34] TJSC, 1.ª Câm. Dir. Civ., Ap. Cív. 2010.000451-1 (Acórdão), rel. Carlos Prudêncio, j. 30.10.2012.

d) a prioridade de passagem na via e no cruzamento deverá se dar com velocidade reduzida e com os devidos cuidados de segurança, obedecidas as demais normas deste Código".

No entanto, tais normas não eximem de responsabilidade as manobras imprudentes e desrespeitadoras dos motoristas, mesmo que se encontrem transportando pacientes gravemente enfermos, como, aliás, vem sendo decidido: "Ressarcimento de danos decorrentes de acidente de trânsito. Abalroamento traseiro ocasionado por agente de trânsito em perseguição de condutor de automóvel. Conjunto probatório que demonstra não ter o agente observado as normas de trânsito e dado causa ao sinistro. É responsável pela colisão o motorista que não mantém a distância de segurança do automóvel precedente e dá causa ao acidente. Poder-dever do agente de trânsito que não o isenta da cautela e observância às regras básicas de trânsito".[35]

Oportuna a lição de Wladimir Valler:

"O direito de passagem franqueado aos veículos oficiais, por força do uso de sirenes e de luz vermelha intermitente, não é absoluto. Ainda que se dê especial relevo às necessidades de ordem pública, é indiscutível que o uso das faculdades concedidas aos motoristas de carros oficiais, muitas vezes ligadas ao cumprimento de um dever, não pode alcançar as linhas do abuso, criando situações de perigo. O privilégio de trânsito assegurado aos referidos veículos, especialmente às ambulâncias, que prestam serviço de socorro ou assistência, não implica a possibilidade da inobservância por parte de seus condutores, das regras e sinais de tráfego, de tal forma que o uso da sirene não exonera o motorista de ambulância de qualquer responsabilidade a que der causa, não se lhe permitindo, ainda quando conduzindo doentes, desenvolver velocidade inadequada, ou invadir cruzamentos, com sinal vermelho ou amarelo, quando em sentido contrário outros veículos já iniciaram a travessia, mesmo porque a livre circulação que lhes é concedida não significa liberdade de transformar as ruas em pista de corrida, em total desrespeito à vida dos transeuntes".[36]

O estado de necessidade não isenta de responsabilidade na reparação dos danos advindos.

O STJ, apreciando a matéria, reiterou que o direito de preferência das viaturas e ambulâncias não dispensa a observância das normas de trânsito:

"O Tribunal de origem, a despeito de reconhecer a preferência do direito de passagem da ambulância, ressaltou que tal direito não é absoluto, na medida em que não exime o motorista de agir com prudência e cautela no trânsito.

No caso, ficou demonstrada a existência de elementos que caracterizem a culpa do ora recorrente, notadamente, sua imprudência".[37]

18 FALTA DE CONSERVAÇÃO DAS ESTRADAS. RESPONSABILIDADE DO PODER PÚBLICO

Muitos acidentes ocorrem em razão da deficiente conservação das estradas. Não quanto ao seu estado precário, ou às irregularidades que apresentam as vias, mas em razão da ausência de avisos ou sinalização. Efetivamente, não é possível impor ao Poder Público que ofereça estradas de excelente ou até média qualidade. Entrementes, se algum defeito aparecer, ou se obras são realizadas, a sinalização se impõe, sendo ela de responsabilidade dos órgãos encarregados. Nesta ordem, havendo a queda de uma ponte, ou o desbarrancamento das margens, ou a queda de barreiras, ou o entulhamento das pistas, dentre outras eventualidades,

---

[35] TJSC, 1.ª Câm. Dir. Civ., Ap. Cív. 2012.055236-2, rel. Janice Goulart Garcia Ubialli, j. 27.08.2012.

[36] *Responsabilidade civil nos acidentes de trânsito.* São Paulo: E. V. Editora, 1998. p. 739.

[37] AgRg no AREsp 654178/RJ, 4.ª Turma, rel. Min. Raul Araújo, j. 09.06.2015, *DJe* 1.º.07.2015.

cumpre se proceda de imediato à recuperação e, no mínimo, se sinalize a irregularidade, incumbência esta a cargo da entidade com jurisdição na via pública, a teor do art. 90, § 1.º, do Código de Trânsito Brasileiro: "O órgão ou entidade de trânsito com circunscrição sobre a via é responsável pela implantação da sinalização, respondendo pela sua falta, insuficiência ou incorreta colocação".

Do contrário, o Poder Público responderá pelos danos decorrentes de acidentes causados por tais anormalidades, segundo já decidido:

"Demonstrados o nexo causal e o dano, impõe-se à Administração Pública o dever de indenizar.

Responsabilidade civil decorrente do dever do órgão público de conservar a estrada de rodagem, inclusive sinalizando-a devidamente, a fim de evitar acidentes.

A isenção só seria possível se ficasse comprovado que a vítima agiu com culpa ou dolo".

Apresentam-se, no acórdão, os fundamentos da responsabilidade do Poder Público:

"Embora não se possa precisar com exatidão a causa do acidente, com certeza o mesmo ocorrera tendo como móvel os buracos na pista e a indevida colocação dos entulhos à margem da rodovia.

E a quem incumbe a segurança das estradas, a compreender também a correta sinalização? Ao DNER, é claro.

Tal fato, por si só, justifica o dever de indenizar pela autarquia federal em face da decantada teoria da responsabilidade objetiva do Estado.

A Administração Pública só se exime do dever de indenizar quando prova que o agente agiu com culpa ou dolo, excluindo ou atenuando a sua responsabilidade, no caso de culpa concorrente".

Citando doutrina, prossegue o relator: "Hely Lopes Meirelles, em seu *Direito administrativo brasileiro*, já prelecionava: 'Para obter a indenização, basta que o lesado acione a Fazenda Pública e demonstre o nexo causal entre o fato lesivo (comissivo ou omissivo) e o dano, bem como o seu montante. Comprovados esses dois elementos, surge naturalmente a obrigação de indenizar. Para eximir-se dessa obrigação, incumbirá à Fazenda Pública comprovar que a vítima concorreu com culpa ou dolo para o evento danoso. Enquanto não evidenciar a culpabilidade da vítima, subsiste a responsabilidade objetiva da Administração. Se total a culpa da vítima, fica excluída a responsabilidade da Fazenda Pública; se parcial, reparte-se o *quantum* da indenização' (16.ª ed., RT, 1991, p. 555-556)".[38]

Tanto a União como o DNIT (Departamento Nacional de Infraestrutura de Transportes) ou órgão encarregado da administração da via são responsáveis, podendo figurar no polo passivo da ação, inclusive pela falta de sinalização da possibilidade da existência de animais na pista, se no local há essa ocorrência:

"Em análise ao acórdão recorrido, o qual reconheceu a legitimidade do DNIT e a ilegitimidade da União Federal para figurarem no polo passivo da ação originária – que tem por objeto a reparação de danos em decorrência de acidente em rodovia federal, em razão da presença de animal na pista – constata-se que, com relação a última, o referido *decisum* encontra-se em confronto com a jurisprudência do STJ. A jurisprudência desta Corte está consolidada no sentido de que, 'no caso de ação indenizatória por danos decorrentes de acidente de trânsito ocorrido em rodovia federal, tanto a União quanto o DNIT possuem legitimidade para figurar no polo passivo da demanda'. Nesse sentido: AgInt no REsp

---

[38] TRF-5ª Reg., 2.ª Turma, Ap. Cív. 24.280, j. 13.12.1994, *JSTJ/TRF-Lex* 80/605.

1627869/PB, Rel. Ministra Regina Helena Costa, Primeira Turma, julgado em 21.03.2017, *DJe* 30.03.2017; REsp 1625384/PE, Rel. Ministro Og Fernandes, Segunda Turma, julgado em 02.02.2017, *DJe* 08.02.2017".[39]

19 GUARDA DO VEÍCULO EM ESTACIONAMENTO

Esta matéria tem se revelado como uma das mais controvertidas na jurisprudência, conforme já analisado. No sentido de que se existe algum controle contratual dos veículos cabe a responsabilidade indenizatória no caso de furto, mostra-se pacífica a jurisprudência. O controle poderá concretizar-se com a mera entrega de comprovante de depósito ou *tickets*: "Comprovada a existência de depósito, ainda que não exigido por escrito, o depositário é responsável por eventuais danos à coisa. Depositado o bem móvel (veículo), ainda que gratuito o estacionamento, se este se danifica ou é furtado, responde o depositário pelos prejuízos causados ao depositante, por ter aquele agido com culpa *in vigilando*, eis que é obrigado a ter na guarda e conservação da coisa depositada o cuidado e diligência que costuma com o que lhe pertence (art. 1.266, 1.ª parte, do CC)." O apontado dispositivo equivale ao art. 629 do vigente Código Civil.

No voto:

"O depositário é obrigado a ter na guarda e conservação da coisa depositada o cuidado e diligência que costuma com o que lhe pertence (art. 1.266, 1.ª parte, do CC). Portanto, se a coisa depositada se danifica ou é furtada, responde o depositário pelos prejuízos causados ao depositante, por ter aquele agido com culpa *in vigilando*.

Na hipótese, deixou a recorrida seu veículo no estacionamento mantido pelo banco--recorrente; certo que, ali, trabalha um funcionário, exclusivamente, responsável pela guarda e entrega do comprovante de depósito. (...) Se concordou a instituição bancária em receber o automóvel, ainda que por simples cortesia ou gratuitamente, consumando-se, aí, depósito, responde civilmente como depositário, na forma da lei".

A responsabilidade assenta-se num compromisso assumido pelo depositário, ou proprietário do estacionamento. Não importa se inexiste qualquer remuneração explícita:

"Não se há de falar, entretanto, que tal serviço seja efetivamente gratuito na plena acepção do vocábulo, pois que, ainda que nada se cobre diretamente de quem se serve do estacionamento na hora em que ali deixa seu veículo, tal preço já se acha embutido no valor das mercadorias e dos demais serviços, diluído nos custos da atividade de quem o oferece.

A pretensa gratuidade e facilidade de estacionamento, em tais casos, são formas de atrair clientes, caracterizando-se como compensação de serviços. Sobre o tema, ressaltou José de Aguiar Dias: '... dentro do estacionamento, obtenha ou não obtenha resultado pecuniário com as coisas que aí permanecem, o dever de sua guarda é, inequivocamente, da sua direção. E o furto, no caso, prova, *re ipsa*, a falha à vigilância imposta por essa obrigação' (*Da responsabilidade civil*, 2/59, 6. ed.)".[40]

Na análise acima, fica fácil estabelecer a responsabilidade do estabelecimento em razão de um controle exercido na entrada e saída do veículo, o que se concretiza pela entrega de comprovante ou *ticket*. Desde o momento em que se concretiza esse controle, resta evidente o compromisso, de quem permite o estacionamento, em exercer a vigilância sobre o bem, e, assim, impedir a sua retirada por pessoa que não apresenta o comprovante.

---

[39] STJ, 2.ª Turma, AgInt no REsp 1718201/PE, rel. Min. Francisco Falcão, j. 14.08.2018, *DJe* 20.08.2018.

[40] STJ, 3.ª Turma, REsp 4.582-0/SP, j. 16.10.1990, *RSTJ* 72/353.

Cap. XIII · SITUAÇÕES CARACTERIZADORAS DA CULPA | **179**

Acontecem, porém, hipóteses em que a permissão para estacionar se dá por mera cortesia. Há a colocação de um espaço ou de uma área à disposição de interessados, sem assumir o proprietário do estacionamento qualquer compromisso com a guarda do bem, tanto que não é destacado nenhum empregado ou preposto para exercer a vigilância. E quem usa do espaço fica ciente dessa precariedade, porquanto nenhuma identificação lhe é exigida, e muito menos se fornece um documento mencionando a entrega do veículo.

Mesmo assim, existem decisões que impõem a responsabilização: "O estabelecimento bancário que põe à disposição dos seus clientes uma área para estacionamento dos veículos assume o dever, derivado do princípio da boa-fé objetiva, de proteger os bens e a pessoa do usuário. O vínculo tem sua fonte na relação contratual de fato assim estabelecida, que serve de fundamento à responsabilidade civil pelo dano decorrente do descumprimento do dever".

Desenvolvem-se as razões do entendimento acima:

"O agravante insiste na tese de que, inexistindo contrato de depósito, não há responsabilidade contratual; não configurada sua culpa pelo fato de terceiro, não há responsabilidade extracontratual ou delitual.

Esquece-se, porém, que o direito civil moderno contempla a categoria das relações contratuais, *verbis*:

'Esta nova categoria dogmática tem como um dos seus principais alicerces a ideia de que, na contemporânea civilização de massa, segundo as concepções do tráfico jurídico, existem condutas geradoras de vínculos obrigacionais, fora da emissão de declarações de vontade que se dirijam à produção de tal efeito, antes derivadas de simples ofertas e aceitações de facto. Quer dizer, a utilização de bens ou serviços massificados ocasiona algumas vezes comportamentos que, pelo seu significado social típico, produzem as consequências jurídicas de uma caracterizada actuação negociatória, mas que delas se distinguem. (...)

Decorre da doutrina exposta que a autonomia privada se realiza através de duas formas típicas: uma delas é o negócio jurídico, designadamente o contrato – no qual a aparência da vontade e as expectativas criadas podem ceder, diante da falta de consciência de declaração ou incapacidade do declarante; a outra reporta-se às relações contratuais fácticas – onde a irrelevância do erro na declaração e das incapacidades se justifica por exigências de segurança, de celeridade e demais condicionalismos do tráfico jurídico' (Mário Júlio de Almeida Costa, *Direito das obrigações*, Almedina, 3. ed., p. 179-181)".

Não se funda a obrigação no contrato de depósito, na dicção do acórdão: "Não há de cuidar de contrato de depósito, simplesmente porque não existe contrato de depósito. Há apenas o descumprimento do dever de proteção, que deriva da boa-fé, dever secundário independente".[41]

Todavia, as relações em direito não se presumem. Elas se estabelecem e se constroem. Não podem imanar efeitos indenizatórios os atos de mera cortesia, ou de simples favorecimento, como acontece quando se põem à disposição das pessoas espaços de estacionamento. A seguir a posição acima, seria insuportável a própria convivência social. Mesmo a postura de se ajudar alguém poderia redundar em indenização, como quando se presta socorro e, sem culpa do motorista, é acidentado o veículo no qual a pessoa está. O recebimento de um necessitado numa residência acarretaria efeitos reparatórios se acontecesse a invasão por meliantes, provocando ferimentos no favorecido.

---

[41] STJ, 4.ª Turma, AgRg no AgI 47.901-3/SP, j. 12.09.1994, *RSTJ* 66/20.

Para vingar a responsabilidade objetiva, exige-se uma relação contratual. Quanto ao estacionamento, o contrato que se firma é de singela permissão de colocar o veículo no local fixado. Nada mais se concede ou garante, mesmo que se reserve o espaço para atrair mais fregueses ao centro comercial.

O STJ tem uma posição diferente: havendo local próprio destinado a estacionamento para os clientes, há responsabilidade, mesmo no caso de roubo e não apenas de furto do veículo:

"1. A controvérsia a ser dirimida no recurso especial reside em definir se há responsabilidade civil da empresa atacadista decorrente do roubo de veículo de seu cliente, com emprego de arma de fogo, em estacionamento gratuito, localizado em área pública externa ao estabelecimento comercial.

2. A jurisprudência do Superior Tribunal de Justiça é no sentido de que a empresa não possui responsabilidade pelo furto de veículo ocorrido em estacionamento público e externo ao seu estabelecimento comercial, tendo em vista que a utilização do local não é restrita aos seus consumidores.

3. Acórdão recorrido que, entendendo aplicável à hipótese a inteligência da Súmula n.º 130/STJ, concluiu pela procedência parcial do pedido autoral, condenando a requerida a reparar a vítima do crime de roubo pelo prejuízo material por ela suportado.

4. A teor do que dispõe a Súmula n.º 130/STJ, a empresa responde, perante o cliente, pela reparação de dano ou furto de veículos ocorridos no seu estacionamento.

5. Em casos de roubo, a jurisprudência desta Corte tem admitido a interpretação extensiva da Súmula n.º 130/STJ para entender configurado o dever de indenizar de estabelecimentos comerciais quando o crime for praticado no estacionamento de empresas destinadas à exploração econômica direta da referida atividade (hipótese em que configurado fortuito interno) ou quando esta for explorada de forma indireta por grandes *shopping centers* ou redes de hipermercados (hipótese em que o dever de reparar resulta da frustração de legítima expectativa de segurança do consumidor).

6. No caso, a prática do crime de roubo, com emprego inclusive de arma de fogo, de cliente de atacadista, ocorrido em estacionamento gratuito, localizado em área pública em frente ao estabelecimento comercial, constitui verdadeira hipótese de caso fortuito (ou motivo de força maior) que afasta da empresa o dever de indenizar o prejuízo suportado por seu cliente (art. 393 do Código Civil)".[42]

A exegese imprimida, de incidir a responsabilidade se o roubo ocorre em local do estabelecimento, constitui uma afronta à realidade de um país de alta violência nos crimes contra o patrimônio. A rigor, impor-se-ia a exigência de os estabelecimentos comerciais manterem um forte esquema de guardas armados e de munirem-se de um arsenal de armas, o que inviabilizaria a própria atividade.

As chamadas "áreas azuis", que são áreas públicas reservadas para o estacionamento, segundo inteligência forte nos julgados, não acarretam a obrigação do Poder Público em indenizar em caso de furto ou de danos causados no veículo. Considerando que o espaço, em geral constituído de vias urbanas, é público, haveria a mera locação de espaço, sem qualquer comprometimento na guarda. E isso justamente porque a zona azul se destina a oportunizar a que maior número de munícipes use as vagas, especialmente em vias e logradouros públicos mais movimentados da cidade e congestionados pelo trânsito.

---

[42] REsp 1642397/DF, 3.ª Turma, rel. Min. Ricardo Villas Bôas Cueva, j. 20.03.2018, *DJe* 23.03.2018.

Daí decisões como a presente: "Indenização por danos morais e materiais. Furto de veículo em área denominada 'zona azul'. Não havendo dever da Administração em vigiar os veículos estacionados na área denominada 'zona azul', inexistente o nexo de causalidade entre o fato lesivo e o dano causado, que possa gerar direito à indenização. Ação julgada improcedente. Sentença mantida. Recurso desprovido".[43]

No entanto, mesmo que se tenha o uso sob o enfoque de mera locação de espaço, tal se dá para o estacionamento, com a cobrança de valores, existindo um serviço criado para o controle, que se opera com a entrega de um papelote ou *ticket* e a fiscalização constante sobre o cumprimento de horário. Constitui um acinte à boa-fé alardear que não se caracteriza um serviço de estacionamento. É forçar demais a justificação para afastar a responsabilidade. Se ganha o Poder Público ao taxar a ocupação do espaço, que fica sob o seu controle, é inerente que a fiscalização abrange a guarda.

Com relação aos locais pertencentes ao Poder Público, distintos de vias que integram bens de uso público, já se firmou a necessidade da existência de um serviço de vigilância para ensejar a responsabilidade: "O Poder Público deve assumir a guarda e responsabilidade do veículo quando esse ingressa em área de estacionamento pertencente a estabelecimento público apenas quando dotado de vigilância especializada para esse fim. *In casu*, o exame acerca das circunstâncias que redundaram na ausência de responsabilização da universidade pelos danos materiais decorrentes de furto de automóvel em seu estacionamento carece da incursão em aspectos fáticos, notadamente no que concerne à existência de serviço especializado de vigilância no *campus* universitário, fato que, evidentemente, enseja a incidência da Súm. 7-STJ. Precedentes citados: Ag 937.819/PR, *DJ* 20.06.2008; REsp 625.604/RN, *DJ* 02.06.2008; REsp 1.032.406/SC, *DJ* 30.04.2008; e REsp 438.870/DF, *DJ* 1.º.07.2005".[44]

20 IMPRUDÊNCIA DE PEDESTRES

Já se observou o princípio da presunção da culpa contra o condutor, quando forem envolvidos pedestres. Princípio que vigora especialmente nas travessias de pistas em vias urbanas:

"Observância do princípio da dialeticidade. Mérito. Atropelamento. Presunção *juris tantum* de culpa do condutor do veículo atropelador. Inteligência do artigo 29, § 2.º, do CTB. Ausência de provas aptas a infirmar a culpa presumida. Acidente discutido nos autos ocorreu por culpa do filho réu, que desrespeitou a regra de preferência de passagem, disciplinada pelo artigo 214, incisos III e IV, do CTB e, por consequência, acabou atropelando a autora, pessoa idosa que já havia iniciado a travessia da via pública. Réus que, na condição de genitores do condutor causador do acidente, respondem solidariamente pela reparação dos danos decorrentes do referido evento".[45]

Caracteriza a culpa se o condutor apenas buzina:

"Atropelamento de pedestre em via urbana. Culpa manifesta do condutor que avista a pedestre em travessia e apenas buzina, sem parar o veículo, atropelando-a. Dever indenizatório a cargo da empregadora. *Quantum* mitigado por força de concorrência de culpas, na

---

[43] TJSP, Ap. Cív. 1000791-58.2018.8.26.0280, 2.ª Câm. Dir. Públ., rel. Renato Delbianco, j. 18.10.2019, publ. 18.10.2019.

[44] STJ, REsp 1.081.532/SC, rel. Min. Luiz Fux, j. 10.03.2009.

[45] TJSP, 29.ª Câm. Dir. Priv., Ap. Cív. 1006455-93.2017.8.26.0704, rel. Carlos Dias Motta, j. 11.12.2018, publ. 12.12.2018.

medida em que a vítima atravessava a rua em local impróprio. Danos materiais e morais indenizáveis. Falta de prova acerca do dano estético".[46]

Igualmente, se não há perfeita visibilidade para o motorista, que atropela pedestre em local próximo a uma curva:

"Responsabilidade civil. Acidente de trânsito. Atropelamento de pedestre por veículo automotor. Travessia realizada fora da faixa de pedestres e em local próximo a curva acentuada. Falta de cautela do motorista reconhecida. Falta de iluminação ou de visibilidade não demonstrada. Pedestre que já havia iniciado a travessia quando foi atingido".[47]

Mesmo que verificada conduta inapropriada do pedestre, havendo excesso de velocidade em zona urbana, justifica-se a condenação do condutor, que concorreu para o evento:

"Responsabilidade civil acidente de trânsito atropelamento de pedestre em trecho urbano. Culpa do condutor do veículo configurada. Desenvolvimento de velocidade incompatível com o local. Culpa do proprietário do veículo presumida. Dever de vigilância inobservado. Reconhecimento de culpa concorrente do pedestre mitigação do dever de indenizar danos materiais reconhecidos. Exacerbação para compreender todas as despesas necessárias ao tratamento. Apuração em sede de liquidação. Redução pela metade em razão do reconhecimento de culpa concorrente".[48]

21 INGRESSO À ESQUERDA

Múltiplos são os acidentes decorrentes da manobra do veículo que ingressa à esquerda do sentido que segue, especialmente em pistas de duas mãos de trânsito, embora se verifiquem colisões quando há um único sentido.

Ordena o art. 38, I e II, do Código introduzido pela Lei 9.503, de 1997: "Antes de entrar à direita ou à esquerda, em outra via ou em lotes lindeiros, o condutor deverá: I – ao sair da via pelo lado direito, aproximar-se o máximo possível do bordo direito da pista e executar sua manobra no menor espaço possível; II – ao sair da via pelo lado esquerdo, aproximar-se o máximo possível de seu eixo ou da linha divisória da pista, quando houver, caso se trate de uma pista com circulação nos dois sentidos, ou do bordo esquerdo, tratando-se de uma pista de um só sentido".

A regra é para qualquer saída da pista, impondo-se com rigor quando da existência de pista interseccionada com outra.

É tolerada esta inflexão para adentrar em estacionamentos ou pontos comerciais, e mesmo em garagens particulares. O dispositivo fala em via e lotes lindeiros.

Todavia, deve haver cuidado na aplicação do regramento, no momento em que o veículo faz os deslocamentos:

"Hipótese em que a análise do contexto delineado no acórdão, segundo as regras estabelecidas pelo CTB, permite deduzir que o caminhoneiro agiu de maneira imprudente, violando o seu dever de cuidado na realização de conversão à direita, ao se deslocar antes

---

[46] TJSP, 29.ª Câm. Dir. Priv., Ap. Cív. 0004775-36.2013.8.26.0347, rel. Edgard Rosa, j. 06.10.2016, publ. 31.10.2016.

[47] TJSP, Ap. Cív. 0076125-80.2008.8.26.0114, 29.ª Câm. Dir. Priv., rel. Hamid Bdine, j. 18.03.2015, publ. 18.03.2015.

[48] TJSP, 25.ª Câm. Dir. Priv., Ap. Cív 0121192-42.2010.8.26.0100, rel. Edgard Rosa, j. 15.05.2013, publ. 06.07.2013.

para a esquerda, abrindo a curva, sem observar a presença da bicicleta, vindo, assim, a colher o ciclista com a parte dianteira esquerda do caminhão".[49]

Claro era, também, sobre o assunto, o art. 13, III, do Código Nacional de Trânsito de 1966: "Todo veículo, para entrar numa esquina à esquerda, terá de atingir, primeiramente, a zona central do cruzamento, exceto quando uma ou ambas as vias tiverem sentido único de trânsito, respeitada sempre a preferência de passagem do veículo que venha em sentido contrário".

Inúmeros os acidentes diante do descuido de regra tão fundamental, o que se deve simplesmente à desatenção.

É que as manobras de conversão à esquerda, em rua movimentada especialmente, por cortarem o fluxo contrário de trânsito, devem ser precedidas de todas as cautelas, ainda mais considerando que se constitui de conduta de risco elevado.

Este posicionamento no meio da pista, e, após, infletir para a esquerda, é autorizado unicamente em vias urbanas, e não em estradas, ou vias de longa extensão, e que têm preferência em relação a qualquer outra, de acordo com o art. 37 do Código em vigor, que estatui: "Nas vias providas de acostamento, a conversão à esquerda e a operação de retorno deverão ser feitas nos locais apropriados e, onde estes não existirem, o condutor deverá aguardar no acostamento, à direita, para cruzar a pista com segurança".

Nas vias extensas maior é a velocidade permitida e desenvolvida, inclusive procedendo-se mais facilmente às ultrapassagens, tornando extremamente perigosa a parada do veículo no meio da artéria para o retorno ou o ingresso em via secundária.

22 INGRESSO EM VIA PREFERENCIAL

Quem provém de via secundária, deve se munir dos maiores cuidados antes de ingressar na via preferencial. Aliás, por força do CTB, tal conduta se reclama não apenas antes do ingresso em via preferencial, mas em qualquer via.

Determina o art. 34 do diploma em vigor: "O condutor que queira executar uma manobra deverá certificar-se de que pode executá-la sem perigo para os demais usuários da via que o seguem, precedem ou vão cruzar com ele, considerando sua posição, sua direção e sua velocidade".

Especifica o art. 36 as obrigações de quem procede dos lotes lindeiros à via: "O condutor que for ingressar numa via, procedente de um lote lindeiro a essa via, deverá dar preferência aos veículos e pedestres que por ela estejam transitando".

De acordo com o art. 35, as exigências de cuidados ou precauções reclamam-se inclusive quando do deslocamento lateral. Incumbe ao condutor evidenciar o propósito de forma clara e antecedentemente, por meio de luz indicadora de direção, ou por meio de gesto convencional de braço.

Decidiu-se: "Comprovada a imprudência do motorista/réu ao efetuar manobra de ingresso na via, com interceptação da trajetória da motocicleta em que estava a autora, de rigor a procedência do pedido formulado".[50]

---

[49]   REsp 1.761.956/SP, 3.ª Turma, rel. Min. Nancy Andrighi, j. 12.02.2019, *DJe* 15.02.2019.

[50]   TJSP, 26.ª Câm. Dir. Priv., Ap. Cív. 1001624-55.2018.8.26.0481, rel. Felipe Ferreira, j. 03.10.2017, registro 13.12.2017.

"Colisão entre veículo e motocicleta. Veículo que não observou as cautelas necessárias ao entrar na via preferencial."[51]

"Culpa. Acidente de veículo. Acidente ocorrido em cruzamento sinalizado. Veículo conduzido pelo réu que ingressa em via preferencial sem as cautelas devidas. Imprudência manifesta. Necessidade de cautela para o cruzamento. Invasão de via preferencial que constituiu a causa principal e preponderante do acidente, sobrepondo-se a qualquer infração secundária que se pudesse atribuir à motorista que trafegava nessa preferencial. Apelo improvido."[52]

Presentemente, não mais se define a via preferencial, contrariamente ao previsto no regime anterior, como o art. 39, II, do Regulamento do Código de 1966. Impende que se observe a sinalização, que dá, em certas vias, preferência de tráfego para os veículos que nela se encontram. Todavia, na falta de sinais próprios, a regra a ser observada está no art. 29, III, do vigente Código (Lei 9.503/1997), onde consta o direito de preferência aos veículos que trafegam na via, se ela tem um único fluxo; ou aos que se encontram em uma rotatória; ou aos que vêm da direita.

Prepondera, também, a via de maior fluxo ou movimento de veículos, inclusive por suas dimensões, importando em dar maior relevância à via que desemboca nela.

23 INGRESSO NA CONTRAMÃO DA PISTA

É totalmente proibido ingressar na contramão, quer trafegando, quer fazendo ultrapassagem em momentos inoportunos, como deflui do art. 186, I, do Código em vigor, que tipifica a irregularidade como infração: "Transitar pela contramão de direção em: I – vias com duplo sentido de circulação, exceto para ultrapassar outro veículo e apenas pelo tempo necessário, respeitada a preferência do veículo que transitar em sentido contrário".

Sobre a matéria é reiterado o entendimento pretoriano, inclusive se o ingresso se dá em razão do estouro do pneu: "O Tribunal de origem, com fundamento nas provas documental e pericial, concluiu que o recorrente agiu com culpa ao transitar em velocidade incompatível com a segurança do trânsito e, devido ao estouro do pneumático dianteiro, invadiu a contramão da via, atingindo, por consequência, o veículo da vítima".

E no voto, relativamente ao estouro de pneu, transcrevendo parte do acórdão recorrido: "Quanto ao argumento lançado no intuito de afastar a relação de causalidade, consubstanciado no fato de que o acidente se desenvolveu em razão de caso fortuito (estouro de pneumático dianteiro), entendo, em consonância com a conclusão anotada na substanciosa sentença, que tal fato é previsível e deriva da própria utilização da coisa, não podendo, portanto, ser considerado um fortuito apto a arredar o nexo causal".[53]

Em mais um exemplo: "Acidente automobilístico provocado por preposto empresa. Imprudência do condutor que trafegava na contramão da direção. Questão decidida com base nos fatos e provas constantes dos autos".[54]

Em verdade, trafegar na contramão constitui uma das mais graves formas de conduta culposa.

---

[51] TJSP, 27.ª Câm. Dir. Priv., Ap. Cív. 1000055-72.2018.8.26.0431, rel. Ana Catarina Strauch, j. 21.10.2019, registro 25.10.2019.

[52] TJSP, 32.ª Câm. Dir. Priv., Ap. Cív. 1016196-69.2016.8.26.0001, rel. Ruy Coppola, j. 10.10.2019, publ. 10.10.2019.

[53] STJ, 4.ª Turma, AgInt no REsp 1.775.010/TO, rel. Min. Raul Araújo, j. 02.04.2019, *DJe* 15.04.2019.

[54] AgInt no AREsp 1.279.583/SP, 4.ª Turma, rel. Min. Maria Isabel Gallotti, j. 13.11.2018, *DJe* 20.11.2018.

24 MANOBRA DE MARCHA À RÉ

Em princípio, é proibido transitar em marcha à ré, salvo em pequenas distâncias, para saída de garagens, ou abrir espaço nos estacionamentos, ou afastar-se de veículos parados na frente.

Ordena, sobre esta manobra, o art. 194 do Código Brasileiro de Trânsito (Lei 9.503/1997): "Transitar em marcha a ré, salvo na distância necessária a pequenas manobras e de forma a não causar riscos à segurança".

Em se tratando de veículos de grande porte, é imprescindível que o motorista se socorra de outra pessoa, indicando a marcha e a direção que deve tomar.

Neste sentido a jurisprudência: "Responsabilidade do preposto da ré que, ao efetuar marcha a ré com veículo, para sair de estacionamento, atropela a autora, causando-lhe ferimentos. Manobra que foi a causa preponderante para a ocorrência do acidente, não se evidenciando culpa concorrente da vítima".[55]

Em outro exemplo: "Atropelamento de ciclista durante manobra de marcha a ré de veículo em via pública, com resultado morte. Vítima que, antes da colisão com o automóvel, desequilibrou-se da bicicleta e caiu. Dinâmica do evento incontroversa. Culpa concorrente do condutor configurada, ante a não observância do preceito contido no art. 194 do Código de Trânsito Brasileiro, uma vez que a sua desatenção na manobra foi, também, a causa determinante para o atropelamento e morte da vítima, que caíra atrás do veículo".[56]

Em decisão mais antiga: "Em se tratando de danos provenientes de colisão de veículos, responde por sua reparação aquele que tenha dado causa ao evento danoso. Portanto, constitui falta grave transitar com o veículo em marcha a ré, salvo na distância necessária a pequenas manobras e de forma a não causar riscos à segurança – art. 194 do CTB –, agindo com culpa o motorista que se utiliza de tal expediente para sair de ponto de estacionamento".[57]

25 MANOBRAS DE RISCO

Várias as manobras que envolvem perigo no trânsito, ou manobras de risco que, provocando o acidente, automaticamente determinam a indenização.

Uma delas é a de marcha a ré, que exige extremo cuidado, como examinado acima, dadas as dificuldades de visibilidade especialmente nos lados do veículo.

Outra manobra de perigo está na obstrução de faixa preferencial:

"Obstrução de via preferencial. Culpa. Não sobram dúvidas de que o acidente se produziu unicamente em virtude da obstrução da preferencial, por onde circulava a autora, pelo réu, que, se calculou que poderia empreender a manobra sem riscos, calculou mal, não podendo debitar a sua imprevidência à alegada e não comprovada alta velocidade imprimida pela apelada. Nesses termos, infringiu o réu o disposto pelo artigo 34 do Código de Trânsito Brasileiro, que assim dispõe: 'Art. 34. O condutor que queira executar uma manobra deverá certificar-se

---

[55] TJSP, 32.ª Câm. Dir. Priv., Ap. Cív. 1022328-40.2018.8.26.0562, rel. Caio Marcelo Mendes de Oliveira, j. 23.09.2016, publ. 08.10.2016.

[56] TJSP, 28.ª Câm. Dir. Priv., Ap. Cív. 1007581-56.2017.8.26.0292, rel. Dimas Rubens Fonseca, j. 13.06.2019, publ. 13.06.2019.

[57] JE Cív./DF, l.ª Turma, Ap. 2002.01.1.061632-9, *DJ* 20.10.2003, *Adcoas* 8222458, *Boletim de Jurisprudência Adcoas* 1/5, dez. 2003-jan. 2004.

de que pode executá-la sem perigo para os demais usuários da via que o seguem, precedem ou vão cruzar com ele, considerando sua posição, sua direção e sua velocidade' (...)".[58]

O excesso de velocidade nos cruzamentos de artérias e o desrespeito à sinalização de trânsito constituem condutas de risco:

"O cruzamento de vias exige adoção de cautela em grau máximo, certificando-se de que a manobra a ser realizada não colocará em risco a segurança dos veículos que detêm preferência. Comprovação de que o réu descurou de seu dever de cuidado, tanto que ingressou na rótula, desrespeitando a placa de sinalização. Culpa concorrente do demandante configurada, pois admite ter acelerado para realizar a passagem no local. Incabível menosprezar a influência desse comportamento para a concretização do acidente, que, aliado à invasão da via, pelo preposto do Município, que não respeitou a placa de sinalização 'Pare' foram as causas determinantes do acidente".[59]

O excesso de velocidade que impede a retenção do veículo ante um obstáculo que está à frente importa em direção perigosa:

"Caminhão com defeito parado sobre a pista de rolamento. Acostamento estreito, de tamanho insuficiente para a largura do caminhão. Ausência de prova de falha na sinalização. Presunção de culpa do motorista do Pálio que bateu atrás não elidida por prova em contrário. Embriaguez. Falta de atenção. Local que era uma reta e permitia uma visualização à distância segura para frear o veículo. Extensa marca de frenagem indicativa de excesso de velocidade".[60]

A ultrapassagem sem espaço, a repentina inflexão para a direita, o estado de embriaguez incluem-se nas situações de direção perigosa:

"Colisão lateral. Tentativa de ultrapassagem, pelo demandado na condução de veículo automotor, ao demandante, condutor de motocicleta, que seguia na sua mão de direção e à frente. Manobra realizada em curva fechada à direita em trecho de rodovia estadual em declive. Pista simples. Imprudência. Embriaguez do demandado, ademais, comprovada.

Incumbe àquele que realiza ultrapassagem certificar-se que, no momento da manobra, os veículos ultrapassados teriam uma distância segura de si e de eventuais obstáculos sobre a pista, tal qual exige o art. 29, IX, 'b', do CTB.

É imprudente aquele que conduz veículo alcoolizado e intenciona realizar manobra de ultrapassagem em curva fechada à direita em trecho em declive e, com isso, colide na lateral do veículo que pretendia ultrapassar, pois realizou manobra perigosa, em situação de risco sem, ainda, conceder espaço suficiente para o outro veículo na pista".[61]

Situação também de perigo materializa-se no fato de se deixar um veículo parado na pista, especialmente quando se dá uma pane. Maior é a responsabilidade nas pequenas colisões, em que os motoristas ficam discutindo, sem deslocarem os carros para o acostamento ou fora da via. Igualmente se um pneu esvaziar, procedendo-se à substituição por outro na própria pista. O condutor, preocupado apenas com o seu carro, num estado momentâneo de dificuldade, não demonstra a menor cautela com os veículos que se cruzam no local.

---

[58]   TJRS, 12.ª Câm. Cív., Ap. Cív. 70081407215, rel. Ana Lúcia Carvalho Pinto Vieira Rebout, j. 21.11.2019, publ. 25.11.2019.

[59]   TJRS, 11.ª Câm. Cív., Ap. Cív. 70082688417, rel. Guinther Spode, j. 20.11.2019, publ. 25.11.2019.

[60]   TJPR, 9.ª Câm. Cív., Embargos de Declaração 10.1233508-7/01, rel. Horácio Ribas Teixeira, j. 07.05.2015, *DJ* 20.05.2015.

[61]   TJSC, Ap. Cív. 2015.065013-1, 3.ª Câm. Dir. Civ., rel. Gilberto Gomes de Oliveira, j. 08.03.2016.

O ingresso em via preferencial revela mais uma situação que, verificado o acidente, impõe a indenização, por cortar o fluxo de tráfego e provocar a colisão com veículo que por ali trafega.

26 OBSTRUÇÃO DA PISTA POR VEÍCULO COM DEFEITO

Sempre que algum defeito obrigue ao estacionamento em pista, é obrigatória a colocação de sinalização advertindo os demais motoristas da anormalidade. Comumente, os defeitos que importam em impedir a marcha dos veículos referem-se aos pneus, ou ao motor. Obriga-se o condutor a permanecer parado na via, até efetuar os reparos ou conseguir socorro mecânico. Todavia, é obrigatória a remoção do veículo do local, de modo a não tumultuar o trânsito, na forma que reza o art. 176, IV, do CTB.

O desatendimento na colocação do dispositivo pode determinar situações de perigo para os veículos que procedem no mesmo sentido, acarretando certo grau de culpa nos possíveis acidentes que venham a acontecer, embora não se descarte a responsabilidade igualmente dos que demandam atrás. Nesse rumo a orientação jurisprudencial: "Prova dos autos que demonstra que o autor apelado efetivamente se acidentou com o veículo do réu. Culpa deste demonstrada, pois, estando parado em pista de trânsito de alta velocidade, não sinalizou adequadamente a obstrução da pista, fazendo com que o veículo do autor raspasse em seu veículo. Tanto a sinalização não foi adequada que um terceiro veículo acabou se chocando com a traseira do veículo do réu".[62]

Para tanto, o art. 46 do Código vindo da Lei 9.503/1997 encerra: "Sempre que for necessária a imobilização temporária de um veículo no leito viário, em situação de emergência, deverá ser providenciada a imediata sinalização de advertência, na forma estabelecida pelo CONTRAN". Sinaliza-se por meio de luminoso ou refletor de emergência, como o triângulo.

Não ficou, entretanto, abolido o triângulo refletor comum e tradicional, desde que observadas as inovações introduzidas, com inúmeros aperfeiçoamentos.

No entanto, há de se ponderar para a hipótese de ampla visibilidade, em que não há o elemento surpresa, especialmente se estacionado no acostamento o veículo: "Não há como se imputar culpa concorrente das vítimas, se a causa determinante do acidente foi a conduta imprudente e imperícia do motorista do caminhão, pois, mesmo com ampla visibilidade e disponibilidade de pista, não desviou dos veículos estacionados no acostamento, vindo a abalroá-los, sendo de rigor o dever de indenizar".[63]

27 OFUSCAMENTO

Na ultrapassagem por outro veículo, é proibido o uso da luz alta, a fim de não ser perturbada a visibilidade do condutor que demanda no sentido contrário, conforme art. 223 do Código em vigor, ao tipificar como infração "transitar com o farol desregulado ou com o facho de luz alta de forma a perturbar a visão de outro condutor", mais especificamente dos condutores que demandam em sentido contrário.

Todavia, essa infringência do motorista que demanda pelo sentido oposto não isenta de responsabilidade o condutor que se deixa perturbar pelo ofuscamento causado em razão

---

[62] TJSP, 12.ª Câmara de Férias, Apelação sem Revisão 9057480-51.1998.8.26.0000, rel. Beretta da Silveira, j. 03.02.1999.

[63] Ap. Cív. 0006516-90.2008.8.26.0637, 27.ª Câm. Dir. Priv., rel. Gilberto Leme, j. 28.05.2013, publ. 30.05.2013.

dos faróis com luz alta, e perde a direção, ou não mantém o veículo em sua mão, causando o acidente.

É a orientação da jurisprudência: "A culpa do réu pelo evento de trânsito ressai das próprias alegações defensivas, a par da inexistência de indícios de que o autor trafegasse em velocidade excessiva. Ao admitir que não visualizou, na via, a presença da motocicleta em que se encontrava o autor, por estar ofuscado pelos faróis de caminhão que vinha no sentido oposto, evidencia-se que realizou manobra de conversão sem os cuidados necessários, o que causou o abalroamento verificado entre o veículo que tripulava e a motocicleta em que o autor era passageiro. O artigo 34 do Código de Trânsito Brasileiro dispõe acerca do cuidado que o motorista deve observar ao efetuar manobra".[64]

Mesmo que o ofuscamento se dê pelos raios do sol, não se afasta a responsabilidade: "Culpa do demandado comprovada, tendo ele confessado que não avistou a autora, pois teve a visão ofuscada pelo sol, tendo invadido a preferencial. Excesso de velocidade da demandante não comprovado".[65]

O motorista que usa a luz alta também deve responder pelo acidente, porquanto sabidamente resta prejudicada a visibilidade daquele que trafega em sentido oposto. No mínimo, há a concorrência de culpas: "Ofuscamento. A utilização de faróis altos ante a aproximação em sentido oposto de outro veículo, sobre configurar infração a regras de trânsito, caracteriza a culpa do condutor que assim procede, a qual sem dúvida concorre para o acidente que se vêm a envolver ambos os automotores e ainda um terceiro".[66]

28 PEDESTRE QUE SURGE ABRUPTAMENTE NA PISTA

Várias regras encontram-se estabelecidas para os pedestres, como as assinaladas no art. 254 do atual Código: "É proibido ao pedestre: I – permanecer ou andar nas pistas de rolamento, exceto para cruzá-las onde for permitido; II – cruzar pistas de rolamento nos viadutos, pontes, ou túneis, salvo onde exista permissão; III – atravessar a via dentro das áreas de cruzamento, salvo quando houver sinalização para esse fim; IV – utilizar-se da via em agrupamentos capazes de perturbar o trânsito, ou para a prática de qualquer folguedo, esporte, desfiles e similares, salvo em casos especiais e com a devida licença da autoridade competente; V – andar fora da faixa própria, passarela, passagem aérea ou subterrânea; VI – desobedecer à sinalização de trânsito específica". Incide a pena de 50% do valor da infração de natureza leve para a desobediência.

Nas pistas onde se permite maior velocidade, e de precária visibilidade nos acostamentos ou nas calçadas, não raramente aparece um pedestre, saltando sobre a pista para atravessá-la correndo. Mesmo nos centros urbanos, onde mais intenso o movimento, é possível que o transeunte vá atravessar quando praticamente o veículo está passando, em velocidade reduzida.

Em circunstâncias tais, não se pode inculcar a culpa no motorista. Nem cabe invocar a teoria do risco, para incutir a responsabilidade objetiva. O só fato de possuir veículo não é suficiente para obrigar a indenizar: "Atropelamento de pedestre por ônibus em via pública. Responsabilidade objetiva aplicável ao caso. Provas indicativas, contudo, de que o acidente se

---

[64] TJRS, 12.ª Câm. Cív., Ap. Cív. 70078068343, rel. Ana Lúcia Carvalho Pinto Vieira Rebout, j. 11.04.2019, publ. 30.04.2019.

[65] TJRS, 12.ª Câm. Cív., Ap. Cív. 70080726367, rel. Pedro Luiz Pozza, j. 18.07.2019, publ. 22.07.2019.

[66] TARS, 2.ª Câm. Cív., Ap. Cív. 25835, rel. Adroaldo Furtado Fabrício, j. 10.11.1981.

deu por culpa exclusiva do pedestre que, abruptamente, tentou atravessar a via sem atentar para o trânsito na faixa reversível exclusiva de ônibus, surpreendendo o motorista".[67]

Todavia, é evidente que o motorista concorre para o evento se não percebeu a vítima que iniciou a travessia a certa distância em que se encontrava o veículo, ou se não olhava para o local: "Culpa concorrente verificada. Vítima que procedeu a travessia fora da faixa de pedestres e portando acessório pesado, que lhe retirava a mobilidade e a visão do local. Motorista que agiu com imprudência, ao não olhar para a direita, haja vista haver atingido a vítima quando já havia transposto mais da metade da via. Responsabilização dos réus de forma solidária".[68]

Isso especialmente se o local é de trânsito intenso de pessoas e se o pedestre é ancião, que normalmente se locomove vagarosamente, não constituindo, assim, fator de surpresa ao motorista: "A prova oral produzida, contrariamente ao asseverado pela ré, não sufraga a tese defensiva, tendo sido pontualmente mensurada pela prolatora da sentença, que logrou reproduzir a dinâmica dos fatos, como efetivamente se passaram, concluindo que o motorista da ré, de forma açodada, deu marcha ao coletivo, colhendo a autora, pessoa idosa (82 anos de idade na data do fato), no momento em que esta atravessava ou tencionava atravessar a movimentada via. Aliás, se a via era de intenso movimento, como aludiu a demandada, mais atenção deveria ter adotado o condutor do ônibus antes de empreender a marcha do pesado veículo (como admitido pela ré, ele 'recém-arrancara', o que mostra que se pusera em movimento), porquanto a travessia de pedestres de todas as idades daquele ponto é fato previsível, não socorrendo à demandada o argumento de que a vítima tomou o motorista do ônibus de surpresa".[69]

29 PREFERÊNCIA EM CRUZAMENTO NÃO SINALIZADO

Muitos são os acidentes que acontecem em cruzamentos onde inexiste sinalização de preferência para qualquer pista. Em tempos mais antigos, firmava-se a competência para o veículo que já iniciara o cruzamento, ou que se encontrava ultimando a travessia. Era a chamada teoria do eixo médio.

O Código de Trânsito Brasileiro, no art. 29, III, *c*, ordena que, "nos demais casos", terá preferência o veículo "que vier pela direita do condutor". Solução que não revela qualquer surpresa, eis que já implantada em vários países da Europa, desde décadas atrás.

Regra esta adotada pela unanimidade da jurisprudência, afastando a teoria do eixo médio: "Abalroamento em cruzamento não sinalizado. Preferência do motorista que se desloca à direita do outro condutor. Inteligência do art. 29, III, letra 'c', do CTB".[70]

Há fundadas razões que aconselham ao desacolhimento da teoria de quem chega mais próximo ao cruzamento, ou de quem está mais perto, como o favorecimento de velocidade, a fim de chegar antes o motorista ao cruzamento, e não precisar parar o veículo: "Tendo o condutor do caminhão do réu ingressado no cruzamento sem atentar tanto para a regra

---

[67] TJSP, 33.ª Câm. Dir. Priv., Ap. Cív. 1032452-84.2016.8.26.0002, rel. Sá Duarte, j. 12.12.2019, publ. 12.12.2019.

[68] TJSP, 25.ª Câm. Dir. Priv., Ap. Cív. 0068881-72.2013.8.26.0002, rel. Claudio Hamilton, j. 28.11.2019, publ. 28.11.2019.

[69] TJRS, 12.ª Câm. Cív., RGS – Ap. Cív. 70060370921, rel. Ana Lúcia Carvalho Pinto Vieira Rebout, j. 30.07.2015, publ. 05.10.2015.

[70] RGS – Recurso Cível 71008761330, 2.ª Turma Recursal Cível, Turmas Recursais, rel. Alexandre de Souza Costa Pacheco, j. 11.12.2019.

da preferencial de costume, pois a sinalização estava faltando, como para a regra de que a preferência deva ser concedida, na falta de sinalização, ao que vier pela direita do condutor (art. 29, III, 'c', do Código de Trânsito Brasileiro), por certo que a culpa pela colisão somente ao demandado pode ser atribuída. 2. Sequer há como cogitar de culpa concorrente do autor, pois não prevalece a teoria do eixo médio, não beneficiando o réu do fato de já ter ultrapassado o meio do cruzamento, já que interceptou a passagem do autor que desfrutava de preferência de passagem".[71]

Em quaisquer locais deve-se observar a regra, mesmo em zona rural: "Colisão de veículos em cruzamento não sinalizado em via rural. Preferência do veículo que trafegava pela direita. Inteligência do art. 29, inciso III, alínea 'c', do CTB. Costume local que indica a via preferencial como sendo a de maior fluxo de veículos. Condutor da motocicleta que não tomou as cautelas necessárias para realizar a manobra".[72]

Não se pode, porém, emprestar total prioridade a quem demanda pela direita, mormente em pistas de grande trânsito e de ampla visibilidade. Sempre se exige, nos cruzamentos, uma moderação da velocidade, com observação do movimento na pista da esquerda. Especialmente esta inteligência se, pelo costume local, é reconhecida a preferência de conformidade com o uso:

"Num cruzamento não sinalizado, em princípio, a preferência é do veículo que vem da direita, consoante determina o art. 29, III, 'c', do CTB. Contudo, se as vias têm fluxo de trânsito muito distintos, como ocorre entre ruas e avenidas, a regra de experiência determina que o veículo que trafega pela rua dê preferência ao veículo que trafega pela avenida, independentemente da sinalização".[73]

Acontece que, consta do voto do Relator, "é do senso comum, perceptível a qualquer cidadão, que atravessar uma avenida movimentada a partir de uma simples rua, sem observar o tráfego, é uma conduta imprudente".

Vem sendo admitido, pois, que se determine a preferência, em cruzamento não sinalizado, pela maior importância de uma das vias em relação à outra. Daí, embora não sinalizada, pode ser havida uma rua como preferencial, em face das circunstâncias de fato que imponham essa condição à inteligência e sensibilidade dos motoristas, de modo que o uso consagre como necessária.

Em suma, há que se analisar cada circunstância particular. O certo é que os motoristas devem se precaver ao trafegarem em artérias que se encontrem sem qualquer sinalização.

30 SAÍDA DA CALÇADA

Situação comum é a ausência de precaução na saída da calçada, para seguir no leito da via. O veículo que já se encontra trafegando está tão próximo daquele que sai da calçada que tem a sua frente obstruída, vindo a ocorrer a colisão, em geral na parte esquerda, traseira ou lateral, do veículo que se afasta da calçada, onde se encontrava estacionado.

Foi decidido a respeito: "Manobra de saída de estacionamento junto ao cordão (meio--fio) da calçada. Interceptação de passagem de veículo. Culpa exclusiva da condutora que

---

[71]   RGS – Recurso Cível 71003371911, 3.ª Turma Recursal Cível, Turmas Recursais, rel. Ricardo Torres Hermann, j. 26.04.2012, publ. 30.04.2012.

[72]   TJPR, 8.ª Câm. Cív., Acórdão 0000297-73.2011.8.16.0107, rel. Alexandre Barbosa Fabiani, j. 28.10.2019.

[73]   STJ, 3.ª Turma, REsp 1.069.446/PR, rel. Min. Nancy Andrighi, j. 20.10.2011, *DJe* 03.11.2011.

realizou a manobra excepcional. Conjunto probatório que corrobora a tese da parte ré. Sentença parcialmente reformada".[74]

"Dinâmica do acidente que indica a culpa do próprio autor pelo evento. Saída de garagem. Marcha a ré. Manobra excepcional. Cuidados redobrados do condutor".[75]

31 SAÍDA DO ACOSTAMENTO

Em princípio, é proibido trafegar pelo acostamento das pistas, a menos que situações especiais ocorram e que obriguem a assim proceder, como nas interrupções do leito das estradas.

A saída do acostamento, no entanto, é fator de inúmeros acidentes, por não averiguar atentamente o motorista as condições para ingressar na pista. Nesse sentido foi decidido: "Não observância das normas de segurança. Saída de veículo lento (caminhão) do acostamento, à esquerda, em rodovia federal sem cautela. Corte do fluxo de trânsito. Culpa caracterizada. obrigação de indenizar. Obriga-se à indenização por danos materiais o motorista que, do acostamento, ao realizar manobra de ingresso em rodovia sem os devidos cuidados, intercepta trajetória de veículo que seguia em sua mão de direção e vem a ocasionar o sinistro".[76]

No voto do relator, justifica-se que, "nos moldes do art. 44 do Código de Trânsito Brasileiro, 'ao aproximar-se de qualquer tipo de cruzamento, o condutor de veículo deve demonstrar prudência especial, transitando em velocidade moderada, de forma que possa deter seu veículo com segurança para dar passagem a pedestre e a veículos que tenham o direito de preferência'.

Assim, deveria o apelante, advindo de acostamento, ou seja, via secundária, verificar o fluxo de trânsito na via principal, antes de adentrar nesta.

Tais fatos bastam para colorir a responsabilidade dos demandados.

Colhe-se da jurisprudência caso semelhante:

'Reparação de danos. Acidente de circulação. Conversão à esquerda em rodovia de tráfego rápido. Manobra imprudente, executada sem redobradas cautelas. Croquis da autoridade do trânsito. Obstrução e colisão com automóvel que trafegava pela pista central no mesmo sentido. Excesso de velocidade deste indemonstrado e, ademais, irrelevante em face da preponderância da culpa do manobrante. Pedido indenizatório em ação de regresso contra este acolhido. Sentença confirmada. Recurso desprovido.

A conversão à esquerda, por veículo proveniente ou não de acostamento, ainda mais em rodovia de fluxo rápido provida de duas pistas em sentido único, é manobra que, por cortar a normal circulação do tráfego, revela, se não encetada com redobradas cautelas, grave imprudência de quem assim procede, preponderando, inclusive, sobre eventual excesso de velocidade daquele com quem vem, em tal situação, a se envolver em acidente, obrigando-o, em consequência, a reparar a este os danos que porventura causar com sua conduta. Quem cria o risco deve suportá-lo' (Apelação Cível n.º 1999.010841-4, de Blumenau, rel. Des. José Gaspar Rubick, julgada em 11.09.2000)".

---

[74] RGS – Recurso Cível 71006972459, 1.ª Turma Recursal Cível, Turmas Recursais, rel. Fabiana Zilles, j. 25.07.2017.

[75] RGS – Recurso Cível 71006031298, 2.ª Turma Recursal Cível, Turmas Recursais, rel. Elaine Maria Canto da Fonseca, j. 18.05.2016, publ. 23.05.2016.

[76] TJSC, 2.ª Câm. Dir. Civ., Ap. Cív. 2012.066344-5, rel. Gilberto Gomes de Oliveira, j. 10.09.2015.

De outro lado, prepondera a regra da presunção da culpa de quem ingressa em via preferencial sem os devidos cuidados, que se aplica à hipótese: "Apelação cível ... Dinâmica dos fatos incontroversa. Ingresso em via preferencial sem a necessária cautela. Violação às regras básicas de trânsito. Responsabilidade civil comprovada. Dever de indenizar caracterizado. Danos materiais. Irresignação quanto ao montante arbitrado. Impugnação genérica. Prejuízos demonstrados. Ressarcimento devido. Sentença mantida. Recurso desprovido. 'Aquele que pretende ingressar em pista preferencial tem a obrigação de certificar-se de que não existem veículos circulando naquela via, atentando-se para o fluxo de trânsito antes de iniciar a manobra. A conversão inoportuna, realizada por aquele que, sem a necessária cautela, ingressa em via preferencial e intercepta a trajetória de veículo que por ela trafegava, revela-se como causa preponderante do acidente' (TJSC, Apelação Cível n. 0300257-46.2014.8.24.0218, de Catanduvas, rel. Des. Sebastião César Evangelista, Segunda Câmara de Direito Civil, j. em 04.04.2019)".[77]

É que o veículo, saindo do acostamento sem a necessária cautela, intercepta a marcha dos demais carros, dando causa ao acidente, pouco importando, no caso, o excesso de velocidade que porventura venham desenvolvendo. Isso mormente em pistas de maior extensão.

32 SEMÁFORO COM DEFEITO OU NÃO FUNCIONANDO

Seguidamente acidentes ocorrem em razão de falta de atenção em cruzamentos em que os semáforos se encontram com defeito, ou simplesmente não funcionam. Assim, entendem os motoristas que podem ingressar abruptamente na pista que intercepta aquela na qual trafegam.

Na hipótese, desaparece a preferência, devendo os condutores se munir de todo cuidado, parar os veículos, observar se a pista se encontra desimpedida, e só então encetar a travessia.

Se um semáforo não está funcionando, mas seguindo ativo o semáforo de uma pista que cruza pela pista onde não há o funcionamento, e abrindo o sinal verde, o condutor que segue o sinal não pode ser responsabilizado. Já o condutor que segue adiante onde o semáforo se encontra inativo, sem observar a circulação de veículos nas outras pistas, é responsável. Igualmente o Poder Público, que não coloca aviso da inoperância sujeita-se a ser responsabilizado. Esta a solução dada pelo seguinte aresto:

"No campo da responsabilidade civil do Estado, se o prejuízo adveio de uma omissão do Estado, ou seja, pelo não funcionamento do serviço, ou seu funcionamento tardio, deficiente ou insuficiente, invoca-se a teoria da responsabilidade subjetiva.

Na espécie, a colisão entre os veículos, ocorrida no cruzamento entre duas ruas, deveu-se ao fato de que um dos semáforos do cruzamento estava verde e o outro, inoperante; ausente qualquer sinalização sobre o defeito no semáforo.

Assim, como bem enfatizou a Corte de origem, 'evidente a responsabilidade do Município pelo dever de conservar a sinaleira em regular estado de funcionamento. No caso dos autos, deveria ter providenciado alguma indicação do defeito que tornou inoperante o semáforo'... *In casu*, portanto, restou caracterizada a culpa do Município recorrido ao não ter colocado sinalização evidenciando que naquele cruzamento um dos semáforos não estava acionado.

Não se deve deixar de considerar, contudo, que o recorrente ... deveria ter sido atento ao cruzar a rua, uma vez que o sinal não estava operante e naquele local não há vias preferenciais devido à existência dos dois sinais. Dessa forma, quanto a esse recorrente, deve ser mantido o raciocínio da Corte Estadual de que 'há concorrência de culpas: a do motorista

---

[77] TJSC, 2.ª Câm. Dir. Civ., Ap. Cív. 0300151-37.2017.8.24.0038, rel. Fernando Carioni, j. 19.11.2019.

por atravessar o cruzamento simplesmente ignorando a ausência da sinalização que ali deveria existir, a da Municipalidade em decorrência de omissão que permitiu e contribuiu para um tal proceder'".

E quanto ao condutor favorecido pelo sinal verde:

"Fincado nessa premissa, cumpre dar provimento *in totum* ao recurso no que concerne ao pedido de danos materiais, uma vez que quando do acidente trafegava na via em que o semáforo estava verde, não lhe sendo cobrado qualquer dever de diligência quanto ao provável surgimento de veículos provenientes das outras ruas".[78]

Comum revela-se o funcionamento apenas do semáforo na cor amarela, de modo piscante, o que enseja a responsabilidade concorrente dos envolvidos:

"O local do acidente restou esclarecido: um cruzamento dotado de semáforo fora de funcionamento, com sinal amarelo piscante. E, nestas circunstâncias, ambas as partes deixaram de agir com cautela na transposição do cruzamento da via, e não lograram evitar a colisão.

A tese do recorrente veio desprovida de prova da culpa exclusiva da parte autora, pois o conjunto dos autos demonstra a culpa concorrente para o evento.

Demonstrada a invasão da via pelo veículo do recorrente, sem os cuidados e cautelas exigíveis, em momento que o semáforo estava com sinal piscante em amarelo, resta evidente a violação das regras de trânsito previstas nos arts. 28 e 44 do CTB, uma vez que deveria o recorrente agir com cautela e prudência ao realizar a manobra".[79]

O completo não funcionamento é frequente na falta de energia elétrica. No caso, há de observar a preferência, como a do veículo que provém da direita. De qualquer modo, se o semáforo por qualquer motivo não está funcionando, devem os motoristas que ali chegam usar do máximo de cautela, parando seus veículos e só adentrando quando inexistir possibilidade de causar acidente.

Todo motorista deve redobrar a atenção ao penetrar em cruzamentos. Na verdade, não funcionando o semáforo, não se poderá iniciar o cruzamento sem antes constatar se algum outro veículo se aproxima, e se há espaço e tempo para completar o percurso da travessia.

33 SEMÁFORO COM LUZ AMARELA

Fator determinante de incontáveis acidentes é a troca da cor de luz do semáforo, passando da verde para a amarela e, em seguida, para a vermelha. Em geral, pretende-se aproveitar a passagem da luz amarela para a vermelha, chegando-se ao centro do cruzamento quando já incidente no semáforo esta última.

Há semáforos num sentido com as três cores e, no outro, com duas. Contudo, neste, a passagem entre verde e vermelho dura o tempo equivalente à mudança da luz vermelha para a verde no outro, com a inclusão da passagem pela luz amarela, de simples advertência.

Assim, quando no sentido do semáforo com luzes de três cores ocorre a passagem da cor amarela para vermelha, na outra via acende-se a luz verde.

Quanto ao significado da luz amarela, e a sua importância no trânsito, sabe-se que indica precaução, atenção, ou cuidado.

---

[78]   STJ, 2.ª Turma, REsp 716250/RS, rel. Min. Franciulli Netto, j. 21.06.2005, *DJe* 12.09.2005.

[79]   RGS – Recurso Cível 71008044042, 2.ª Turma Recursal Cível, Turmas Recursais, rel. Elaine Maria Canto da Fonseca, j. 26.06.2019, publ. 1.º.07.2019.

Consequentemente, em princípio, ao acender-se a luz amarelo-alaranjada, deve o motorista parar o veículo. Poderá prosseguir a travessia caso já esteja no cruzamento ou, no máximo, começando a passar pelo encontro das duas vias.

É que, fundamentalmente, o sinal amarelo indica que os veículos da outra pista se encontram concluindo a passagem, ou que se acham em posição tal que não mais é possível interromper o tráfego.

Nessa conclusão se alinha a jurisprudência: "Trata-se de colisão ocorrida em cruzamento dotado de semáforo, o qual, segundo a prova dos autos, ostentava sinal com cor 'amarela' para o veículo da parte ré. A sinalização semafórica amarela indica atenção, devendo o condutor parar o veículo, salvo se isto resultar em situação de perigo (Res. 160, anexo II, 4.1.2, b). Tendo a veículo da parte ré cruzado o local nestas condições, a conduta imprudente que causou a colisão foi sua, devendo arcar com os prejuízos do requerente".[80]

Nessa visualização, o sinal amarelo, segundo as convenções consagradas universalmente, expressa advertência, ou recomenda que se pare ante a sua presença.

Por isso diz-se que, em geral, ambos os motoristas incidem em responsabilidade, ou com culpa, em acidentes ocorridos quando se processa a troca de sinais. Acontece que a passagem do sinal verde para amarelo importa na mudança do sinal vermelho para verde no outro lado. Não raramente, é perceptível ou visível a mudança de sinal amarelo para vermelho, ou de verde para amarelo, pelos motoristas que se encontram na artéria que vai cruzar com aquela na qual se encontra aquele sinal, iniciando eles antecipadamente o cruzamento.

O acidente em cruzamentos, no momento em que se processa a troca de sinais, revela açodamento ou pressa, e falta de atenção, máxime em vias largas e de ampla visibilidade.

34 SEMÁFORO NO AMARELO, COM PISCA ALERTA INTERMITENTE

Comum é a situação, especialmente após certo horário da noite, de ficar acionada apenas a cor amarela do semáforo, com pisca ininterrupto, o que facilita o trânsito, não havendo necessidade de funcionarem sucessivamente as cores verde, amarela e vermelha. Tal prática se generalizou em todos os pontos do País, tendo sido adotada a partir de 1986, sendo que já era comum em outros países.

A cor amarela expressa advertência, de acordo com as convenções normais de sinalização, e restou implantada pelo costume, em prática admitida universalmente.

Tornando-se piscante a cor amarela, não perde a sua finalidade de advertência para os condutores de veículos que demandam em qualquer sentido das pistas que se cruzam. E, justamente diante da constância do pisca em qualquer das vias que se encontram numa esquina, desaparece a prioridade para um ou para outro veículo. Daí, pois, em acidentes sob tal circunstância, configura-se a culpa concorrente, havendo o entendimento de que não prevalece a regra da preferência para o motorista do veículo que procede da direita.

Neste sentido a jurisprudência: "Acidente de trânsito. Colisão em cruzamento. Semáforo inoperante. CTB, art. 29, III. Ordem de preferência. Inaplicabilidade. Dever de cautela. Imprudência da autora. Culpa do preposto da ré não demonstrada.

'O semáforo com sua luz amarela intermitente adverte os motoristas da necessidade de cuidado no cruzamento da pista, determinando a redução da velocidade e retirando a preferência de passagem de quaisquer dos condutores. A preferência do veículo que trafega

---

[80] RGS – Recurso Cível 71008215592, 2.ª Turma Recursal Cível, Turmas Recursais, rel. Alexandre de Souza Costa Pacheco, j. 29.05.2019, publ. 31.05.2019.

pela direita, prevista no art. 29, III, da Lei n. 9.503/97, somente se aplica às situações de local não sinalizado (AC n. 2008.071390-5, Des. Henry Petry Junior)".

No curso do voto, sustenta o relator: "Suficientemente delineada a dinâmica do sinistro pelos documentos e testemunhas acima mencionadas, verifica-se que ambos os veículos seguiram no cruzamento em semáforo inoperante, e a autora sustenta que a preferência de passagem era do veículo conduzido pelo seu filho, uma vez que vinha pela direita.

Nesse tocante, é imperativo destacar que a ordem de preferência constante no art. 29, III, do Código de Trânsito Brasileiro é aplicável apenas, como expressamente designado na norma, para locais não sinalizados. Assim, entende-se que em situação de semáforo inoperante não há preferência para qualquer dos condutores, devendo todos seguir no cruzamento com prudência e cautela (...).

(...) 'O sinal amarelo intermitente no cruzamento entre duas vias urbanas não concede preferência a nenhum dos usuários que delas provenha, o que recomenda a redução de velocidade, ou mesmo a parada durante a aproximação, para cercar-se de não obstruir a passagem de quem já a iniciou antes. Nesse contexto, patenteado que o carro do autor aproximou-se em velocidade constante, vindo a abalroar na parte final comprido caminhão que provinha da via perpendicular, a ponto de evidenciar que cortou-lhe o fluxo quando já adiantada a travessia, força convir que a culpa recai totalmente sobre seus ombros, o que suprime o dever indenizatório' (AC n. 2011.077290-9, Des. Maria do Rocio Luz Santa Ritta).(...)

(...) O semáforo com sua luz amarela intermitente adverte os motoristas da necessidade de cuidado no cruzamento da pista, determinando a redução da velocidade e retirando a preferência de passagem de quaisquer dos condutores. A preferência do veículo que trafega pela direita, prevista no art. 29, III, da Lei n. 9.503/1997, somente se aplica às situações de local não sinalizado".[81]

Desponta a responsabilidade por culpa do motorista no caso de já haver o outro condutor iniciado a travessia, sendo sua a iniciativa de arrancar o veículo, e vindo o outro, instantes depois, a dar partida, com excesso de velocidade, atingindo o carro que se antecipara na manobra. Hipótese, no entanto, que depende de robusta prova para se configurar.

35 TRANSPORTE DE PESSOAS EM CARROCERIA DE VEÍCULO DE CARGA

Está aí caracterizada mais uma forma de culpa, pelos perigos que comporta tal conduta.

O Código de Trânsito Brasileiro, no art. 230, II, repetindo vedação que vinha no Regulamento do Código de 1966, é claro em proibir tal prática de transporte, pois atribui penalidades a quem transporta "passageiros em compartimento de carga, salvo por motivo de força maior, com permissão da autoridade competente e na forma estabelecida pelo CONTRAN".

Igualmente nas partes externas do veículo incide a vedação, em consonância com o art. 235 do Código de 1997, ao penalizar quem conduzir pessoas, animais ou carga nas partes externas do veículo, salvo nos casos devidamente autorizados.

É óbvio o perigo que representa a prática de condução de pessoas em carrocerias de caminhões ou camionetas, ou nas partes externas, já que diminui sensivelmente a segurança, pela ausência de proteção, e diante das possíveis manobras bruscas de frenagem e solavancos a que está sujeito o veículo.

É o que expressa a jurisprudência: "Quando o réu, apesar de não ser habilitado para dirigir veículo automotor (infração administrativa sem maiores contornos na resolução da lide),

---

[81]   TJSC, 5.ª Câm. Dir. Cív., Ap. Cív. 0305174-14.2014.8.24.0023, rel. Luiz Cézar Medeiros, j. 25.04.2017.

permitiu que cinco pessoas adentrassem na carroceria da caminhonete por ele dirigida e recomendou que as mesmas ficassem sentadas e assim permanecessem durante todo o percurso, demonstrou ter agido com culpa consciente, ou seja, anteviu a ocorrência de um incidente, mas acreditou que sua habilidade seria suficiente para evitá-lo. Se o dever objetivo de cuidado se dirige a todos, é justo que se espere de cada um comportamento prudente e inteligente, exigível para uma harmoniosa e pacífica atividade no interior da vida social e comunitária".[82]

36 ULTRAPASSAGEM

A ultrapassagem constitui-se em um dos fatores de maior incidência de acidentes de trânsito, justamente por exigir cautela e certa perícia ao ser realizada.

Amiúde, no entanto, é encetada sem maiores cuidados, razão por que se revela uma das manobras de alto risco no trânsito.

Várias as disposições que tratam da ultrapassagem. Assim o art. 29, IX, do Código: "A ultrapassagem de outro veículo em movimento deverá ser feita pela esquerda, obedecida a sinalização regulamentar e as demais normas estabelecidas neste Código, exceto quando o veículo a ser ultrapassado estiver sinalizando o propósito de entrar à esquerda".

No inc. X: "Todo condutor deverá, antes de efetuar uma ultrapassagem, certificar-se de que: *a*) nenhum condutor que venha atrás haja começado uma manobra para ultrapassá-lo; *b*) quem o precede na mesma faixa de trânsito não haja indicado o propósito de ultrapassar um terceiro; *c*) a faixa de trânsito que vai tomar esteja livre numa extensão suficiente para que sua manobra não ponha em perigo ou obstrua o trânsito que venha em sentido contrário".

É pacífica a orientação pretoriana a respeito das cautelas necessárias na ultrapassagem, e da presunção de culpa contra aquele que faz a manobra:

"Ultrapassagem do ônibus do réu sobre o caminhão do autor e parada posterior próxima ao ponto de embarque na rodovia. Imprudência. Dever de cuidado à segurança do trânsito não observado. Danos emergentes".[83]

"O artigo 28 do Código de Trânsito Brasileiro prescreve a cautela necessária para a condução segura no trânsito dispondo: 'Art. 28. O condutor deverá, a todo momento, ter domínio de seu veículo, dirigindo-o com atenção e cuidados indispensáveis à segurança do trânsito'. Ao ultrapassar outro veículo em movimento, prescreve o Código de Trânsito Brasileiro que a 'ultrapassagem de outro veículo em movimento, deverá ser feita pela esquerda, obedecida a sinalização regulamentar(...)' (art. 29, IX) valorando como infração gravíssima ultrapassar pela contramão outro veículo onde houver marcação viária longitudinal de divisão de fluxos opostos do tipo linha dupla contínua ou simples contínua amarela (art. 203, V, CTB)."[84]

"Ultrapassagem efetuada em local proibido e sem observância das cautelas exigidas. Causa determinante das colisões. Teses de culpa exclusiva do coautor (...) e de culpa concorrente afastadas."[85]

---

[82] TJMG, 10.ª Câm. Cív., Ap. Cív. 1.0051.05.013366-2/001 – 0133662-94.2005.8.13.0051 (1), rel. Electra Benevides, j. 27.10.2009, publ. 26.11.2009.

[83] Ap. Cív. 528872-4 0001393-78.2013.8.17.0640, 1.ª Câmara Regional de Caruaru/PE, 1.ª Turma, rel. Sílvio Neves Baptista Filho, j. 27.11.2019, publ. 29.11.2019.

[84] JECRC, 4.ª Turma Recursal de Pernambuco, Recurso Inominado 0001465-72.2017.8.17.8223,, rel. José Júnior Florentino dos Santos Mendonça, j. 21.08.2019.

[85] TJSP, 28.ª Câm. Dir. Priv., Ap. Cív. 1002028-62.2015.8.26.0077, rel. Cesar Lacerda, j. 10.12.2019, publ. 12.12.2019.

Diante dos rigores da lei e da imposição de cautelas extremas, não se permitem ultrapassagens em lombadas ou em imediações de esquinas, ou curvas das estradas de longo percurso.

Fator preponderante para apurar a responsabilidade é a existência de sinalização proibitiva, no local, de ultrapassagem, constituída de faixa contínua no centro da pista. Importante, também, conservar certa distância do veículo que está à frente, pois é bem possível que ele igualmente inicie tal manobra.

Sempre que a visibilidade estiver prejudicada, ou quando se afigurar impossível qualquer inflexão do veículo para o lado da pista, como em pontes e viadutos, fica proibida qualquer pretensão de ultrapassagem.

Se houver suficiente espaço para efetuar a manobra, e com a prévia sinalização de que penderá para a esquerda, considera-se correta a ultrapassagem. Na eventualidade de outro veículo colidir na traseira, por desatenção, não há a responsabilidade do condutor: "Motorista do caminhão que sinalizou adequada e oportunamente a pretensão de conversão à esquerda. Ausência de atenção da apelante, motociclista que seguia atrás, para realizar a ultrapassagem. Art. 29, IX, CTB. Culpa exclusiva da vítima. Sentença mantida".[86]

37 ULTRAPASSAGEM PELA DIREITA

Obviamente, segundo já observado, a ultrapassagem se procede sempre pela esquerda.

Em certas circunstâncias, porém, é admitida pela direita da pista. O Regulamento do Código anterior, no art. 38, X, trazia norma específica sobre a matéria: "Nas vias de mão única, com retorno ou entrada à esquerda, é permitida a ultrapassagem pela direita, se o condutor do veículo que estiver à esquerda indicar, por sinal, que vai entrar para esse lado". O vigente Código omitiu regra a respeito. Todavia, a leitura da parte final do IX do art. 29 enseja concluir a possibilidade de ultrapassagem pelo lado direito em situação especial, e se o condutor do veículo que estiver sendo ultrapassado indicar que pretende entrar à esquerda: "A ultrapassagem de outro veículo em movimento deverá ser feita pela esquerda, obedecida a sinalização regulamentar e as demais normas estabelecidas neste Código, *exceto quando o veículo a ser ultrapassado estiver sinalizando o propósito de entrar à esquerda*".

Decidiu-se: "É lícita a ultrapassagem realizada pela direita quando o veículo a ser ultrapassado sinaliza o propósito de entrar à esquerda (art. 29, IX, do CTB), o que se verifica no caso em apreço".[87]

É evidente que deverá se afigurar, para o motorista, a existência de espaço suficiente para a manobra, de modo a ter segurança e garantia, evitando uma situação de perigo.

De modo geral, quem se encontra à direita não oferece perfeita visibilidade para o condutor que está à esquerda, a menos que este esteja com o veículo parado.

38 VIGILÂNCIA DEFICIENTE POR EMPRESA QUE ADMINISTRA A RODOVIA

Conforme linha traçada pelo STJ, cabe ao ente estatal a vigilância nas rodovias, de modo a dar segurança aos que trafegam: "(...) O acórdão recorrido contraria a orientação desta Corte, no sentido de ser dever estatal promover vigilância ostensiva e adequada, propor-

---

[86] TJSP, 34.ª Câm. Dir. Priv., Ap. Cív. 1000774-82.2018.8.26.0066, rel. Soares Levada, j. 19.11.2019, publ. 19.12.2019.

[87] PR – Recurso Inominado 0036899-56.2016.8.16.0182, 2.ª Turma Recursal, rel. Renata Bolzan Jauris, j. 04.10.2019.

cionando segurança possível àqueles que trafegam pela rodovia, razão pela qual se verifica conduta omissiva e culposa do ente público, caracterizada pela negligência, apta à responsabilização do Estado. Nesse sentido: STJ, REsp 1.198.534/RS, Rel. Ministra Eliana Calmon, Segunda Turma, *DJe* de 20.08.2010; REsp 438.831/RS, Rel. Ministro João Otávio de Noronha, Segunda Turma, *DJU* de 02.08.2006; AgInt no AgInt no REsp 1.631.507/CE, Rel. Ministra Assusete Magalhães, Segunda Turma, *DJe* de 28.08.2018. VI – Estando o acórdão recorrido em dissonância com a orientação firmada por esta Corte, merece ser mantida a decisão ora agravada, que deu provimento ao recurso especial da parte autora, para restabelecer a sentença, que havia reconhecido a presença dos elementos configuradores da responsabilidade civil do Estado por omissão".[88]

Havendo concessão, a responsabilidade é transferida para as empresas que assumem as rodovias privatizadas, relativamente aos danos que ocorrerem aos transeuntes e aos que trafegam, em razão de eventos lesivos, como defeitos na pista e a presença de animais, causando acidentes.

Não se pode esquecer que tais empresas, por concessão, administram bem ou serviço público, incidindo a regra do art. 37, § 6.º, da Carta Federal. É-lhes transferido o dever de vigilância no trecho da rodovia sob sua jurisdição. Recebendo do usuário um preço pelo uso do bem e pelos serviços, incide a teoria do risco-proveito, já que a remuneração recebida visa à prestação de uma série de encargos, como a manutenção da via e a vigilância sobre a sua regularidade. Se animais circulam ao longo do percurso submetido aos seus cuidados, evidencia-se a precariedade do dever de vigilância.

Os pronunciamentos dos pretórios são pela obrigação indenizatória: "No caso, ficou consignado nos autos que a responsabilidade da concessionária é objetiva em razão do dever de cuidar e fiscalizar o tráfego a fim de evitar acidentes, conforme interpretação do art. 1.º, § 3.º, do Código de Trânsito Brasileiro".[89]

Mais precedentes são transcritos no voto que ensejou o acórdão:

"Ficou consignado nos autos que a responsabilidade da concessionária é objetiva em razão do seu dever de cuidar e fiscalizar o tráfego a fim de evitar acidentes. Tal conclusão está em consonância com o entendimento jurisprudencial do Superior Tribunal de Justiça. Confiram-se:

'Administrativo e processual civil. Agravo interno no agravo em recurso especial. Indenização por danos decorrentes de acidente automobilístico em via administrada pela recorrente. Responsabilidade objetiva. Dever de indenizar expressamente demonstrado pela Corte local. Impossibilidade de revisão das premissas do acórdão recorrido em sede de apelo raro. Agravo interno da concessionária a que se nega provimento.

Incumbe à concessionária que explora a rodovia, a fiscalização e cuidado para o regular tráfego a fim de evitar acidentes nos veículos que transitam na mesma.

Neste caso, a Corte de origem concluiu que a existência de objeto estranho na via de rolamento, de fato, causou o dano descrito na inicial ao veículo do autor da ação, e assim, cabendo à Concessionária o dever de fiscalização e desobstrução da via que administra, sua omissão lhe enseja a responsabilidade pelo acidente.

---

[88] STJ, AgInt no AREsp 1.303.420/SP, 3.ª Turma, rel. Min. Ricardo Villas Bôas Cueva, j. 25.03.2019, *DJe* 29.03.2019.

[89] STJ, 3.ª Turma, AgInt no AREsp 1.303.420/SP, rel. Min. Ricardo Villas Bôas Cueva, j. 25.03.2019, *DJe* 29.03.2019.

A alteração de tais conclusões, na forma pretendida pela parte recorrente, demandaria, necessariamente, a incursão no acervo fático-probatório dos autos, o que é vedado, a princípio, no âmbito do recurso especial. Agravo interno da concessionária a que se nega provimento' (AgInt no AREsp 1.134.988/SP, Rel. Ministro Napoleão Nunes Maia Filho, Primeira Turma, julgado em 10.04.2018, *DJe* 20.04.2018).

'Agravo interno no agravo (art. 544 do CPC/1973). Ação de reparação de danos morais e materiais. Decisão monocrática que negou provimento ao reclamo. Insurgência da ré. (...)

A empresa concessionária que administra rodovia mantém relação consumerista com os usuários, devendo ser responsabilizada objetivamente por eventuais falhas na prestação do serviço' (AgRg no AREsp 342.496/SP, Rel. Ministro João Otávio de Noronha, Terceira Turma, julgado em 11.02.2014, *DJe* 18.02.2014).

(...) Ademais, o tribunal de origem concluiu que a responsabilidade da concessionária é objetiva com fundamento no art. 1.º, § 3.º, do Código Nacional de Trânsito, o qual não foi impugnado pela recorrente".

Em mais exemplos:

"*In casu*, rever o entendimento do Tribunal de origem, no sentido de reconhecer a necessidade de instrução probatória, demandaria necessário revolvimento de matéria fática, o que é inviável em sede de recurso especial, à luz do óbice contido na Súmula n. 7/STJ.

É pacífico o entendimento no Superior Tribunal de Justiça, segundo o qual as pessoas jurídicas de direito privado, prestadoras de serviço público, respondem objetivamente pelos prejuízos que causarem a terceiros usuários e não usuários do serviço, resultando, no caso, em responsabilidade da concessionária pela permanência de animal na rodovia".[90]

"Acidente de trânsito. Atropelamento de animal bovino no meio da pista de rolagem em rodovia conservada e fiscalizada mediante concessão. Relação de consumo. Precedente. Artigo 936 do Código Civil. Súmula n.º 211/STJ. Artigo 269, inciso X, do Código do Trânsito Brasileiro (...).

A jurisprudência consolidada do Superior Tribunal de Justiça preceitua que as concessionárias de serviços rodoviários, nas suas relações com os usuários, estão subordinadas à legislação consumerista."[91]

Entrementes, deve-se encarar a situação com certa cautela, não se viabilizando o tratamento acima em rodovias comuns, diferentes das autoestradas, nas quais não existe a concessão, e que permanecem, então, sob a responsabilidade do Estado. É impossível a fiscalização de todas as vias, impedindo que animais as invadam e perambulem nelas. Ficariam insuportáveis os custos para tanto, além da impraticabilidade, questão bem enfrentada no seguinte aresto, perfeitamente aplicável, embora antigo: "Nas rodovias comuns, ao contrário do que se dá nas autoestradas, destinadas ao trânsito de alta velocidade, onde as exigências de segurança são naturalmente mais acentuadas e, por isso, a vigilância deve ser mais rigorosa, é virtualmente impossível impedir o ingresso de animais na pista, durante as vinte e quatro horas do dia. A responsabilidade do Estado quando o dano resulta de suposta omissão – falta do serviço – obedece à teoria subjetiva e só se concretiza mediante prova da culpa, isto é, do descumprimento do dever legal de impedir o evento lesivo: sem prova da conduta omissiva

---

[90]   STJ, 1.ª Turma, AgInt no AREsp 979.770/SP, rel. Min. Regina Helena Costa, j. 27.06.2017, *DJe* 02.08.2017.

[91]   STJ, 3.ª Turma AgRg no AREsp 150781/PR, rel. Min. Ricardo Villas Bôas Cueva, j. 06.08.2013, *DJe* 09.08.2013.

censurável, tendo em conta o tipo de atuação que seria razoável exigir, não há como responsabilizar o Poder Público".[92]

Não cabe sustentar a responsabilidade objetiva da concessionária ou do Poder Público em certas situações, como quando há sinalização a respeito da possibilidade de animais ingressarem na pista, ou fica evidenciada a culpa do condutor, o que se depreende se o acidente ocorreu em uma pista de ampla visibilidade à frente:

"Ainda que seja dever da concessionária da rodovia oferecer segurança aos usuários, adotando medidas tendentes a garantir o tráfego dentro das condições devidas nas estradas sob sua concessão, o caso concreto difere dos usualmente julgados, porquanto o autor narra a colisão do seu veículo com um animal silvestre, de médio porte (capincho ou capivara), que surgiu, repentinamente, na rodovia existente entre as cidades de Arroio Grande e Jaguarão (RS), onde toda a extensão do trecho possui placas de sinalização. Tal serve à exclusão do nexo de causalidade, pois inviável para a concessionária o controle ostensivo da circulação dos referidos animais, os quais, sabidamente, invadem a pista de rolamento com facilidade e frequência. Dano material que, no caso concreto, não comporta ressarcimento. Recurso provido".[93]

---

[92]   TRF-4.ª Reg., 3.ª Turma, Ap. Cív. 97.04.01222-5/SC, *DJU* 17.09.1997.

[93]   RS – Recurso Cível 71004072658, 1.ª Turma Recursal Cível, Turmas Recursais, rel. Fernanda Carravetta Vilande, j. 18.12.2012, publ. 22.01.2013.

PARTE III

REPARAÇÃO NOS ACIDENTES DE TRÂNSITO

Capítulo XIV

A Reparação

1 CONCEITO E ESPÉCIES

Uma vez provado o dano, cabe a ação de reparação. Realça Aguiar Dias que tem direito de pedir reparação toda pessoa que demonstre um prejuízo e a sua injustiça.[1]

Leva-se a efeito a reparação com a atribuição de uma quantidade de dinheiro suficiente para compensar, por sub-rogação, um interesse, expõe De Cupis,[2] observando que existem dois modos de reparar o dano: de um lado, está o ressarcimento, que consiste na recomposição da situação anterior, mediante a compensação de uma soma pecuniária equivalente; de outra parte, vem a reparação específica, ou a integração, pela qual a obrigação ressarcitória se concretiza com a restituição do sujeito ao estado anterior ao dano. Mesmo não cancelando o dano no mundo dos fatos, cria uma realidade materialmente correspondente à que existia antes de produzir a lesão.

O ressarcimento, diferentemente, estabelece uma situação econômica equivalente àquela que foi comprometida pelo dano, por meio de uma indenização em dinheiro. Está contemplada essa maneira no Código Civil, Capítulo II, Título IX, Livro I, da Parte Especial, iniciando no art. 944 e indo até o art. 954. Revelando caráter pecuniário, se expressa na prestação, ao prejudicado, de uma soma, em dinheiro, adequada para originar um estado de coisas equivalente ao anterior. Para Serpa Lopes, ao prejudicado assiste o direito de exigir uma importância destinada a reequilibrar a sua posição jurídica, "de modo a tanto quanto possível retornar ao estado em que se encontraria, se o devedor houvesse realizado a prestação no tempo e forma devidos".[3]

O autor, reproduzindo a doutrina moderna, da mesma forma que De Cupis, ressalta que duas são as modalidades da reparação: a específica (reintegração em forma específica) e a apurada mediante a estimação das perdas e danos, realizando-se a composição em dinheiro. Aquela se processa *in specie, ad rem ipsam*, com maior aplicação naqueles sistemas jurídicos onde prepondera o princípio de que *dies interpellat pro homine*, como no direito francês.

Iturraspe denomina esta modalidade de reparação com a expressão "reposição das coisas em seu estado anterior".[4]

---

[1] *Da responsabilidade civil*, ob. cit., v. 2, p. 841.

[2] *El daño*, ob. cit., p. 748.

[3] *Curso de direito civil*, ob. cit., v. 2, p. 423.

[4] *Responsabilidad por daños*, ob. cit., parte geral, t. I, p. p. 228.

Para Serpa Lopes, além da reparação por perdas e danos e da específica ou compulsória, há uma terceira, a sub-rogatória da vontade do devedor. Ocorre quando o devedor se nega a prestar declaração de vontade. Condenado a emitir um ato jurídico, e negando-se, a sentença substitui sua vontade e dá o ato por declarado. De modo especial, nos contratos preliminares de compra e venda, recusando-se o compromitente vendedor a conceder o título, a decisão representa a vontade do recusante, e serve de título para os devidos fins, como o registro imobiliário.[5]

O Código Civil, no art. 947, contempla as duas espécies, isto é, o ressarcimento e o retorno à situação anterior, ou a reparação específica: "Se o devedor não puder cumprir a prestação na espécie ajustada, substituir-se-á pelo seu valor, em moeda corrente".

Por último, a reparação há de ser a mais completa possível, não se atenuando em face da situação econômica da parte. Assim orientam Planiol e Ripert: "La indemnización se destina a reparar el perjuicio y no está subordinada a la condición de que la víctima se encuentre en estado de penuria económica".[6]

2 CAUSAS DA REPARAÇÃO

Fundamentalmente, duas causas provocam o direito à indenização, imposto como obrigação legal.

A primeira nasce do inadimplemento, pelo devedor, de um dever de dar, fazer ou não fazer. É a reparação por dano contratual. A lei protege o credor e o cerca de meios legais a fim de que o obrigado satisfaça aquilo a que se comprometera. Busca-se dar ao titular do direito subjetivo a prestação prometida. Ensinam Planiol e Ripert que, "si el deudor no cumple su obligación cuando y como debiera, el acreedor tiene el derecho de obtener una indemnización por daños y perjuicios, es decir, una suma en dinero equivalente al provecho que hubiera obtenido del cumplimiento efectivo y exacto de la obligación, a título de indemnización por el perjuicio sufrido".[7]

É a indenização assinalada no art. 389 da lei civil: "Não cumprida a obrigação, responde o devedor por perdas e danos, mais juros e atualização monetária segundo índices oficiais regularmente estabelecidos, e honorários de advogado".

Cumpre, porém, sejam observadas as peculiaridades do direito. Em certos casos, a resolução contratual aparece como forma de reparação. O art. 475 reza que "a parte lesada pelo inadimplemento pode pedir a resolução do contrato, se não preferir exigir-lhe o cumprimento, cabendo, em qualquer dos casos, indenização por perdas e danos". Nas promessas de compra e venda, o caminho mais correto para a execução é a resolução da avença, precedida pela notificação que oportuniza o pagamento.

Por isso, Serpa Lopes, acertadamente, acentuava que, descumprido o contrato, "ou há uma resolutória expressa ou uma resolutória tácita, em razão do que o credor tem uma situação alternativa a seu dispor: ou pedirá a execução direta ou *in natura* da prestação, ou se valerá das perdas e danos".[8] Em nosso direito, pois, a partir do momento em que se dá o inadimplemento de uma obrigação líquida e certa do contrato, surge para o credor o direito

---

[5]   *Curso de direito civil*, ob. cit., v. 2, p. 425.

[6]   *Tratado práctico de derecho civil francés*, ob. cit., t. VI, p. 927.

[7]   Idem, t. VII, p. 132.

[8]   *Curso de direito civil*, ob. cit., v. 2, p. 425.

à rescisão do contrato, "donde seguir-se ter ele a alternativa de pedir rescisão com perdas e danos, ou, se lhe for conveniente, a execução direta ou específica", arremata o mestre.[9]

Em segundo lugar, a prática de um ato ilícito determina o ressarcimento dos danos, o que se verifica com a reposição das coisas em seu estado anterior. Se há a impossibilidade para a reposição, ao prejudicado resta a opção da indenização em dinheiro por perdas e danos.

Constitui o campo mais amplo da indenização, abrangendo todos os prejuízos derivados dos atos ilícitos por violação das normas de direito e por infrações dos deveres impostos pela conduta humana.

Não só os atos ilícitos são fonte de indenização. Há a responsabilidade objetiva ou decorrente do risco, instituída por leis especiais, onde não se questiona a respeito da licitude ou ilicitude do evento que desencadeia o dano.

A reparação assume contornos próprios, segundo a causa que a faz nascer. Às vezes, os prejuízos são devidos porque o compromisso definitivo restou descumprido. Há impossibilidade de satisfação. Em outras ocasiões, o atendimento se verifica após certa demora, mais ou menos prolongada, a qual produz prejuízos. No primeiro caso, temos a reparação compensatória; no segundo, ela é moratória. Nada impede a acumulação de ambos os modos, quando o atraso no atendimento, primeiramente observado, se transforma em inobservância definitiva.

3 REPARAÇÃO POR PERDAS E DANOS

O dano é o corolário natural da responsabilidade civil. Para gerar a reparação, mesmo no caso de culpa presumida, é obrigada a vítima a comprovar o prejuízo sofrido com o ato perpetrado contra ela. Planiol e Ripert acentuam: "El acreedor no podrá obtener indemnización alguna si no demuestra que el incumplimiento o el retraso en el cumplimiento de la obligación le han ocasionado un daño".[10]

Na reparação, uma vez provado o dano, o normal é que tenha por objeto a reposição das coisas como eram antes do evento causador. "Si el dañador ha ocasionado un menoscabo en la esfera jurídica de otra persona, es lógico que la reparación debida consista en reintegrar esa esfera lesionada a su estado anterior a la causación del daño. Solamente cuando no es posible esa reintegración al estado originario se acude a verificar la reparación en dinero, entregando al perjudicado una equitativa indemnización en dinero", nota sabiamente Jaime Santos Briz.[11] As perdas e danos são a forma da reparação para os casos em que ela não é possível *in specie*, ou não se processa *in natura*. Tal modo de recompor o prejuízo constitui o que se denomina de indenização das perdas e danos, por meio de dinheiro, abarcando os danos patrimoniais e os extrapatrimoniais, os contratuais ou extracontratuais, os nascidos da antijuridicidade objetiva ou subjetiva. O termo ressarcimento, a nosso ver, envolve dimensão mais extensa, empregando-se para denominar a reparação específica, *in natura*, e a concretizada mediante dinheiro, por perdas e danos.

A indenização por meio do pagamento das perdas e danos é representada por uma soma em dinheiro equivalente ao valor da prestação descumprida e aos prejuízos sofridos com o inadimplemento. Não é a reparação natural, mas substitutiva do bem ou do valor que o lesado perdeu. É efetivada com a composição dos danos, ou por meio do pagamento de uma soma pecuniária, repondo-se o credor num estado de equilíbrio o mais perfeito possível.

---

[9] Idem, ibidem.

[10] *Tratado práctico de derecho civil francés*, ob. cit., t. VII, p. 141.

[11] *La responsabilidad civil*, ob. cit., p. 260-261.

Para se chegar a essa perfeição, computam-se tudo quanto ele efetivamente perdeu (dano emergente) e aquilo que deixou de ganhar (lucro cessante). Essa a dimensão do art. 402 do diploma civil, ditando que as perdas e danos devidas ao credor abrangem, além do que ele efetivamente perdeu, o que razoavelmente deixou de lucrar: "Salvo as exceções expressamente previstas em lei, as perdas e danos devidas ao credor abrangem, além do que ele efetivamente perdeu, o que razoavelmente deixou de lucrar".

Carvalho Santos aponta três requisitos para que se verifique o ressarcimento das perdas e danos pelo inadimplemento das obrigações, ou pelo não cumprimento do contrato: "a) o inadimplemento da obrigação, ainda que parcial, bastando um princípio de inadimplemento; b) que esse inadimplemento seja consequência de culpa ou dolo do devedor; c) e tenha causado um dano ao credor".[12]

Convém notar que em certas obrigações, embora possível a execução *in specie*, ela se converte em perdas e danos. A natureza da prestação e as consequências no plano econômico ou social conduzem à resolução em um pagamento em dinheiro. Se o cumprimento da obrigação em forma específica se torna muito oneroso para o devedor, "constituindo uma verdadeira iniquidade a sua exigência, aquela dificuldade constituiria uma justa causa para autorizá-lo a liberar-se por meio equivalente".[13] A doutrina, amparada em Pothier, costuma citar o exemplo de uma pessoa que se compromete a vender as madeiras provenientes de sua casa, a ser demolida. Sobrevindo, mais tarde, mudança na deliberação anterior do proprietário, que o leva a não mais demolir a casa, a recusa em entregar os referidos materiais redunda no direito do credor de executar o contrato, com a demolição do prédio para o fim específico de receber as madeiras tratadas? A resposta é negativa. Nesta hipótese, a excessiva onerosidade da obrigação leva a uma solução que se materializa em perdas e danos. Embora a impossibilidade seja relativa, o direito não tolera uma injustiça, mesmo que o credor se encontre apoiado na lei.

O Código Civil alemão, no art. 251, autoriza expressamente a conversão da obrigação em indenização monetária quando a reposição na forma específica resultar exageradamente cara para o devedor, ou demandar um gasto desproporcionado. Nesta linha segue também o art. 2.058, última parte, do Código Civil italiano. Iturraspe, sobre o assunto, aduz: "Importará un ejercicio abusivo del derecho a la reparación de los daños sufridos perseguir una gravosa reposición material del precedente estado de cosas si el costo de ella resultase muy superior al valor de la brecha patrimonial que el acto ilícito hubiese causado...; el capricho de querer que se lo repare *in natura*, a un costo excesivo, contraria la finalidad de la norma".[14]

Muitos atos ilícitos com danos tornam impossível a reparação específica, fixando-se a indenização em dinheiro. Quando se trata de danos produzidos nas pessoas, em seu estado físico ou moral, como em homicídios, lesões, afecções estéticas, deformidades físicas etc., ou mesmo nas coisas ou nos bens, com a sua destruição ou desaparecimento em virtude de fato danoso, e nas situações de perda de oportunidades, de ganhos previstos, a reparação resolve-se igualmente em perdas e danos. Cuida-se de uma impossibilidade objetiva, e não meramente subjetiva do devedor ou responsável.

---

[12] *Código Civil brasileiro*, ob. cit., t. XIV, p. 250.

[13] Idem, p. 250-251.

[14] *Responsabilidad civil por daños*, ob. cit., t. I, p. 247.

4 LIBERDADE NA ESCOLHA DA FORMA DE REPARAÇÃO

Como se examinou, a reparação essencialmente equivale à reposição das coisas em seu estado anterior, salvo quando isso é impossível, em face das circunstâncias do caso, ou quando a prudência e o bom senso ordenam a conversão em perdas e danos, evitando-se agravar desnecessariamente a situação do devedor.

Indaga-se, agora, da permissão legal em se conceder a indenização em perdas e danos por vontade exclusiva do credor.

Uns têm entendido afirmativamente a resposta, pois a reparação natural pode ser, em múltiplas hipóteses, contrária aos interesses do credor ou lesado. Precipuamente nas obrigações de fazer, quando o devedor não é a pessoa mais indicada para satisfazer os prejuízos motivados por sua incúria ou má-fé. De igual modo, não ensejaria cabalmente a devolução do bem, além da circunstância de o titular do direito precisar mais do dinheiro que a reintegração no estado de coisas primitivo.

A solução será determinada de acordo com o que mais favorecer o devedor. O juiz resolverá atendendo os ditames da equidade e considerará o que for menos oneroso para o obrigado. Se a coisa pretendida não se reveste da mesma utilidade para este, não é justo forçá-lo a permanecer com ela, recompondo o valor com dinheiro.

Identicamente em relação ao que deve, nem sempre é justo conceder-lhe pleno arbítrio na eleição da reparação em espécie ou em pecúnia. Obstado a devolver um bem, ou consistindo a condenação em uma obrigação de fazer ou não fazer, ao credor é viável que não o contente uma soma em dinheiro, por lhe ser fundamental determinado ato ou bem.

O ensinamento de Aguiar Dias vem a propósito e se aplica às colocações em exame. A reparação específica pode não ser possível porque não proporciona ao prejudicado a compensação suficiente. "Em hipótese contrária, pode, porém, a reparação natural exceder, com proveito para o queixoso, a situação anterior ao dano, o que sucede toda vez que, por ter destruído coisa velha, consista a prestação do demandado na substituição daquela por uma nova. Assim o indivíduo que danifica ou destrói roupa, móvel usado ou a encadernação de um livro: a reparação natural trará ao prejudicado a vantagem representada pela roupa, móvel ou encadernação novos, em relação aos objetos substituídos. Se se admitir a substituição em termos absolutos, ocorrerá, muitas vezes, que a vítima se locupletará – à custa do autor do dano, o que ofende os princípios da reparação do dano, que se destinam a restaurar e não são, pois, normas autorizadoras de proventos. Duas soluções se deparam aqui ao julgador: ou repele a reparação natural como incompatível..., não pode a vítima do dano obter objeto novo em troca de velho, nem mesmo indenizando responsável da vantagem correspondente à diferença entre um e outro objeto, com o que fica obrigada a aceitar a indenização pecuniária; ou decreta a reparação natural, mas impõe ao prejudicado obrigação de, por sua vez, repetir ao indenizante a vantagem auferida em virtude da diferença do objeto novo sobre o velho".[15] Conclui o autor aconselhando a solução que mais se coaduna com a equidade e que não leve ao enriquecimento indevido. Mas revela preferência para a segunda alternativa, lembrando que, se um desequilíbrio ocorrer, a vantagem deve caber ao prejudicado.

O Código Civil, porém, na reparação por inadimplemento, garante o arbítrio ao credor em eleger a forma de reparação, como externa o art. 475: "A parte lesada pelo inadimplemento pode pedir a resolução do contrato, se não preferir exigir-lhe o cumprimento, cabendo, em qualquer dos casos, indenização por perdas e danos".

---

[15] *Da responsabilidade civil*, ob. cit., v. 2, p. 769-770.

5 REPARAÇÃO E INTENSIDADE DA CULPA

É possível graduar a indenização de acordo com a gravidade da culpa?

A questão não é singela e já mereceu profundo estudo do eminente magistrado paulista Yussef Said Cahali.[16] O autor lembra a doutrina de Agostinho Alvim, enfatizando que, em direito civil, interessa pouco a intenção do autor, o dolo ou a simples culpa. Na doutrina da indenização, o que se procura é avaliar o prejuízo para se medir, por ele, o ressarcimento. O Código não estabelece graduação da culpa, para efeito de alterar a indenização. Segue o doutrinador: "A maior ou menor gravidade da falta não influi sobre a indenização, a qual só se medirá pela extensão do dano causado. A lei não olha para o causador do prejuízo, a fim de medir-lhe o grau de culpa, e sim para o dano... A classificação da infração pode influir no sentido de atribuir-se ou não responsabilidade ao autor do dano, o que é diferente".[17]

Isso não acontece no direito italiano, como revela Pontes de Miranda, relativamente ao art. 1.225 do CC: "Tem-se, portanto, em direito italiano, de se entrar em indagação subjetiva, com as distinções entre dolo, culpa grave e culpa leve. No direito brasileiro não há tal regra discriminativa do que se há de indenizar. No art. 1.057, lê-se que, nos contratos unilaterais, responde por simples culpa o contraente a quem o contrato aproveita, e só por dolo aquele a quem não favoreça... Nem aí se gradua a culpa, para se determinar a indenização. Apenas se pré-exclui a responsabilidade se não há dolo".[18] Recorda-se que o art. 1.057, acima apontado, equivale ao art. 392 do Código de 2002.

Já anteriormente ao diploma civil atual eram lembrados estados de coisas em que a lei não era de todo insensível à intensidade da culpa. Observa Yussef Said Cahali: "Ora, perante o nosso direito, casos haverá em que: a) a determinação da responsabilidade do agente não prescinde do dolo, a que se equipara a culpa grave, da má-fé, da malícia (...); em outros, será suficiente a simples culpa, ainda que levíssima, havendo mesmo aqueles em que o dever de se indenizar exsurge ainda que sem dolo e sem culpa do agente (responsabilidade objetiva, risco, proveito etc.); b) a presença do elemento subjetivo do dolo ou da culpa determina o agravamento da responsabilidade, com a adição de um *plus* à indenização ressarcitória".[19]

Com o Código de 2002 ficou em parte regulada a matéria no art. 944 e em seu parágrafo único, colocando como norte da indenização a extensão do dano, mas assegurando a redução se manifesta a desproporção entre a gravidade da culpa e o dano. Realmente, eis o preceito: "Art. 944. A indenização mede-se pela extensão do dano. Parágrafo único. Se houver excessiva desproporção entre a gravidade da culpa e o dano, poderá o juiz reduzir, equitativamente, a indenização".

De modo que, embora a gravidade do dano, se diminuta a culpa, resta a faculdade da redução do montante da indenização.

A par das regras acima, algumas hipóteses vêm discriminadas com apenações civis mais rigorosas diante da gravidade da culpa, caracterizada no dolo, na má-fé, no injustificável engano, na inadvertência grosseira, culpa grave, malícia evidente, desejo de enriquecimento, vontade de extorquir etc., como:

---

[16] *Dano e indenização*, ob. cit., p. 122 e ss.
[17] Idem, p. 124.
[18] *Tratado de direito privado*, ob. cit., t. XXIII, p. 74.
[19] *Dano e indenização*, ob. cit., p. 125.

a) repetição de dívida – art. 940: aquele que demandar por dívida já paga, no todo ou em parte, sem ressalvar as quantias recebidas, ficará obrigado a pagar ao devedor o dobro do que houver cobrado;

b) para se estampar a figura dos sonegados, o dolo é requisito necessário, tanto que o art. 1.992 requer o conhecimento da sua existência e a voluntária omissão em descrevê-los;

c) na forma do art. 295, na cessão por título gratuito, o cedente ficará responsável perante o cessionário pela existência do crédito, se tiver procedido de má-fé.

Nos acidentes de trânsito, ao tempo do regime anterior da lei civil, nenhuma relevância tinha a graduação da culpa. Não se media a indenização pela gravidade do elemento subjetivo. Nem interferia a configuração do dolo ou da culpa. Importava a constatação do ato ilícito, que é o fato contrário ao direito, provocador do dano. Embora no art. 159 da lei substantiva de outrora (o que também se vislumbra no art. 186 do CC em vigor) se percebessem as duas espécies – dolo, como ação ou omissão voluntária, e culpa, como negligência ou imprudência –, havia a concepção de culpa genérica para o pressuposto da responsabilidade. Não interessava se o ato estava ou não revestido da intenção de causar o resultado (dolo), isto é, se a vontade não pretendera a lesão, incorrendo apenas na falta de diligência na observância da norma de conduta (culpa), no que vinha ao encontro da regra do art. 1.060 do CC de 1916, que vigorava, e que praticamente se repete no art. 403 do Código de 2002: "Ainda que a inexecução resulte de dolo do devedor, as perdas e danos só incluem os prejuízos efetivos e os lucros cessantes por efeito dela direto e imediato, sem prejuízo do disposto na lei processual".

Lembrava Serpa Lopes que "se, do ponto de vista moral, sensível é a diferença entre aquele que age dolosamente e o que procede com absoluta negligência, entretanto, em relação aos efeitos, são de gravidade idêntica, em razão do que muito natural a exigência de uma idêntica repressão civil".[20] Entrementes, não se pode seguir tal orientação, perante o vigente parágrafo único do art. 944. Abrindo ensanchas para a redução da indenização, se excessiva a desproporção entre a gravidade da culpa e o dano, permite que se coadune, ou se tempere, o montante exigido ao grau de culpa.

Ademais, o nosso direito civil, em certos casos, para a responsabilização, impõe uma diligência maior no cuidado de uma coisa, com o fim de evitar-lhe um dano, denotando, pois, que leva em conta a gravidade da culpa. Assim, dentro dos parâmetros da primeira parte do art. 582, o comodatário é obrigado a conservar como se sua própria fora a coisa emprestada, não podendo usá-la senão de acordo com o contrato ou a natureza dela, sob pena de responder por perdas e danos. E, em consonância com o art. 629, o depositário empregará, na guarda e conservação da coisa depositada, o cuidado e a diligência que costuma ter com o que lhe pertence. Por força do art. 667, exige-se do mandatário aplicar toda a sua diligência habitual na execução do mandato, e a indenizar qualquer prejuízo causado por culpa sua ou daquele a quem substabeleceu, sem autorização, poderes que devia exercer pessoalmente. Manda o art. 866 que o gestor envidará toda sua diligência habitual na administração do negócio. Na forma do art. 569, o locatário deverá servir-se da coisa alugada para os usos convencionados, ou presumidos, conforme a natureza dela e as circunstâncias, bem como tratá-la com o mesmo cuidado como se sua fosse. Outros dispositivos encontram-se no diploma civil recomendando uma maior responsabilidade no cumprimento de deveres e encargos, mas sem atribuir uma indenização proporcional à intensidade da culpa.

---

[20] *Curso de direito civil*, ob. cit., v. 2, p. 375.

6 NÃO COMPENSAÇÃO DA INDENIZAÇÃO CIVIL PELOS BENEFÍCIOS PREVIDENCIÁRIOS

Não é aceita a compensação da reparação civil, por danos causados na prática de ato ilícito, pela pensão ou outros benefícios pagos pela previdência social ou privada.

O entendimento é pacífico, citando-se, como exemplo, o seguinte aresto: "A jurisprudência do STJ consolidou entendimento no sentido de que, apurada a responsabilidade decorrente de acidente automobilístico ou outro evento danoso, o causador há de reparar o dano (culpa aquiliana) com supedâneo no direito comum e inviável é compensar tal reparação com a que a vítima há de perceber em decorrência de sua vinculação a sistema previdenciário ou securitário".

Dentre outros argumentos, sustenta-se que "a indenização acidentária não obsta a de direito comum, quando o empregador incorre em culpa grave, nem a da incapacidade para o trabalho e a da depreciação sofrida excluem a devida em razão do dano estético, e, enfim, do valor da indenização comum não se deduz a recebida em razão da legislação infortunística.

"Além de outras razões, no caso, alinha-se a de que, na previdência ou seguro, tem-se como escopo uma indenização de natureza obrigacional, contraprestacional, o que é diferente do caso da responsabilidade advinda da culpa aquiliana, extracontratual.

No precedente n. 43.692-3, rel. o em. Min. Sálvio de Figueiredo, o tema vem bem exposto, como assim: 'Por primeiro, é de assinalar-se, a obrigação de índole previdenciária possui natureza securitária, contratual, sujeitando-se ao regime da responsabilidade objetiva, bastando ao obreiro evidenciar o nexo causal entre a debilidade sofrida e o desempenho de sua atividade laboral para fazer jus ao benefício.

De salientar-se, ademais, que o chamado seguro de acidentes do trabalho era custeado, segundo o que dispunha a Lei 6.367/76, vigente à época do acidente, com recursos que provinham em parte do próprio segurado (art. 15), disso resultando evidenciado o caráter também contraprestacional do benefício previdenciário concedido em casos de infortúnio laboral, assemelhado, em grande medida, ao previsto nos contratos de seguro (de risco) privado.

Já o dever reparatório imposto com base no art. 159, CC, encontra fundamento na responsabilidade aquiliana (extracontratual) e subjetiva, somente respondendo o empregador pela indenização a esse título se comprovado haver agido com dolo ou culpa. E, anote-se, tal responsabilidade lhe é carreada não em razão de vínculo empregatício mantido com o lesado, mas sim em função do prejuízo que com sua conduta causou a outrem'".[21]

O art. 159 acima nomeado equivale ao art. 186 do Código Civil em vigor.

Reiterando a exegese: "Possibilidade de cumulação da pensão indenizatória com o correspondente benefício previdenciário sem ofensa ao princípio da reparação integral. Reafirmação da jurisprudência do STJ".[22]

No voto, justifica-se a "impossibilidade de compensação, devido à diversidade de causas da pensão indenizatória e da pensão previdenciária, entendimento que prevalece nesta Corte Superior. Cabe acrescentar que a pensão previdenciária é uma obrigação jurídica decorrente da legislação previdenciária, tendo como fonte de custeio as contribuições sociais vertidas pela própria vítima do ato ilícito, não havendo razão para que tal benefício seja aproveitado pelo autor do ato ilícito".

---

[21] STJ, 3.ª Turma, REsp 55.915-4/DF, j. 25.04.1995, *RSTJ* 78/215.

[22] STJ, 3.ª Turma, AgRg no REsp 1.389.254/ES, rel. Min. Paulo de Tarso Sanseverino, j. 14.04.2015, *DJe* 17.04.2015.

7 VALOR DA INDENIZAÇÃO NO SEGURO FACULTATIVO DE VEÍCULO

O parâmetro do dimensionamento do valor da indenização inicia no art. 778 do Código Civil, que regula a matéria bastante diferentemente do que fazia o Código Civil anterior, em seus arts. 1.437 e 1.438. Eis a diretriz básica: "Nos seguros de dano, a garantia prometida não pode ultrapassar o valor do interesse segurado no momento da conclusão do contrato, sob pena do disposto no art. 766, e sem prejuízo da ação penal que no caso couber".

Salienta-se que constitui princípio básico dos contratos prever a garantia no valor do interesse protegido. Não é possível segurar um veículo por um montante superior ao que vale, a que se chega por meio da apreciação das características e das informações prestadas.

A bem da verdade, à seguradora cabe estimar o bem, ou dar a apreciação. Desde que concorde com o preço fornecido pelo segurado, e receba os prêmios em função do mesmo, não é imputável a má-fé de parte do segurado, como foi examinado, inclusive, com decisões do Superior Tribunal de Justiça, valendo transcrever os seguintes exemplo: "No seguro de automóvel, em caso de perda total, a indenização a ser paga pela seguradora deve tomar como base a quantia ajustada na apólice (...), sobre a qual é cobrado o prêmio. É abusiva a prática de incluir na apólice um valor, sobre o qual o segurado paga o prêmio, e pretender indenizá-lo por valor menor, correspondente ao preço de mercado, estipulado pela própria seguradora".[23]

"O seguro deve ser pago pelo valor atribuído ao bem contratado pelas partes, em relação ao qual o prêmio foi pago, quando a companhia seguradora não se vale da faculdade prevista no art. 1.438 do Código Civil para reduzir eventual distorção na estimativa do veículo.

Injustificável, portanto, o afastamento do preceito contido no art. 1.462 da lei substantiva, ao argumento de que o veículo, que era novo, teve seu valor reduzido pelo uso, de acordo com o mercado, situação que, por ser comum, tornaria, sempre, meramente figurativo o montante fixado na apólice respectiva.

Pacificação da matéria pela 2.ª Seção do STJ (EREsp n. 176.890/MG, Rel. Min. Waldemar Zveiter, por maioria, j. 22.09.1999)".[24] O citado art. 1438 ao art. 778 do CC/2002; já o art. 1.462 não tem correspondência Código atual.

O art. 781 do Código, no entanto, traz incisivamente o limite da indenização, não mais dando margem a interpretações favoráveis ao segurado: "A indenização não pode ultrapassar o valor do interesse segurado no momento do sinistro, e, em hipótese alguma, o limite máximo da garantia fixado na apólice, salvo em caso de mora do segurador".

Mesmo, pois, que a indenização contratada se revele bem superior ao dano efetivo, no caso de furto ou perda total, ter-se-á em vista sempre o preço resultante da avaliação quando do sinistro, no que se encontra apoio na jurisprudência: "O art. 781 do Código Civil prevê que, em casos de contrato de seguro de dano, a indenização não pode ultrapassar o valor do interesse segurado (limite máximo da garantia fixado na apólice), salvo em caso de mora do segurador".[25]

Na ofensa da regra do art. 778 vem cominada a sanção do disposto no art. 766. O dispositivo assinala as cominações nas hipóteses de declarações inexatas, ou de omissão de circunstâncias influentes na aceitação da proposta ou na taxa do prêmio: "Se o segurado, por

---

[23] STJ, 3.ª Turma, REsp 191.189/MG, rel. Min. Waldemar Zveiter, j. 05.12.2000, *DJ* 05.03.2001.

[24] REsp 217.805/SC, 4.ª Turma, rel. Min. Aldir Passarinho Junior, j. 17.08.2000, I de 09.10.2000.

[25] TJMG, 15.ª Câm. Cív., Ap. Cív. 1.0024.12.178363-3/001 1783633-19.2012.8.13.0024 (1), rel. Tiago Pinto, j. 26.03.2015, publ. 07.04.2015.

si ou por seu representante, fizer declarações inexatas ou omitir circunstâncias que possam influir na aceitação da proposta ou na taxa do prêmio, perderá o direito à garantia, além de ficar obrigado ao prêmio vencido".

Em sequência, o parágrafo único, em regra sem precedente no sistema anterior: "Se a inexatidão ou omissão nas declarações não resultar de má-fé do segurado, o segurador terá direito a resolver o contrato, ou a cobrar, mesmo após o sinistro, a diferença do prêmio". Não induz o dispositivo à negativa de cobertura. Inexistindo má-fé, ou desconhecendo, *v.g.*, a doença preexistente no plano de assistência, se não promovida a resolução, é exigível o pagamento da cobertura, devendo aceitar o segurador a diferença do prêmio.

A situação comporta certa dificuldade para a verificação prática. Não pode haver má-fé nas declarações inexatas ou na omissão de certas circunstâncias que não estavam ao alcance do segurado. Ou seja, cabem aquelas cominações se a pessoa se encontrar com uma doença preexistente, tendo assinado o contrato sem a consciência de que deveria informá-la; ou se o bem segurado era destinado a uma atividade perigosa, não tendo o candidato noção exata do alcance desse estado. No entanto, se constarem expressamente perguntas sobre alguma doença, e vierem as respostas especificadamente negativas, vislumbra-se a má-fé, quando é possível a recusa em dar a garantia, o que é diferente se ausente tal pecha, pois possibilita o ingresso com a ação de resolução. É preciso que se atente para a diferença: nesta última situação, autoriza-se a resolução, ou a cobrança das diferenças do prêmio. Não cabe a simples negativa de cobertura, se não ingressada a ação de resolução, consequência permitida se configurada a má-fé.

8 DANOS MORAIS INCLUÍDOS NO CONTRATO DE SEGURO

Havendo contrato de seguro, naturalmente a cobertura está limitada ao máximo previsto, computando-se no valor não apenas os danos materiais, mas também os morais, a menos que expressamente contemplada a exclusão. O assunto há bastante tempo vinha suscitando controvérsia, tendo evoluído para a sua inclusão, com a obrigatoriedade da seguradora no pagamento. O STJ, por meio da Segunda Seção, após várias manifestações sobre a matéria (como nos Recursos Especiais 742.881, 153.837, 122.663, 131.804, 591.729 e 755.718), emitiu a Súmula 402, com os seguintes termos: "O contrato de seguro por danos pessoais compreende os danos morais, salvo cláusula expressa de exclusão".

O entendimento já vinha se consolidando com o julgamento do REsp 755.718, pela Quarta Turma, firmando que, prevista a indenização por dano pessoal a terceiros em seguro contratado, neste inclui-se o dano moral e a consequente obrigação, desde que não avençada cláusula de exclusão dessa parcela:

"I. Prevista a indenização por dano pessoal a terceiros em seguro contratado com a ré, neste inclui-se o dano moral e a consequente obrigação, desde que não avençada cláusula de exclusão dessa parcela. *In casu*, as instâncias ordinárias entenderam não impugnado o argumento da ré da não contratação da cláusula adicional específica prevista na apólice, para inclusão da cobertura dos danos morais.

II. Dissídio jurisprudencial não configurado, em razão da inexistência de similitude fáticas entre os acórdãos confrontados.

III. Recurso especial não conhecido".[26]

---

[26] Rel. Min. Aldir Passarinho Junior, j. 03.10.2006, *DJU* 30.10.2006.

Na apreciação do REsp 929.991, os ministros da Terceira Turma salientaram que a previsão contratual de cobertura dos danos pessoais abrange os danos morais tão somente se estes não forem objeto de exclusão expressa ou não figurarem como objeto de cláusula contratual independente:

"I – A previsão contratual de cobertura dos danos pessoais abrange os danos morais tão somente se estes não forem objeto de exclusão expressa ou não figurarem como objeto de cláusula contratual independente.

II – Se o contrato de seguro consignou, em cláusulas distintas e autônomas, os danos material, corpóreo e moral, e o segurado optou por não contratar a cobertura para este último, não pode exigir o seu pagamento pela seguradora.

III – Ausente a similitude fática entre as hipóteses trazidas a confronto, não há falar em dissenso pretoriano. Recurso não conhecido, com ressalva quanto à terminologia".[27]

Em outra decisão, repetiu-se o entendimento, no REsp 595.089/MG, da Terceira Turma:

"1. O emprego literal dos arts. 1.434 e 1.460 do Codex Cível de 1916, da maneira utilizada pela instância ordinária, transmuta a natureza do contrato de seguro de consensual para formal, uma vez que a apólice de seguro não é o próprio contrato, mas, sim o instrumento deste, motivo pelo qual a cláusula restritiva de cobertura deve ser levada em consideração na solução do litígio.

2. Existindo conhecimento da parte contratante sobre a cláusula restritiva de indenização, não é possível ater-se ao formalismo e negar-lhe vigência, uma vez que este Superior Tribunal, ao analisar avenças securitárias, tem dado prevalência ao ajuste entre as partes aos rigores formais do contrato.

3. Recurso especial provido para reconhecer a limitação do risco inserido nas condições gerais do seguro a fim de limitar a indenização securitária naqueles termos".[28]

Na combinação dos vários julgamentos, e chegando a um consenso unânime, ficou assentado que, se o contrato de seguro consignou, em cláusulas distintas e autônomas, os danos material, corpóreo e moral, e o segurado optou por não contratar a cobertura para este último, não pode exigir o seu pagamento pela seguradora. Respeita-se, evidentemente, uma opção do segurado.

9 CLÁUSULA DE EXCLUSÃO DE RESPONSABILIDADE DE REPARAÇÃO NO CONTRATO DE SEGURO COM RELAÇÃO A TERCEIROS

No contrato de seguro contratado pelo proprietário ou condutor do veículo, é comum a cláusula que afasta a responsabilidade em cobrir os danos, se verificada conduta que favoreceu a ocorrência do sinistro. Para afastar a obrigação de cobertura, na verdade nem se exige cláusula prevendo tal isenção. É expressa a previsão do art. 768 do Código Civil: "O segurado perderá o direito à garantia se agravar intencionalmente o risco objeto do contrato".

Em acidentes de trânsito, revela-se frequente a conduta do motorista que dirige o veículo sob a influência de bebida alcoólica, ou em outro estado de limitação ou domínio do poder de controle, facilitando a ocorrência de acidentes de trânsito. No caso, afasta-se o direito de reparação em favor do segurado contra a seguradora. No entanto, o STJ tem adotado uma exegese que excepciona a regra do art. 768 relativamente a terceiros, que não podem sofrer

---

[27] Rel. Min. Castro Filho, j. 07.05.2007, *DJU* 04.06.2007.
[28] Rel. Min. Vasco Della Giustina, j. 09.03.2010, *DJe* 17.03.2010.

as consequências da conduta irresponsável do condutor ou proprietário do veículo. É dado um caráter profundamente social ao contrato de seguro, ensejando a exegese da limitação dos efeitos do art. 768 somente ao segurado.

A seguinte ementa bem revela a dimensão dada à regra:

"(...) 2. Cuida-se, na origem, de ação de indenização por danos morais e materiais ajuizada em virtude de acidente de trânsito na qual houve denunciação da lide à seguradora.

3. Consiste a controvérsia recursal em definir se é lícita a exclusão da cobertura de responsabilidade civil no seguro de automóvel quando o motorista, causador do dano a terceiro, dirigiu em estado de embriaguez.

4. É lícita, no contrato de seguro de automóvel, a cláusula que prevê a exclusão de cobertura securitária para o acidente de trânsito (sinistro) oriundo da embriaguez do segurado ou de preposto que, alcoolizado, assumiu a direção do veículo. Configuração do agravamento essencial do risco contratado, a afastar a indenização securitária. Precedentes.

5. Deve ser dotada de ineficácia para terceiros (garantia de responsabilidade civil) a cláusula de exclusão da cobertura securitária na hipótese de o acidente de trânsito advir da embriaguez do segurado ou de a quem este confiou a direção do veículo, visto que solução contrária puniria não quem concorreu para a ocorrência do dano, mas as vítimas do sinistro, as quais não contribuíram para o agravamento do risco.

6. A garantia de responsabilidade civil não visa apenas proteger o interesse econômico do segurado relacionado com seu patrimônio, mas, em igual medida, também preservar o interesse dos terceiros prejudicados à indenização.

7. O seguro de responsabilidade civil se transmudou após a edição do Código Civil de 2002, de forma que deixou de ostentar apenas uma obrigação de reembolso de indenizações do segurado para também abrigar uma obrigação de garantia da vítima, prestigiando, assim, a sua função social".[29]

No voto do relator para o acórdão, são desenvolvidas as justificativas para se manter a responsabilidade relativamente a terceiros:

"Diferentemente do que ocorre nos casos do denominado 'seguro de dano', em que é o próprio segurado quem pleiteia a indenização securitária, na espécie, é a vítima do acidente de trânsito que postula conjuntamente contra o segurado e a seguradora o pagamento da indenização, ou seja, trata-se da cobertura de civil, presente também comumente nos seguros de automóvel.

Nesse contexto, deve ser dotada de ineficácia para terceiros (garantia de responsabilidade civil) a cláusula de exclusão da cobertura securitária na hipótese de o acidente de trânsito advir da embriaguez do segurado ou de a quem este confiou a direção do veículo, visto que solução contrária puniria não quem concorreu para a ocorrência do dano, mas, sim, as vítimas do sinistro, as quais não contribuíram para o agravamento do risco.

Nesse sentido, Sérgio Cavalieri Filho leciona que '(...) *a embriaguez só não excluirá a cobertura no caso de seguro de responsabilidade civil, porque este (...) destina-se a reparar os danos causados pelo segurado, culposa ou dolosamente, a terceiros, as maiores vítimas da tragédia do trânsito. Excluir a cobertura em casos tais seria punir as vítimas em lugar do causador dos danos*' (CAVALIERI FILHO, Sérgio. *Programa de responsabilidade civil*. 10.ª ed. São Paulo: Atlas, 2012. p. 489 – grifou-se).

---

[29] REsp 1684228/SC, rel. Min. Nanci Andrighi, rel. p/o acórdão Min. Ricardo Villas Bôas Cueva, j. 27.08.2019, *DJe* 05.09.2019.

É certo que a Terceira Turma desta Corte Superior, no tocante à matéria, já havia decidido em sentido contrário, quando do julgamento do REsp n.º 1.441.620/ES (Rel. p/ acórdão Ministra Nancy Andrighi, *DJe* 23.10.2017).

Entretanto, merece destaque o fato de que contra o referido julgado foram opostos embargos de divergência, distribuídos à relatoria da Ministra Maria Isabel Gallotti, cujo processamento já foi, inclusive, admitido.

Logo, não sendo idônea a exclusão da cobertura de responsabilidade civil no seguro de automóvel quando o motorista dirige em estado de embriaguez, visto que somente prejudicaria a vítima já penalizada, o que esvaziaria a finalidade e a função social dessa garantia, de proteção dos interesses dos terceiros prejudicados à indenização, ao lado da proteção patrimonial do segurado, não merece amparo a pretensão recursal".

Sobre o assunto, há a Súmula 620 do STJ, de 2018, assentando: "A embriaguez do segurado não exime a seguradora do pagamento da indenização prevista em contrato de seguro de vida".

Capítulo XV

Natureza da Obrigação

1 ALIMENTOS OU INDENIZAÇÃO

Em antigos julgados, colhia-se a exegese de que a indenização por ato ilícito, que se resolvia e se resolve em pensão, tinha caráter alimentar para a vítima ou seus dependentes, e, assim, cessaria com o falecimento daquela, com a formação de novo casamento ou de nova união do cônjuge ou do companheiro, com o casamento de filha menor ou, ainda, quando esta, atingida a maioridade, exercesse profissão lucrativa. A indenização por ato ilícito não visava a um enriquecimento ou à melhoria de padrão de vida, mas se cingia a atender a um prejuízo ocorrido, durante o tempo em que a pessoa tinha a assistência daquele que faleceu.

Era comum limitar a pensão ao sobrevivente enquanto vivesse e enquanto não se remaridasse.

Parte-se de que a responsabilidade é estabelecida em decorrência de um ato ilícito ou mesmo lícito que acarreta danos. Este é o fato gerador da indenização, não a necessidade de alimentos. Fosse assim, segundo Carvalho Santos, isso importaria em denegar o princípio geral que "obriga o causador do dano a indenizá-lo".[1] Sob tal inspiração, chegar-se-ia à absurda consequência de que, se a vítima é pessoa de abastados recursos, nenhuma indenização deverá ser paga pelo delinquente, precisamente porque a família daquela não precisa dos alimentos para a sua subsistência.

Estabelece-se a pensão, ou a condenação, para indenizar a perda da vida, ou a incapacidade para o trabalho, ou compensar um prejuízo fisiológico ou moral. Sobrevindo a morte do dependente da vítima, ou de sua mulher, a pensão passa aos herdeiros. O direito acompanha a mulher viúva se vier a convolar novas núpcias, no que Pontes de Miranda está de acordo: "Nem cessa a prestação à mulher do falecido se ela contrai novas núpcias".[2] Indenizam-se os prejuízos surgidos com o evento, independentemente de necessitarem ou não os herdeiros. O que importa aos interessados é que sejam dependentes, ligados à vítima por liame de parentesco próximo, como ascendência, descendência ou marital, relação que proporciona, ou pelo menos garante, em geral, vantagens efetivas ou mesmo potenciais.

A propósito, em época antiga, assentou o STF: "Mesmo quando a indenização deriva de homicídio, caso em que a alusão a alimentos, contida no inc. II do art. 1.537 do CC, dá lugar a controvérsias, o Supremo Tribunal Federal tem entendido que a obrigação de indenizar não se converte em obrigação de prestar alimentos, servindo a remissão a estes de simples

---

[1]   *Código Civil brasileiro interpretado*, ob. cit., t. XXI, p. 90.

[2]   *Tratado de direito privado*, ob. cit., t. LIV, p. 286, § 5.573, n. 1.

ponto de referência para o cálculo de indenização e para a determinação dos beneficiários (RE 8.388, *RT* 185/986; RE 11.300, *DJ* 20.07.1951; RE 30.752, *Jur. Mineira* 42/241; RE 60.720, *RTJ* 46/728)".[3] O art. 1.537, II, acima referido, corresponde ao art. 948, II, do diploma civil em vigor.

Aguiar Dias coloca a questão nos devidos termos. O direito à reparação "é parte integrante do patrimônio do prejudicado. Por ocasião do dano, considera-se como retirada desse patrimônio a parcela que, regularmente avaliada e afinal convertida em numerário, a ele volta, para reintegrá-lo, em forma de indenização. A privação de alimentos é, sem nenhuma dúvida, uma consequência do dano. Mas, além de não ser a única consequência, não é o próprio dano: este é a supressão, acarretada pelo ato prejudicial, do complexo de bens materiais e morais que representa a existência do ente querido. A vida humana representa em si mesma um bem, cuja consideração não pode estar sujeita ao fato de possibilitar, ou não, alimentos àquele que sofreu por vê-la desaparecer".[4]

Garcez Neto expressa o mesmo pensamento: "A ação de reparação do dano é outorgada *Iure proprio*, não se revestindo de caráter hereditário, nem alimentar, posto que cabe exercê--la, na qualidade de sujeito ativo, não somente ao lesado, mas a todos os lesados, isto é, a todas as pessoas prejudicadas pelo ato danoso".[5]

A autoridade de Pontes de Miranda reforça o entendimento, argumentando em torno do art. 1.537, II, do Código revogado, cujo sentido encontra-se no art. 948, II, do CC em vigor: "A expressão 'alimentos', no art. 1.537, II, do CC, de modo nenhum se refere somente às dívidas de alimentos conforme o direito de família. Alimentos são, aí, apenas, o elemento que se há de ter em conta para o cálculo da indenização. Donde a morte do filho menor dá direito à indenização aos pais... Não se tem de apurar se a morte deste já retirou algo do patrimônio do legitimado ativo". E logo adiante: "Alimentos (no sentido de indenização) são devidos mesmo se o legitimado ativo não poderia, então, mover ação de alimentos por ter meios para a própria manutenção".[6]

Trata-se, pois, de indenização a título de alimentos e não de alimentos propriamente ditos.

Qual o período de tempo para calcular a pensão indenizatória?

Tem-se por limite a sobrevida provável da vítima, no que comunga Pontes: "A indenização por alimentos é por tempo correspondente à duração provável da vida da vítima... Não se leva em consideração qualquer mudança nos haveres do legitimado ativo. Não cessa a prestação... nem com a maioridade de quem, ao exigi-los judicialmente, por morte de alguém, era menor".[7]

Mesmo que essa linha domine o entendimento, não se pode olvidar que a indenização encerra, em grande parte das vezes, também um caráter alimentar. Tal acontece quando a vítima sustentava familiares, ou tendo pessoas dela dependentes economicamente, as quais passam, com a incapacidade ou a morte daquela, a sofrer privações de toda ordem. Adquire a indenização um cunho alimentar, tornando-se obrigatória a sua concepção jurídica como alimentos. Pelo menos no montante necessário ao sustento, ou equivalente à contribuição da vítima para sustentar os seus dependentes, impõe-se que se dê a configuração alimentar, inclusive com a incidência das normas legais disciplinadoras desta espécie de obrigação.

---

[3]   *RTJ* 83/513, RE 85.575, 2.ª Turma, rel. Min. Xavier de Albuquerque, j. 16.09.1977, *DJ* 07.10.1977.

[4]   *Da responsabilidade civil*, ob. cit., v. 2, p. 836.

[5]   *Prática da responsabilidade civil*, ob. cit., p. 21.

[6]   *Tratado de direito privado*, ob. cit., t. LIV, p. 284 e 285, § 5.573, n. 1.

[7]   Idem, t. LIV, p. 286, § 5.573, n. 1.

2 NATUREZA DA INDENIZAÇÃO E PRESCRIÇÃO

A definição quanto à natureza tem grande importância relativamente ao lapso prescricional em que pode ser exercido o direito para reclamar a indenização.

Se considerarmos as pensões com o caráter de alimentos somente, a prescrição consuma-se em dois anos, por força do art. 206, § 2.º, do Código Civil. Dando-lhe a natureza de indenização, vige o art. 206, § 3.º, V, do mesmo diploma, considerando-se a prescrição em três anos: "Prescreve: (...) § 3.º Em 3 (três) anos: (...) V – a pretensão de reparação civil". Anteriormente, quando do Código de 1916, operava-se a prescrição em vinte anos, por incidência do então art. 177.

Conforme foi amplamente analisado no item anterior, não se trata da obrigação de prestar alimentos. A referência a alimentos pelo art. 948, II, estatuindo que a indenização, no caso de homicídio, consiste na prestação de alimentos às pessoas a quem o morto os devia, serve apenas de critério ao julgador, quando este tem de precisar o *quantum* da indenização. A sua menção visa dar a forma para a liquidação.

Aguiar Dias, com a profundidade de sempre, mantendo-se a argumentação válida com o Código de 2002, sustenta que "a indenização do dano, em qualquer caso, tem caráter de reparação, isto é, o título a que são pagas as quantias ao prejudicado é o de ressarcimento, objeto da ação de responsabilidade civil, que prescreve em 30 anos. Só se justificaria, pois, a aplicação do art. 178, § 10, I, se o título em que se funda o pedido e a natureza da obrigação de responsável fossem, respectivamente, o que corresponde ao direito de alimentos, e a apresentada pelo dever de alimentante. Como é inadmissível sustentar que o responsável civil seja alimentante e que a ação de reparação do dano tenha base no direito de pedir alimentos, dada a ausência de relação de parentesco que o autoriza, de nenhuma consistência é esse ponto de vista".[8] Anota-se que, anteriormente ao atual Código, já havia sido reduzido o prazo de prescrição de trinta anos para vinte anos, de modo a estar desatualizada a referência da prescrição naquele prazo. Outrossim, o citado art. 178, § 10, I, equivale, quanto ao Código de 2002, ao art. 206, § 2.º.

3 CUMULAÇÃO DA INDENIZAÇÃO COM BENEFÍCIOS PREVIDENCIÁRIOS. SEGURO OBRIGATÓRIO

Eis um dos assuntos mais pacíficos na jurisprudência e na doutrina, consagrando-se, à unanimidade, a soma de indenizações previdenciárias, como pensão, seguro, verba recebida a título de acidente de trabalho, com a indenização determinada pelo ato ilícito.

As diferentes indenizações demandam de causas distintas, apresentando, pois, naturezas próprias, não se confundindo uma com a outra. A reparação por acidente de trabalho, devida se a vítima foi colhida enquanto estava a serviço do empregador, emerge do seguro social. A pensão, a cargo da Previdência Social, corresponde a prestações descontadas por ela. Nem o valor do seguro particular é dedutível, porque decorre dos prêmios ou contribuições que o falecido recolhia à entidade. De forma que os benefícios concedidos pelos órgãos previdenciários são correspectivos das contribuições pagas pela vítima. Devem reverter em favor de seus beneficiários, e não do ofensor, mitigando a sua responsabilidade.

---

[8] *Da responsabilidade civil*, ob. cit., v. 2, p. 739-740.

Diversas sendo as fontes de que procedem as contribuições, não se destinam a reembolsar os prejuízos pelo fato ilícito, pois foram estabelecidas para favorecer o lesado ou seus dependentes, e não o causador do dano.

Aguiar Dias explica a distinção entre uma espécie e outra, justificando as razões impeditivas do abatimento: "Finalmente, a propósito da liquidação do dano, é de ponderar que a circunstância de perceber o beneficiário uma pensão, por morte da vítima, a título de assistência social, como ocorre no caso do funcionário ou dos contribuintes das caixas beneficentes em geral, não pode ser alegada pelo responsável, no sentido de influir no *quantum* a prestar, a título reparatório, como não poderia, tampouco, pretender satisfazer indenização menor, pelo fato de haver a vítima deixado seguro de vida. A razão é simples. Tais pensões, benefícios ou indenizações de seguro são correspectivos de prestações da vítima. Não é lícito ao responsável beneficiar-se da previdência da vítima, que não teve essa intenção, isto é, não pode deixar de ressarcir o dano à custa do prejudicado ou daquele que o representa".[9]

Os tribunais, desde a época de formação do direito sobre a matéria, têm aplicado uniformemente o princípio da acumulação: "A jurisprudência desta Corte é disposta no sentido de que o benefício previdenciário é diverso e independente da indenização por danos materiais ou morais, porquanto têm origens distintas. O primeiro assegurado pela Previdência; e a segunda, pelo direito comum. A indenização por ato ilícito é autônoma em relação a qualquer benefício previdenciário que a vítima receba. Precedentes".[10]

"Consoante a jurisprudência pacífica desta Corte Superior, apesar da ressalva do posicionamento pessoal do relator em sentido contrário, é perfeitamente possível a cumulação das parcelas de pensão indenizatória por ilícito civil e de benefício previdenciário sem que isso importe em ofensa ao princípio da reparação integral."[11]

"O benefício previdenciário é diverso e independente da indenização por danos materiais ou morais, porquanto ambos têm origens distintas. O primeiro assegurado pela Previdência; e a segunda, pelo direito comum. Caracterizada a responsabilidade administrativa do Estado, com fulcro no art. 37, par. 6.º, da Constituição Federal, surge o dever de indenizar a parte lesada de acordo com as normas do direito privado, podendo, conforme o caso, a indenização compreender danos morais e/ou materiais.

A indenização por ato ilícito é autônoma em relação a qualquer benefício previdenciário que a vítima receba. Precedentes: REsp 823.137/MG, Relator Ministro Castro Filho, Terceira Turma, *DJ* 30.06.2006; REsp 750.667/RJ, Relator Ministro Fernando Gonçalves; Quarta Turma, *DJ* 30.10.2005; REsp 575.839/ES, Relator Ministro Aldir Passarinho Junior, Quarta Turma, *DJ* 14.03.2005; REsp 133.527/RJ, Relator Ministro Barros Monteiro, Quarta Turma, *DJ* 24.02.2003)."[12]

Uma pensão não dispensa a outra. Entretanto, há um aspecto importante a ser considerado: na indenização por acidente de trânsito, com danos pessoais, ou na pensão estipulada a ser paga pelo autor do evento, o valor proveniente do seguro obrigatório ou de outro seguro contratado pelo responsável abate ou não o montante da referida indenização ou pensão? A

---

[9]   *Da responsabilidade civil*, ob. cit., v. 2, p. 832. Pontes de Miranda (*Tratado de direito privado*, ob. cit., t. XXVI, p. 54-55) e Washington de Barros Monteiro (*Curso de direito civil – Direito das obrigações*, ob. cit., v. 2, p. 435), entre outros, também se manifestaram no mesmo sentido.

[10] STJ, AgRg no REsp 1.388.266/SC, 2.ª Turma, rel. Min. Humberto Martins, j. 10.05.2016, *DJe* 16.05.2016.

[11] STJ, 3.ª Turma, AgRg no AREsp 541568/RS, rel. Min. Ricardo Villas Bôas Cueva, j. 22.09.2015, *DJe* 30.09.2015.

[12] STJ, EDcl no REsp 922.951/RS, 1.ª Turma, rel. Min. Luiz Fux, j. 18.05.2010, *DJe* 09.06.2010.

resposta é afirmativa, pela razão principal de que tal seguro é consequência de obrigações assumidas e pagas pelo autor do acidente. Justamente para atenuar a sua responsabilidade é que a lei determina ou possibilita o contrato de seguro. Há uma distinção fundamental em relação à pensão previdenciária, consistente na pessoa que paga as prestações, que é a vítima, o que impede venha o culpado da lesão a se favorecer. Por isso, correta a jurisprudência que assenta que o valor pago em razão do seguro obrigatório pode ser deduzido do *quantum* da reparação devida à vítima do acidente. O Superior Tribunal de Justiça oficializou a exegese: "A verba recebida pelos autores da indenizatória a título de seguro obrigatório deve ser deduzida do montante da indenização. Precedentes do STJ".[13]

O entendimento ficou consubstanciado na Súmula 246 da mesma Corte: "O valor do seguro obrigatório deve ser deduzido da indenização judicialmente fixada". O mesmo STJ reiterou o entendimento.[14]

E não é sem razão que Enneccerus-Kipp-Wolff já afirmavam: "Las prestaciones de entidades aseguradoras y mutualidades de toda clase en que el muerto estuviera asegurado contra el accidente, se han de imputar en la prestación de indemnización".[15]

De outro lado, recebendo a vítima o valor máximo do seguro indenizatório, e dando plena quitação à companhia, não significa isso que tenha renunciado ao direito de complementação relativa à diferença resultante do valor do montante exato dos danos sofridos com a quantia embolsada pelo seguro. Ultrapassando a soma dos danos o *quantum* econômico assegurado pelo contrato, a vítima não fica impossibilitada de postular a importância faltante. Eis o magistério de Wilson Melo da Silva: "Assim, pois, superior o montante dos prejuízos sofridos pela vítima do acidente automobilístico àquele *quantum* ressarcitório *forfaitaire* estabelecido na lei do seguro compulsório pela Resolução em tela, impedido não se encontraria o lesado de vir a acionar o autor do dano para o recebimento do restante do prejuízo experimentado, inclusive quanto ao dano estético e aos danos morais, para a estimação dos quais já até existem tabelas minudentes e atuais, facilitadoras do cálculo".[16]

No entanto, convém observar: fora e além da responsabilidade estatuída pela lei do seguro, vige a responsabilidade subjetiva, dependente da presença da culpa. Não aparecendo o provocador do prejuízo revestido de culpa, isenta-se do dever de complementar a quantia necessária para recompor integralmente o dano. Há, pois, necessidade de pesquisar o comportamento do autor para aferir se deu ou não causa ao resultado.

4 ALTERAÇÃO DA PENSÃO INDENIZATÓRIA

Adquire importância a análise da possibilidade ou não da alteração da indenização fixada, no curso do tempo, para o pagamento. A questão é deveras importante, posto que, de certa forma, pode chegar à alteração dos comandos da sentença. Entretanto, em vista do caráter alimentar que se dá à indenização por meio de prestações periódicas, mediante

---

[13] STJ, 3.ª Turma, REsp 219.035/RJ, j. 02.05.2000, *DJ* 26.06.2000. Ainda: 4.ª Turma, REsp 73.508/SP, j. 06.04.2000, *DJ* 26.06.2000.

[14] STJ, 4.ª Turma, AgRg nos EDcl no Ag 1041905/GO, j. 6.11.2008, *DJU* 1.º.12.2008.

[15] *Tratado de derecho civil* – Derecho de obligaciones, ob. cit., v. 2, t. II, p. 736. § 245.

[16] *Da responsabilidade civil automobilística*, ob. cit., p. 561. Em última análise, o pensamento do autor equivale a dizer que "a indenização decorrente do seguro obrigatório deve ser deduzida daquela devida pelo responsável por atropelamento em via pública", eis que a indenização é uma só e devida pelo mesmo fato; "se a vítima houvesse sofrido apenas ferimentos leves e a indenização securitária houvesse dado para cobrir as despesas resultantes do dano pessoal, o segurado não estaria obrigado a qualquer outra prestação" (*RT* 444/131).

a inteligência do art. 533, e de seu § 3.º, da lei processual civil, encontram-se precedentes jurisprudenciais que permitem a alteração.

De observar, primeiramente, o art. 533: "Quando a indenização por ato ilícito incluir prestação de alimentos, caberá ao executado, a requerimento do exequente, constituir capital cuja renda assegure o pagamento do valor mensal da pensão".

O § 3.º: "Se sobrevier modificação nas condições econômicas, poderá a parte requerer, conforme as circunstâncias, redução ou aumento da prestação".

Nota-se a abertura para a mudança do valor estabelecido, aplicando-se tanto para o que recebe a pensão como para aquele que efetua o pagamento, se, neste caso, evidentemente, inexistir a constituição de capital que garanta o valor da pensão.

Nesse sentido a seguinte ementa, ainda na vigência do CPC anterior, em que a matéria vinha no art. 475-Q, § 3.º, mantendo-se o conteúdo na atual regulamentação:

"De outra parte, o art. 475-Q, § 3.º, do CPC admite expressamente a possibilidade de majoração da pensão fixada em decorrência da prática de ato ilícito, quando ocorre alteração superveniente na condição econômica das partes".[17]

Por oportuno, transcreve-se excerto do voto condutor:

"Conquanto a referida indenização não possa ser igualada aos alimentos definidos pelo direito de família, é inegável a sua natureza alimentar, haja vista que seu escopo precípuo é o de substituir a remuneração que a recorrente perceberia caso não tivesse sido afetada pelo infortúnio e pudesse, por si só, obter os meios necessários ao seu sustento e ao de sua família.

Nesse sentido, o seguinte precedente:

'Civil e processual civil. Danos patrimonial e moral. Art. 602 do CPC. Tem natureza alimentar, para fins do art. 602 do CPC, a indenização a ser paga mensalmente pela empresa particular de transporte a passageiro seu que sofrer danos por acidente cuja culpa seja a ela atribuída, pois objetiva a complementar salário e a possibilitar, à vítima, os meios necessários para o seu sustento e/ou de sua família. Está subsumida, na expressão 'ato ilícito', inserta no *caput* do art. 602 do CPC, a indenização decorrente de acidente nas condições acima cogitadas (...).

Recurso especial parcialmente conhecido e, nessas partes, provido' (REsp 23.575/DF, rel. Ministro Cesar Asfor Rocha, Quarta Turma, julgado em 09.06.1997, *DJ* 01.09.1997).

Analogamente, também foi reconhecido por esta Turma o caráter alimentar de dívida com o tratamento médico da vítima, relativa aos valores anuais de manutenção de aparelho ortopédico:

'Responsabilidade civil – Indenização. Despesas de tratamento – Prótese. Entre as despesas de tratamento, de que cuida o artigo 1.539 do Código Civil, incluem-se aparelhos ortopédicos que, em virtude de sequelas do acidente, se fazem necessários. Sendo certo que os mesmos requerem manutenção e reposição periódicas, deverá o réu arcar com as respectivas despesas. Correta a sentença, confirmada pelo acórdão, ao determinar a formação de capital para, com os respectivos rendimentos, serem tais encargos atendidos. Código de Processo Civil, artigo 602' (REsp 12846/RJ, rel. Ministro Eduardo Ribeiro, Terceira Turma, julgado em 24.09.1991, *DJ* 21.10.1991, p. 14747).

'Realmente, o citado dispositivo menciona prestação de alimentos. A esses, entretanto, perfeitamente assimilável o tratamento que deva prolongar-se por toda a vida da vítima. Não há porque restringi-los à pensão de que cuida o artigo 1.539 do Código Civil. Pretende-se

---

[17] STJ, 4.ª Turma, REsp 1.230.097/PR, rel. Min. Luis Felipe Salomão, j. 06.09.2012, *DJe* 27.09.2012.

evitar haja que se instaurar execução periodicamente e não pode haver dúvida de que as despesas com a prótese são tão indispensáveis quanto a pensão que compensa a perda da capacidade laborativa'.

Trata-se, portanto, de obrigação de trato continuativo que, fixada com base nas necessidades da pessoa vitimada, pode ser revista na hipótese de alteração das condições econômicas das partes envolvidas.

Essa é a leitura do art. 471, I, do CPC:

'Nenhum juiz decidirá novamente as questões já decididas, relativamente à mesma lide, salvo:

I – se, tratando-se de relação jurídica continuada, sobreveio modificação no estado de fato ou de direito; caso em que poderá a parte pedir a revisão do que foi estatuído na sentença'.

A orientação encontra respaldo também nas obras de Sérgio Cavalieri ('Programa de Responsabilidade Civil'. 6.ª ed. p. 144) e de Yussef Said Cahali ('Dos Alimentos'. 4.ª ed. p. 887-888).

Ademais, o art. 475-Q, § 3.º, do CPC preconiza expressamente a possibilidade de majoração da pensão fixada em decorrência da prática de ato ilícito na superveniência de alteração na condição econômica das partes:

'Quando a indenização por ato ilícito incluir prestação de alimentos, o juiz, quanto a esta parte, poderá ordenar ao devedor constituição de capital, cuja renda assegure o pagamento do valor mensal da pensão. (...)

§ 3.º Se sobrevier modificação nas condições econômicas, poderá a parte requerer, conforme as circunstâncias, redução ou aumento da prestação'.

No mesmo sentido, julgado desta Corte de relatoria da culta Ministra Nancy Andrighi:

'Direito civil e processual civil. Recurso especial. Ação de exoneração com pedido sucessivo de revisão de alimentos decorrentes de indenização por ato ilícito. Coisa julgada. Hipóteses autorizadoras da revisão.

A coisa julgada material se forma sobre a sentença de mérito, mesmo que contenha decisão sobre relações continuativas; todavia, modificadas as situações fáticas ou jurídicas sobre as quais se formou a anterior coisa julgada material, tem-se uma nova ação, fundada em novos fatos ou em novo direito.

Considerando que a indenização mede-se pela extensão do dano (art. 944 do CC/02), ao julgador é dado fixar-lhe o valor, quando dele resultar lesão ou outra ofensa à saúde, com base nas despesas de tratamento e nos lucros cessantes até o fim da convalescença, além de algum outro prejuízo que o ofendido prove haver sofrido (art. 949 do CC/02). E se da ofensa resultar incapacidade física, a indenização incluirá pensão correspondente à importância do trabalho para que a vítima se inabilitou, ou da depreciação que sofreu (art. 950 do CC/02).

As duas únicas variações que abrem a possibilidade de alteração do valor da prestação de alimentos decorrentes de indenização por ato ilícito, são:

(i) o decréscimo das condições econômicas da vítima, dentre elas inserida a eventual defasagem da indenização fixada;

(ii) a capacidade de pagamento do devedor: se houver acréscimo, possibilitará o pedido de revisão para mais, por parte da vítima, até atingir a integralidade do dano material futuro; se sofrer decréscimo, possibilitará pedido de revisão para menos, por parte do próprio devedor, em atenção a princípios outros, como a dignidade da pessoa humana e a própria faculdade então outorgada pelo art. 602, § 3.º, do CPC (atual art. 475-Q, § 3.º, do CPC).

Entendimento em sentido contrário, puniria a vítima do ilícito, por ter, mediante esforço sabidamente incomum, revertido situação desfavorável pelas limitações físicas sofridas, com as quais teve que aprender a conviver e, por meio de desafios diários, submeter-se a uma nova vida em que as superações das adversidades passam a ser encaradas sob uma perspectiva totalmente diversa da até então vivenciada. Enfrentar as dificuldades e delas extrair aprendizado é a nova tônica.

Ou, ainda, premiar o causador do dano irreversível, pelos méritos alcançados pela vítima que, mediante sacrifícios e mudanças de hábitos, conseguiu alcançar êxito profissional com reflexos patrimoniais, seria, no mínimo, conduta ética e moralmente repreensível, o que invariavelmente faria aumentar o amplo espectro dos comportamentos reprováveis que seguem impunes.

Recurso especial não conhecido' (REsp 913431/RJ, rel. Ministra Nancy Andrighi, Terceira Turma, julgado em 27.11.2007, *DJe* 26.11.2008).

No caso sob exame, o Tribunal *a quo* negou provimento ao recurso com base na coisa julgada material, razão pela qual faz-se mister o retorno dos autos à instância ordinária para que, analisando as provas anexadas, verifique o cabimento da majoração da pensão vitalícia e, se for o caso, arbitre o respectivo valor".

A mudança do valor da pensão deve restringir-se nos casos de insuficiência para o sustento ou alimentação, ou da impossibilidade do obrigado continuar a arcar com o montante da pensão.

Capítulo XVI

Legitimidade para pedir a Reparação

1 OS PARENTES DA VÍTIMA E OS DEPENDENTES ECONÔMICOS

Quem pode requerer a reparação?

A resposta é óbvia: a própria vítima, a pessoa que suportou o prejuízo ou foi lesada no relacionamento com outra, seja patrimonial, pessoal ou moral o dano. Orgaz sintetiza muito bem a questão: "Desde luego, el damnificado direto, o sea, la persona titular del derecho o bien jurídico inmediatamente lesionado por el acto ilícito: en los hechos ilícitos contra la persona, la libertad o el honor, es el sujeto herido o privado de libertad o lesionado en su honor, etcétera; en los delitos, o cuasidelitos contra la propiedad, es el propietario de la cosa, en primer término; eventualmente, pueden serlo también el poseedor, el depositario etc., si estos derechos han sido inmediatamente violados por el responsable".[1]

A problemática apresenta contornos especiais quando falecer a vítima. Pela reparação, busca-se repor ao patrimônio da pessoa a parcela que lhe foi subtraída, recompondo-se a situação anterior. Com o ato prejudicial, houve a supressão de um complexo de bens materiais ou morais. Por um processo de liquidação e avaliação, converte-se em numerário a parcela desfalcada. A ideia de prejuízo desponta como primordial e firma o direito à ação.

Os primeiros legitimados ao direito são os parentes mais próximos da vítima, ou seja, o cônjuge, os descendentes, os ascendentes. Com relação à família, "o prejuízo se presume, de modo que o dano, tanto material como moral, dispensa qualquer demonstração, além da do fato puro e simples da morte do parente".[2]

Sendo casado o falecido, o cônjuge e os filhos estão autorizados a agir judicialmente.

Incluem-se como titulares os pais, ainda que o filho morto seja menor e incapaz de trabalhar. Embora consorciado e deixando descendentes sustentados por ele, os ascendentes alinham-se como autores da ação, desde que fossem ajudados na manutenção e se provarem a necessidade. Caso contrário, a pensão concentra-se em torno dos primeiros.

Os irmãos participam quando a vida em comum com o falecido evidencia ter a morte deste redundado em dano, o que acontece nas hipóteses de incapacidade daqueles, doença, interdição, situações determinantes do amparo econômico. Sintetizando, a ação cabe não somente ao lesado, mas a todos quantos forem prejudicados pelo ato danoso.

Além das pessoas acima especificadas, é comum afetar o dano a outros indivíduos, que passam a sofrer as decorrências do ato. Se alguém mata culposamente um terceiro, prejudi-

---

[1] *El daño resarcible*, ob. cit., p. 131-132.

[2] Aguiar Dias, *Da responsabilidade civil*, ob. cit., v. 2, p. 837.

ca possivelmente os pais, a esposa, os filhos, os irmãos e também estranhos ao parentesco, como sócios que mantinham vinculação econômica com o falecido ou lesado direto. Esta a lição de Aguiar Dias, que, em consonância com o art. 186 do CC, compreende, entre os que suportam as lesões, o empregador, por ver-se privado do operário; "o sócio, a quem atinge, em ricochete, o dano sofrido pelo outro. (...) O dano material, provocado pela morte ou incapacidade do devedor ou pela destruição do bem deste, incide no crédito, cujas possibilidades de satisfação diminuem".[3]

No entanto, há que redundar em verdadeiro prejuízo econômico. As repercussões de um dano podem refletir em uma grande série de pessoas. De Cupis aponta exemplos: "O homicídio de um artista provoca também o direito à reparação em favor dos admiradores e dos empresários? A morte de um médico determina a responsabilidade relativamente aos interesses dos clientes? A lei tutela a dor do marido que tem a mulher agravada em sua liberdade sexual? Poderá ele postular o ressarcimento?".[4]

A solução está no art. 403: "Ainda que a inexecução resulte de dolo do devedor, as perdas e danos só incluem os prejuízos efetivos e os lucros cessantes por efeito dela direto e imediato, sem prejuízo do disposto na lei processual".

Já abordamos o assunto no capítulo sobre o dano indireto, a que nos reportamos.

No entanto, salienta-se, quanto à primeira indagação, a obrigatoriedade de ressarcir o empresário se no contrato com o artista vinha assinalada a cláusula de uma multa ou indenização na eventualidade de não cumprimento dos compromissos assumidos. Em princípio, o único interesse protegido diretamente é o do credor; os demais só aparecem tutelados de forma indireta, mas a lesão não produz responsabilidade. Daí por que nada podem almejar o cliente pelo falecimento do médico ou o marido pela afronta à sua mulher, de acordo com o mesmo autor citado: "Los intereses indirectos que respecto de la prestación puedan ostentar otros sujetos son jurídicamente indiferentes para el deudor al ser su lesión improductiva de obligación de resarcimiento".[5] Ainda no ensinamento de De Cupis sobre o assunto, exclusivamente se decorre prejuízo aos interesses de terceiros faculta-se a indenização. No aluguel de um prédio onde deveriam ser realizadas obras, permite-se ao inquilino acionar a pessoa que provocou a morte do encarregado, junto ao locador, para a realização dos trabalhos, desde que a demora na conclusão traga prejuízos? A resposta é negativa. Cabe-lhe acionar o proprietário, que terá legitimidade para agir contra o responsável pelo evento que determinou a paralisação das obras.

Orgaz, analisando os sistemas jurídicos estrangeiros, observa que no direito francês a reparação abrange um interesse imediato ou mediato. No direito italiano, o interesse tutelado é apenas imediato. No ordenamento inglês, o autor de um delito só fica constrangido a indenizar o cônjuge, os descendentes e os ascendentes da pessoa morta. Excluem-se os demais parentes. O direito alemão, mantendo as diretrizes básicas dos sistemas italiano e inglês, autoriza o exercício da ação em favor dos parentes acima mencionados e dos terceiros a cuja manutenção o falecido se encontrava eventualmente obrigado. Estende-se a aplicação aos casos de lesões e privação da liberdade. Contudo, é mister provar que a vítima a eles estava ligada pelo dever legal de lhes prestar serviços.[6]

As outras pessoas não ligadas à relação provocadora do direito nada podem reclamar.

---

3   Idem, p. 853.

4   *El daño*, ob. cit., p. 600.

5   Idem, p. 602.

6   *El daño resarcible*, ob. cit., p. 125.

Fosse o contrário, grande parte das mortes acarretaria uma verdadeira torrente de direitos: aqueles que são privados do trabalho do profissional; os aficionados de um artista que abruptamente é assassinado ou vem a falecer em um acidente de trânsito; a pessoa que contratou os préstimos de alguém que não concluiu a obra em virtude do ato criminoso de um terceiro; os amigos do companheiro muito estimado, pela dor moral resultante da morte; os titulares de créditos devidos pelo falecido e que por causa da morte ficam privados de ter seus direitos satisfeitos, já que os bens deixados não cobrem as dívidas – todos estariam amparados legalmente para acionar os provocadores dos males que indiretamente se estenderam sobre eles.

Haveria um verdadeiro caos na ordem jurídica social.

Nas lesões corporais, além da ação do ferido, viabiliza-se a dos parentes e terceiros que tenham sofrido pessoalmente um dano patrimonial certo, como consequência das lesões infligidas na vítima. Normalmente, ela própria, como lesada direta, incluirá em sua pretensão o dano causado a terceiros, junto aos quais restou obrigada. Entretanto, não agindo por omissão ou qualquer outra causa, não se impede a ação própria dos danificados indiretamente.

Inclusive àquele que paga as despesas para o tratamento da vítima, e sem vínculo de parentesco, reconhece-se a legitimidade para agir contra o causador do fato que ensejou tais despesas:

"Ação de reparação de danos. Acidente de trânsito. Pagamento de despesas por terceiro desinteressado. Legitimidade ativa *ad causam*.

O terceiro não interessado que paga em seu próprio nome as despesas com tratamento médico-hospitalar de vítimas de acidente de trânsito é parte legítima para propor ação contra aquele que, segundo alega, deu causa ao sinistro, para reembolsar-se daquilo que pagou".[7]

2 LEGITIMIDADE PARA BUSCAR A REPARAÇÃO EM FAVOR DAS PESSOAS VINCULADAS PELA UNIÃO DE FATO

Toda pessoa que prove um prejuízo ou uma injustiça em um ato ilícito tem direito de pedir a reparação. Quer se trate de dano patrimonial ou moral, não se condiciona a ação de indenização a privilégio de parentesco. O laço de parentesco não é decisivo para a admissibilidade da ação de reparação, já observava Aguiar Dias.

Diante desses princípios, a doutrina e a jurisprudência são remansosas em conceder a indenização na união estável. Lecionava Barros Monteiro, à época em que se falava em concubinato, ser tal relação "a união entre o homem e a mulher sem casamento", ou "a ausência de matrimônio para o casal que viva como marido e mulher", ressaltando-lhe as características, a fim de distingui-lo das meras ligações de ordem sexual: a vida prolongada em comum, sob o mesmo teto, com aparência de casamento.[8]

Não se trata aqui da hipótese do cônjuge adúltero, que pode manter convívio, no lar, com o outro cônjuge e, fora, ter encontros amorosos com outra pessoa. Não é o amásio ou a amásia quem se beneficia, e que reparte, com o cônjuge, as atenções e a assistência material do marido ou da mulher. Não se cuida da amante, da pessoa do lar clandestino, oculto, velado aos olhos da sociedade, que possibilita a prática da bigamia de fato. O direito protege o companheiro ou a companheira, a quem se juntou outra pessoa que rompeu a vida conjugal que anteriormente mantinha. Vivendo sempre uma união *more uxorio*, em

---

[7] REsp 332.592/SP, 3.ª Turma, rel. Min. Nancy Andrighi, j. 13.11.2001, *DJ* 18.02.2002.

[8] *Curso de direito civil* – Direito de família. São Paulo: Saraiva, 1962. p. 15.

que somente faltam as *justae nuptiae*, a qual se prolongou por muitos anos, a mulher ou o homem, tidos um ou outro inicialmente como concubina ou concubino, transformou-se em companheira ou companheiro do falecido.

O convívio dos dois no estado de casados, assim considerados no ambiente social onde passaram parte da vida, forma o direito à indenização em favor do companheiro ou da companheira.

De longa data as leis e os sistemas jurídicos protegem as uniões de fato, sendo repensados os dogmas concernentes à intangibilidade do matrimônio. Operam os mandamentos legais uma ampla abertura para o protecionismo dos nominados casamentos de fato. Constitui injustiça flagrante relegar aquele que participou da vida e das tribulações da vítima em favor do cônjuge que nada mais significa em sua existência. Citam-se, nesta ordem, a Constituição Federal, art. 226, § 3.º; e o Código Civil, nos arts. 1.723 a 1.727, 1.790 e 1.844, em substituição às Leis 8.971/1994 e 9.278/1996.

A jurisprudência, espelhando sólida interpretação pretoriana, firmou-se, desde época mais antiga, no reconhecimento dos direitos do companheiro supérstite: "Legitimidade ativa da companheira da vítima... O caso dos autos – perda de companheiro – versa sobre hipótese de dano *in re ipsa*, o qual se presume, conforme as mais elementares regras da experiência comum, sendo prescindível a existência de prova da sua efetiva ocorrência, impondo-se, assim, a condenação dos requeridos ao pagamento de indenização".[9]

"A indenização por morte deve ser paga ao cônjuge sobrevivente e aos demais herdeiros legais. No caso, a autora, companheira do de *cujus*, é parte legítima para figurar no polo ativo da demanda, haja vista que, quando do acidente, se tem notícias de que a vítima vivia em união estável, tanto que a autora recebe o benefício previdenciário do de *cujus*. Assim, a companheira é legitimada para pleitear a indenização securitária, nos termos do art. 4.º, *caput*, da Lei 6.194/1974."[10]

De observar que, num estágio inicial da formação do direito, alguns julgados ressaltavam a necessidade de prova da inexistência de impedimentos para o concubinato. Serpa Lopes espelha este pensamento: "Entendemos que, em se tratando de relações adulterinas, não é possível atribuir qualquer direito à indenização, nada obstante todos os caracteres de publicidade e de durabilidade apresentados por um tal concubinato".[11] Outros não fazem restrição, desde que provada a separação de fato por culpa da mulher cujo marido foi unir-se à concubina. A melhor doutrina, entrementes, está em Aguiar Dias, que põe a tônica na necessidade da prova do dano certo, independentemente do fato de ser a vítima casada ou não: "Toda pessoa lesada pelo dano tem direito à indenização, desde que seu interesse possa ser protegido pela lei... A proteção de um interesse legítimo é suficiente para autorizar o pedido de reparação", não podendo depender a indenização "do simples fato de não ter havido casamento, devendo o juiz considerar se a concubina que se apresenta no pretório sofreu, ou não, um dano certo, com a morte do companheiro com quem vivia como marido e mulher"[12] – entendimento este que expressa mais justiça, pois se funda no dano, o que realmente interessa. Por isso, não se coaduna com a Súmula 35 do Supremo Tribunal Federal, de 1963, na sua condição contida no final: "Em caso de acidente do trabalho ou de

---

[9]   TJRS, 12.ª Câm. Cív., Ap. Cív. 70046981783, rel. Des. Mário Crespo Brum, j. 17.05.2012, *DJ* 23.05.2012.

[10]   TJRS, 3.ª Turma Rec. Cív., Processo 71003689908, rel. Eduardo Kraemer, j. 17.05.2012, *DJ* 22.05.2012.

[11]   *Curso de direito civil*, ob. cit., v. 5, p. 377.

[12]   *Da responsabilidade civil*, ob. cit., v. 2, p. 851, n. 249.

transporte, a concubina tem direito de ser indenizada pela morte do amásio, se entre eles não havia impedimento para o matrimônio".

Finalmente, *quid juris* se a vítima, malgrado viver com a(o) companheira(o), paga alimentos para o cônjuge? Aquela(e) ficará excluída(o) da indenização?

Absolutamente. A reparação equivalerá ao pagamento do valor correspondente à renda mensal da vítima, calculada até a época em que atingiria a idade de setenta e cinco anos, limite este considerado de vida normal do ser humano. Encontrado o montante, apurar-se-á a soma que caberá ao cônjuge e aos filhos, em proporção com a pensão que pagava a tais pessoas em vida, sobre os rendimentos que percebia o falecido. O restante tocará à companheira ou companheiro.

3 TRANSMISSÃO HEREDITÁRIA DO DIREITO DE REPARAÇÃO DO DANO

Produzida a morte, ou outro evento prejudicial, determinadas pessoas estão legitimadas para, atuando *iure proprio*, obter o ressarcimento do dano que tenham sofrido. Nem só a vítima tem direito à indenização, como igualmente seus herdeiros, se falecida. O art. 943 da lei civil vem ao encontro dessa afirmação: "O direito de exigir reparação e a obrigação de prestá-la transmitem-se com a herança". Usando as palavras de Aguiar Dias, afirma-se que "a ação de indenização se transmite como qualquer outra ação ou direito aos sucessores da vítima".[13] Se o fato lesivo implica uma agressão à vítima, com repercussão negativa e consequências econômicas, por essa circunstância surge imediatamente, em prol do desfavorecido, o direito de reclamar a recomposição integral do prejuízo. E os herdeiros da vítima, a qual não pode ver reparado o mal sofrido, habilitam-se a receber o que era devido àquela, se já procurada a indenização. Um filho sucede ao pai, que foi paciente de um atropelamento, e a quem fora concedida a indenização. O filho, a mulher ou outros herdeiros farão jus à indenização que se atribuir à vítima.

De modo que, proposta a ação pela vítima, a indenização que lhe foi ou vier a ser reconhecida passa para os herdeiros. Acontece que o exercício da ação já se operara. Não interessa que se dê o falecimento antes da sentença, ou de receber o montante pretendido e que se conceder.

Caso não promovida a lide, poderão intentá-la os herdeiros?

A resposta é afirmativa. No entanto, há que se ponderar a condição para os herdeiros estarem capacitados a pedir essa reparação, se o lesado direto não a postulou: a existência de prejuízo que tiveram ou vierem a suportar. Dentro da orientação clara de Serpa Lopes, "são incluídos entre os que, sucessores, podem pedir essa indenização aqueles que recebiam da vítima um auxílio necessário à sua própria subsistência. Por isso, figuram, em primeiro lugar, os filhos menores, que ficam desprovidos em relação aos elementos financeiros indispensáveis à sua sobrevivência e educação. Por conseguinte, os descendentes só têm direito a essa indenização pelo período da menoridade e dentro dos limites prováveis de vida do *de cujus*. No tocante às filhas, a despeito de certa jurisprudência em sentido contrário, igualmente entendemos limitados os seus direitos até o momento em que contraem núpcias ou se estabelecem de modo independente. No mesmo caso estão os ascendentes quando viviam de alimentos prestados pelo *de cujus*".[14]

A lição do autor acima, pelas mesmas razões, aplica-se aos irmãos, se dependentes economicamente do falecido.

---

[13] Idem, v. 2, p. 854, n. 251.

[14] *Curso de direito civil*, ob. cit., v. 5, p. 376.

É também o que ensinam Ripert-Boulanger, revelando que os princípios acima têm significação universal: "Si bien los herederos no pueden acionar en nombre de su autor, los parientes tienen derecho a demandar, en su nombre personal, una reparación del perjuicio material que les ha sido causado con esa muerte. Este perjuicio resulta de la pérdida de la ayuda que el difunto acordaba o hubiese podido acordar a sus parientes (ver, para el derecho antiguo, Dubois, *Pretium doloris*, tesis, Lyon, 1935) o también de la pérdida de la ventaja material que debia beneficiar al difunto y que el heredero no puede obtener por derecho propio (sucesión de los abuelos del hijo natural: Cass. Crim., 18 de enero de 1956, JCP 1956, 9285, nota Carel). Sin embargo, los parientes no pueden accionar sino cuando la responsabilidad del autor del acto queda establecida en las mismas condiciones en que lo seria con respecto a la víctima... Ese derecho de accionar existe ciertamente para los parientes en línea directa que son acreedores de la obligación alimentaria. Pero debe ser admitido igualmente para aquellos que estaban de hecho a cargo de la víctima, por ejemplo, un hermano o una hermana que vivía de la ayuda de la víctima..., o aun un hijo natural no reconocido, pero ayudado materialmente".[15]

A questão não é simples.

O direito à indenização, isto é, de postular a indenização, e naquilo que redundou em prejuízo, dentro da linha de raciocínio acima, transmite-se unicamente se o herdeiro necessitar. Todavia, se a vítima percebia uma compensação mensal, e vier a falecer, sua mulher e outros herdeiros sucederão no que resta do montante da reparação, sendo ou não dependentes daquela.

No caso de não ser concedida a reparação nem ajuizada a ação, o cônjuge e os filhos buscarão a indenização correspondente ou em proporção ao que era percebido pelo pai e repassado para eles. Vindo a falecer o pai ou a mãe, eles terão direito a ser pensionados, em representação dos ascendentes, mas no montante que lhes era destinado pelos responsáveis. Não na eventualidade de não precisarem de tal verba, e se manterem por outros meios.

O pensionamento limita-se ao montante da indenização concedida à vítima.

Como se observa, o fulcro determinante para a indenização é o prejuízo patrimonial. E esse prejuízo continuará como elemento decisivo para efeito de transmissão hereditária.

Para resumir, aproveitamos as palavras de De Cupis: "Se el titular del derecho no ha alcanzado tal utilidad ésta pueda ser conseguida por sus sucesores patrimoniales",[16] mas desde que provem a condição da dependência.

Também para o dano não patrimonial causado ao morto, pela dor padecida, deve ser admitida a legitimação hereditária, porquanto tal direito se transmite aos herdeiros. Aceitando-se que a possibilidade jurídica de obter dinheiro da dor já existia no patrimônio do *de cujus*, constituindo seu elemento, não é justo que fique ela fora da sucessão. O ressarcimento diz respeito ao dano moral experimentado pelo morto e sofrido pelos parentes próximos supérstites. "Transmisión admitida ya que el derecho al resarcimiento del daño no patrimonial deriva de una agresión a la vida del *de cujus*. Tal hecho hace nacer inmediatamente en la víctima el derecho al resarcimiento del daño incluso del no patrimonial y al entrar en su patrimonio se transmite a sus herederos. De aqui que éstos puedan reclamar el resarcimiento del daño no patrimonial causado al muerto."[17]

---

[15] *Tratado de derecho civil*, ob. cit., v. 5, p. 92, n. 995.
[16] *El daño*, ob. cit., p. 668.
[17] Idem, ibidem.

Concluindo, aproveitamos as palavras de Carvalho Santos: "Em qualquer hipótese, como já tivemos oportunidade de esclarecer, a ação de indenização intentada pela própria vítima pode ser, no caso de falecimento desta, prosseguida pelos seus herdeiros".[18]

Há de se acrescentar a seguinte condição, também reconhecida pelo mesmo autor: desde que os sucessores tenham sido diretamente lesados pelo acidente.[19]

Outra questão bastante delicada: os credores da vítima estão habilitados a intentar a ação? Parece fora de dúvida que a resposta é afirmativa, se os atos ilícitos atingiram os bens do devedor, ou se redundaram em um déficit patrimonial. Não na eventualidade de o crédito dos parentes se fundar em dano exclusivamente moral. No entanto, o que não é possível pôr em dúvida é o direito incontestável do titular do crédito de fazer penhorar a quantia que o devedor tiver recebido como indenização dos prejuízos sofridos, ou que seus dependentes receberem, mesmo que o valor seja pago por razões de ordem moral. Tal importância, entrando para o patrimônio do devedor, passa a formar, com os outros bens já em sua posse, a garantia comum dos credores.

O direito advém do art. 1.821: "É assegurado aos credores o direito de pedir o pagamento das dívidas reconhecidas, nos limites das forças da herança".

Os credores não se revestem de legitimidade para acionar por dano moral porque este é de natureza puramente pessoal. Se existe ou não dor moral é a vítima que poderá determinar, transmitindo-se aos herdeiros a ação se ela já houver manifestado a pretensão de ser indenizada.

O assunto já havia sido examinado por Giorgi: "Pero la acción en resarcimiento puede ser ejercitada por los acreedores del ofendido en virtud del art. 1.234? En otra ocasión examinamos el asunto, y dijimos que por regla general puede ser ejercitada cuando el hecho delictivo haya tenido por objeto el patrimonio del deudor, no cuando el objeto haya sido su persona. Manifestamos, por otra parte, que sobre la materia se encuentran opiniones discordes entre los autores... Completando hoy el desarrollo de la cuestión, resta por decir que, si bien no faltan los que afirman esta última parte de la regla sin restricciones..., sin embargo, la doctrina más racional y admitida distingue los hechos delictivos contra la persona que produce daños materiales, de aquellos que únicamente producen daños morales, y adopta la negativa sólo con relación a éstos últimos".[20]

4 TRANSMISSÃO DAS OBRIGAÇÕES DO FALECIDO

Desde tempos antigos assentava-se como princípio fundamental que a herança responde pelo pagamento das dívidas do falecido; mas, feita a partilha, só respondem os herdeiros na proporção da parte que na herança lhes couber. Assim, na hipótese de se encontrar obrigada uma pessoa a fornecer uma obra, ou uma prestação de serviço, e vindo ela a falecer, os herdeiros são obrigados ao atendimento, sob pena de converter-se em indenização o dever, até o montante suportável pelas forças da herança.

Vem a imposição do art. 1.997 do Código Civil: "A herança responde pelo pagamento das dívidas do falecido; mas, feita a partilha, só respondem os herdeiros, cada qual em proporção da parte que na herança lhe coube". Decorre o princípio, também, do art. 943, proclamando que a obrigação se transmite com a herança.

---

[18] *Código Civil brasileiro interpretado*, ob. cit., t. XX, p. 318.
[19] Idem, p. 316.
[20] *Teoría de las obligaciones*, ob. cit., v. 5, p. 303, n. 190.

Realmente, há a responsabilidade do espólio até o limite do seu montante. Se partilhados os bens, a obrigação dos herdeiros não pode ultrapassar os respectivos quinhões, limite ratificado pelo art. 1.792: "O herdeiro não responde por encargos superiores às forças da herança; incumbe-lhe, porém, a prova do excesso, salvo se houver inventário que a escuse, demonstrando o valor dos bens herdados".

Antes da partilha, a responsabilidade assenta-se na herança; uma vez efetuada ou definida a divisão entre os herdeiros, cada um deles responde individualmente, na proporção da quota que recebeu, ficando definido, então, o encargo que deverá satisfazer. A responsabilidade atém-se a um modo justo de arcar, não podendo ser *ultra vires hereditatis*.

O direito de os credores buscarem seus créditos está no art. 1.821: "É assegurado aos credores o direito de pedir o pagamento das dívidas reconhecidas, nos limites das forças da herança".

O Código de Processo Civil cuida, em uma seção específica (arts. 642 e ss.), do pagamento das dívidas originadas de créditos, que se formaliza em um processo que será distribuído por dependência, ficando em apenso ao próprio inventário. Traça o procedimento para o reconhecimento e a satisfação dos créditos devidos pelo espólio.

Dentro de uma série de obrigações ou dívidas que podem ser exigidas, destacam-se as seguintes, todas aptas a desencadear o procedimento específico para a exigibilidade: as dívidas cobradas antes da partilha, vencidas e mesmo por vencerem; as tributárias ou relativas a impostos; as garantidas com hipoteca ou penhor, ou privilegiadas; aquelas que decorrem de indenizações por atos ilícitos, ou do incumprimento de um contrato; as resultantes do não adimplemento de uma obrigação de dar, fazer ou não fazer; as provenientes das despesas ou encargos do espólio ou do monte; as dívidas pessoais dos herdeiros.

Ressalte-se que existem obrigações de ordem estritamente pessoal que não se transferem, por exemplo, um contrato de fazer uma obra de arte (pintura, escultura, texto escrito). Planiol e Ripert observam a respeito: "Sin embargo, existen ciertas obligaciones del difunto que no se transmiten a sus herederos. Son las derivadas de los contratos de tracto sucesivo que obligan al deudor a realizar determinados actos durante más o menos tiempo. Eses contratos quedan resueltos por la muerte de cualquiera de las partes, siempre que hayan sido celebrados en consideración a la persona, por ejemplo: el arrendamiento de servicios, la sociedad, el mandato. Los herederos no quedan obligados a continuar la ejecución de esos contratos, pero los efectos ya cumplidos en la persona del difunto subsisten y los sucesores quedan sujetos a las obligaciones que resultaran para aquél, como, por ejemplo, en caso di ejecución incompleta o defectuosa".[21]

5 SUCESSÃO NA INDENIZAÇÃO POR DANO MORAL

A sucessão da indenização por dano moral é matéria controvertida. De modo geral, se a vítima não ingressou com a competente ação quando vivia, não se admite que os seus sucessores tenham o direito de ajuizar a demanda competente. É que o dano moral tem caráter pessoal, e unicamente a vítima sabe dimensionar o seu alcance, e mesmo se foram ou não atingidos os seus sentimentos, ou se experimentou tristeza, frustração, pesar, diminuição na sua personalidade. A personalidade morre com o indivíduo, nada deixando atrás de si, o que impede que outros avaliem o estado interior daquele que faleceu.

Entrementes, há quem admite o *jus* hereditário, conforme este aresto: "O direito de ação por dano moral é de natureza patrimonial e, como tal, transmite-se aos sucessores da

---

[21] *Tratado práctico de derecho civil francés*, ob. cit., t. IV, p. 409-410.

vítima". Sustenta-se, com base na doutrina de Mário Moacyr Porto (em trabalho publicado na *RT* 661/7-10): "A dor não é *bem* que componha o patrimônio transmissível do *de cujus*. Mas me parece de todo em todo transmissível, por direito hereditário, o direito de ação que a vítima, ainda viva, tinha contra o seu ofensor. Tal direito é de natureza patrimonial. Leon Mazeaud, em magistério publicado no *Recueil Critique Dalloz*, 1943, p. 43, esclarece: 'O herdeiro não sucede no sofrimento da vítima. Não seria razoável admitir-se que o sofrimento do ofendido se prolongasse ou se estendesse ao herdeiro e este, fazendo sua a dor do morto, demandasse o responsável, a fim de ser indenizado da dor alheia. Mas é irrecusável que o herdeiro sucede no direito de ação que o morto, quando ainda vivo, tinha contra o autor do dano. Se o sofrimento é algo entranhadamente pessoal, o direito de ação de indenização do dano moral é de natureza patrimonial e, como tal, transmite-se aos sucessores'".[22]

É aceitável, porém, a sucessão unicamente, se já definido e taxado o valor do dano moral. Aí temos um patrimônio, um bem material, que admite a transmissão hereditária. Do contrário, mais coerente a seguinte interpretação do STJ: "Dano moral. Legitimidade ativa. Linha sucessória. Incabível.

O fator relevante para conferir a legitimidade na ação de indenização por danos morais é o sofrimento reportado pelo reclamante.

A legitimidade para reclamar danos morais nada tem com a ordem de sucessão hereditária, tendo em vista a natureza extrapatrimonial dos danos morais".[23]

De acordo com o voto do relator, "o fator relevante para conferir a legitimidade na ação de indenização por danos morais é o sofrimento suportado pelo reclamante. Nada tem com a ordem de sucessão hereditária. Tais danos são extrapatrimoniais".

Não cabe entender que não possam os parentes próximos buscar a reparação por dano moral pela morte do ente querido. Inadmissível é que sucedam, no exercício do direito, um parente que igualmente suportou dano moral.

---

[22] STJ, 2.ª Turma, REsp 11.735-0/PR, j. 29.11.1993, *RSTJ* 71/183.

[23] AgRg no REsp 769.043/PR, 3.ª Turma, rel. Min. Humberto Gomes de Barros, j. 1.º.03.2007, *DJ* 19.03.2007.

Capítulo XVII

A Reparação por Danos Físicos

1 INDENIZAÇÃO DAS DESPESAS E DA INCAPACIDADE

No art. 949, trata o Código Civil da ofensa à saúde: "No caso de lesão ou outra ofensa à saúde, o ofensor indenizará o ofendido das despesas do tratamento e dos lucros cessantes até ao fim da convalescença, além de algum outro prejuízo que o ofendido prove haver sofrido".

Do dispositivo compreendemos cabível a indenização por lesão corporal e pela doença, pois a expressão "ofensa à saúde" envolve quaisquer alterações orgânicas e distúrbios mórbidos que exigem tratamento para a recuperação da saúde. Assim, *v.g.*, na tentativa de um envenenamento, quando a emoção forte for provocadora de hipertensão ou descontrole emocional.

Não cogita o dispositivo diretamente da redução da capacidade, apesar da extensão de sua parte final, que envolve qualquer outro prejuízo.

A reparação terá em vista todos os gastos feitos pela vítima com o tratamento necessário para se refazer das lesões sofridas, incluindo-se as cirurgias, as internações, a assistência dos médicos, os aparelhos ortopédicos, a fisioterapia, os remédios, os deslocamentos etc. Abrange, outrossim, os demais prejuízos verificados, mesmo que de cunho patrimonial, como lucros cessantes em face da impossibilidade de desenvolver suas atividades profissionais, perda de clientela, danos em bens e sofrimento moral.

No concernente ao que deixou de lucrar, incide a condenação com a simples dificuldade do ofendido de se locomover, retendo-o o mal em casa, e não podendo desenvolver, na plenitude normal, as atividades antes exercidas. Inclusive quanto ao cônjuge, mesmo desempenhando emprego fora do lar, incide a obrigação da lei na indenização dos serviços caseiros, desde que substituído, nessas lides, por terceira pessoa remunerada.

A indenização pelos lucros cessantes perdura até que o ofendido obtenha alta do tratamento a que se submeteu, ou até ficar em condições de retornar ao trabalho normal.

O seguinte aresto bem revela a extensão da reparação: "Restando incontroverso nos autos que o consumidor foi vítima de acidente dentro de estabelecimento comercial, deve ser indenizado na medida do dano sofrido, como tal entendido o custeio com tratamento médico, inclusive fisioterapêutico, e a aquisição dos medicamentos necessários ao seu restabelecimento. Havendo incapacidade temporária para o trabalho, deverá ser indenizado pelo tempo necessário ao seu pronto restabelecimento. Sobrevindo, em razão de ato ilícito, perturbação nas relações psíquicas, na tranquilidade e nos afetos de uma pessoa, configura-se o dano moral passível de indenização. Defluindo da prova dos autos que o acidente não causou aleijão ou quaisquer outras sequelas permanentes, indefere-se o dote e a pensão vitalícia".[1]

---

[1] TJMS, 3.ª Turma, Ap. Cív. 2003.008945.4.0000-00, *DJ* 28.04.2004, *Adcoas* 8227669, *Boletim de Jurisprudência Adcoas* 25/393, jul. 2004.

2 REDUÇÃO DA CAPACIDADE LABORATIVA

O que mais interessa é a indenização do art. 950, embora o conteúdo já decorra da parte final do art. 949: "Se da ofensa resultar defeito pelo qual o ofendido não possa exercer o seu ofício ou profissão, ou se lhe diminua a capacidade de trabalho, a indenização, além das despesas do tratamento e lucros cessantes até ao fim da convalescença, incluirá pensão correspondente à importância do trabalho para que se inabilitou, ou da depreciação que ele sofreu".

Como proclamam Ripert-Boulanger, "la persona herida puede reclamar los gastos ocasionados por la herida: honorarios de médicos, medicamentos, gastos de hospital. Puede reclamar una compensación por la incapacidad para el trabajo que resulte de su herida".[2]

As consequências da lesão trazem prejuízos duradouros à capacidade laborativa do ofendido, e, às vezes, vão a ponto de impedir totalmente o exercício do trabalho. Dependendo do grau de limitação, variará a indenização, "que será sempre correspondente à inabilitação para o trabalho, ou à depreciação sofrida, conforme a hipótese".[3] Mesmo se o trabalho desempenhado não sofrer, na prática, diminuição na qualidade e intensidade, o dano precisa ser ressarcido, eis que a limitação para as atividades humanas é inconteste. Talvez continue no mesmo trabalho, mas é viável que resulte a impossibilidade para a admissão em outro que propicie igual padrão de rendimentos.

A jurisprudência do STJ já enfatizou essa linha:

"O art. 950 do Código Civil admite ressarcir não apenas a quem, na ocasião da lesão, exerça atividade profissional, mas também aquele que, muito embora não a exercitando, veja restringida sua capacidade de futuro trabalho".[4]

Na fundamentação do voto do relator, colhem-se mais subsídios: "A legislação civil não delimita o campo de abrangência do que se entende por capacidade laborativa. A lei admitiu ressarcir não apenas a quem, na ocasião da lesão, exerça atividade profissional, mas igualmente aquele que, muito embora não a exercitando, veja restringida a sua 'capacidade' de futuro trabalho.

Nesse sentido é o artigo 950 do Código Civil (...).

(...) Desta forma, a circunstância de estar o autor, ao tempo do acidente, já aposentado, não exclui o seu direito ao recebimento da pensão, que vai fixada, razoavelmente, em 1 (um) salário mínimo mensal vitalício, nos termos do entendimento assente desta Corte Superior. Confiram-se:

(...) 'É devida pensão mensal vitalícia, de 01 (um) salário mínimo, à vítima que ficou incapacitada para o trabalho, mesmo que não exercesse, à época do acidente, atividade remunerada. [...]

Recurso especial conhecido e provido' (REsp 711.720/SP, Rel. Min. Aldir Passarinho Junior, Quarta Turma, julgado em 24.11.2009, *DJe* 18.12.2009). (...)

(...) 'Havendo redução parcial da capacidade laborativa em vítima que, à época do ato ilícito, não exercia atividade remunerada, o rendimento vitalício costuma ser fixado em um salário mínimo. Precedentes' (2.ª Turma, REsp n. 703.194/SC, Rel. Min. Mauro Campbell Marques, unânime, *DJe* 16.09.2008)".

---

2   *Tratado de derecho civil*. Buenos Aires: La Ley, 1965. t. V, 2.ª parte, p. 90, n. 992.

3   Carvalho Santos, *Código Civil brasileiro interpretado*, ob. cit., t. XXI, p. 141.

4   REsp 1.281.742/SP, 4.ª Turma, rel. Min. Marcos Buzzi, j. 13.11.2012, *DJe* 05.12.2012.

Em tese, se a redução da capacidade desceu em torno de 65%, fixa-se uma indenização na mesma proporção, sempre atenta ao montante dos rendimentos usufruídos pelo lesado, seguindo a mesma oscilação. Se a vítima, em razão de um acidente, ficara com uma lesão permanente avaliada em 40% da perda da função do membro atingido, o que impõe seja apurado em liquidação, por arbitramento, perquire-se o grau de incapacidade total para o trabalho que essa diminuição de função acarreta, daí chegando-se ao valor da pensão mensal a ser paga pela inabilitação correspondente, tendo-se em vista, sempre, a renda mensal ou a equivalente. Pois nada impede que a limitação de função atinja graus determinados; mas, redundando na incapacidade total da profissão, conduz a uma reparação equivalente aos ganhos pelo exercício da atividade que foi obrigada a abandonar.

O lesado há de comprovar os rendimentos, para chegar-se à percentagem da depreciação em seu poder laborativo, eis que a obrigação do devedor atém-se ao pagamento de uma pensão proporcional ao *quantum* que deixou de usufruir. Se não lograr a demonstração, o valor reduz-se a uma percentagem sobre o salário mínimo.

Não conseguindo, porém, evidenciar qualquer renda, por não desempenhar atividade alguma, como se resolverá a questão? A presente contingência não tolhe o direito: "O direito à indenização, sob forma de pensão vitalícia que compense aquela incapacidade, independe da prova de que a vítima exercia atividade remunerada, pois decorre, de um lado, do direito--dever, inerente a todo homem, de prover à sua subsistência no nível das suas possibilidades, e, de outro lado, da expectativa normal de que para tanto todos estão capacitados".

3 REPARAÇÃO NOS CASOS EM QUE O OFENDIDO ERA INCAPAZ DE EXERCER ATIVIDADE LABORATIVA ANTES DO ACIDENTE

Se a pessoa, além de não desenvolver algum trabalho, era incapaz de realizar atividade lucrativa, sem perspectivas de mudança nesta situação, como na hipótese de uma senhora de oitenta anos de idade, evidentemente nenhum prejuízo lhe trouxe a incapacidade, no tocante a lucros cessantes. Pelo contrário, dependendo ela de terceiros, e não colaborando economicamente para o seu sustento com pequenos trabalhos, não há prejuízos. Por carecer de capacidade laboral, as perdas morfológicas e outras sequelas não se reduzem em lucros cessantes. Restringe-se a reparação às despesas consequentes e necessárias para a recupera-ção, e ao dano moral. Nega-se, daí, a indenização a quem não exercia, antes do evento, seja pela ancianidade ou por outras limitações corporais, como a doença limitadora das funções físicas, qualquer atividade que lhe produzia ganhos, que não foram reduzidos ou suprimidos em consequência das lesões que sofreu no acidente. Nem se afigura a hipótese de que venha a vítima a desempenhar uma atividade econômica, no futuro, e mesmo na esfera doméstica. Todavia, é de supor que as lesões não tenham restringido mais seu desempenho, e que não necessitará ela de acompanhante ou de auxílio para as funções habituais da vida.

No exame da situação, para a fixação do valor, importa ter "especialmente en conside-ración las circunstancias personales del lesionado: su edad, su sexo, su estado de familia, su estado de salud, la disminución de su porvenir económico como consecuencia del acto ilícito, la índole del trabajo a que se dedicaba etc. Sólo mediante la consideración de todos estos elementos puede establecerse el daño que efectivamente ha sufrido el titular de la indemnización".[5]

E se a incapacidade atinge uma atividade, sem prejuízo de outras?

---

[5] Alfredo Orgaz, *El daño resarcible*, ob. cit., p. 148.

A resposta está em arbitrar a reparação em função da incapacidade resultante, nos moldes da seguinte orientação do STJ: "O art. 950 do Código Civil dispõe que se da ofensa resultar defeito pelo qual o fendido não possa exercer o seu ofício ou profissão, ou se lhe diminua a capacidade de trabalho, a indenização, além das despesas do tratamento e lucros cessantes até ao fim da convalescença, incluirá pensão correspondente à importância do trabalho para que se inabilitou, ou da depreciação que ele sofreu".[6]

4 REPARAÇÃO E PERCEPÇÃO DE BENEFÍCIOS PREVIDENCIÁRIOS

Se a incapacidade não diminuiu os ganhos, por ser, *v.g.*, aposentada a pessoa, ou porque se encontra em gozo de benefício previdenciário, parte-se para o exame dos prejuízos em outros campos de sua vida, como no lar, ou em serviços suplementares, que passam a ser executados por terceiros.

Na eventualidade de o paciente vir a ser aposentado pela redução de capacidade, qual a reparação que incide? Paralelamente ao valor que receberá, assiste-lhe outra indenização?

A solução, para alguns, é simples: complementa-se com uma parcela determinada o benefício previdenciário, de modo a perdurar a renda que vinha recebendo anteriormente. Justificam ser esta a conclusão a que se chega diante dos termos da lei, que coaduna a indenização ao grau de depreciação da remuneração paga pelo trabalho a que a doença ou o ferimento inabilitou.

No entanto, cumpre se dê o exato alcance do art. 950. A reparação consistirá na taxação de um percentual correspondente à incapacidade resultante. Nada mais que isso. Apurando os peritos que a diminuição da habilitação para o trabalho foi de 30%, compensa-se tal déficit com uma pensão do mesmo percentual, calculada sobre os rendimentos apurados. Os benefícios concedidos pela Previdência Social são correspectivos das contribuições pagas pela vítima, revertendo em favor dela própria, ou de seus beneficiários, e não de seu ofensor, que não pode, por isso, ter mitigada a sua responsabilidade, como amplamente reporta a melhor doutrina.[7] Não haverá diminuição, do total apurado, da quantia paga pela Previdência Social ou pelo seguro.

A pensão pela redução da capacidade de trabalho, quando paga à própria vítima do acidente, alonga-se por toda a vida, e não pelo tempo de vida provável. Enquanto viver, ela terá direito.

Endossam o direito à cumulação entre indenização pelo dano civil e a pensão previdenciária decisões antigas, tendo-se mantido a orientação:

"A bem da verdade, é bom que se esclareça que, ainda que o autor estivesse em dia com as suas contribuições, não era obrigado a servir-se do INPS, pois, consoante reiterada jurisprudência, a contribuição paga para o INPS tem origem diversa da que é devida pelo causador dos danos, o qual não pode beneficiar-se dos esforços do trabalhador referentes às contribuições, para minorar a indenização cabível (*RJTJSP-Lex* 62/101, 50/117, 50/115 etc.)".[8]

"A circunstância de ter o autor recebido auxílio do Instituto de Previdência não afasta a indenização reclamada, já que esta resulta exclusivamente de ato ilícito, não tendo, portanto, qualquer relação com pagamento de benefício previdenciário (cf. *RJTJSP* 20/89). Pretensão

---

[6]   STJ, REsp 1584754/SP, 2.ª Turma, rel. Min. Og Fernandes, j. 02.02.2017, *DJe* 1.º.08.2017.

[7]   Pontes de Miranda, *Tratado de direito privado*, ob. cit., t. XXVI, p. 54-55; Aguiar Dias, *Da responsabilidade civil*, ob. cit., v. 2, p. 385; *RT* 434/281.

[8]   1.º TACSP, 8.ª C., Ap. 313.868, j. 06.09.1983.

dessa natureza, como já se decidiu, transmudaria o réu responsável pela reparação do ato ilícito em beneficiário da vítima de seguro social, o que é inadmissível (cf. *RJTJSP* 16/89)."[9]

"Não se confundem, e muito menos se compensam, benefícios previdenciários, que são assistenciais, com reparação civil de danos por ato ilícito. Eis matéria ultrapassada que até custa ter que reapreciar. Com efeito, a responsabilidade civil está calcada em dever de ordem ético-jurídica, como dever de restauração patrimonial por parte de quem causa o dano civil (maiormente o criminal). A Previdência presta serviços literalmente assistenciais, de índole predominantemente alimentária. Assim colocado o problema, chega a surpreender que o responsável pelo dano pretenda, queira e insista que decorra para a Previdência o ônus que é seu. Isto é, soa como imoral, tange o absurdo a ridícula colimação de não pagar aquilo que, em seu lugar, às vezes pagou o Instituto, que é entidade de todo desvinculada do evento culposo. Esse, sim, é enriquecimento ilícito; e não o que a apelante imputa ao autor. Aliás, incomportável. Apenas o Instituto teria legitimidade para haver a compensação; nunca o causador do sinistro que não mantém contrato com o Instituto, nesse tema, nem no de segurador acidentário compulsório, já que o autor não figura dentre seus possíveis empregados."[10]

"A indenização previdenciária é diversa e independente da contemplada no direito comum, inclusive porque têm elas origens distintas: uma, sustentada pelo direito acidentário; a outra, pelo direito comum, uma não excluindo a outra (Enunciado 229/STF), podendo, inclusive, cumular-se."[11]

"De natureza diversa, os benefícios previdenciários não devem ser descontados do pensionamento devido à família pela perda da contribuição financeira em decorrência de ato ilícito."[12]

Manteve-se a mesma inteligência em decisão recente:

"Recurso interno contra decisão que restabeleceu a sentença de primeiro grau no tocante à possibilidade de cumulação pensionamento mensal indenizatório decorrente da culpa pelo acidente aos dependentes da vítima fatal com o recebimento de pensão previdenciária. Entendimento pacificado do STJ. A adoção da impossibilidade de cumulação, além de olvidar a diferença da natureza e das causas dos referidos pensionamentos, causaria à parte agravante um enriquecimento sem causa, porquanto seria isentada de sua responsabilização civil, apenas pelo fato de a vítima fatal ser seu servidor de carreira. Agravo interno do Estado de Santa Catarina a que se nega provimento.

Esta Corte Superior já firmou entendimento pelo qual é possível a cumulação de pensão previdenciária com outra, de natureza civil, como a presente, que é indenizatória decorrente da responsabilidade civil pelo acidente fatal que vitimou o pai e marido dos autores".[13]

5 PAGAMENTO DA INDENIZAÇÃO EM UMA SÓ VEZ

Em disposição nova relativamente ao Código de 1916, faculta o parágrafo único do art. 950 a exigibilidade de uma só vez da indenização: "O prejudicado, se preferir, poderá exigir que a indenização seja arbitrada e paga de uma só vez".

---

9   1.º TACSP, 3.ª C., Ap. 325.292, j. 29.08.1984.

10   1.º TACSP, 1.ª C., Ap. 300.325, j. 1.º.02.1983 – Orlando Gandolfo, *Acidentes de trânsito e responsabilidade civil*, ob. cit., p. 318-319.

11   STJ, 4.ª Turma, REsp 299.690/RJ, j. 13.03.2001, *DJU* 07.05.2001.

12   STJ, 3.ª Turma, REsp 416.846/SP, j. 05.11.2002, *DJU* 07.04.2003.

13   STJ, AgInt no REsp 1.524.020/SC, 1.ª Turma, rel. Min. Napoleão Nunes Maia Filho, j. 28.10.2019, *DJe* 18.11.2019.

Uma vez apurados ou definidos os danos, tornam-se exigíveis, o que não constitui nenhuma novidade. Realmente, nada pode obrigar a delonga na satisfação.

Quanto aos danos contemplados no art. 949, é normal que nasça o direito a buscá-los tão logo verificados, não fazendo diferença que consistam de despesas de tratamento ou de lucros cessantes, ou sejam de outra natureza.

Com relação aos do art. 950, faz-se necessária a distinção. Se corresponderem às despesas de tratamento e lucros cessantes até o fim da convalescença, desde que efetuados, ensejam o direito ao pronto recebimento. Se, todavia, tiverem sua causa na inabilitação para o trabalho, ou na sua depreciação, importando a indenização em pensão que vai se prolongando no tempo, não cabe a pretensão ao imediato pagamento, envolvendo as prestações futuras. Todas as quantias vencidas importam na faculdade de reclamar o pagamento de uma só vez. Todavia, as pensões que se protraem no futuro somente oportunizam a sua postulação na medida em que vencerem.

Fosse o contrário, não viria consignada a satisfação por meio de pensão, cujo termo expressa o valor ou uma renda que se paga periodicamente. Mesmo que ocorra o perigo de insolvência no futuro, e, assim, fique comprometido ou duvidoso o cumprimento, não se altera a situação. Na hipótese, assiste ao credor postular e providenciar a garantia, por meio da constituição de capital, na forma da lei civil, conforme já abordado.

Incumbe ao causador do dano, segundo mandamento que está no art. 533 do CPC, para garantir o pagamento da pensão, fornecer um capital, que ficará inalienável e impenhorável, para que a renda assegure o cumprimento da obrigação. Se alguma eventualidade de perigo de desvio de bens despontar, a parte lesada ajuizará a medida judicial apropriada (tutela provisória de urgência, em caráter antecedente ou incidente, ou mesmo um simples pedido nos autos) para que perdure hígida a garantia.

Capítulo XVIII
A Reparação pelo Dano Estético

1 APARÊNCIA FÍSICA E SIGNIFICAÇÃO ECONÔMICA

Dano estético é aquele que atinge o aspecto físico da pessoa. Compreende o aleijão, que é amputação ou perda de um braço, de uma perna, de dedos, de um órgão que é o canal do sentido. Já a deformidade envolve a cicatriz, a ferida, a marca deixada pelo ferimento.

Uma ou outra situação enfeia a pessoa, prejudica a aparência, causa o desequilíbrio na disposição do corpo humano, prejudicando sua integridade, e infunde uma sensação de desagradabilidade.

A palavra "estético" tem sua origem na palavra grega *aisthesis*, que significava "sensação", evoluindo para o assunto que trata da beleza, da harmonia das formas externas do corpo humano, ensejando a visão do belo.

Duas características definem o dano: a deformidade física e o lado moral do indivíduo, que se sente diminuído na integridade corporal e na estética de sua imagem externa. É integrado por elementos do dano moral e do dano patrimonial, explica Aguiar Dias.[1] Vai além de uma lesão meramente corporal, para atingir o íntimo moral do ser humano. Yussef Said Cahali, em uma citação de Griot, lembra que faz parte da "integridade corporal a integridade da aparência, da imagem, principalmente os traços da face e os movimentos habituais a uma pessoa (Die integrität de äussern Erscheinung, des Bildes der Person – hauftamtlich gesichtszüge und die Person, eigentümlichen Bewegungen) (...). Cada ser humano vem ao mundo envolvido na forma de seu corpo; ele será julgado, em grande parte, conforme a sua aparência física, que lhe pode atrair, à primeira vista, a simpatia ou a antipatia; é por sua aparência física que uma pessoa marca desde o início seu círculo de ação, e esta aparência pode favorecer ou prejudicar o desenvolvimento de sua personalidade".[2]

Diríamos que a aparência é de capital importância no sucesso de muitas profissões. Para a própria realização como pessoa, no lado humano, pessoal, psíquico e social, o porte, os traços fisionômicos, a simetria corporal e outras características significam o sucesso ou a frustração em muitos setores da vida. De modo que um indivíduo prejudicado no aspecto estético encontra maior dificuldade na subsistência em um mundo que se apega excessivamente a valores exteriores. Tornam-se mais difíceis as condições de trabalho, diminuem as probabilidades de colocação em funções que exigem o con-

---

[1] *Da responsabilidade civil*, ob. cit., v. 2, p. 782, n. 228.

[2] *Dano e indenização*, ob. cit., p. 70.

tato com o público e desaparecem as oportunidades para atividades onde a expressão corporal é primordial.

Sem exagerar, podemos afirmar que há uma redução do próprio valor existencial.

Daí a significação do assunto em exame.

2 DANO ESTÉTICO E PREJUÍZOS NA ATIVIDADE EXERCIDA

A deformidade física com prejuízos materiais constitui um dano patrimonial. Tornando-se mais difíceis para a vítima "as probabilidades de colocação ou de exercício da atividade a que se dedica, constitui, sem nenhuma dúvida, um dano patrimonial", expõe Aguiar Dias.[3] Se a aparência era condição necessária para a profissão exercida, o déficit resultante força uma compensação indenizatória.

Dois são os dispositivos básicos do Código Civil que amparam o prejudicado:

No art. 949: "No caso de lesão ou outra ofensa à saúde, o ofensor indenizará o ofendido das despesas do tratamento e dos lucros cessantes até ao fim da convalescença, além de algum outro prejuízo que o ofendido prove haver sofrido".

No art. 950: "Se da ofensa resultar defeito pelo qual o ofendido não possa exercer o seu ofício ou profissão, ou se lhe diminua a capacidade de trabalho, a indenização, além das despesas do tratamento e lucros cessantes até ao fim da convalescença, incluirá pensão correspondente à importância do trabalho para que se inabilitou, ou da depreciação que ele sofreu".

Sendo a deformidade física um fator de prejuízos no exercício de uma atividade, a matéria é regulada pelos mesmos princípios que disciplinam a reparação por dano físico comum. Assim, reportamo-nos ao que foi expresso no capítulo anterior, referente à reparação por danos físicos, no item 2, que trata da *redução da capacidade laborativa*.

3 INDENIZAÇÃO POR DANO ESTÉTICO E DANO MORAL

Relativamente ao dano moral, o § 1.º do art. 1.538 do Código de 1916 contemplava a sua reparação, ao aludir ao aleijão e à deformidade como circunstâncias que levavam à duplicidade do valor da reparação. No dispositivo havia um reconhecimento de sua admissão para efeitos de ressarcimento.

Ao falar o § 1.º mencionado que a soma seria duplicada, dizia respeito a todas as parcelas resultantes da aplicação do art. 1.538. Eis a lição, à época, de Wilson Melo da Silva: "Com efeito, por umas vezes se entendeu que a duplicação da soma, na forma do disposto no § 1.º do art. 1.538, dissesse respeito apenas e exclusivamente ao valor da multa penal aí mencionada, e, por outras muitas, o inverso é o que foi consagrado, isto é, o pensamento de que a duplicação abrangesse todas as parcelas mencionadas no corpo do art. 1.538, que não apenas a parcela relativa à multa pecuniária... Se o art. 1.538, em seu corpo, para a composição dos danos do lesado, expressamente se refere a parcelas várias e distintas (despesas de tratamento, lucros cessantes e mais importância da multa no grau médio da pena criminal correspondente) e se, no § 1.º subsequente, fala em duplicação da soma, parece intuitivo que a real intenção foi a de se referir ao total, pois que só pela agregação de todas as parcelas num mesmo total se poderia chegar, com rigor, a uma soma".[4]

---

[3]   *Da responsabilidade civil*, ob. cit., v. 2, p. 783.

[4]   *Da responsabilidade civil automobilística*, ob. cit., p. 373.

O Código em vigor, nos arts. 949 e 950, omite qualquer menção específica, tratando genericamente da lesão corporal. Salienta Carlos Roberto Gonçalves: "Foram eliminadas, assim, as extenuantes controvérsias sobre a definição e a extensão do dote, sobre a mulher em condição de casar, sobre a natureza jurídica da indenização (de caráter moral ou material) e sobre o significado da expressão 'esta soma será duplicada'. Desse modo, em caso de lesão corporal, de natureza leve ou grave, indenizam-se as despesas do tratamento e os lucros cessantes até ao fim da convalescença, fixando-se o dano moral em cada caso, conforme as circunstâncias, segundo prudente arbitramento judicial".[5]

Havia uma corrente da jurisprudência que não admitia a cumulação da verba *ob deformitatem* com a pensão-indenização. A Suprema Corte, ao tempo em que decidia derradeiramente a matéria, em mais de uma oportunidade, havia firmado o entendimento excluindo, na indenização, de verba correspondente à deformidade. Defendia que a pensão-indenização, por incapacidade permanente para o trabalho, já compreendia, por via de regra, a consequência definitiva da lesão, ressalvada a consideração especial, conforme o caso, da natureza desta e de outras circunstâncias, inclusive pessoais.

No entanto, não abarcava tal *ratio* a reparação estatuída no art. 1.538, § 1.º, que dizia respeito a uma soma arbitrada em valor correspondente à intensidade da gravidade.

Dominava, também, um entendimento que repelia a reparação puramente moral nas hipóteses em que havia o fornecimento de aparelhos ortopédicos. Pressupunha-se que esses instrumentos diluíam os defeitos morfológicos. A vítima voltaria à normalidade física.

Com o avanço do direito, formou-se uma inteligência contrária, passando a admitir a reparação discriminada no art. 1.538 do revogado Código Civil: despesas de tratamento, lucros cessantes e multa; a reparação prevista no § 1.º do citado dispositivo: a soma, em dobro, das referidas despesas, nas situações de aleijão ou deformidade; e a reparação inserida no art. 1.539: uma pensão correspondente à importância do trabalho, para que se inabilitou, ou da depreciação, que a vítima sofreu. Além disso, consagrava-se uma quarta categoria de indenização, a título de dano puramente moral, expressa em uma soma fixada em arbitramento, de conformidade com a natureza do aleijão ou da deformidade, o estado civil da pessoa, a profissão exercida, a idade, o sexo, as circunstâncias especiais e outros fatores que interessam. Implantou-se o *pretium doloris*. Pontes de Miranda, citando Hermenegildo de Barros, dava a sua razão de ser: "Embora o dano seja um sentimento de pesar íntimo da pessoa ofendida, para o qual se não encontra estimação perfeitamente adequada, não é isso razão para que se lhe recuse em absoluto uma compensação qualquer. Essa será estabelecida, como e quando possível, por meio de uma soma, que, não importando uma exata reparação, todavia representará a única salvação cabível nos limites das forças humanas. O dinheiro não os extinguirá de todo: não os atenuará mesmo por sua própria natureza; mas pelas vantagens que o seu valor permutativo poderá proporcionar, compensando, indiretamente e parcialmente embora, o suplício moral que os vitimados experimentam".[6]

Passou a dominar que se revelava falaz o raciocínio de que a indenização patrimonial, por perdas e danos, lucros cessantes e aquisição de aparelhos ortopédicos, envolvia ou fazia desaparecer o dano moral.

Efetivamente, sob o prisma patrimonial, recupera-se exclusivamente o dano material. Com a verba a título de satisfação do sofrimento moral causado pela cicatriz permanente, ou carência de um membro, ou desfiguração corporal, busca-se atenuar esses males. A natu-

---

[5]   *Responsabilidade civil*, ob. cit., p. 687-688.

[6]   *Tratado de direito privado*, ob. cit., t. LIII, p. 228-229.

reza é distinta. Clara revela-se a duplicidade do mal sofrido: moral e patrimonial. Por isso, a indenização deverá abranger as parcelas correspondentes ao dano estético, no que já defendiam Ripert e Boulanger: "Finalmente, tiene derecho a una compensación por los dolores y las molestias causadas por la herida, el *pretium doloris*. Debe sumárse el perjuicio estético".[7]

Já o Decreto 2.681, de 1912, pelo seu art. 21, sem meias palavras, encarava o problema: "No caso de lesão corpórea ou deformidade, à vista da natureza da mesma e de outras circunstâncias, especialmente a invalidade para o trabalho ou profissão habitual, além das despesas com o tratamento e os lucros cessantes, deverá pelo juiz ser arbitrada uma indenização conveniente". Essa "indenização conveniente" só poderia dizer respeito ao *praetium doloris*.

Tratando-se de pessoa solteira ou viúva, ainda capaz de casar, surge mais um fator de indenização.

Os tribunais eram mais favoráveis em conceder essa indenização à mulher, máxime se jovem. Se bem que a beleza física desta é de importância superior à do homem, não se afigurava justa a distinção. Os sentimentos de frustração e mágoa às limitações e contingências, as dificuldades e os preconceitos causados por deficiências físicas não constituem uma realidade reservada à mulher, mas se estendem, indistintamente, a todas as pessoas.

A indenização, sob o enfoque de poder ou não casar, desde tempos antigos, se prestou a muitas críticas e controvérsias na doutrina.

Para Aguiar Dias, referindo-se unicamente à mulher, o que se explicava em face da posição de inferioridade a que estava relegada, a capacidade de casar é de foro íntimo e depende mais do outro interessado, que aceite casar: "A expressão 'ainda capaz de casar' não tem nenhuma justificativa e não deve de forma nenhuma influir na reparação do dano".[8] Ao autor, com razão, não interessa a capacidade de casar ou não. A indenização tem fundo moral, é dano estético, constitui uma forma da reparação moral. Obviamente, as circunstâncias especiais da idade, da situação econômica e social influem na fixação do montante. Se está casada a pessoa, o reparo subsiste, mas com outra denominação, comum ao atribuível a qualquer pessoa do sexo masculino.

A reparação será concedida caso se torne irreversível a deformidade. Se passível de recuperação, mediante cirurgia plástica, o responsável suportará as despesas exigidas para a correção. Não seria justo se indenizasse, desde logo, um dano estético removível. A pessoa que suporta o peso da cicatriz deve envidar todos os esforços para erradicar o defeito, desde que possíveis e toleráveis, pois, observa Von Tuhr, "sólo se le puede obligar a someterse a la operación cuando ésta no sea peligrosa ni muy dolorosa y cuando además haya la certeza de que ha de producir notable mejoría".[9]

A imposição do custeio das despesas para a recuperação não impede a indenização pelos danos verificados no curso da recuperação, sejam eles de ordem estética ou física e moral, no que se enquadra a seguinte ementa:

"É obrigação do ofensor e de seus responsáveis custear as despesas com tratamento médico da vítima até a recuperação de sua saúde, consoante preconiza o art. 949 do CC/2002. (...)

'É lícita a cumulação das indenizações de dano estético e dano moral' (Súmula 387/STJ).

---

[7]   *Tratado de derecho civil*. Buenos Aires: La Ley, 1965. v. 5, p. 90, n. 992.

[8]   *Da responsabilidade civil*, ob. cit., v. 2, p. 81, n. 232.

[9]   *Tratado de las obligaciones*, ob. cit., t. I, p. 80, n. 13.

A reparabilidade do dano estético exsurge, tão somente, da constatação da deformidade física sofrida pela vítima".[10]

Quanto às despesas de recuperação:

"Uma vez comprovado o dano, mesmo que não constasse expressamente na sentença a obrigação ao pagamento das despesas até a convalescença, disso não se desoneraria o réu, haja vista que essa obrigação decorre da própria lei, a teor do que preceitua o art. 949 do CC. A recuperação pelo dano sofrido, portanto, há de ser integral, de modo a restabelecer a lesado o estado anterior à ocorrência do evento danoso".[11]

De outro lado, se deferida a indenização por dano moral, pode conceder a indenização por dano estético?

Em princípio, não cabem duas indenizações pelo mesmo fundamento. Se o lesionado opta pelo dano moral, não está autorizado a pleitear uma segunda verba, com respaldo em dano estético, variando somente o critério para o cálculo. Acolhendo-se duplo pedido, dupla seria a indenização. É que o dano estético já faz parte do dano moral, constituindo-se num dos elementos para a fixação deste último, como enfatizava Caio Mário da Silva Pereira: "Dentro na categoria do dano moral inscreve-se a reparação do dano estético, previsto no art. 1.538, § 2.º, ao dizer que se o ofendido, aleijado ou deformado for mulher solteira ou viúva, ainda capaz de casar, a indenização consistirá em dotá-la, segundo as posses do ofensor, as circunstâncias do ofendido e a gravidade do defeito".[12]

Rui Stoco demonstra que o dano estético compõe o dano moral:

"O conceito de dano estético está intimamente ligado ao do dano moral, tendo em vista que aquele acarreta, sempre, prejuízos morais e, às vezes, também prejuízos materiais ou patrimoniais.

O dano à estética pessoal é espécie do gênero dano moral.

Desse modo, o dano estético acarreta um dano moral. Mas essa situação terá, segundo a autora citada (Teresa Ancona), 'de causar na vítima humilhações, tristezas, desgostos, constrangimentos, isto é, a pessoa deverá sentir-se diferente do que era – menos feliz. Há, então, um sofrimento moral tendo como causa uma ofensa à integridade física, e este é o ponto principal do conceito de dano estético'.

Acrescentaríamos que a condição *sine qua non* à caracterização do dano estético, que justifica que se indenize por dano moral, é a ocorrência de efetiva e permanente transformação física na vítima, já não tendo, hoje, a mesma aparência que tinha, pois esta constitui um patrimônio subjetivo seu, que tem valor moral e econômico".[13]

O Superior Tribunal de Justiça, no início em que enfrentou a matéria, pendeu para igual orientação, mas abrindo caminho para a dupla indenização: "Afirmado o dano moral em virtude do dano estético, não se justifica o acúmulo de indenizações. A indenização por dano estético se justificaria se a por dano moral tivesse sido concedida por outro título".[14]

Nota-se que deixa em aberto a viabilidade da dupla indenização, como se a pessoa perdeu um braço, dando suporte à reparação por esse fato, e, ao mesmo tempo, ficou traumatizada, vivendo em constante prostração. Porque duas são as consequências, comporta a dupla repa-

---

[10] STJ, REsp 1.637.884/SC, 3.ª Turma, rel. Min. Nancy Andrighi, j. 20.02.2018, *DJe* 23.02.2018.

[11] STJ, REsp 1.219.079/RS, 3.ª Turma, rel. Min. Nancy Andrighi, j. 1.º.03.2011, *DJe* 14.03.2011.

[12] *Responsabilidade civil*. 8.ª ed. Rio de Janeiro: Forense, 1998. p. 321.

[13] *Responsabilidade civil e sua interpretação jurisprudencial*. 4.ª ed. São Paulo: RT, 1999. p. 669.

[14] STJ, 3.ª Turma, REsp 57.824-8/MG, *DJU* 13.11.1995.

ração: "É possível a cumulação do dano moral e do dano estético, quando possuem ambos fundamentos distintos, ainda que originados do mesmo fato".[15]

Nessa dimensão, exemplifica-se:

"Permite-se a cumulação de valores autônomos, um fixado a título de dano moral e outro a título de dano estético, derivados do mesmo fato, quando forem passíveis de apuração em separado, com causas inconfundíveis. Hipótese em que do acidente decorreram sequelas psíquicas por si bastantes para reconhecer-se existente o dano moral; e a deformação sofrida em razão da mão do recorrido ter sido traumaticamente amputada, por ação corto-contundente, quando do acidente, ainda que posteriormente reimplantada, é causa bastante para reconhecimento do dano estético".[16]

"A indenização por dano moral e a indenização por dano estético podem ser cumuladas, desde que um dano e outro sejam reconhecidos autonomamente."[17]

"A amputação traumática das duas pernas causa dano estético que deve ser indenizado cumulativamente com o dano moral, neste considerados os demais danos à pessoa, resultantes do mesmo fato ilícito."[18]

Igualmente em decisão de Tribunal estadual: "Os danos moral e estético podem ser concedidos simultaneamente, pois aquele cuida de sofrimento, humilhação, repercussão negativa na comunidade, enquanto este cobre ofensa à imagem pessoal. A indenização deve proporcionar à vítima satisfação na justa medida do abalo sofrido, devendo ser consideradas, para seu arbitramento, as especificidades do caso, bem como a extensão dos danos".[19]

A duplicidade de indenização encontra sólido e real embasamento fático, pois revela-se constrangedora a sua presença no meio social com um membro a menos, ou mancando, ou ostentando uma cicatriz, causando-lhe um incontestável constrangimento na sua própria estima; a par disso, dificulta-se o seu relacionamento, cerceiam-se as oportunidades, o proveito da vida, sem considerar a dor que suportou, as angústias, o medo de enfrentar a sociedade.

O Tribunal de Justiça do Rio de Janeiro apresentou a diferença de modo mais claro: "O dano moral é aquele que invade a psique do indivíduo, tais como a dor, o sofrimento, a humilhação, o constrangimento, o vexame e outros, enquanto o dano estético abala o corpo, o físico, o visível, a deformidade, o aleijão, a cicatriz, a repulsa que pode causar àqueles que, sem sentimento e respeito, expõem ao lesado a sua repugnância. A diferença é notória, pois não guarda qualquer semelhança à violação da honra – princípio que norteia o caráter, a honestidade, a dignidade – com o aleijão, a deformidade e as cicatrizes, ressaltando, ainda, que o tempo se encarrega de fazer a vítima superar a primeira, enquanto que a segunda se perpetua até a morte".[20]

A matéria evoluiu para a Súmula 387 do STJ, de 2009: "É lícita a cumulação das indenizações de dano estético e dano moral".

Numa decisão mais recente, ementou-se:

---

[15]   STJ, 2.ª Turma, AgI 276.023-0/RS, j. 26.06.2000.

[16]   STJ, 4.ª Turma, REsp 210.351-0/RJ, *DJU* 03.08.2000.

[17]   STJ, 3.ª Turma, AgRg no Ag. 306.365/RJ, *DJU* 24.09.2001, *Adcoas* 8201850, *Boletim de Jurisprudência Adcoas* 45/811, nov. 2001.

[18]   STJ, 4.ª Turma, REsp 116.372/MG, *DJU* 02.02.1998.

[19]   TAMG, 5.ª Câm. Cív., Ap. Cív. 388.711-0, *DJ* 26.09.2003, *Adcoas* 822.1965, *Boletim de Jurisprudência Adcoas* 48/758, dez. 2003.

[20]   TJRJ, 11.ª Câm. Cív., Ap. Cív. 2001.001.08334, *DJ* 14.03.2002, *Adcoas* 8206826, *Boletim de Jurisprudência Adcoas* 22/344, jun. 2002.

"'É lícita a cumulação das indenizações de dano estético e dano moral' (Súmula 387/STJ).

A reparabilidade do dano estético exsurge, tão somente, da constatação da deformidade física sofrida pela vítima.

Para além do prejuízo estético, a perda parcial de um braço atinge a integridade psíquica do ser humano, trazendo-lhe dor e sofrimento, com afetação de sua autoestima e reflexos no próprio esquema de vida idealizado pela pessoa, seja no âmbito das relações profissionais, como nas simples relações do dia a dia social. É devida, portanto, compensação pelo dano moral sofrido pelo ofendido, independentemente de prova do abalo extrapatrimonial".[21]

Além dessa dupla indenização, ingressa a que abrange os danos materiais.

4 A PRESCRIÇÃO DO DANO ESTÉTICO E MORAL

Em princípio, a prescrição da pretensão de reparação civil, sob a égide do art. 206, § 3.º, V, do Código Civil se opera em três anos, e se restringe a situações em que existe um crédito que envolve ofensa material. Entrementes, no pertinente aos danos morais, por envolverem direito de personalidade, tem merecido um tratamento diferente.

Esse entendimento adquiriu lastro especialmente na Justiça do Trabalho, como se infere da decisão do Tribunal Regional do Trabalho da 21.ª Região, que, embora trate de questões trabalhistas, faz uma perfeita visão da questão no âmbito do direito civil, bem como nas previsões constante no Código Civil sobre o dano moral:

"O v. acórdão embargado acolheu opinativo do Ministério Público do Trabalho que defendeu a prescrição vintenária. O bem elaborado parecer de fls. 105/9, da lavra do Procurador Regional do Trabalho Xisto Tiago de Medeiros Neto, traz lição doutrinária do Professor Raimundo Simão de Melo, na obra 'Direito Ambiental do Trabalho e Saúde do Trabalho', segundo a qual a reparação do dano moral não constitui crédito trabalhista *stricto sensu*.

Convém a transcrição do seguinte trecho:

'A reparação por danos pessoais (moral, material e estético) decorrentes de acidente de trabalho constitui direito humano fundamental de índole constitucional e não mero direito de natureza trabalhista ou civil. Desse modo, por inexistir norma expressa sobre o prazo de prescrição das respectivas pretensões, aplicam-se subsidiariamente os prazos previstos na lei civil: vinte anos para as ofensas ocorridas até 09.01.2003 (CC de 1916, art. 177) e de 10 para as ofensas ocorridas a partir de 10.01.2003 (CC de 2002, art. 205)' (São Paulo: LTr, 2004, p. 457-463)".

"Em outra parte da referida obra, condensada na *Revista Synthesis*, Órgão Oficial do TRT da 2.ª Região, São Paulo, vol. 44/2007, o professor Raimundo Simão de Melo analisa as três principais correntes a respeito do tema: a) da imprescritibilidade (Proc. 939/05, 12.ª VT de São Paulo; Juiz César Augusto Calovi Fagundes; 31.08.2006); b) da prescrição trabalhista do inciso XXIX do art. 7.º da Constituição (Proc. TST-ROAR – 39274/2002-900-03-00; SDI-II, rel. Min. Ives Gandra Martins Filho, *DJU* 13.12.2002); c) da prescrição civil (Proc. TST-E-RR – 08871/2002-900-02-00-4, SDI-I, rel. Min. Lélio Bentes Corrêa, *DJU* 05.03.2004; e Proc. n. TST-RR-1162/2002-014-03-00.1, 1.ª Turma, rel. Min. João Oreste Dalazen, *DJ* 11.11.2005).

Após várias considerações sobre essas três correntes e o realce sobre os pontos positivos de cada uma, conclui adotando a prescrição civil, mas de forma subsidiária, por falta de disposição expressa regulando a matéria. Diz ele:

---

[21]   STJ, REsp 1.637.884/SC, 3.ª Turma, rel. Min. Nancy Andrighi, j. 20.02.2018, *DJe* 23.02.2018.

'Assim, para os danos ocorridos na vigência do Código anterior, a prescrição é vintenária (art. 177); para os danos ocorridos na vigência do novo Código Civil, a prescrição é de 10 anos (art. 205) e não de três anos (art. 206, § 3.º, inciso V), porque este último prazo se aplica às reparações civis *stricto sensu*, por exemplo, para as batidas de automóveis e outros danos meramente patrimoniais da esfera puramente civilista. Não é sequer razoável equiparar um dano à pessoa humana com um dano meramente patrimonial, causado por uma batida de automóvel! Ademais, em Direito do Trabalho ainda vigora o princípio da norma mais favorável (proc. TRT/15.ª n. 15419/2005-RO, rel. Juiz Flávio Nunes Campos)'.[22] A decisão transcrita reporta-se a outro acórdão, que é o dos ED 00439-2006-018-21-00-0, da 21ª Região, Acórdão 70.136, j. 08.11.2007, rel. Joaquim Sílvio Caldas.

Não se encaixa a prescrição do dano moral na classificação do art. 206, § 3.º, I, do CC, de simples indenização por danos materiais, porque a discussão gira em torno de um direito pessoal, atinente à personalidade, desde que ofendida a honra ou a dignidade da pessoa. Trata-se de um dano que se classifica como *in re ipsa*, tanto que, na vigência do Código Civil de 1916, se enquadrava entre os direitos pessoais, cujo prazo prescricional era de vinte anos. O Código Civil em vigor não estipulou prazo prescricional específico para casos de danos morais, devendo, então, ser aplicada a prescrição do art. 205 da lei civil, *in verbis*:

"A prescrição ocorre em 10 (dez) anos, quando a lei não lhe haja fixado prazo menor".

O dano pessoal atinge a pessoa humana em suas mais diversas facetas, estando enquadrado no art. 5.º da Constituição Federal, em seus incisos V e X. Parece coerente que um direito assegurado pela Constituição Federal, classificado entre os direitos fundamentais, não prescreve em meros três anos, como ocorre com a simples reparação civil.

O ordenamento jurídico brasileiro, não trazendo qualquer dispositivo legal regulando de forma específica os prazos de prescrição para as pretensões decorrentes de danos morais e estéticos à pessoa, conduz, por exclusão, a aplicar-se o prazo prescricional de dez anos, na forma do art. 205 do Código Civil.

A propósito, cita-se lição extraída de Acórdão do Tribunal Superior Trabalho:

"Inúmeras questões têm suscitado acalorados debates, envolvendo, entre outros assuntos, o alcance da ofensa, a valoração do dano causado, e, a legislação aplicável no que se refere à prescrição, matéria que constitui o cerne do presente recurso. Importante se faz destacar, no intuito de dirimir a questão, que o dano moral possui natureza civil, encontrando-se previsto em nosso ordenamento jurídico, inicialmente no Código Civil Brasileiro de 1916, e atualmente encontra regência no Código Civil Brasileiro de 2002, como também na Constituição Federal de 1988, conforme se depreende dos seguintes dispositivos:

Art. 159 do CC/1916. Aquele que, por ação ou omissão voluntária, negligência, ou imprudência, violar direito, ou causar prejuízo a outrem, fica obrigado a reparar o dano.

Art. 953 do CC/2002. A indenização por injúria, difamação ou calúnia consistirá na reparação do dano que dela resulte ao ofendido.

Parágrafo único. Se o ofendido não puder provar prejuízo material, caberá ao juiz fixar, equitativamente, o valor da indenização, na conformidade das circunstâncias do caso.

Art. 954 do CC/2002. A indenização por ofensa à liberdade pessoal consistirá no pagamento das perdas e danos que sobrevierem ao ofendido, e se este não puder provar prejuízo, tem aplicação o disposto no parágrafo único do artigo antecedente.

Parágrafo único. Consideram-se ofensivos da liberdade pessoal:

---

[22] TRT, 21.ª Região, RO 01155-2006-006-21-002-0, Acórdão 72.906, rel. Joaquim Silvio Caldas, j. 23.04.2008.

a) o cárcere privado;

b) a prisão por queixa ou denúncia falsa e de má-fé;

c) a prisão ilegal. (Código Civil Brasileiro de 2002)

Art. 5.º, V, CF. É assegurado o direito de resposta, proporcional ao agravo, além da indenização por dano material, moral ou à imagem;

X – São invioláveis a intimidade, a vida privada, a honra e a imagem das pessoas, assegurado o direito a indenização pelo dano material ou moral decorrente de sua violação.

Dessa forma, observada a natureza civil do pedido de reparação por danos morais, pode-se concluir que a indenização deferida a tal título de tal injúria auferida em lide cujo trâmite se deu na Justiça do Trabalho, não constitui crédito trabalhista, e sim, crédito de natureza civil resultante de um ato praticado no curso da relação de trabalho, o que justifica a competência desta Justiça Especializada para a lide. Sendo certo que, a circunstância de o fato gerador desse crédito de natureza civil ter ocorrido na vigência do contrato de trabalho, e ser decorrente da imputação caluniosa ou desonrosa irrogada ao trabalhador pelo empregador, não transmuda a natureza do direito, uma vez que o dano moral se caracteriza pela projeção de um gravame na esfera da honra, da imagem do indivíduo, ou seja, o gravame transcende os limites da condição de trabalhador do ofendido.

Constatada a natureza civil do dano moral, tem-se que a prescrição segue a mesma natureza do direito, como, aliás, já pacificado por esta c. Corte em relação ao FGTS. Logo, a prescrição a ser aplicada à ação que vise a indenização por dano moral é a prevista no Código Civil Brasileiro de 1916, art. 177, vintenária, ou a prevista no novo Código de 2002, art. 205, decenal, adequando-se cada caso ao disposto no art. 2.028 do novo Código, conforme a data em que nasceu o direito à ação...

(...)

O Supremo Tribunal Federal, reconhecendo a existência de direito de natureza híbrida, acabou firmando entendimento de, na aplicação da prescrição, deve prevalecer o maior prazo aplicável às diversas naturezas, como forma de resguardar o exercício do direito ao maior bem tutelado".[23]

Merece ser transcrito o entendimento adotado pelo Tribunal de Justiça do Estado do Rio de Janeiro, no que diz ao fato de que, como no Código revogado não havia norma correspondente à do art. 206, § 3.º, inc. V, da atual Lei Civil, não teria o legislador reduzido um prazo prescricional de vinte anos (referente aos direitos pessoais) para meros três anos:

"(...) Há contradição na afirmação de que as verbas atinentes às indenizações por danos materiais e morais compreendidas no termo 'reparação civil', previsto no art. 206, § 3.º, inc. V, do Código Civil de 2002, sem que o acórdão tenha decretado a prescrição relativa a essas verbas.

(...)

Cumpre, entretanto, esclarecer à recorrente que os artigos correspondentes à prescrição, como todos de qualquer diploma, devem ser interpretados, sendo esta a função jurisdicional e constitucional do Poder Judiciário.

É claro que o novo Código Civil não cogita de prazos de prescrição ordinária e especial, resultando tal assertiva de mera interpretação dos preceitos referentes à prescrição.

---

[23] TST, E-RR 08871/2002-900-02-00.4, rel. Min. Lélio Bentes Corrêa, j. 16.02.2004, *DJ* 05.03.2004.

No Código revogado não havia norma correspondente à do art. 206, § 3.º, inc. V, do atual, que se refere à 'pretensão de reparação civil'.

"Não há razoabilidade no entendimento de que o legislador teria reduzido um prazo vintenário para três anos, que foge a qualquer perspectiva lógica.

A pretensão do autor, no CC/1916, se encontrava no art. 177, do Código Civil, que regulava a prescrição das ações pessoais, parecendo não haver dúvida neste sentido, até porque a própria embargante sustenta essa posição.

Neste caso, a prescrição encontra sua correspondência no artigo 205, do novo Código Civil, segundo o qual 'a prescrição ocorre em 10 (dez) anos, quando a lei não lhe haja fixado prazo menor'.

Ora, o 'prazo menor' não pode ser o da reparação civil, eis que não havia esse termo no CC/1916, como já se disse".[24]

Ainda a respeito da aplicação do art. 205 do Código Civil, relativamente à pretensão de indenização por danos morais, citam-se os seguintes arestos do Tribunal de Justiça de São Paulo:

"Ilegitimidade *ad causam* – Polo passivo – Ação de indenização de danos morais decorrentes de encaminhamento a protesto de duplicata sacada indevidamente em nome do autor... Prescrição – Responsabilidade civil – Prazo decenal – Inexistência de relação de consumo entre as partes – Aplicação do disposto no art. 205 do Código Civil – Responsabilidade civil – Ato ilícito – Protesto de duplicata promovido por instituição bancária que recebeu o título por meio de endosso translativo e em razão de operação de desconto – Inexistência do negócio jurídico autorizador do saque da cambial – Responsabilidade do banco quanto à verificação da regularidade da duplicata não aceita – Dever de indenizar resultante do dano moral causado à pessoa jurídica e comprovado nos autos – Arbitramento – Observância das peculiaridades do caso concreto, bem como do princípio da razoabilidade e da finalidade desestimuladora de condutas como as da espécie, vedado o enriquecimento sem causa do lesado. Ação procedente – Apelação provida".[25]

"(...) Prescrição – Alegação de ocorrência de prescrição, por parte da ré, em suas contrarrazões de recurso – Inocorrência – A ação não se amolda nos ditames do art. 206, II, *b*, do CC, posto que não se discute a relação em si, ou o não pagamento, mas sim, a composição de danos materiais e morais, em razão da não renovação do contrato – Prescrição de ordem pessoal, que ocorre em 10 anos (art. 205 do novo CC)".[26] A propósito, a seguinte decisão deste eg. TJRGS:

"Prescrição. Considerando a natureza pessoal do direito reclamado pelo autor, tratando a demanda de pretensão de ressarcimento por dano material e moral, o prazo prescricional é decenal, nos termos do art. 205 do Código Civil de 2002."[27]

Sendo contra a Fazenda Pública a ação, opera-se em cinco anos a prescrição, na linha do STJ:

"O STJ, após o julgamento do REsp 1.251.993/PR, relator Ministro Mauro Campbell Marques, sob o rito dos Recursos Repetitivos, pacificou o entendimento de que a prescrição

---

[24]   TJRJ, 7.ª Câm. Cív., ED na Ap. Cív. 2008.001.09229, rel. Des. Carlos C. Lavigne de Lemos, j. 16.07.2008.

[25]   TJSP, 12.ª Câm. Dir. Priv., Ap. 1276516300, rel. Des. José Reynaldo, j. 18.03.2009.

[26]   TJSP, 28.ª Câm. Dir. Priv., Ap. 992070636922, rel. Des. Carlos Nunes, j. 18.08.2009.

[27]   TJRS, 20.ª Câm. Cív., Ap. Cív. 70021362231, rel. Des. José Aquino Flores de Camargo, j. 21.11.2007, *DJ* 26.11.2007.

quinquenal prevista no art. 1.º do Decreto 20.910/1932 deve ser aplicada a todo e qualquer direito ou ação contra a Fazenda Pública, seja ela federal, estadual ou municipal, independentemente da natureza da relação jurídica".[28]

---

[28] STJ, REsp 1.820.872/AP, 2.ª Turma, rel. Min. Benjamin Herman, j. 27.08.2019, *DJe* 05.09.2019.

Capítulo XIX

A Reparação por Morte

1 DESPESAS DE TRATAMENTO, DE LUTO, DE FUNERAIS E DE OUTRAS ESPÉCIES

O art. 948 reza: "No caso de homicídio, a indenização consiste, sem excluir outras reparações: I – no pagamento das despesas com o tratamento da vítima, seu funeral e o luto da família; II – na prestação de alimentos às pessoas a quem o morto os devia, levando-se em conta a duração provável da vida da vítima".

O primeiro item da indenização envolve as despesas exigidas pelo tratamento da vítima, se ela chegou a ser conduzida a um hospital e ser atendida por médico. Assim, tudo quanto for despendido na prestação de socorro, como a remoção para hospital ou estabelecimento de pronto-socorro, a internação, o tratamento, a assistência médica, os exames de laboratório e radiológicos, as cirurgias e outras intervenções, o fornecimento de medicação, o acompanhamento, comportam a devida e completa indenização.

No concernente às despesas de luto, envolvem as pertinentes às vestimentas lúgubres. Comum era, até certo tempo atrás, o seu uso após a morte do parente. Já faz algum tempo que se afastou o costume, sendo raro ver alguém de roupas pretas ou sinais exteriores que denunciem o luto. Mas não consiste o luto apenas nas roupas e símbolos expressos em cores pretas ou escuras: a dor amargurada no íntimo das pessoas, ou a profunda tristeza causada pela perda do ente querido, não se revela necessariamente por meio de roupas especiais. Alguém pode sentir grande mágoa ou dor moral sem a aparência corporal. Nos tempos hodiernos, o costume vai modificando a tradição do passado. Os seres humanos, amargurados com o desenlace de um parente, refletem os sentimentos no modo de proceder, na atitude compungida, no aspecto contrito, deixando de ter relevância a exterioridade, tão saliente em épocas passadas.

Sendo o sentido da palavra bem mais amplo que a simples cor das roupas, deve compreender outras decorrências naturais, advindas com o falecimento de alguém. Como se colhe de Carvalho Santos e outros autores, o termo designa os prejuízos consequentes com da morte. É natural que o pai ou o irmão não tenham condições de reencetar as atividades diárias logo após o decesso do ente pranteado. Daí que a indenização pelo luto da família abrange, pois, os lucros cessantes, que deixam de ser auferidos durante o período que se segue à morte.

Indaga-se qual a duração desse lapso de tempo. Não há uma previsão legal, mas, por analogia a alguns preceitos de lei, como ao art. 244, II, do CPC, tratando-se de cônjuge ou qualquer parente do morto, consanguíneo ou afim, em linha reta, ou na linha colateral em segundo grau, é razoável que se estenda o período de luto ou nojo até o sétimo dia seguinte ao falecimento, tempo durante o qual é proibida a citação. Rebater-se-á que o art. 473 da Consolidação das Leis do Trabalho concede dois dias consecutivos para o não comparecimento ao trabalho. Entretanto, tal norma é específica e muito restrita. A morte sempre resulta em uma série de transtornos e problemas para as pessoas que ficam, exigindo uma pronta solução, além de acarretar forte depressão moral.

Indenizam-se, outrossim, as despesas com o funeral do morto.

Na opinião correta de Carvalho Santos, "as despesas de funeral abrangem, de acordo com a doutrina mais aceita, não somente as despesas do enterro propriamente dito, mas também as que forem feitas com os sufrágios da alma da vítima, de acordo com o rito da religião que professava. Parece-nos mesmo que abrangem ainda as despesas com a sepultura, aquisição de um jazigo perpétuo e ereção de um mausoléu, quando tais exigências estiverem de acordo com os usos adotados pelas pessoas da classe social da vítima".[1]

Uma questão também discutida diz respeito às despesas de jazigo, cujo significado se expressa por várias denominações, como campa, carneiro, catacumba, cova, tumba, túmulo, última morada.

A indenização terá em conta o nível econômico das pessoas. Se de baixa renda o morto, é de deduzir que os parentes não ergueriam o jazigo imponente. Não se adite, porém, a dispensa. Acontece que a situação econômica é mutável. Com frequência, pessoas de precária capacidade econômica não deixam de construir um túmulo ao familiar falecido, por mais singelo que seja o preito em sua memória e sem medir sacrifícios para a consecução de meios. Para evitar uma discriminação em prejuízo dos pobres, é de impor a obrigação de indenizar, mas atendo-se à condição social do morto e ao uso do lugar. Não importa que se determine o erguimento de um túmulo modesto. Interessa que se respeite o desejo da família, nestas hipóteses, expressão de sinceridade e de amor religioso.

Proveniente de família abastada a vítima, ou tendo ela sido rica em vida, é justo obrigar o responsável pelo desenlace a custear as despesas com a construção de um mausoléu, por exigir a sua família ou por ser tradição homenagear dessa forma a memória de seus membros?

A indenização deve corresponder a um túmulo de aspecto razoável, dentro de um padrão médio, pois comina a lei o encargo de ressarcir as despesas funerais e não de exaltação ou homenagem ao morto por meio de túmulo pomposo. De igual modo, as despesas com o velório, flores, coroas, esquife, enterro, ornamentação do recinto mortuário serão arbitradas de forma moderada.

Não se confundem as despesa de jazigo com o dano moral, aspecto já enfrentado pelo STJ: "As indenizações a título de luto e construção de jazigo perpétuo têm natureza patrimonial, uma vez que são concedidas com o objetivo de cobrir os gastos materiais do funeral da vítima (aluguel da capela, publicação em jornais, compra do caixão, impressão dos 'santinhos' etc.), pelo que repercutem sobre o patrimônio do lesado. Destarte, não se confundem e têm origens diversas da estabelecida por dano moral, que, no caso, é oriundo da dor e do trauma dos parentes das vítimas, podendo cumular-se, nos termos do enunciado n.º 37 da Súmula desta Corte".[2]

Consoante expressão introduzida na parte final do *caput* do art. 948 do CC, fica aberta a possibilidade de serem buscadas outras indenizações, além das indicadas nos incisos I e II, isto é, além das de tratamento, de funeral, de luto e de prestação de alimentos. Não poderia o Código circunscrever a alguns itens o campo da indenização, porquanto suscetíveis de

---

[1]   *Código Civil brasileiro interpretado*, ob. cit., t. XXI, p. 81.

[2]   STJ, REsp 125.127/DF, 4.ª Turma, rel. Min. Sálvio de Figueiredo Teixeira, j. 22.09.1998, *DJ* 05.04.1999.

ocorrerem mais hipóteses. Nessa viabilidade estão os danos morais – matéria que se analisará adiante; os danos materiais causados em bens da vítima, como num acidente de veículos; os gastos com a remoção do morto ou seu esquife, e inclusive de seus bens; o tratamento médico de familiares que ficaram traumatizados com a morte; as perdas e danos que causou a morte nas atividades econômicas de familiares, e inclusive na empresa da vítima; as despesas de deslocamento, estadia e alimentação de familiares ou parentes próximos.

Incluem-se os próprios danos emergentes e lucros cessantes que terceiros sócios tiveram na empresa da qual participava a vítima. A casuística é vasta, sempre havendo possibilidade de surgirem novas espécies, de conformidade com o estado da vítima e a atividade que exercia.

2 A INDENIZAÇÃO NA FORMA DE PRESTAÇÃO DE ALIMENTOS E POSSIBILIDADE DE SUA MAJORAÇÃO OU REDUÇÃO

Na indenização, incluem-se prestações de alimentos às pessoas a quem o morto os devia, levando-se em conta a duração provável da vida da vítima. O significado de alimentos não se confunde com o de prestações alimentícias, devidas em razão do parentesco ou da união matrimonial. Do contrário, a obrigação subsistiria enquanto necessitasse o alimentando, oscilando a prestação de acordo com as suas necessidades e a possibilidade do alimentante.

A indenização é procurada por meio de ação judicial. Busca-se encontrar o montante ou a equivalência do prejuízo que redundou para as pessoas a quem a vítima assistia ou prestava alimentos. Para tanto, deve-se conhecer a realidade econômica do ofendido e destacar a parte que aproveitava para as suas despesas. O restante passará para seus herdeiros.

Conforme referido, a expressão "prestação de alimentos" não corresponde à pensão alimentícia, ou a alimentos, cuja regulamentação se encontra no direito de família. Todavia, no seu âmbito incluem-se os alimentos propriamente ditos, sem esgotar o seu conteúdo. Esta a razão que levou o legislador a emprestar-lhe a denominação que leva a certa confusão com os "alimentos" regulamentados na parte do Código Civil que disciplina o direito de família. Todavia, o objeto é mais vasto, alcançando os danos apurados com o infausto evento, e não se limitando a verba condenatória às necessidades para viver e às possibilidades do obrigado. De igual modo, difere a natureza, já que concedida a prestação a título de reparação, de reposição, de ressarcimento, ou de indenização, haja ou não a necessidade. Importa considerar o prejuízo havido para decorrer a imposição prestacional.

Parte-se de que a responsabilidade é estabelecida em decorrência de um ato ilícito, ou da ocorrência de um fato desligado da ideia da culpa. Uma ou outra situação constitui o fato gerador da indenização, e não a necessidade de alimentos. Não fosse assim, segundo Carvalho Santos, isso importaria em denegar o princípio geral que "obriga o causador do dano a indenizá-lo".[3] Sob tal inspiração, chegar-se-ia à absurda consequência de que, se a vítima é pessoa de abastados recursos, nenhuma indenização deverá ser paga pelo delinquente, precisamente porque a família daquela não precisa dos alimentos para a sua subsistência. Os culpados isentar-se-iam de responsabilidade civil.

Estabelece-se a pensão, ou a condenação, para indenizar a perda da vida, ou a incapacidade para o trabalho, ou para compensar um prejuízo fisiológico ou moral. Sobrevindo a morte do dependente da vítima, a pensão passa aos herdeiros. O direito acompanha o dependente, mesmo que venha a convolar novas núpcias, no que Pontes de Miranda está

---

[3] *Código Civil brasileiro interpretado*, ob. cit., t. XXI, p. 90.

de acordo: "Nem cessa a prestação à mulher do falecido se ela contrai novas núpcias".[4] Indenizam-se os prejuízos surgidos com o evento, independentemente de necessitarem ou não os herdeiros. O que importa aos interessados é que sejam dependentes, ligados à vítima por liame de parentesco próximo, como ascendência ou descendência, ou marital, relação que proporciona, ou pelo menos garante, em geral, vantagens efetivas ou mesmo potenciais.

A obrigação de indenizar não se converte em obrigação de prestar alimentos, servindo a remissão a estes de simples ponto de referência para o cálculo de indenização e para a determinação dos beneficiários, conforme já vinha reconhecendo o STF, em decisões antigas, como as proferidas no RE 8.388, de 14.06.1961; no RE 11.300, de 27.05.1963; e no RE 96.879/RJ, de 07.05.1982, sendo relator o Min. Soares Muñoz, na seguinte ementa: "Responsabilidade civil. Acidente ferroviário. Indenização sob a forma de pensão mensal à vítima. Inaplicação da prescrição quinquenal, dado que não se trata de prestações de pensões alimentícias. Incidência do art. 177 e não do art. 178, § 10, item I, ambos do Código Civil. Recurso extraordinário conhecido em parte e provido". Correspondem os arts. 177 e 178, § 1.º, I, aos arts. 205 e 206, § 2.º, do CC/2002, observando-se que mudaram os prazos prescricionais, passando para dez anos quando a lei não tiver fixado prazo menor, e para dois anos no caso de prestações alimentares.

Aguiar Dias colocava a questão nos devidos termos: "O direito à reparação é parte integrante do patrimônio do prejudicado. Por ocasião do dano, considera-se como retirada desse patrimônio a parcela que, regularmente avaliada e afinal convertida em numerário, a ele volta, para reintegrá-lo, em forma de indenização. A privação de alimentos é, sem nenhuma dúvida, uma consequência do dano. Mas, além de não ser a única consequência, não é o próprio dano: este é a supressão, acarretada pelo ato prejudicial, do complexo de bens materiais e morais que representa a existência do ente querido. A vida humana representa em si mesma um bem, cuja consideração não pode estar sujeita ao fato de possibilitar, ou não, alimentos àquele que sofreu por vê-la desaparecer".[5]

Garcez Neto expressa o mesmo pensamento: "A ação de reparação do dano é outorgada *iure proprio*, não se revestindo de caráter hereditário, nem alimentar, posto que cabe exercê-la, na qualidade de sujeito ativo, não somente ao lesado, mas a todos os lesados, isto é, a todas as pessoas prejudicadas pelo ato danoso".[6]

A autoridade de Pontes de Miranda reforça o entendimento: "A expressão 'alimentos', no art. 1.537, II, do CC, de modo nenhum se refere somente às dívidas de alimentos conforme o direito de família. Alimentos são, aí, apenas, o elemento que se há de ter em conta para o cálculo da indenização. Donde a morte do filho menor dá direito à indenização aos pais... Não se tem de apurar se a morte deste já retirou algo do patrimônio do legitimado ativo". E logo adiante: "Alimentos (no sentido de indenização) são devidos mesmo se o legitimado ativo não poderia, então, mover ação de alimentos por ter meios para a própria manutenção".[7] Trata-se de indenização a título de alimentos e não de alimentos propriamente ditos. Salienta Pontes que, mesmo se o falecido recebia recursos do parente ou do cônjuge, não fica afastada a legitimação do parente ou do cônjuge para a indenização, à base de alimentos.

---

[4]   *Tratado de direito privado*, ob. cit., t. LIV, p. 286, § 5.573, n. 1.

[5]   *Da responsabilidade civil*, ob. cit., v. 2, p. 836.

[6]   *Prática da responsabilidade civil*, ob. cit., p. 21.

[7]   *Tratado de direito privado*, ob. cit., t. LIV, p. 284 e 285, § 5.573, n. 1.

Nesta dimensão seguinte aresto: "A indenização, no caso de obrigação resultante da morte do esposo e pai dos autores, a quem cabia o sustento de sua família, tem nítido caráter alimentar".[8]

No entanto, a lei não utiliza palavras inúteis. Evidente que a indenização compreende o sustento dos dependentes. Não se pode afastar a natureza alimentar. Assim sendo, tem incidência o § 3.º do art. 533 do CPC: "Se sobrevier modificação nas condições econômicas, poderá a parte requerer, conforme as circunstâncias, redução ou aumento da prestação". É de se observar que o *caput* do referido dispositivo trata da indenização por ato ilícito, que inclui prestação de alimentos. Consequentemente, presente uma situação que influa na necessidade, admite-se a redução ou aumento, na linha do entendimento do STJ, com fulcro no então art. 475-Q, § 3.º, cujo conteúdo está no art. 533, § 3.º, do CPC/2015: "De outra parte, o art. 475-Q, § 3.º, do CPC admite expressamente a possibilidade de majoração da pensão fixada em decorrência da prática de ato ilícito, quando ocorre alteração superveniente na condição econômica das partes".[9]

3 PERÍODO DE DURAÇÃO DA INDENIZAÇÃO

A indenização corresponderá, no caso de morte do filho menor e solteiro, conforme jurisprudência mais antiga, ao período compreendido entre a data da morte e aquela em que atingiria os vinte e cinco anos. O fundamento está na presunção de que aos vinte e cinco anos se dá o casamento, cessando, então, a cooperação no sustento dos pais ou irmãos. O termo inicial conta-se a partir dos quatorze anos, pois a Constituição Federal, nos arts. 7.º, XXXIII, e 227, § 3.º, I, estipula que o menor só pode trabalhar remuneratoriamente a partir dos quatorze anos de idade. A jurisprudência, numa fase inicial, seguia essa orientação, ainda quando a idade mínima para o trabalho era de doze anos.

O suporte primordial que legitima a reparação está no prejuízo efetivo ou provável acarretado com a morte da vítima. Assentada a idade de vinte e cinco anos como limite para a indenização, a conclusão era descaber qualquer direito se ultrapassada, desde que não provada a dependência econômica daqueles que se alinhavam como dependentes. Basicamente, a razão de negar reparação encontrava guarida na conceituação do dano como patrimonial e não como moral.

No entanto, foi se modificando essa exegese. Não mais prepondera o entendimento de que os filhos deixam de socorrer os progenitores quando casam. Em verdade, não raras vezes mantém-se perenemente a assistência econômica. Daí prolongar-se até quando a vítima atingir sessenta e cinco ou mais anos. Ficou consolidada a orientação no Superior Tribunal de Justiça: "Após inicial divergência, veio a se consolidar na Turma o entendimento no sentido de considerar a presumida sobrevida da vítima como termo final do pagamento da pensão, tomando-se por base a idade provável de sessenta e cinco anos, haja vista não se poder presumir que a vítima, aos vinte e cinco anos, deixaria de ajudar seus familiares, prestando-lhes alimentos". No julgamento, é trazida decisão do Supremo Tribunal Federal:

"'Responsabilidade civil – Ato ilícito – Morte da vítima (...). Não é possível presumir que, aos vinte e cinco anos de idade, a vítima não mais auxiliaria seus pais, prestando-lhes alimentos' (*RTJ* 123/1.065)".[10]

---

[8] STJ, AgRg no REsp 1.218.130/ES, 3.ª Turma, rel. Min. Benjamin Herman, j. 22.03.2011, *DJe* 30.03.2011.

[9] STJ, REsp 1.230.097/PR, 4.ª T., rel. Min. Luis Felipe Salomão, j. 06.09.2012, *DJe* 27.09.2012.

[10] STJ, 4.ª Turma, REsp 28.801-0/PR, j. 14.12.1992, *RSTJ* 50/305. Em decisão anterior, já se assentara: "A obrigação do filho, em ajudar os pais que de ajuda possam necessitar, não encontra limite temporal. Tempo provável de vida da vítima de 65 anos" (REsp 1.999/SP, *RSTJ* 10/449).

A evolução da exegese encontra ressonância no adendo acrescentado ao inc. II do art. 948, quanto ao prolongamento da obrigação pelo tempo de "duração provável da vida da vítima".

Limitar até a idade de vinte e cinco anos o benefício equivale a não perceber a realidade, porquanto a família se mantém bastante unida mesmo depois do casamento dos filhos.

Se o falecido era casado e representava amparo econômico aos pais, e aí sem controvérsias, a reparação estende-se enquanto viverem os pais, não podendo o período ultrapassar a duração provável da vida dele. Em princípio, mede-se a vigência da pensão mensal pelo cálculo do tempo em que a vítima viveria. Se antes do término dessa duração desaparecerem os dependentes, obviamente cessa a obrigação alimentar. Idêntica aplicação cabe se solteira a pessoa e se ajudava os progenitores ou demais parentes.

Salvo poucas exceções, a doutrina e a jurisprudência dominantes estabelecem a duração média da vida, para efeito de pensionamento indenizatório em sessenta e cinco anos. Encontram-se decisões que elevam o termo aos setenta anos. Se a vítima revelava excelente saúde, sem qualquer sintoma de moléstias, é coerente que se suba para esta idade, ou até mais. Na verdade, a duração média da vida nos tempos atuais ultrapassa os setenta anos, podendo estender-se aos oitenta anos.

O critério não pode ser rígido, porquanto, vindo a falecer com mais idade, aos setenta e cinco ou oitenta anos, por exemplo, estende-se a duração do pensionamento até mencionadas idades, encontrando-se abertura para esse entendimento, consoante o seguinte aresto:

"A jurisprudência desta Corte possui entendimento no sentido de que 'a fixação da idade de 65 anos como termo final para pagamento de pensão indenizatória não é absoluta, podendo ser estabelecido outro limite com base com base nas informações do IBGE, no que se refere ao cálculo de sobrevida da população média brasileira' (AgRg no AREsp 433.602/RJ, Rel. Min. João Otávio de Noronha, Terceira Turma, *DJe* 23.02.2016). Precedentes: AgInt no AREsp 909.204/GO, Rel. Min. Sérgio Kukina, Primeira Turma, *DJe* 02.09.2016; REsp 1.353.734/PE, Rel. Min. Castro Meira, Segunda Turma, *DJe* 12.09.2013; REsp 1.372.889/SP, Rel. Min. Paulo de Tarso Sanseverino, Terceira Turma, *DJe* 19.10.2015; AgRg no REsp 1.401.717/RS, Rel. Min. Ricardo Villas Bôas Cueva, Terceira Turma, *DJe* 27.06.2016; AgRg no REsp 1.388.266/SC, Rel. Min. Humberto Martins, Segunda Turma, *DJe* 16.05.2016)"[11]

Tradicionalmente, tem ainda força a posição do pensionamento até a idade de sessenta e cinco anos:

"Quanto ao pensionamento, cabe ressaltar que a jurisprudência do STJ consolidou-se no sentido de ser esse devido, mesmo no caso de morte de filho(a) menor. E, ainda, de que a pensão a que têm direito os pais deve ser fixada em 2/3 do salário percebido pela vítima (ou o salário mínimo, caso não exerça trabalho remunerado) até 25 (vinte e cinco) anos e, a partir daí, reduzida para 1/3 do salário até a idade em que a vítima completaria 65 (sessenta e cinco) anos".[12]

"Responsabilidade civil – Queda de ônibus – Vítima fatal – Pensão – Limite temporal. Segundo nova diretriz firmada pela 4ª Turma, tratando-se de vítima fatal com 15 anos de idade, que já trabalhava, a pensão arbitrada deve ser integral até os 25 anos, idade que pela ordem natural dos fatos da vida constituiria família, reduzindo-se a partir de então essa pensão à metade, até a data em que, também por presunção, o ofendido atingiria 65 anos. Precedentes."[13]

---

[11] AgInt no AREsp 1.032.790/CE, 1.ª Turma, rel. Min. Benedito Gonçalves, j. 08.06.2018, *DJe* 16.05.2018.
[12] AgInt no REsp 1287225/SC, 4.ª Turma, rel. Min. Marco Buzzi, j. 16.03.2017, *DJe* 22.03.2017.
[13] STJ, 4.ª Turma, REsp 147.075/MG, rel. Min. Barros Monteiro, j. 12.05.1998.

Cap. XIX · A REPARAÇÃO POR MORTE | **255**

"Processual e responsabilidade civil do Estado – Morte – Danos material e moral – Indenização – Provável sobrevida da vítima (65 anos) (...). Para o posicionamento, quanto à provável sobrevida da vítima, a jurisprudência estadeou 65 (sessenta e cinco) anos (...). Provimento para reduzir de 70 para 65 anos a provável idade de sobrevida."[14]

"Responsabilidade civil – Acidente de trânsito – Morte de filho com 19 anos de idade – Família de baixo poder aquisitivo – Indenização. Em caso tal, firmou-se orientação no STJ no sentido de que se indeniza até os prováveis 65 anos da vítima. Por todos, REsp 93.537, DJ 16.02.1998. Recurso especial não conhecido (Súmula 83)."[15]

Outrossim, estendendo-se a obrigação até a idade presumida da morte da vítima, forte no pressuposto da existência de dano, o Superior Tribunal de Justiça criou a exegese da redução do montante fixado para a metade, a partir da idade de vinte e cinco anos, quando, em face da presunção do casamento, parte dos ganhos vai para a sua pessoa e a família que cria, o que aparece em algumas das citações acima. Eis mais alguns exemplos de arestos:

"Indenização – Morte de filho – Pensionato reduzido. A pensão devida aos pais de filho com 15 anos de idade, que trabalhava e contribuía para o sustento da família, persiste até a idade provável de sua sobrevida, mas deve ser reduzida à metade a partir da data em que ele completaria 25 anos, quando presumidamente constituiria nova família e diminuiria sua contribuição aos pais".[16]

"1. O Tribunal *a quo*, louvado em provas, verificou que a vítima já auxiliava nas despesas da casa. Incidência da Súmula 07/STJ.

2. O STJ proclama que em acidentes que envolvam vítimas menores, de famílias de baixa renda, são devidos danos materiais. Presume-se que contribuam para o sustento do lar. É a realidade brasileira.

3. É indenizável o acidente que cause a morte de filho menor, ainda que não exerça trabalho remunerado (Súmula 491/STF).

4. O valor do seguro obrigatório deve ser deduzido da indenização judicialmente fixada. (Súmula 246/STJ).

5. A jurisprudência do STJ reconhece a responsabilidade solidária do proprietário do veículo por acidente onde o carro é guiado por terceiro.

6. Em acidente automobilístico, com falecimento de menor de família pobre, a jurisprudência do STJ confere aos pais pensionamento de 2/3 do salário mínimo a partir dos 14 anos (idade inicial mínima admitida pelo direito do trabalho) até a época em que a vítima completaria 25 anos (idade onde, normalmente, há a constituição duma nova família e diminui o auxílio aos pais). Daí até os eventuais 65 anos (idade média de vida do brasileiro) a pensão reduz-se a 1/3 do salário mínimo.

7. Recursos parcialmente providos."[17]

"A pensão deve ser fixada, de conformidade com precedentes jurisprudenciais do STJ, em 2/3 do salário mínimo em relação à vítima maior, e, no tocante à vítima menor de idade, até a data em que o *de cujus* completaria 25 anos, reduzida para 1/3 a partir de então,

---

[14] STJ, 1.ª Turma, REsp 108.447/RJ, rel. Min. Milton Luiz Pereira, j. 03.09.1998.

[15] STJ, 3.ª Turma, REsp 38.429/SP, rel. Min. Nilson Naves, j. 04.03.1999. Ainda: STJ, 1.ª Turma, REsp 286-256/BA, j. 08.05.2001, *DJU* 15.10.2001.

[16] STJ, 4.ª Turma, REsp 196.515/SP, rel. Min. Ruy Rosado de Aguiar, *DJU* 29.03.1999. Ainda: STJ, REsp 122.476/CE, rel. Min. Cesar Asfor Rocha, *DJU* 02.10.2000, *RSTJ* 140:421; STJ, 2.ª Seção, EREsp 106.327/PR, rel. Min. Cesar Asfor Rocha, *DJU* 1.º.10.2001.

[17] STJ, 1.ª Turma, REsp 335.058 /PR, j. 18.11.2003, *DJ* 15.12.2003.

em face da suposição de que constituiria família, aumentando suas despesas pessoais com o novo núcleo formado, extinguindo-se a obrigação, em ambos os casos, após os 65 anos de longevidade presumível das vítimas, se a tanto sobreviverem os autores."[18]

"Segundo a jurisprudência desta Corte Superior, a pensão mensal devida aos pais, pela morte do filho, deve ser estimada em 2/3 (dois terços) do salário mínimo até os 25 (vinte e cinco) anos de idade da vítima e, após, reduzida para 1/3 (um terço), haja vista a presunção de que o empregado constituiria seu próprio núcleo familiar, até a data em que o *de cujus* completaria 65 (sessenta e cinco) anos."[19]

Interpretação adotada por pretórios estaduais: "O juiz, atento ao princípio do livre convencimento, pode optar pela prova que melhor formar sua convicção, podendo atribuir a ela o valor que entender adequado e indicar na sentença os motivos que lhe formaram o convencimento. Em ação de indenização por dano moral, a fixação do *quantum* indenizatório, como assinalado em diversas oportunidades, deve operar-se com moderação, proporcional-mente ao grau de culpa, à gravidade da lesão e deve servir também como medida educativa, obedecendo sempre aos princípios da proporcionalidade e da razoabilidade. Em casos de indenização por morte de filho, a pensão mensal arbitrada em favor dos pais deve ser inte-gral até os 25 (vinte e cinco) anos, idade presumida do casamento da vítima, reduzindo-se a partir de então essa pensão à metade até a data em que, também por presunção, a vítima atingiria os 65 (sessenta e cinco) anos de idade".[20]

A pensão ao cônjuge ou companheiro sobrevivente também se estende até o período em que a vítima completaria a idade de sessenta e cinco anos. Todavia, vindo a se remaridar, ou a formar nova união, não decorre a perda do direito, na linha do melhor entendimento: "A pensão prestada à viúva pelos danos materiais decorrentes da morte de seu marido não termina em face da remaridação, tanto porque o casamento não constitui nenhuma garantia da cessação das necessidades da viúva alimentanda, quanto porque o prevalecimento da tese oposta importa na criação de obstáculo para que a viúva venha a contrair novas núpcias, contrariando o interesse social que estimula que as relações entre homem e mulher sejam estabilizadas com o vínculo matrimonial".[21]

4 A CORRESPONDÊNCIA DA PRESTAÇÃO EM FUNÇÃO DOS RENDIMENTOS DA VÍTIMA

Dos rendimentos apurados da vítima, qual o montante destinado ao cônjuge sobrevivente e aos filhos, ou a outros dependentes?

A resposta encontra ressonância unânime nos pretórios, preponderando o consenso de que parte do valor seria despendido pelo falecido com o próprio sustento. Do Supremo Tribunal Federal se originou o paradigma orientador: "A indenização mensal deve ser fixada à razão de dois terços do salário mínimo".[22]

O Superior Tribunal de Justiça seguiu na mesma orientação: "A contribuição dos filhos não alcança a totalidade do salário, razão pela qual deve o pensionamento comportar abati-

---

[18]   REsp 86.450/MG, *DJU* 13.11.2000. Ainda, entre outros julgados, o REsp 172.335, *DJU* 18.10.1999.

[19]   AgInt no AREsp 1.474.550/DF, 4.ª Turma, rel. Min. Antonio Carlos Ferreira, j. 23.09.2019, *DJe* 27.09.2019.

[20]   TJMS, 3.ª T. Cív., Ap. Cív. 2003.007103-2/0000-00, j. 18.08.2003.

[21]   STJ, 4.ª Turma, REsp 100.927/RS, j. 26.10.1999, *DJU* 15.10.2001.

[22]   *RTJ* 65/554 – RE Embargos 75.182/GB, Tribunal Pleno, rel. Min. Oswaldo Trigueiro, j. 11.10.1973, *DJ* 23.11.1973.

mento de acordo com as circunstâncias de fato, no caso, pertinente à fixação em 2/3 (dois terços) do salário mínimo até a idade em que a vítima completaria 25 (vinte e cinco) anos, a partir daí reduzido para 1/3 (um terço)".[23]

Há julgados que discrepam da forma acima, mas circunstâncias especiais são consideradas, que levavam o morto a consumir a maior parte dos ganhos, como pagamento de estudos que realizava, o desempenho de profissão que exigia grandes gastos. Mesmo sendo elevados os rendimentos, desembolsava-se somente uma terça parte no sustento da família, a reparação não taxará um percentual superior, mas será proporcional ao gasto com ela quando em vida. Realmente, o abatimento de um terço dos rendimentos que auferia a vítima não passa de um parâmetro para as situações de ausência de prova a respeito do patamar das despesas pessoais.

Outra questão igualmente definida pela jurisprudência relaciona-se à inclusão, na condenação, da quantia referente ao 13.º salário:

"Responsabilidade civil – Acidente automobilístico – Morte de filho – Pensionamento – (...) – Inclusão do 13.º e férias. Não configura julgamento *extra petita* a inclusão do 13.º e das férias no pensionamento devido à mãe da vítima, quando comprovado o recebimento de salário".[24]

"No caso de ser a vítima trabalhador com vínculo empregatício, tem-se por devida a inclusão da gratificação natalina na indenização."[25]

Depreende-se do último aresto que a verba será concedida na hipótese em que a vítima participava de relação de emprego, o que veio reafirmado no seguinte julgado:

"Não incide no cálculo da indenização décimo terceiro e férias, uma vez que o autor não era assalariado, desenvolvendo a atividade de pedreiro como autônomo".[26]

Do contrário, incide a inclusão das gratificações, como já vinha garantido pelo STF, por meio da Súmula 207, de 1963: "As gratificações habituais, inclusive a de Natal, consideram-se tacitamente convencionadas, integrando o salário".

5 AUSÊNCIA DO DIREITO À REPARAÇÃO PATRIMONIAL SE INEXISTENTE DANO ECONÔMICO

O direito à reparação ou indenização tem como pressuposto o dano ou prejuízo acarretado com o ato nocivo. Não cabe a pretensão na falta de prova do dano patrimonial. A fixação de uma verba indenizatória não decorre automaticamente com o ato ilícito ou, mesmo que sem revelar culpa, mas própria de atividade de risco, se não causar dano.

O Supremo Tribunal Federal emitira a Súmula 491, de 1969, esposando entendimento diferente: "É indenizável o acidente que cause a morte de filho menor, ainda que não exerça trabalho remunerado". Buscou suporte a máxima na presunção dos reflexos patrimoniais que a morte do menor acarretava, já que poderia o menor vir a contribuir para o sustento dos próprios progenitores e demais irmãos no futuro, figurando como uma fonte de renda quando passasse a desempenhar atividades remuneradas.

Embora não exerça nem venha a praticar uma profissão lucrativa, diante de compromissos com estudos, durante o tempo presumido em que permaneceria solteiro, ou porque a boa situação econômica dos pais afasta a necessidade de amparo, ninguém sabe, argumentam os

---

[23]   STJ, REsp 172.335/SP, *DJU* 18.10.1999.

[24]   STJ, 4.ª Turma, REsp 612.613/RJ, j. 1.º.06.2004, *DJU* 13.09.2004.

[25]   STJ, 4.ª Turma, REsp 299.690/RJ, j. 13.03.2001, *DJU* 07.05.2001.

[26]   STJ, 4.ª Turma, AgRg no Ag 819.464/RJ, rel. Min. Maria Isabel Gallotti, j. 15.03.2016, *DJe* 21.03.2016.

doutos, se esse estado de coisas continuará, e se no futuro não surgirão contingências que modifiquem a realidade privilegiada vivida quando da morte.

É um argumento válido. No entanto, há filhos que não contribuem e nunca contribuirão com a menor parcela nas despesas da família. Dentro da realidade de uma organização familiar estável e economicamente sólida, a perspectiva é a desnecessidade de qualquer apoio monetário do filho.

Os fundamentos para tal exegese têm base jurídica e encontram sustentação nos princípios que autorizam a reparação quando decorre o dano, emanados dos arts. 927 e 944 do Código Civil. A reparação tem sua lógica formada em torno do prejuízo provocado.

Não se restringe o pensamento apenas aos filhos menores que não trazem renda aos progenitores, mas estende-se aos filhos maiores e outros familiares que não colaboram economicamente com os parentes. Mesmo que plenamente capazes os filhos, e aí, por extensão, na morte de pais que não sustentam nem dão amparo econômico aos filhos, já que plenamente independentes e até mais afortunados estes, se não existe a participação mútua no sustento ou nas despesas para a manutenção falece o direito à reparação patrimonial, exceto quanto às despesas de tratamento, luto e funeral.

O Superior Tribunal de Justiça revela forte inclinação para essa exegese: "A perda de filho recém-nascido causa sofrimento e dor à mãe e a todos os familiares, a atingir o patrimônio moral. Contudo, na esfera patrimonial, inexiste prejuízo a ser reivindicado pelos pais, porquanto a indenização por dano material, em forma de pensão, visa restabelecer a situação financeira anterior ao ato ilícito, recompondo a renda que não mais será auferida em razão da morte de quem a recebia. Sem a caracterização de um prejuízo econômico, não se indenizam os danos materiais".[27]

Em outros exemplos:

"Não é devida a indenização por danos materiais prevista no art. 1.537, II, do CC quando não ficar provada ou presumível for a contribuição da vítima para o sustento econômico do lar de seus genitores. Precedentes".[28] O mencionado dispositivo equivale ao art. 948, II, do atual Código.

"Em princípio, os pais da vítima fatal que, à época do sinistro, era menor impúbere e não trabalhava, não fazem jus à indenização por danos materiais, sendo-lhes devida somente reparação compensatória dos danos morais experimentados (*pretium doloris*)."[29]

No voto do referido acórdão, demonstra-se que não se configura dissídio com a Súmula 491:

"Por outro lado, não diviso dissídio com o verbete 491 da súmula/STF, que considera 'indenizável o acidente que cause a morte de filho menor, ainda que não exerça trabalho remunerado'. No caso, tendo sido concedida indenização (120 salários mínimos), não há que se falar em discrepância com referido enunciado.

A divergência lavra-se, é certo, com o julgado do Pretório Excelso trazido à colação, no qual reconhecido que a perda de um filho menor representa prejuízo também de ordem material aos pais, isso com base no pressuposto de que 'nas famílias mais desfavorecidas, todos trabalham e colaboram para a manutenção do lar'.

---

[27] STJ, 4.ª Turma, REsp 402.874/SP, j. 06.06.2002, *DJU* 1.º.07.2002.

[28] STJ, 3.ª Turma, REsp 348.072/SP, *DJU* 18.02.2002.

[29] STJ, 4.ª Turma, REsp 56.289-0/RJ, j. 18.04.1995, *DJU* 22.05.1995. No acórdão, apontam-se precedentes nos REsp 32.573-4/ES, 28.861/PR e 43.871/RJ.

Considero, contudo, não merecer ser prestigiada tal presunção, pelo menos não da forma genérica e abrangente como lançada no paradigma, mormente porque o trabalho de menores de 14 anos constitui anomalia social e afronta à regra proibitiva do art. 7.º, XXXIII, da Constituição".

Entrementes, inclina-se o STJ para reconhecer o direito unicamente com base na situação econômica de baixa renda da família, não importando a colaboração ou não do filho:

"A indenização por danos materiais foi negada pela Corte local em virtude de o falecido filho dos autores não lhes fazer contribuições financeiras, por ausência de emprego que lhe oportunizasse tal atitude. Esse entendimento, todavia, não se coaduna com a jurisprudência do STJ.

'Esta Corte tem reconhecido, continuamente, o direito dos pais ao pensionamento pela morte de filho, independente de este exercer ou não atividade laborativa, quando se trate de família de baixa renda, como na hipótese dos autos' (REsp 1133105/RJ, relatora Ministra Eliana Calmon, 2.ª Turma, j. 15.12.2009, *DJe* 18.12.2009).[30]

No caso dos autos, o acórdão recorrido não tratou da condição econômico-financeira dos autores, razão pela qual os autos devem retornar ao Tribunal de origem para que este julgue a questão da indenização por danos materiais, nos termos da jurisprudência do STJ".

"É firme a jurisprudência do Superior Tribunal de Justiça no sentido de que 'é devida pensão por morte aos pais de família de baixa renda, em decorrência da morte de filho menor, e não é exigida prova material para comprovação da dependência econômica do filho, para fins de obtenção do referido benefício' (STJ, 2.ª Turma, AgRg no Ag 1.252.268/SP, rel. Min. Humberto Martins, *DJe* 18.03.2010). Nesse sentido: STJ, 4.ª Turma, AgInt no AREsp 1.047.018/SC, rel. Min. Antonio Carlos Ferreira, *DJe* 29.06.2017; AgRg no AREsp 346.483/PB, 2.ª Turma, rel. Min. Herman Benjamin, *DJe* 06.12.2013."[31]

Quanto aos filhos maiores, mister se faça a prova de que os pais deles dependiam.[32]

A base da reparação está, pois, no dano, que é o pressuposto para a sua exigibilidade.

Por tais razões, a indenização por morte encontra sustentação, em não havendo dano, para justificá-la, em fundamentos de ordem puramente moral. Daí por que, na prática, o dano moral é a única razão que justifica o atendimento das pretensões indenizatórias, indistintamente para todos os casos, se constatada a nenhuma significação da atividade do filho ou outras vítimas na economia familiar.

No entanto, o mesmo Superior Tribunal de Justiça, em algumas ocasiões, quando pertencente a família pobre o filho, admitiu a indenização mesmo que não desempenhasse o filho menor alguma atividade econômica, sob a presunção de que viria a prestar auxílio, já que os mais carentes ajudam no sustento dos pais e de outros irmãos ou familiares: "Admite-se, apenas, a presunção de dependência econômica quando se tratar da hipótese de ser a vítima oriunda de família humilde".[33]

6 INDENIZAÇÃO POR DANO PATRIMONIAL E POR DANO MORAL

Questão de grande controvérsia doutrinária e jurisprudencial é a referente ao cabimento ou não da indenização por dano moral no caso de morte da vítima, juntamente com a

---

[30] REsp 1.109.674/RN, 1.ª Turma, rel. Min. Benedito Gonçalves, j. 14.09.2010, *DJe* 20.09.2010.

[31] AgInt no AREsp 1.346.126/GO, 2.ª Turma, rel. Min. Assusete Magalhães, j. 11.12.2018, *DJe* 17.12.2018.

[32] STJ, REsp 19.186-0/SP, j. 26.10.1992, *DJU* 14.12.1992.

[33] STJ, 3.ª Turma, REsp 348.072/SP, *DJU* 18.02.2002. Referidos precedentes no REsp 293.260/SP, 4.ª Turma; no REsp 293.260/SP, 4.ª Turma; e no REsp 299.717/RJ, *DJU* 22.10.2001.

decorrente de dano patrimonial. Convém, desde logo, destacar a distinção relativamente àquele dano moral originado pela perda de filho menor, que não contribui para o sustento dos pais, ou que nenhum prejuízo patrimonial resulta o evento letal aos familiares, e que, no entanto, impõe-se a reparação pela sua morte. Os tribunais e os autores têm um consenso acentuadamente unânime sobre a matéria, optando pelo cabimento da pretensão reparatória. O fundamento determinante ao deferimento do pedido assenta-se no dano moral. Por essa razão os pais são indenizados, e não porque o desaparecimento do filho redundou em um *minus* na situação econômica que desfrutavam.

Agora, indaga-se da admissibilidade em acumular a reparação na forma de pensão alimentícia com um valor determinado, a título de mero dano moral.

Se analisarmos o problema do dano em todas as suas dimensões, concluiremos que não está fora do direito a concessão da dupla reparação.

Inúmeras as decisões do Superior Tribunal de Justiça sobre o assunto. Exemplifica-se com a seguinte: "São acumuláveis as indenizações pelo dano material e pelo dano moral, ainda que oriundos do mesmo fato. Fixação de indenização pelo dano moral em valor igual a cinquenta salários mínimos vigorantes na época do pagamento". São trazidas à tona outras manifestações do mesmo Tribunal: "Se há um dano material e outro moral, que podem existir autonomamente, e se ambos dão margem à indenização, não se percebe por que isso não deve ocorrer quando os dois se tenham como presentes, ainda que oriundos do mesmo fato. De determinado ato ilícito decorrendo lesão material, esta haverá de ser indenizada. Sendo apenas de natureza moral, igualmente devido o ressarcimento. Quando reunidos, a reparação há de referir-se a ambos. Não há por que cingir-se a um deles, deixando o outro sem indenização".[34]

Da frequência das decisões no mesmo sentido emanou a Súmula 37 do mesmo STJ, de 1992, firmando: "São cumuláveis as indenizações por dano material e dano moral oriundos do mesmo fato".

Como sabemos, o objeto do direito é a proteção de qualquer bem. Os autores dos primeiros tempos do Código Civil de 1916 – e nesta linha Clóvis Beviláqua – conceituavam o direito como bem ou a vantagem sobre a qual o sujeito exerce o poder conferido pela ordem jurídica, podendo ser seu objeto: 1) modos de ser da própria pessoa na vida social (a existência, a liberdade, a honra etc.); 2) as ações humanas; 3) as coisas corpóreas, entre estas últimas incluindo-se os produtos da inteligência. De modo que a noção jurídica de bem é ampla, compreendendo coisas materiais, como imateriais, "tanto (...) coisas suscetíveis de avaliação econômica, como (...) não suscetíveis dessa avaliação, de conformidade, aliás, com o que pensam Minozzi e Formica", lecionava Wilson Melo da Silva. Prosseguindo: "A pessoa, quem o afirma é Ihering, tanto pode ser lesada no que tem, como no que é, e que se tenha direito à liberdade ninguém o pode contestar, como contestar não se pode, ainda, que se tenha direito a sentimentos afetivos. A ninguém se recusa o direito à vida, à honra, à dignidade, a tudo isso, enfim, que, sem possuir valor de troca na economia política, nem por isso deixa de se constituir em bem valioso para a humanidade inteira. São direitos que decorrem da própria personalidade humana. São emanações diretas do eu de cada qual, verdadeiros imperativos categóricos da existência humana".[35]

De sorte que o dano se caracteriza como a diminuição ou a subtração de um bem jurídico. E o bem jurídico é constituído não só dos haveres patrimoniais e econômicos, mas

---

[34] STJ, 4.ª Turma, REsp 19.402-0/SP, j. 31.03.1992, *RSTJ* 34/444.

[35] *O dano moral e sua reparação*, p. 232, citação constante na *RT* 497/203.

também de valores morais, quais sejam a honra, a vida, a saúde, o sofrimento, os sentimentos, a tristeza, o pesar diante da perda de um parente etc. Daí concluir que forma o objeto do direito todo bem jurídico, material ou espiritual. Sofrendo lesão o bem jurídico, seja qual for, merece reparação.

Sob a visão acima, tendo o sofrimento moral em conta de prejuízo, pois a felicidade humana é um valor, um bem protegido pela lei civil, afigura-se como perfeitamente aceitável a reparação do dano moral, ao lado dos prejuízos materiais decorrentes da morte. O Código de 2002 acolheu essa reparação, ao estatuir no art. 186, no que era omisso o art. 159 do Código anterior, que comete ato ilícito inclusive aquele que violar direito e causar dano a outrem, "ainda que exclusivamente moral".

Assim deve ser. Se o homem é composto de matéria e espírito, não é justo desconsiderarmos este último aspecto, pois se todas as ciências o tratam como um todo, acentuando-se cada vez mais as preocupações que buscam resolver os males por meio do estudo do psiquismo humano, é porque a dimensão espiritual revela-se tanto ou mais importante que a realidade material.

Correta já em época antiga revelava-se a lição de Giorgi, ao admitir a dupla indenização: "Compensada de esta manera la partida de los daños patrimoniales, es preciso también compensar con una cantidad *arbitrio judicis* los daños morales: es decir, los daños por la pérdida tranquilidad de la familia, en cuanto disminuyendo la actividad y la capacidad para el trabajo produce un daño económico. Sobre este tema está acorde la jurisprudencia de todos los países; y entre los muchos ejemplos que se pueden aducir, citaremos la sentencia antes recordada de la Corte de Ancona, la cual, dispués de haber impuesto a un tal Constantino Agapito, matador del joven Ciro Anconi, en Nocera Umbra, el reembolso en favor de la madre del muerto de todos los daños patrimoniales, le condenó también al pago de mil liras por compensación de los daños morales. (...) Citaremos la Casación de Florencia en una sentencia en que estima que se puede conceder también al padre del muerto el juramento estimatorio para determinar la suma pecuniaria que debe compensar los daños morales sufridos *ex scelere*".[36]

7 O *QUANTUM* DA REPARAÇÃO POR DANO MORAL

Havia e ainda persiste certa timidez no estabelecimento do *quantum* para compensar o mal padecido. A estimação não é fácil. Mas não se torna empecilho ao direito. Nada impede que a apreciação se proceda mediante arbitramento. Outrossim, perfeitamente admissível que o juiz fixe o montante tendo em conta valores ou caracteres afetivos que relacionavam a vítima e os parentes supérstites. Se a intensidade dos sentimentos era forte, equivale a um grau maior de sofrimento moral, que influirá na determinação da soma reparatória. Exemplificativamente, se a esposa não mantinha grande afeição pelo marido morto; se a vida de ambos foi uma constância de desentendimentos e desavenças, a presunção é de pouca repercussão moral a morte na alma daquela. Daí que o montante da indenização pode oscilar entre, *v.g.*, cem a quinhentos salários mínimos.

Por isso, Enneccerus, Kipp e Wolff, ao dissertarem sobre o dano moral, mostraram-se coerentes com este ponto de vista, ao observarem que "para su cálculo se han de tener en cuenta especialmente los dolores padecidos".[37]

---

[36] *Teoría de las obligaciones*, ob. cit., v. 5, p. 371, n. 241.

[37] *Tratado de derecho civil* – Derecho de obligaciones, ob. cit., v. 2, t. II, p. 710, § 240.

Não é conveniente que venha um tarifamento da dor moral, dada a diferença de situações, de sentimentos entre uma pessoa e outra, de grau de dor, de estados emocionais, de idades dos indivíduos. O critério mais apropriado é que seja arbitrável, elevando-se a verba em razão da gravidade, da intensidade, da profundidade do padecimento, seguindo a já antiga, mantendo, porém, a atualidade, linha orientadora do extinto Tribunal de Alçada do Paraná: "Na fixação do dano moral, uma vez que a dor verdadeiramente não tem preço, deve-se ponderar sobre as condições socioculturais e econômicas dos envolvidos, grau de culpa, trauma causado e outros fatores, como o de servir de desestímulo à prática de novo ilícito, e de compensação amenizadora, de modo que a quantia arbitrada não seja tão irrisória, que nada represente, tampouco exagerada, que implique sacrifício demasiado para uma parte e locupletamento para a outra".[38]

É seu norte orientador: compensar a sensação de dor da vítima com um bem que traga uma sensação agradável. Acontece que jamais se esquece um ente querido, e a sensação de vazio, da falta ou ausência, da tristeza por não mais desfrutar de sua companhia não é substituída pela reparação. O que coloca é o oferecimento de outro bem que traz uma sensação agradável ou de satisfação. Ao lado da profunda tristeza pelo golpe sofrido, e aí em qualquer tipo de dor moral, surge um fato que importa em motivo de satisfação. De sorte que não se está neutralizando uma dor, nem a anestesiando, mas apresentando um fator que traz uma agradável sensação, que leva o ser humano a aproveitar melhor a vida ou a praticar atos e fatos que lhe dão prazer e alegria, a se distrair, a desempenhar atividades que a façam abstrair um evento, o qual sempre está presente, e conserva igual intensidade quando vem à tona, tendendo a diminuir ou a se atenuar com o passar do tempo, e com o surgimento de novas relações, ou de ocupações, ou de convivências diferentes. Esses os fatores que fazem regredir o padecimento moral, e não a compensação recebida. Todavia, com a reparação proporciona-se a criação de vivências que levam à diminuição do estado interior de sofrimento.

Como parâmetro, criou-se a praxe de adotar o salário mínimo, servindo de exemplo a Súmula 490 do STF, de 1969: "A pensão correspondente à indenização oriunda de responsabilidade civil deve ser calculada com base no salário mínimo vigente ao tempo da sentença e ajustar-se-á às variações ulteriores".

No Superior Tribunal de Justiça: "O *quantum* indenizatório, em casos tais, deve preferencialmente ser um valor certo, estabelecido em número de salários mínimos".[39]

O mesmo Superior Tribunal de Justiça vinha insistindo no patamar de trezentos salários mínimos para a reparação de dano moral pela morte de filho recém-nascido, de outras espécies de filhos e de progenitores:

"Ação ajuizada pelo marido e filhos de vítima falecida por erro médico – Danos morais – Indenização fixada em quinhentos salários mínimos – Redução para trezentos salários mínimos – Razoabilidade – Precedentes. Esta Corte Superior de Justiça firmou o entendimento de que pode majorar ou reduzir, quando irrisório ou absurdo, o valor das verbas fixadas a título de dano moral, por se tratar de matéria de direito e não de reexame fático-probatório. Dessarte, na hipótese em exame, a indenização devida a título de danos morais, fixada pelo tribunal de origem em 500 (quinhentos) salários mínimos, deve ser reduzida a 300 (trezentos)

---

[38] TAPR, 2.ª Câm. Cív., Ap. 103.559-2, j. 18.06.1997, *Rep. IOB de Jurisprudência* 20/97, Cad. 3, p. 395, n. 13.679.

[39] STJ, 4.ª Turma, REsp 56.289-0/RJ, j. 18.04.1995, *DJU* 22.05.1995.

salários mínimos, em atenção à jurisprudência desta Corte e ao princípio da razoabilidade. Recurso especial provido em parte".[40]

"A verba do dano moral fixada pelo acórdão recorrido, no valor correspondente a 300 salários mínimos para os quatro autores, não representa nenhum absurdo, exagero ou excesso, a justificar a intervenção da Corte, reservada para tais situações, diante dos termos da Súmula 07".[41]

"Vitimando o acidente indivíduo ainda jovem, estudante, já assalariado, que contribuía para o sustento materno, justa se afigura a condenação a título de danos morais fixados no acórdão recorrido no importe de 300 salários mínimos".[42]

"Não fere o princípio da razoabilidade a fixação em 300 (trezentos) salários mínimos do *quantum* devido a título de danos morais suportados pelos genitores de vítima fatal em acidente de trânsito".[43]

Evoluíram as decisões para fixar o patamar em quinhentos salários mínimos, evidenciando uma variabilidade que leva em conta situações especiais.[44] Exemplifica-se com o seguinte aresto: "A jurisprudência do STJ indica que as hipóteses de morte, em especial de filho, em decorrência de acidente de automóvel, vêm sendo compensadas com o valor de até 500 salários mínimos para cada familiar afetado. Precedentes".[45]

Do voto da relatora extrai-se: "Especificamente, no que respeita às hipóteses de morte em acidente de trânsito, o STJ tem entendido razoáveis, para compensação dos danos, quantias de até 500 (quinhentos) salários mínimos (REsp 713.764/RS, 4.ª Turma, rel. Min. Fernando Gonçalves, *DJe* 10.03.2008). Na mesma linha os seguintes precedentes: REsp 427.569/SP, rel. Min. João Otávio de Noronha (trezentos salários mínimos); Ag 1.209.864/RJ, rel. Min. Luis Felipe Salomão (cem mil reais); REsp 210.101/PR, rel. Min. Carlos Fernando Mathias (cem mil reais) e REsp 936792/SE, rel. Min. Hélio Quáglia Barbosa (cento e noventa mil reais)".

Consolida-se o entendimento na fixação em 500 salários mínimos: "Valor estabelecido pela instância ordinária que não excede o fixado, em regra, pelos mais recentes precedentes desta Corte, de 500 salários mínimos por familiar vitimado, em moeda corrente".[46]

Admite-se, pois, a revisão do valor pelo STJ quando verificado ser irrisório ou excessivo, para se chegar ao equivalente a 500 salários mínimos:

"Consoante entendimento desta Corte Superior, somente é admissível o exame do valor fixado a título de danos morais em hipóteses excepcionais, quando for verificada a exorbitância ou a índole irrisória da importância arbitrada, em flagrante ofensa aos princípios da razoabilidade e da proporcionalidade, o que não se verifica no caso em debate, em que fixada em 500 salários mínimos à época da prolação da sentença equivalente a R$ 362.000,00 (trezentos e sessenta e dois mil reais) aos autores, em razão do falecimento do filho adolescente em acidente de veículo automotor, por atropelamento".[47]

---

[40] STJ, 2.ª Turma, REsp 371.935/RS, *DJU* 13.10.2003.

[41] STJ, REsp 193.296/RJ, *DJU* 07.02.2000.

[42] STJ, 3.ª Turma, REsp 293.292/SP, *DJU* 08.10.2001.

[43] STJ, 3.ª Turma, REsp 348.072/SP, j. 03.12.2001, *DJU* 18.02.2002; ainda: STJ, 2.ª Turma, REsp 443422/RS, *DJU* 03.11.2003.

[44] STJ, 4.ª Turma, REsp 223.545/SP, *DJU* 26.06.2000.

[45] STJ, 3.ª Turma, REsp 1.044.527/MG, rel. Min. Nancy Andrighi, j. 27.09.2011, *DJe* 1.º.03.2012.

[46] STJ, 4.ª Turma, AgRg no Ag 1.195.992/SP, rel. Min. Maria Isabel Gallotti, j. 06.02.2014, *DJe* 17.02.2014.

[47] EDcl no AgInt nos EDcl no AREsp 1.196.640/BA, 4.ª Turma, rel. Min. Raul Araújo, j. 27.11.2018, *DJe* 05.02.2019.

8 INDENIZAÇÃO PELA MORTE DO NASCITURO

Vindo a falecer a mãe grávida, admite-se ao pai pleitear a reparação pela morte do filho que estaria para nascer? A resposta é negativa, como veremos.

Parte-se do art. 2.º do Código Civil, que estatui: "A personalidade civil da pessoa começa do nascimento com vida; mas a lei põe a salvo, desde a concepção, os direitos do nascituro".

Como se vê, ao nascituro, ao ser humano que está para nascer, que ainda é parte das vísceras da mãe, assegura-se a proteção da lei. Por isso, condena-se o aborto e cominam-se sanções contra aqueles que o praticam. De outro lado, na forma do art. 1.779, "dar-se-á curador ao nascituro, se o pai falecer estando grávida a mulher, e não tendo o poder familiar". E o art. 1.799, I, admite a possibilidade de adquirir, por testamento, em favor de filhos ainda não concebidos, de pessoas indicadas pelo testador, desde que vivas estas ao abrir-se a sucessão. De sorte que, nas palavras ainda de Teixeira de Freitas, usadas por Carvalho Santos, "se o nascituro é considerado sujeito de direito, se a lei civil lhe confere um curador, se a lei criminal o protege cominando penas contra a provocação do aborto, a lógica seria reconhecer-lhe o caráter de pessoa".[48]

Embora a lei coloque a salvo desde a concepção os direitos do nascituro, a personalidade civil do homem começa do nascimento com vida. Comentava Pontes de Miranda: "No útero, a criança não é pessoa. Se não nasce viva, nunca adquiriu direitos, nunca foi sujeito de direito nem pode ter sido sujeito de direito (nunca foi pessoa)".[49]

E, para haver o reconhecimento da personalidade humana, no dizer de Washington de Barros Monteiro, não basta "o simples fato do nascimento. É necessário ainda que o recém-nascido haja dado sinais inequívocos de vida, como vagidos e movimentos próprios. Também a respiração, evidenciada pela docimasia hidrostática de Galeno, constitui sinal concludente de que a criança nasceu com vida. Requer a lei, portanto, dê o infante sinais inequívocos de vida, após o nascimento, para que se lhe reconheça personalidade civil e se torne sujeito de direitos, embora venha a falecer instantes depois. Como desde logo se percebe, é de suma importância tal indagação, de que podem resultar importantíssimas consequências práticas. Se a criança nasce morta, não chega a adquirir personalidade, não recebe nem transmite direitos. Se nasce com vida, ainda que efêmera, recobre-se de personalidade, adquire e transfere direitos".[50]

Assim é no direito brasileiro.

Os direitos do nascituro são protegidos, mas a personalidade desponta do nascimento com vida. Nasce a capacidade jurídica quando o feto se torna autônomo, destacando-se do útero materno. Esta é também a teoria adotada pelo direito português, alemão e italiano, contrariamente ao estipulado pelo CC argentino, que toma a concepção como marco inicial da personalidade. Importa que a criança nasça com vida, nada significando a pouca viabilidade de duração ou prosseguimento como ser humano. Nem interessa a deformidade do corpo, pois "humano é todo ser dado à luz por mulher, e, como tal, para os efeitos do direito, é homem", não mais se admitindo concepções arianas que negavam a proteção jurídica aos desprovidos da mente e portadores de graves anomalias, de acordo com o consagrado pelo direito vigente.[51]

---

[48] *Código Civil brasileiro interpretado*, ob. cit., t. I, p. 248.

[49] *Tratado de direito privado*, ob. cit., t. I, p. 162.

[50] *Curso de direito civil* – Direito das obrigações, ob. cit., v. 1, p. 62.

[51] Carvalho Santos, *Código Civil brasileiro interpretado*, ob. cit., t. I, p. 251.

De modo que, se ao nascituro não se concede a personalidade, não se admite o reconhecimento do direito à indenização em favor do pai sobrevivente. Não poderá ele postular a pretensão de qualquer verba em face do acidente que faz sucumbir a mãe grávida, a não ser pela perda desta.

A jurisprudência bem antiga já consagrava essa inteligência, atenta ao art. 4.º do Código revogado, cujo sentido corresponde ao art. 2.º do vigente diploma civil: "Ainda que se lamente a perda de uma preciosa expectativa de vida, não se pode atribuir indenização pelo falecimento de nascituro. O argumento desenvolvido pelo digno magistrado, ao amparar-se na Lei de Registros Públicos, *data venia*, não colhe. É que se cuida de lei meramente instrumental, destinando-se a dar autenticidade aos fatos de que a administração pública, por força de sua atividade própria, tem conhecimento. Nada mais. A só circunstância de o natimorto dever ser registrado não implica se reconhecer personalidade jurídica. Na hipótese, sequer do natimorto se cuida. É morte intrauterina. O natimorto viveu, isto é, respirou. Nos termos do art. 4.º do CC, 'a personalidade civil do homem começa do nascimento com vida; mas a lei põe a salvo desde a concepção os direitos do nascituro'. Evidente que, para que tenha personalidade, pois, isto é, para que seja ente capaz de direitos e obrigações, na órbita civil, imprescindível que ocorra o nascimento com vida.

No caso dos autos, o ente viável nasceu morto (doc. de f.). Não chegou, pois, a ser pessoa (Pontes de Miranda, *Tratado de direito privado*, 3. ed., t. I, Borsoi, 1970, § 50). Apreciando hipótese semelhante, já se entendeu que é inadmissível a indenização em decorrência de morte do nascituro (*RT* 498/128). Os direitos do nascituro são resguardados, desde a concepção, mas apenas terão continuidade se nascer com vida, isto é, se respirar, uma vez desligado do ventre materno. Como anota Enneccerus, a aquisição dos direitos 'tiene lugar para el caso de que nazca vivo de igual modo que si hubiese sido ya sujeto de derecho al tiempo de la aquisición' (*Derecho civil*, t. I, Parte Geral, I, Bosch, 1953, § 77, p. 321). Do mesmo teor a lição de Washington de Barros Monteiro, afirmando: 'Se a criança nasce morta, não chega a adquirir personalidade, não recebe nem transmite direitos' (*Curso de direito civil*, Parte Geral, 2. ed., 1960, p. 62).

Assim já entendeu o E. Tribunal de Justiça (*RT* 525/70). Em excelente julgado, deixou decidido o E. 1.º Tribunal de Alçada Civil que 'gestante que sofre traumatismo em colisão de veículos, em consequência do que a criança vem a nascer morta, não tem ação de indenização por esse fundamento' (*RT* 501/113). Do mesmo teor o acórdão constante dos *JUTACivSP* 76/139. Evidente que se lamenta o ocorrido. Eventual indenização pelas despesas de cunho hospitalar, tratamento médico etc. seriam indenizáveis. Mas não são objeto do pedido. Limita-se a inicial a postular indenização pelo falecimento do nascituro. Como se vê, sem razão. Neste ponto, pois, improcede a pretensão da autora' (1.º TACSP, Ap. 314.502, 7.ª C., j. 13.09.1983, v.u., rel. Juiz Régis de Oliveira)".[52]

9 FINALIDADE REPRESSIVA DA CONDENAÇÃO POR DANO MORAL E SITUAÇÃO ECONÔMICA DOS ENVOLVIDOS

Revela a condenação uma finalidade repressiva, ou mesmo de punição, de modo a desestimular o agente à prática futura de novos ou semelhantes atos.

---

[52] Orlando Gandolfo, *Acidentes de trânsito e responsabilidade civil*, ob. cit., p. 300-301.

Ao arbitrar o montante da reparação, o órgão judiciário deverá levar em conta que a indenização por dano moral visa duplo objetivo, no alvitre de Caio Mário da Silva Pereira:[53]

"O fulcro do conceito ressarcitório acha-se deslocado para a convergência de duas forças: o 'caráter punitivo', para que o causador do dano, pelo fato da condenação, se veja castigado pela ofensa que praticou; e o 'caráter ressarcitório' para a vítima, que receberá uma soma que lhe proporcione prazeres como contrapartida do mal sofrido.

Este duplo objetivo consagra a doutrina dos *exemplary demages* que, também na *common law*, excepcionam a regra geral de que as perdas e danos reparam o prejuízo causado. Elas se aplicam quando há expressa autorização legal; contra atos opressivos, arbitrários ou inconstitucionais de servidores públicos; e quando o ofensor calculou as vantagens que lhe adviriam do ilícito, a exemplo da publicação de um livro difamatório".

Entrementes, deve-se encarar com cautela o caráter repressivo na fixação, porquanto sujeito ao perigo do subjetivismo, perdendo a objetividade, e correndo o perigo de conduzir a verdadeiros absurdos, tornando a indenização um fator de enriquecimento. O princípio da proporcionalidade deve ditar o critério, de sorte a existir uma correspondência entre o dano e a quantia arbitrada.

Se se emprestar muito importância à finalidade de punir, sujeita-se o julgador a cometer grave injustiça, castigando o agente causador porque se encontra numa situação abastada, enquanto, se pobre o autor do dano, resta favorecido, em detrimento dos direitos da vítima.

Carlos Roberto Gonçalves lança a seguinte advertência: "Ademais, pode fazer com que a reparação do dano moral tenha valor superior ao do próprio dano. Sendo assim, revertendo a indenização em proveito do lesado, este acabará experimentando um enriquecimento ilícito, com o qual não se compadece o nosso ordenamento. Se a vítima já está compensada com determinado valor, o que receber a mais, para que o ofensor seja punido, representará, sem dúvida, um enriquecimento ilícito".[54]

Nem se revela conveniente firmar como fator do montante indenizatório a posição econômica do ofendido ou do ofensor. Conforme já ponderado, ditam a verba o grau de culpa, a extensão do sofrimento, o grau de parentesco ou proximidade com a vítima, sem que influa o nível socioeconômico dos parentes, ou o poder econômico do causador do dano. Do contrário, se reparará menos o pobre, e se exacerbará a penalização porque a pessoa está num bom padrão econômico. Preservam-se os princípios de igualdade e justiça nas relações entre os seres humanos.

---

[53]   *Responsabilidade civil*, ob. cit., n. 45, p. 62.
[54]   *Responsabilidade civil*, ob. cit., p. 574-575.

Capítulo XX
A Reparação de Danos Materiais

1 A ESTIMATIVA DOS DANOS MATERIAIS POR MEIO DE ORÇAMENTOS

Em grande número dos acidentes, os danos acontecem apenas nos veículos, sem consequências físicas nas pessoas envolvidas. Por isso, a maior parte das lides pendentes nos juízos cíveis diz respeito a prejuízos materiais verificados nos carros. Embora a questão aparentemente revele simplicidade, muitas situações e vários aspectos reclamam um exame pormenorizado.

Acontecendo atentados contra as coisas, o correto é a restituição do bem ao estado em que se encontrava antes do acidente. Vem a ser o modo mais perfeito de emendar o dano. Tal acontece se conseguirmos "restituir la cosa sustraída, reparar los estragos, volver a poner las lindes en el punto de donde fueron removidos, restituir la libertad, el crédito, el honor a la persona encarcelada, difamada, injuriada; derribar la obra dañosa, esto es, sin duda, la reparación más perfecta que el juez podría sancionar".[1]

No entanto, entre as várias espécies de danos, existem alguns que não permitem volver as coisas ao seu estado anterior, como sucede nos homicídios, em certos ferimentos que deixam sinais permanentes; e no desaparecimento de coisas destruídas e que não se encontram mais na mesma espécie. Para reparar, nestes casos, completamente o dano, a lei estabelece a indenização pecuniária, que, embora menos perfeita do que a reparação específica, é, de outra parte, a única possível e mais usada na prática, adaptando-se melhor em grande parte das situações.

E para encontrarmos o equivalente, necessitamos avaliar o dano. A liquidação compreende justamente a avaliação, no sentido estrito da palavra.

Nos danos materiais, em geral, a solução consiste na recomposição do veículo. A substituição por outro só é viável na impossibilidade da reposição e da recuperação de peças danificadas. A forma comumente empregada, no direito brasileiro, é encontrada na avaliação dos estragos logo após o evento, antes do ingresso, em juízo, da ação indenizatória. A avaliação visa apurar a soma de dinheiro a título de danos ou prejuízos. Ela determina a indenização calculada em função do valor do dano. Torna-se necessária para dimensionar a extensão da quantia exigida para a reposição do veículo. A vítima providenciará o conserto dos estragos, mas previamente fará a estimativa do dispêndio total, por meio de orçamentos, colhidos em mais de uma casa especializada. Os pretórios tradicionalmente têm consagrado que, na falta de perícia preambular, os danos sejam estimados mediante três orçamentos de firmas idôneas e capacitadas. De posse da previsão dos gastos, está apto o interessado a ingressar em juízo,

---

[1] Jorge Giorgi, *Teoría de las obligaciones*, ob. cit., v. 5, p. 355.

independentemente de ter levado a efeito a reparação. Dispensa-se, conforme orientação uniforme da jurisprudência, a liquidação para se chegar ao montante despendido ou exigido.

Os orçamentos devem expressar a realidade dos danos. Por meio deles temos o "confronto entre o patrimônio realmente existente após o dano e o que possivelmente existiria, se o dano não se tivesse produzido".[2] A soma indicada para a recuperação constitui a cifra necessária para verificarmos o valor existente antes do sinistro. Representa, outrossim, a depreciação provocada pelo acontecimento.

É a avaliação uma operação altamente significativa para especificar o dano patrimonial e revelar o montante da diminuição de certos valores econômicos. É o instrumento que permite reduzir a uma unidade de valor as danificações produzidas nos bens materiais. Não se exige seja feita por meio de perícia, porque demandaria inevitável perda de tempo e oneroso dispêndio. Para evitar que as partes fiquem aguardando por demorado tempo é que a jurisprudência firmou posição no sentido de autorizar a substituição por comparação de orçamentos, elaborados por diversas e especializadas firmas do ramo. Se estabelecesse a dependência de perícia, o direito do lesado ficaria condicionado, no tempo, à tramitação da confecção da prova.

No entanto, uma realidade, facilmente constatável, determina a relatividade desse meio de comprovação dos prejuízos. Com frequência, verifica-se a prévia combinação entre os que prestam serviços e os usuários, com a finalidade de elevarem os preços artificialmente, não vindo a expressar a verdade os documentos. Mesmo as oficinas entre si realizam tramas fraudulentas, elevando os preços acima da realidade.

O que fazer para contornar esse fenômeno?

Aconselhar o devedor a acompanhar a elaboração dos orçamentos? Impraticável, eis que o lesado é livre para buscar as fontes de consulta onde melhor entender, não se viabilizando a presença daquele. Postular a produção antecipada de prova, via perícia, nos termos do art. 381 e ss. do CPC, igualmente não se coaduna com a eficiência ou a consecução de um resultado positivo. O responsável somente terá acesso aos orçamentos quando aforada já a questão, e, neste momento, as reparações do veículo se encontram efetuadas. Levar a efeito a perícia após o conserto é de certeza relativa se consiga apurar alguma coisa.

Por isso, embora o costume generalizado de se ingressar em juízo com os orçamentos confeccionados, alguma disposição legal haveria de disciplinar a forma de se eleger o procedimento para a elaboração do plano de despesas. Ao obrigado caberia dar oportunidade para participar nos exames que determinarão o montante a ser pago. À vítima competeria, *v.g.*, promover a notificação do causador para indicar as oficinas onde se estimariam os prejuízos e a soma necessária para a reconstituição.

A fim de se firmar certeza no tocante aos elementos técnicos da reparação, convém ilustrar os orçamentos com as notas fiscais ou os recibos, relativamente às despesas efetivadas.

Uma presunção em favor da seriedade dos dados técnicos, significativos dos gastos nos serviços de recuperação, diz respeito à fonte que forneceu os orçamentos. Se forem elaborados por revendedores autorizados, aptos a reporem o veículo em boas condições, têm preferência sobre outros, provenientes de estabelecimentos não categorizados. Evidentemente, o conceito, a organização interna dos serviços, a divisão de setores para cada ramo de atividade, a independência entre as funções, de modo que um funcionário discrimine determinados trabalhos relativos à sua especialização e outro os concernentes ao seu ramo, vindo o setor

---

[2]   Aguiar Dias, *Da responsabilidade civil*, ob. cit., v. 2, p. 709.

de preços a estabelecer o montante dos custos de peças e serviços, tudo induz a emprestar alta credibilidade ao orçamento, mesmo porque se torna difícil, ou muito complexa, qualquer tentativa de embuste ou adulteração de valores.

Paradigma que revela a inteligência mais aceita, em torno de orçamentos, é o seguinte aresto, embora antigo: "Realização, por conta própria, dos reparos necessários no veículo, com a escolha, dentre 03 (três) orçamentos solicitados, pelo de menor valor, efetivado com equipe especializada do seu quadro de funcionários, tornando os gastos menos dispendiosos, o que evidencia presunção de boa-fé na apresentação dos danos suportados".[3]

A parte não está obrigada a oferecer necessariamente três orçamentos. Mesmo um já é suficiente, desde que não seja impugnado pelo litigante contrário e não se apresente exagerado ou dissociado dos demais elementos da prova. Ocorrendo impugnação, nem sempre, pois, é de se indeferir a avaliação, mormente se corroborados os valores consignados por listas de outras casas do gênero, mesmo que trazidas ao processo posteriormente.

Em geral, vem sendo admitida a apresentação de duas cotações de valores, principalmente quando não discrepam muito entre si. Seja qual for a quantidade, porém, para terem validade, devem conter minuciosa e completa descrição das partes a serem substituídas, dos serviços a precisarem de execução e dos materiais obrigatórios reclamados em lugar de outros, com particularização e discriminação dos respectivos valores. A referência a serviços gerais, ou a custeio de peças, arbitrando-se sumariamente uma importância, sem justificação, não comporta aceitação. Pelo contrário, invalida o quadro demonstrativo dos prejuízos. Em obra sobre o assunto, da autoria do juiz Wladimir Valler, é enfatizado que os orçamentos, a fim de merecerem acolhimento, "devem ser específicos, consignando-se as peças necessárias e os serviços pertinentes para a reposição no *statu quo ante*. De outra forma, estariam sendo dadas ensanchas à proliferação da chamada indústria do orçamento, capaz de transformar a ação reparativa numa fonte inexaurível de enriquecimentos indevidos".[4]

Uma questão de grande relevância relaciona-se a qual dos orçamentos deve ser eleito, para determinar a indenização. Em princípio, escolhe-se o de menor valor, dentre os que instruem o feito. A lei prevê unicamente a reparação, e não que se faça do processo um instrumento de enriquecimento indevido. Destarte, mesmo que o conserto tenha sido consumado por outra oficina, a condenação será com base no que apresentar menos sacrifícios ou encargos ao obrigado.

Não raras vezes, os orçamentos de valor mais conveniente não atendem aos justos reclamos do ofendido. Embora deixe o veículo perfeitamente apto para trafegar, a qualidade dos trabalhos é de classe inferior, e mesmo as peças substituídas destoam do padrão original. Levando em conta o princípio de que a reparação há de se apresentar a mais cabal possível, visto nascer da obrigação *ex delicto*, segundo orientação que remonta a milênios e foi estruturada na *Lex Aquilia*, nada impede que se prefira um orçamento de montante maior, desde que deixe o veículo em melhores condições. Não é de se constranger a pessoa a consertar pelo mais baixo valor, se não inspira confiança o trabalho recomendado ao que presta os serviços.

2 LIMITE DO VALOR DA INDENIZAÇÃO AO BEM DANIFICADO

Não raras vezes, pretende-se uma indenização superior ao que vale o bem danificado. Devido aos estragos do veículo ocorridos no acidente, a recuperação comporta somas que

---

[3] STJ, 1.ª Turma, REsp 334.760/SP, rel. Min. José Delgado, j. 06.11.2001, *DJ* 25.02.2002.

[4] *Responsabilidade civil e criminal nos acidentes automobilísticos*. São Paulo: Julex, 1981. v. 1, p. 132.

excedem ao seu preço. Não se estipula a verba indenizatória, neste caso, segundo a estimativa para a recuperação do veículo, mas pelo valor que tinha quando do acidente, ou segundo o preço de um veículo com idênticas características, como marca, espécie, ano e estado de conservação. Remonta-se o valor ao momento do acidente, e corrige-se desde então, ou calcula-se o mesmo na data do pagamento.

Sob essa ótica trilha a jurisprudência nas indenizações: "Se a recuperação do veículo mostra-se economicamente inviável, a indenização deve corresponder ao valor de um carro semelhante, com a idade que tinha aquele acidentado, na data do sinistro. (...). Para se chegar a este valor, apura-se o valor do veículo na data do sinistro e, a partir de então, corrige-se o respectivo montante, até a data do pagamento".

Explica-se mais detalhadamente a situação no voto ensejador da ementa acima:

"Em se tratando de avaria causada a veículo, o modo mais corriqueiro de indenizar é a recuperação. Esta forma, não é, porém, a única. Em sendo impossível, ou antieconômico, restaurar-se o bem, o responsável pela indenização pode ser obrigado, por exemplo, a entregar à vítima:

a) um automóvel semelhante; ou

b) dinheiro em valor correspondente ao do bem destruído.

Na hipótese, a recuperação do automóvel acidentado é manifestamente antieconômica. Ocorreu aquilo que, no jargão das seguradoras, se denomina *perda total*.

Nesta circunstância, a condenação em recuperar o carro mostra-se irracional.

Seria, então, razoável adotar-se uma das alternativas lembradas acima, mediante a prestação de 'quantia bastante para a aquisição de veículo semelhante ao que foi acidentado', ou a condenação 'ao pagamento de indenização em valor correspondente ao preço de mercado de um automóvel... de modelo semelhante ao que foi destruído', o que se viabiliza pela avaliação do valor do automóvel 'apurado na época do acidente, e, a partir de então, corrigido monetariamente'".[5]

Admite-se que do valor se desconte o correspondente à sucata:

"A reparação foi calculada com base no valor de mercado do bem, do qual deveria ter sido descontado aquele correspondente ao que restou do veículo sinistrado, ou seja, o valor da sucata, que, na hipótese, permanece de propriedade do recorrido. Impedir esse desconto é permitir o enriquecimento sem causa do recorrido".[6]

3 ESTIMATIVA E INCIDÊNCIA DOS LUCROS CESSANTES

Para quem exerce uma atividade rendosa com o veículo, a indenização é dupla: pelo conserto da máquina e pela perda do lucro decorrente da interrupção do trabalho dependente do veículo. Bem explica Pontes de Miranda: "Se *B* quebra a máquina que pertence a *A*, ou está alugada ou emprestada a *A*, o dano pode consistir no conserto da máquina (ou na prestação do valor correspondente à diminuição do valor da máquina), mais o que resultou de perda de lucro pela interrupção na exploração da máquina (ou na prestação do que mediou de perda de lucro devido à interrupção da exploração). Há, assim, o dano imediato e o mediato".[7]

---

[5] STJ, 1.ª Turma, REsp 56.708-4/SP, j. 06.03.1995, *RSTJ* 75/401.

[6] STJ, 3.ª Turma, REsp 1.058.967/MG, rel. Min. Nancy Andrighi, j. 20.09.2011, *DJe* 29.09.2011.

[7] *Tratado de direito privado*, ob. cit., t. XXII, p. 215, § 2.722, n. 3.

Se, pois, o veículo acidentado servia de instrumento para o desempenho de atividade lucrativa, a reparação envolverá os lucros cessantes pelo período de tempo de inutilização. Compreenderá a liquidação em apurar o montante que a vítima efetivamente perdeu e o que razoavelmente deixou de lucrar. Com frequência a hipótese acontece nos acidentes com veículos de transporte de passageiros e de carga. Em geral, a liquidação é procedida em cumprimento de sentença, por arbitramento ou por artigos (art. 509, I e II, do CPC). Há necessidade de se chegar à renda líquida percebida antes do evento, o que se alcança mediante um exame comparativo em relação a outros veículos, ou aos valores auferidos nos meses precedentes.

Casos acontecem envolvendo situações especiais.

Se a empresa ou a pessoa substituir o veículo por outro de que dispõe para esta finalidade, é procedente a indenização pelos dias sem atividade?

A jurisprudência teve oportunidade de apreciar a questão, assentando: "A empresa rodoviária tem direito aos lucros cessantes, quando um de seus veículos for sinistrado por culpa de outrem, ainda que possua frota de reserva".[8] Argumenta-se que, em matéria de responsabilidade civil, a indenização há de ser a mais completa possível, abrangendo, evidentemente, os lucros cessantes. O objetivo da constituição da frota de reserva, principalmente no que tange ao transporte coletivo, é o atendimento da demanda de condução pelo povo, e não para suavizar a indenização devida por eventual autor de ato ilícito. O problema, entretanto, não se esgota na situação proposta. A empresa, a nosso ver, há de provar que o coletivo usado na substituição do danificado não pode ser aproveitado em outro setor, o que provocou induvidoso prejuízo. Pouco influi permaneça parada uma ou outra condução. Os lucros cessantes devem ser cumpridamente demonstrados, a exemplo do seguinte aresto: "Configurados o dano e os lucros cessantes pela paralisação de veículo de autoescola necessário ao desenvolvimento das atividades da autora, cabível a sua condenação, cujo montante, todavia, deve ser apurado em liquidação de sentença, considerando-se, notadamente, o volume médio de aulas ministradas pela empresa e o valor das mesmas, porém com a dedução obrigatória das despesas operacionais, não consignadas na documentação unilateralmente apresentada, que se rejeita".[9]

E na circunstância de uma pessoa desempenhar sua profissão locomovendo-se com veículo próprio ou do empregador?

Há de se provar a viabilidade ou não do exercício da profissão sem veículo.

Cuidando-se de vendedor que percorre determinada região sem transportar mercadoria, mas que realiza o percurso com condução particular, embora servida a região de transporte coletivo, em cumprimento de sentença, preferentemente, procurar-se-á apurar o decréscimo ou não de vendas, em virtude do uso de veículo coletivo. Assim deve ser. A solução é sempre onerar da menor maneira possível o responsável. Se a locação de veículo não condiz com os lucros ou a necessidade de atendimento dos fregueses, indeniza-se a diminuição de renda auferida no período de paralisação do veículo. A perícia especificará as flutuações dos lucros na época da existência do carro e na época em que o profissional não contava com ele.

De outro lado, mesmo que uma pessoa se sirva do carro apenas para se deslocar ao seu trabalho, sendo a utilização uma constante em sua vida, não é coerente impor a mudança de comportamento, passando a usar veículo de transporte público. O causador não fica a salvo da indenização. Premiar-se-ia, caso contrário, sua conduta culposa. Serão ressarcidos os dispêndios feitos com os serviços de automóvel de aluguel, durante o tempo de retenção do meio de transporte próprio na oficina mecânica.

---

[8]   STJ, 3.ª Turma, REsp 535.979/ES, rel. Min. Castro Filho, j. 18.12.2003, *DJ* 25.02.2004.

[9]   STJ, 4.ª Turma, REsp 489.195/RJ, rel. Min. Aldir Passarinho Júnior, j. 23.10.2007, *DJ* 19.11.2007.

Argumentar-se-á, com relação ao vendedor acima referido, que as soluções são antagônicas, e que o fato é o mesmo. A resposta é negativa. Na primeira hipótese, o ônus é menor indenizando-se a simples queda de vendas, em vez de custear a locação permanente de um veículo. Ademais, na última situação, o uso do automóvel independe da atividade lucrativa.

4 A REPARAÇÃO ESPECÍFICA, OU MEDIANTE A ENTREGA DE OUTRO VEÍCULO

Parte-se da lição de Pontes de Miranda: "Em vez do restabelecimento do estado anterior, que é a reparação em natura, pode o ofendido exigir a quantia necessária a isso, desde que não superior ao valor (ainda estimativo) do bem lesado".[10] Na prática, tantos são os exageros das oficinas mecânicas na avaliação dos danos que o montante ultrapassa o valor do veículo no mercado. Um simples afundamento da lataria acarreta considerável despesa, tornando-se uma forma de espoliar o autor do dano. Contudo, o valor dos danos emergentes não deve ser maior do que o valor da própria coisa lesada.

Quando o prejuízo se afigurar elevado, superior ao preço do bem, a solução está em substituí-lo por outro com os mesmos característicos. Inconcebível que, se o conserto do veículo danificado for avaliado em quantia que ultrapassa o seu preço, assim mesmo se ordene o conserto e não a entrega de outro veículo equivalente. Em tais condições, é correta a sentença que manda pagar a indenização de danos materiais na quantia que representa o custo para a aquisição de outro veículo idêntico ao sinistrado". Num precedente do Superior Tribunal de Justiça, nessa visão: "Mostrando-se economicamente inviável a recuperação do veículo acidentado, a indenização deve corresponder ao valor de um carro, semelhante, com a idade que tinha o acidentado, na data do sinistro, corrigindo-se, a partir de então, o respectivo montante até a data do pagamento".[11] E a doutrina: "Quando os orçamentos para o conserto atingem valores superiores ao do próprio veículo, torna-se antieconômico e desarrazoado mandar consertá-lo. Em tais casos a indenização deve corresponder à quantia que represente o custo para a aquisição de outro idêntico ao sinistrado".[12]

A indenização cumpre a finalidade de recompor o patrimônio do lesado, de modo que, por meio dela, o bem danificado adquira o seu estado anterior, e venha a existir como se o evento não houvesse ocorrido. Há, pois, que se encontrar limitação no valor da coisa lesada.

A simples entrega de outro veículo realiza a mais perfeita das reparações. Não se encontrando um da mesma qualidade, se outro for colocado à disposição do credor, é natural que seja devolvida a parte do preço que exceder o valor do carro danificado. Cumpre esclarecer, ainda, a necessidade, na reposição da situação anterior, de se computar a estimação do preço do veículo acidentado, que virou sucata. Seu valor será abatido da soma total que o responsável se obrigou a pagar.

Todavia, há jurisprudência que dá a opção ao prejudicado na escolha entre a recuperação e o recebimento de outro veículo, máxime quando possui valor estimativo: "O valor da indenização há que corresponder ao valor da recomposição do automóvel no seu estado anterior, sendo irrelevante o seu valor de mercado, por isso que o autor tem o direito a ser indenizado na quantia que lhe seja mais favorável".[13]

---

[10]   *Tratado de direito privado*, ob. cit., t. XXII, p. 209, § 2.722, n. 2.

[11]   STJ, 4.ª Turma, REsp 159.793/SP, j. 11.04.2000, *DJU* 19.06.2000.

[12]   Wladimir Valler, *Responsabilidade civil e criminal nos acidentes automobilísticos*, ob. cit., v. 1, p. 132.

[13]   STJ, 2.ª Turma, REsp 135.618/SC, j. 03.02.2000, *DJU* 13.03.2000.

Calcula-se o preço do veículo à época do acidente, e não do pagamento, dada a desvalorização acentuada dos veículos na medida em que passa o tempo, segundo adverte o STJ:

"É abusiva a cláusula contratual do seguro de automóvel que impõe o cálculo da indenização securitária com base no valor médio de mercado do bem vigente na data de liquidação do sinistro, pois onera desproporcionalmente o segurado, colocando-o em situação de desvantagem exagerada, indo de encontro ao princípio indenitário. Como cediço, os veículos automotores sofrem, com o passar do tempo, depreciação econômica, e, quanto maior o lapso entre o sinistro e o dia do efetivo pagamento, menor será a recomposição do patrimônio garantido.

A cláusula do contrato de seguro de automóvel, a qual adota, na ocorrência de perda total, o valor médio de mercado do veículo como parâmetro para a apuração da indenização securitária, deve observar a tabela vigente na data do sinistro e não a data do efetivo pagamento (liquidação do sinistro)".[14]

5 APURAÇÃO DOS DANOS EM LIQUIDAÇÃO DE SENTENÇA

Apresentando-se tendenciosos os orçamentos, ou não oferecendo esclarecimentos convincentes, aconselha-se a remeter o cálculo do valor à liquidação em fase de cumprimento de sentença. Mesmo na hipótese de ser anexada apenas uma estimativa, o que enseja dúvidas quanto à seriedade dos serviços, a apuração do *quantum* deve ser levada a efeito após a decisão final.

Os orçamentos não explicitando os defeitos ou estragos originados do acidente, ou denotando inidoneidade técnica e falta de capacitação da pessoa que os elaborou, o mais prudente é exigir uma melhor prova, por meio de perícia pormenorizada, possível de realização mediante arbitramento ou pelo procedimento comum.

Entretanto, na eventualidade de se tornar difícil a constatação posterior, pela descrição dos estragos ou danos, chega-se a uma ideia da situação do veículo. Com tais elementos, então, procede-se à avaliação. Procura-se encontrar uma estimativa no estado a que foi reduzido. Concluindo-se um determinado preço, compara-se o valor com a apreciação de um veículo da mesma marca, de idêntico ano e características semelhantes. A indenização é determinada pelo cálculo da diferença entre o preço de mercado anterior ao acidente e o valor que o veículo conservou após o sinistro.

Para viabilizar essa solução, os prejuízos hão de constar provados e ser inferiores ao preço de um carro do mesmo ano e em condições de funcionamento regular. Se a diferença apurada é superior, surgiria um prejuízo para o responsável e não seria viável a reconstituição.

Seja como for, desprovidos de validade os orçamentos, ou não efetuados, em cumprimento de sentença colhem-se os elementos existentes para determinar o custo da reparação. Vários dados servem de base para o cálculo, como as notas fiscais, os recibos pela prestação de serviços, o exame comparativo entre os valores pagos e os cobrados por oficina diferente para idênticos trabalhos.

Contudo, há uma questão controvertida: indicando o autor um valor certo e específico, mesmo amparado em um único orçamento, é vedado ao juiz proferir sentença ilíquida, dentro dos cânones do art. 492 e seu parágrafo único do CPC, sob pena de ficar inquinado de nulidade o ato. No processo, instaurado com a petição inicial, assume o autor o ônus de provar não apenas a responsabilidade do réu, mas também, e desde logo, o montante da

---

[14] REsp 1546163/GO, 3.ª Turma, rel. Min. Ricardo Villas Bôas Cueva, j. 05.05.2016, *DJe* 16.05.2016.

indenização. E, na sentença, o juiz decidirá sobre a obrigação do agente do dano e sobre o valor da prestação. Na eventualidade de não se lograr tal prova, a demanda será julgada improcedente.[15]

A interpretação do parágrafo único do art. 492 tornou-se uma verdadeira *vexata quaestio*, divergindo os pretórios e os mestres na aplicação do dispositivo.

Cumpre se dê o real alcance da norma.

A proibição de proferir sentença ilíquida, sendo o pedido certo, há de ser vista comedidamente, com o significado de se dar uma solução rápida à lide, realizando-se desde logo o direito do autor e afastando-se os inconvenientes de um longo processo de liquidação. Em princípio, proíbe-se ao juiz relegar a apuração do *quantum* à liquidação. Mas a aplicação literal e rigorosa da lei levaria a soluções injustas e anularia o fim precípuo da norma objetiva, que é a economia processual e o dever de evitar a sujeição das partes às protelações de liquidações demoradas e desnecessárias.

Nas ações de reparação por acidente de trânsito, a praxe é admitir a certeza da dívida pelo orçamento no qual está amparada. Se fundamentadamente impugnado, no entanto, cede passo à perícia, que costuma ser efetivada em liquidação de sentença, depois de estabelecida a obrigação de indenizar. O dispositivo legal fala em pedido certo. O conteúdo da palavra não se limita à liquidez. Envolve significado mais amplo, como coisa ou quantia determinável ou determinada, que pode ser alcançada mediante a apresentação de orçamentos. É o que transparece na seguinte ementa: "Realização, por conta própria, dos reparos necessários no veículo, com a escolha, dentre 3 (três) orçamentos solicitados, pelo de menor valor, efetivado com equipe especializada do seu quadro de funcionários, tornando os gastos menos dispendiosos, o que evidencia presunção de boa-fé na apresentação dos danos suportados".[16]

O escopo do art. 492, parágrafo único, está na orientação de não se dissociar, sempre que possível, o *quantum* do *an debeatur*. A interpretação dentro de uma literalidade pura leva ao absurdo de ser o juiz obrigado a negar a indenização somente porque encontrou defeitos nos orçamentos, quando, por uma questão de consciência e justiça, deveria ordenar a apuração dos danos em liquidação. Aonde chegaríamos se pensássemos ser admissível a reparação, mas fosse o juiz impelido a julgar improcedente a ação só por causa da ausência de uma certeza quanto ao valor dos danos pleiteados na inicial? Seria negar a própria justiça, limitando-a a formalidades adjetivas. O julgador há de buscar sempre a solução justa, e nessa procura não é coerente se prender em demasia a regras instrumentais. Dentro do possível, cabe a ele tomar todas as providências pertinentes à instrução do processo, inclusive conduzindo-o a definir o montante dos danos. Consoante orientação do Superior Tribunal de Justiça, "não estando o juiz convencido da procedência da extensão do pedido certo formulado pelo autor, pode reconhecer-lhe o direito, remetendo as partes para a liquidação. Interesse recursal em arguir a nulidade da decisão restrito ao demandante".[17]

6 PRESCRIÇÃO DE PRETENSÃO INDENIZATÓRIA

De três anos o prazo para intentar a reparação civil, conforme está no art. 206, § 3.º, V, do Código Civil.

---

[15] Wladimir Valler, *Responsabilidade civil e criminal nos acidentes automobilísticos*, ob. cit., v. 1, p. 131.

[16] STJ, 1.ª Turma, REsp 334.760/SP, rel. Min. José Delgado, j. 06.11.2001, *DJ* 25.02.2002.

[17] STJ, 4.ª Turma, REsp 162.194/SP, j. 07.12.1999, *DJU* 20.03.2000.

Por tal regra, todas as ações indenizatórias que visam à reparação de qualquer dano têm o prazo limitado em três anos para o ajuizamento.

Uma vez provado o dano, cabe a ação de reparação. Tem o direito de pedir a reparação toda pessoa que demonstre um prejuízo e sua injustiça. Leva-se a efeito a reparação com a atribuição de uma quantidade de dinheiro suficiente para que compense, por sub-rogação, um interesse.

Existem dois modos de reparar o dano: de um lado, está o ressarcimento, que consiste na recomposição da situação anterior, mediante a compensação de uma soma pecuniária equivalente; de outra parte, vem a reparação específica, ou a integração, pela qual a obrigação ressarcitória se concretiza com a restituição ao sujeito do estado anterior ao dano. Mesmo não cancelando o dano no mundo dos fatos, cria uma realidade materialmente correspondente à que existia antes de se produzir a lesão. O ressarcimento, diferentemente, estabelece uma situação econômica equivalente àquela que foi comprometida pelo dano, mediante uma indenização em dinheiro. Revelando caráter pecuniário, se expressa na prestação, ao prejudicado, de uma soma, em dinheiro, adequada para originar um estado de coisas equivalente ao anterior. Ao prejudicado assiste o direito de exigir uma importância destinada a reequilibrar a sua posição jurídica.

Importa, mais que as distinções subjetivas, que seja restaurado o prejuízo causado.

Fundamentalmente, duas causas provocam o direito à indenização, imposto como obrigação legal.

A primeira nasce do inadimplemento, pelo devedor, de um dever de dar, fazer ou não fazer. É a reparação pelo dano contratual. A lei protege o credor e o cerca de meios legais a fim de que o obrigado satisfaça aquilo a que se comprometera. Busca-se dar ao titular do direito subjetivo a prestação prometida.

Em segundo lugar, a prática de um ato ilícito determina o ressarcimento dos danos, o que se verifica com a reposição das coisas em seu estado anterior. Se há a impossibilidade de reposição, ao prejudicado resta a opção da indenização em dinheiro por perdas e danos.

Todavia, de observar que não só os atos ilícitos são fonte de indenização. Há a responsabilidade objetiva, ou decorrente do risco, instituída por leis especiais, onde não se questiona a respeito da licitude ou ilicitude do evento que desencadeia o dano.

A reparação assume contornos próprios, segundo a causa que a faz nascer. Às vezes, os prejuízos são devidos porque o compromisso definitivo restou descumprido. Há impossibilidade de satisfação. Em outras ocasiões, o atendimento se verifica após certa demora, mais ou menos prolongada, que produz prejuízos. No primeiro caso, temos a reparação compensatória; no segundo, ela é moratória. Nada impede a acumulação de ambos os modos, quando o atraso no atendimento, primeiramente observado, se transforma em inobservância definitiva.

Opera-se a reparação por meio do pagamento das perdas e danos, representado por uma soma em dinheiro equivalente ao valor da prestação descumprida, ou aos prejuízos sofridos com o inadimplemento, ou equivalente à perda do bem acarretada pelo ato ilícito, advindo por determinação legal independentemente da culpa, que enseja a responsabilidade objetiva.

Uma vez ocorrido o dano, nasce o direito à reparação, começando a correr o prazo de prescrição de três anos.

Quando a ação se originar de fato que deva ser apurado no juízo criminal, não correrá a prescrição antes da respectiva sentença definitiva. Assim está no art. 200 do Código Civil: "Quando a ação se originar de fato que deva ser apurado no juízo criminal, não correrá a prescrição antes da respectiva sentença definitiva". Já se entendia assim ao tempo do regime anterior: "Se o ato pelo qual pode exsurgir a responsabilidade civil do Estado está sendo objeto de processo criminal, o termo inicial da prescrição da ação de reparação de danos inicia, excepcionalmente, da data do trânsito em julgado da sentença penal".[18]

Aduz Misael Montenegro Filho: "Interpretando o artigo em questão, tenho sustentado que a presença do verbo 'deva' não deixa margem a qualquer dúvida, entendendo-se que o artigo em destaque se aplica às hipóteses de crimes de iniciativa pública (ação penal pública), nas quais o fato deve ser apurado, e proposta a correspondente ação por parte do Ministério Público, guiado pelo princípio da obrigatoriedade".[19]

Ao titular do direito se faculta aguardar o trânsito em julgado da sentença condenatória e promover a execução no juízo cível, conforme também permite o art. 63 do CPP. Não se conclua que, se o fato ensejador de um direito comportar uma ação penal, necessariamente se deva aguardar o julgamento do juízo criminal. Assim, numa pretensão indenizatória por acidente de trânsito, não se suspende a ação cível até que se chegue ao final do processo--crime. Unicamente se já decidida a controvérsia sobre quem seja o autor é que, no cível, não mais se discutirá sobre o assunto. Comprovado, no processo criminal, que o demandado na ação cível não foi o autor da ação lesiva, essa definição fará coisa julgada também no cível, por determinação do art. 935 do Código Civil. E, se no processo-crime é discutido assunto que influirá no juízo cível, à parte é facultado o pedido de suspensão da lide, não correndo a prescrição durante esse interregno. De igual modo não fluirá se não ingressar o lesado com a demanda, pois faculta-se esperar a decisão no crime.

Necessário observar que não se aplica o art. 200 do CC/2002 na hipótese de não promovida a ação penal, o que vem bem ressaltado na seguinte ementa de um julgado do STJ:

"Recurso especial. Responsabilidade civil. Acidente de trânsito. Prescrição da pretensão indenizatória. Suspensão prevista no art. 200 do CC/2002. Necessidade de instauração de inquérito policial ou de ação penal. Inaplicabilidade da regra ao caso.

1. Ação de reparação de danos derivados de acidente de trânsito ocorrido em 26.08.2002 proposta apenas em 07.02.2006, ensejando o reconhecimento pela sentença da ocorrência da prescrição trienal do art. 206 do CC/2002.

2. Reforma da sentença pelo acórdão recorrido, aplicando a regra do art. 200 do CC/2002.

3. Inaplicabilidade da regra do art. 200 do CC/2002 ao caso, em face da inocorrência de relação de prejudicialidade entre as esferas cível e criminal, pois não instaurado inquérito policial ou iniciada ação penal.

4. Interpretação sistemática e teleológica do art. 200 do CC/2002, com base na doutrina e na jurisprudência cível e criminal desta Corte.

5. Recurso especial provido".[20]

Não há que se cogitar da incidência do prazo de cinco anos, previsto no art. 27 do Código de Defesa do Consumidor, eis que não se cuida de relação consumerista, mas sim de situação enfrentada com base na responsabilidade civil. É como decide o Superior Tribunal de Justiça: "Consoante entendimento desta Corte, não incide a prescrição quinquenal prevista no art. 27 do Código de Defesa do Consumidor em ações de reparação de danos com fundamento em responsabilidade civil. Precedentes".[21]

---

[18] STJ, 2.ª Turma, REsp 137.942/RJ, j. 05.02.1998.

[19] *Ação de indenização na prática*. São Paulo: Atlas, 2002. p. 113.

[20] STJ, 3.ª Turma, REsp 1.180.237/MT, rel. Min. Paulo de Tarso Sanseverino, j. 19.06.2012, *DJe* 22.06.2012.

[21] STJ, 4.ª Turma, AgRg no AgI 585.235/RJ, j. 05.08.2004, *DJU* 23.08.2004.

Apontam-se mais decisões no curso do voto:

"Acidente ferroviário – Danos materiais e morais – Prescrição vintenária. Ocorrendo acidente durante o transporte de passageiro, por via férrea, que lhe causou sofrimento físico e moral, constituindo circunstância extraordinária à relação de consumo, insere-se o fato no campo da responsabilidade civil, ficando, assim, a ação sujeita à prescrição vintenária do art. 177 do Código Civil, e não à do art. 27 da Lei 8.078/1990".[22]

"Por defeito de serviço, na previsão do art. 14, § 1.º, I a III, do CDC, há de se entender, no caso de transporte de passageiros, aquele inerente ao curso comum da atividade comercial, em tal situação não se compreendendo acidente que vitima fatalmente passageira do coletivo, uma vez que constitui circunstância extraordinária, alheia à expectativa do contratante, inserindo-se no campo da responsabilidade civil e, assim, sujeita à prescrição vintenária do art. 177 do Código substantivo, e não ao art. 27 da Lei 8.078/90. Recurso especial conhecido e provido para afastar a prescrição quinquenal e determinar o julgamento do mérito da ação no grau monocrático."[23]

De notar que, diante do vigente Código Civil, dada a previsão do prazo de três anos (art. 206, § 3º, V), não tem incidência o prazo de dez anos que está no art. 205, o qual equivale ao revogado art. 177 do Código de 1916.

Outrossim, não se aplica a exegese do STJ, fixando o prazo de dez anos para a prescrição, por não se tratar de dano decorrente de inadimplemento contratual: "Versando o presente caso sobre responsabilidade civil decorrente de possível descumprimento de contrato de compra e venda e prestação de serviço entre empresas, está sujeito à prescrição decenal (art. 205 do Código Civil)".[24]

---

[22] STJ, REsp 447.286/RJ, *DJU* 16.06.2003.

[23] STJ, REsp 280.473/RJ, *DJU* 04.02.2002. Ainda, em igual inteligência, REsp 234.725/RJ, *DJU* 20.08.2001.

[24] EREsp 1281594/SP, Corte Especial, rel. Min. Felix Fischer, j. 15.05.2019, *DJe* 23.05.2019.

Capítulo XXI

Constituição de Capital

1 CONSTITUIÇÃO DE CAPITAL PARA ATENDER A OBRIGAÇÃO ALIMENTAR DECORRENTE DE ATO ILÍCITO

A matéria é de ordem processual.

Preceitua o art. 533 do CPC: "Quando a indenização por ato ilícito incluir prestação de alimentos, caberá ao executado, a requerimento do exequente, constituir capital cuja renda assegure o pagamento do valor mensal da pensão".

Nas indenizações por morte e incapacidade temporária ou permanente, uma das cominações impostas ao agente é o pagamento de pensão correspondente ao valor mensal que percebia a vítima.

Não basta a mera condenação. Importa sobremaneira o cumprimento da obrigação, com o que se preocupou o legislador, dando origem ao dispositivo citado, que rememora a tradição de nosso direito processual civil desde os primeiros códigos.

O termo alimentos vem empregado de forma genérica. Lembrava Alcides de Mendonça Lima: "Desde o Código de 1939 que o intuito do legislador – então como novidade no ordenamento processual – foi o de uniformizar o modo de liquidação de obrigações decorrentes de atos ilícitos, conforme o art. 1.537 ao art. 1.540 do CC, envolvendo prestação alimentícia, no sentido amplo, à própria vítima ou a seus dependentes legalmente".[1] O art. 1.537 referido corresponde ao art. 948 do vigente Código Civil.

A constituição de capital, pois, envolve qualquer pensão com o caráter de alimentos e não originada de um dever fundado em direito de família. Escreve, corroborando, Amílcar de Castro: "O art. 602, com a nova redação, que lhe foi dada pela Lei 5.925, de 01.10.1973, refere-se exclusivamente à prestação de alimentos incluída na indenização por ato ilícito (arts. 1.537, II, e 1.539 do CC). Não compreende os alimentos devidos a título de parentesco, ou com base no direito de família, nem os alimentos provisionais (art. 296 e ss. do CC e art. 732 e ss. deste CPC)".[2] Esclareça-se que os arts. 602 e 732 do CPC anterior correspondem aos arts. 533 e 528, § 8.º, do CPC/2015; e que os artigos citados – 1.537, II, e 1.539 – do Código Civil de 1916 equivalem aos arts. 948, II, e 950 do Código ora em vigor; já o art. 296 e ss., também referidos, não têm correspondência no atual diploma civil.

De outro lado, a prestação nasce do ato ilícito, mas não se afasta a garantia se decorre a obrigação da culpa contratual ou da responsabilidade objetiva. Não está circunscrita ao

---

[1] *Comentários ao Código de Processo Civil*. Rio de Janeiro: Forense, 1974. v. 6, t. II, p. 560.

[2] *Comentários ao Código de Processo Civil*. São Paulo: RT, 1974. v. 7, p. 110.

crime de homicídio e ao de lesões corporais graves ou leves, mas a todo ato lesivo, visando a garantia atender à reparação dos prejuízos causados por tais delitos e por outros eventos lesivos, tendo proeminência, no entanto, os cânones dos arts. 948 a 950. Seja doloso ou culposo o fato, ou decorra da responsabilidade objetiva, interessa a verificação do dano.

As prestações vincendas têm aplicação à espécie, ou seja, às que se vencerem no futuro.A finalidade é dar garantia à reparação do prejuízo causado, como está em um pronunciamento do STJ: "Nas ações indenizatórias, o objetivo de constituir-se um capital é o de dar à parte lesada a segurança de que não seja frustrada quanto ao efetivo recebimento das prestações futuras a que faz jus. Regra aplicável, pois, à relação entre devedor e credor da lide principal".[3]

Existe, a respeito, a Súmula 313 do STJ, de 2005: "Em ação de indenização, procedente o pedido, é necessária a constituição de capital ou caução fidejussória para a garantia de pagamento da pensão, independentemente da situação financeira do demandado".

A quantia devida até a sentença fica subordinada à execução comum, como no caso de qualquer outro valor certo, seguindo os passos da penhora, avaliação e expropriação. Compreende a quantia calculada entre a data da cessação da atividade pela prática do ato ilícito e o dia da sentença condenatória transitada em julgado. Abrange os acessórios, computando-se os juros, a correção monetária, as custas e os honorários. O capital a ser formado se relaciona às prestações futuras, num lapso de tempo correspondente à vida provável da vítima, se falecida, ou ao longo de seus dias, se restou incapacitada definitivamente.

Tem defendido o Superior Tribunal de Justiça que a constituição deve vir ordenada na sentença proferida em processo de conhecimento: "A condenação prevista no art. 602, *caput*, do CPC deve constar da sentença proferida no processo de conhecimento, não podendo ser postulada na fase de liquidação ou no processo de execução".[4] O art. 602 invocado tem sua regra abrangida pelo art. 533 do CPC/2015.

Entrementes, não se encontra regra impondo o momento da constituição do capital. Desde que surjam motivos para exigir a garantia posteriormente, concede-se sua instituição. Se em dado momento as circunstâncias não ensejavam a providência, não havia por que buscá-la. Surgindo uma situação que enseja o colapso financeiro do obrigado, com prenúncios de insolvência, o direito que consolidou a obrigação permite que se estabeleça a garantia.

Lembra-se que a mera inclusão do credor em folha de pagamento não basta nem sempre enseja garantia do cumprimento. Adverte o STJ:

"Diante da realidade da economia dos nossos dias, não há razão suficiente para substituir a constituição do capital prevista no art. 602 do CPC pela inclusão em folha de pagamento".[5] Em outros pronunciamentos: "Ainda que se trate de empresa concessionária de serviço público, é indispensável que seja reconhecida a sua solvabilidade. Caso contrário, não se admite a substituição da constituição de capital, prevista no art. 602, CPC, pela inclusão da vítima em folha de pagamento".[6] De lembrar que o citado art. 602 corresponde ao art. 533 do CPC de 2015.

"Em face da realidade econômica do País, que não mais permite supor a estabilidade, longevidade e saúde empresariais, de modo a permitir a dispensa de garantia, a 2.ª Seção deste Tribunal, no julgamento do REsp 302.304/RJ, pacificou posição, afirmando a impossibilidade

---

3   STJ, 3.ª Turma, Ag. 274.106 – AgRg-EDcl, j. 16.08.2001, *DJU* 24.09.2001.

4   STJ, 4.ª Turma, REsp 268.666/RJ, j. 05.10.2000, *DJU* 20.11.2000.

5   STJ, 2.ª Seção, REsp 302.304/RJ, j. 22.05.2002, *DJU* 22.05.2005, *RSTJ* 95/315.

6   STJ, 4.ª Turma, REsp 299.690/RJ, j. 13.03.2001, *DJU* 07.05.2001.

da substituição da constituição de capital, prevista na lei processual civil, pela inclusão do beneficiário de pensão em folha de pagamento."[7]

Encontram-se decisões admitindo a dispensa da providência "quando se trate o devedor de pessoa jurídica de direito público ou pessoa jurídica de direito privado de reconhecida idoneidade".[8]

Mais emblemática a seguinte decisão do STJ para a hipótese:

"Na linha de precedentes deste Tribunal, ainda na vigência do CPC/1973, com o advento da Lei n. 11.232/2005, que instituiu o art. 475-Q, § 2.º, no ordenamento processual, passou a ser facultado ao juiz da causa substituir a determinação de constituição de capital assegurador do pagamento de pensão mensal pela inclusão do beneficiário da prestação em folha de pagamento de entidade de direito público ou de empresa de direito privado de notória capacidade econômica, impondo-se que a Súmula 313/STJ seja interpretada de forma consentânea ao referido texto legal. Na hipótese, a fim de assegurar o efetivo pagamento das prestações mensais estipuladas, mostra-se suficiente a inclusão da autora em folha de pagamento em substituição à constituição de capital".[9] Com o CPC de 2015, o mencionado § 2.º do art. 475-Q tem regra equivalente no § 2.º do art. 533.

2 FORMAS DE CONSTITUIÇÃO DO CAPITAL

Prescreve § 1.º do art. 533 do estatuto processual civil: "O capital a que se refere o *caput*, representado por imóveis ou por direitos reais sobre imóveis suscetíveis de alienação, títulos da dívida pública ou aplicações financeiras em banco oficial, será inalienável e impenhorável enquanto durar a obrigação do executado, além de constituir-se em patrimônio de afetação.".

Como constitutivos de capital para a garantia da obrigação elencam-se, pois, os imóveis, os direitos reais sobre imóveis, os títulos da dívida pública e as aplicações financeiras em banco oficial. Esses bens passam a ser considerados como de afetação, ou seja, a alienação autorizada prende-se para a finalidade única de satisfazer o crédito, e ficam separados do patrimônio da pessoa obrigada.

Explicava Alcides de Mendonça Lima, em lição ainda aplicável: "Capital constituído. Será a fonte da renda para ser atendido ao cumprimento da obrigação a que foi condenado o devedor. Os bens não se transmitem ao credor, mas continuam na propriedade do devedor. Apenas sofrem limitações na sua disponibilidade. O capital, aliás, se circunscreve, apenas, a produzir renda mensal equivalente aos alimentos devidos à vítima e, na sua falta, a seus dependentes".[10]

Especificam-se determinados bens para garantir a dívida. Não são transferidos ao credor. Permanecem na propriedade do devedor, mas sofrendo limitações no poder de disponibilidade. O objetivo da medida é a produção de uma renda mensal equivalente à pensão devida e tributada à vítima ou a seus dependentes. Devem garantir os estipêndios exigidos para a cura, a medicação, o tratamento médico e hospitalar, a moradia, o sustento, a educação (sendo menor o dependente) etc. Em última instância, leva-se em conta a necessidade de compensar o valor perdido e auferido antes pela vítima, o que há de estar calculado previamente.

---

[7] STJ, 3.ª Turma, REsp 416.846/SP, j. 05.11.2002, *DJU* 07.04.2003.

[8] 1.º TACSP, 3.ª Câm., Ap. 1.027.934-6, *Adcoas* 8212953, *Boletim de Jurisprudência Adcoas*, dez. 2002-jan. 2003, p. 9.

[9] REsp 1.732.398/RJ, 3.ª Turma, rel. Min. Marco Aurélio Bellizze, j. 22.05.2018, *DJe* 1.º.06.2018.

[10] *Comentários ao Código de Processo Civil*, ob. cit., p. 564.

A constituição de capital não se restringe à reserva de bens que redundem numa renda mensal correspondente aos ganhos do falecido. Possível que nenhum aproveitamento econômico consigam. Sobreleva considerar o valor patrimonial e econômico que expressam. Uma vez o responsável não honrando o compromisso da pensão mensal, a execução ou a transformação em dinheiro reverterá em uma soma equivalente ao total da pensão calculada. Mister observar que, não oferecendo rendimento mensal, deverão os bens apresentar uma estimativa econômica não inferior ao total da indenização devida e previamente arbitrada. Se produzirem frutos, interessa levar em conta o índice de rentabilidade mensal, que acompanhará o valor da pensão.

Fica o titular do direito protegido contra uma súbita e eventual insolvência do devedor, pois os bens que formam o capital tornam-se inalienáveis e impenhoráveis. Essas cláusulas perduram enquanto não solvida a obrigação. Ocorrendo o falecimento do acidentado, transmite-se o direito aos dependentes e herdeiros, na seguinte ordem: cônjuge, descendentes, ascendentes, irmãos, colaterais etc. Existindo uma dessas pessoas, na condição de dependente, a obrigação do devedor persistirá.

De muitas formas efetua-se a constituição. O § 1.º do art. 533, acima reproduzido, parece limitar a quatro modalidades: por meio de imóveis, de direitos reais sobre imóveis, de títulos da dívida pública e de aplicações financeiras em banco oficial. A prática, já em época antiga, entendia como mais viável o depósito bancário e em caderneta de poupança de certa quantia, a render juros e correção monetária. O depósito, procedido em entidade creditícia de caráter oficial, bloqueadas as retiradas, salvo as pensões do credor, atende, em linha de princípio, aos reclamos de solvência e garantia. Como, todavia, não é possível um cálculo exato sobre os lucros derivados do capital, pela constante variação da pensão, dos juros e da correção, de bom alvitre seja depositado um *quantum* capaz de ensejar razoável grau de segurança, e cujas retiradas não o consumam, de modo a suportar as naturais alterações salariais e a decadência incessante do valor de nossa moeda.

O depósito tem que ser resguardado contra a consumição do capital, o que aconteceria se as retiradas o diminuíssem, sem as capitalizações da correção, no todo ou em parte, e, também, sem temperamento e o reforço do depósito.

De acordo com a previsão legal, a consecução da renda é alcançada, outrossim, pela constituição do capital em letras financeiras, em títulos de renda fixa ou variável da dívida pública, e mesmo em ações, numa quantidade tal de molde a assegurar o pagamento da pensão.

Uma forma de garantia segura é por meio de imóveis. Ocorre uma espécie de hipoteca legal, ou de direito real sobre coisa alheia. Aproveitam-se as rendas do bem, que satisfarão as prestações na medida em que vencerem. Dando ou não rendimentos, fica cerceada a disponibilidade da coisa, que se sujeita, por vínculo real, ao cumprimento da obrigação, dentro dos parâmetros do art. 1.419 do Código Civil. Os imóveis ou já trazem rendimentos, como nas hipóteses de locação e arrendamento, quando mais facilmente se consegue a garantia, ou podem ser aproveitados em algum lucro que atenderá à obrigação.

Qual a solução nos casos em que o devedor não oferece o capital, ou, oferecendo, não resulte a renda proporcional à pensão?

Alguns defendem a efetivação da penhora e o consequente praceamento, para transformar o bem em moeda que proporcione uma renda mensal equivalente à pensão. Isso com base no § 2.º do art. 533 do CPC, que estabelece, também, mais formas de garantia de capital ou de segurança no atendimento do crédito, formas que devem ser vistas como exemplificativas, isto é, não impedindo que existam outras: "O juiz poderá substituir a constituição do capital pela inclusão do exequente em folha de pagamento de pessoa jurídica de notória capacidade econômica ou, a requerimento do executado, por fiança bancária ou garantia real, em valor a ser arbitrado de imediato pelo juiz".

Propugna-se a viabilidade da transformação de um bem em dinheiro que origine a renda.

Em outra dimensão, deve-se emprestar uma exegese elástica ao art. 533. A reserva do capital não visa propriamente a produção de uma renda. O objetivo é a garantia de satisfazer a dívida total no caso de inadimplência do devedor nas prestações mensais. Se estas, *v.g.*, aumentam em face das correções salariais, naturalmente acompanhará uma valorização correspondente do capital. Se isso não ocorrer, a solução vem descrita no § 3.º do mencionado artigo: "Se sobrevier modificação nas condições econômicas, poderá a parte requerer, conforme as circunstâncias, redução ou aumento da prestação".

Mesmo que razoável a situação financeira do obrigado, não se dispensa a garantia, segundo orienta o STJ: "O Superior Tribunal de Justiça perfilha o entendimento de que a constituição de capital para a garantia do pagamento da pensão independe da situação financeira do demandado, conforme previsto no Enunciado n.º 313 da Súmula desta Corte".[11]

"Em ação de indenização, sendo procedente o pedido, faz-se necessária a constituição de capital ou caução fidejussória em garantia de pagamento da pensão, independentemente da situação financeira do demandado, não havendo falar na ocorrência de julgamento *extra petita* em tais situações."[12]

A constituição de capital restringe-se unicamente para garantir a pensão decorrente da prática de ato ilícito: "O Superior Tribunal de Justiça possui a orientação de que a constituição de capital visa garantir o adimplemento da prestação de alimentos em indenização por ato ilícito, conforme arts. 475-Q e 602 do CPC/1973, e não pode abranger outras parcelas da condenação".[13] Os dispositivos citados correspondem ao art. 533 do vigente CPC.

Para a garantia, nada impede que se clausulem os bens de impenhorabilidade e inalienabilidade enquanto durar a obrigação do devedor.

Ocorrendo a inadimplência da pensão, os bens devem ser transformados em valores monetários ou renda por meio do processo de execução. Importante que, executados, se transformem na soma devida à vítima ou a seus dependentes.

3 SUBSTITUIÇÃO DA CONSTITUIÇÃO DE CAPITAL POR CAUÇÃO FIDEJUSSÓRIA

Conforme já visto, faculta o art. 533, § 2.º, que "o juiz poderá substituir a constituição do capital pela inclusão do exequente em folha de pagamento de pessoa jurídica de notória capacidade econômica ou, a requerimento do executado, por fiança bancária ou garantia real, em valor a ser arbitrado de imediato pelo juiz".

Percebe-se que são oferecidas alternativas para a garantia do pagamento. A novidade está na possibilidade de substituição da constituição do capital pela inclusão do beneficiário em folha de pagamento, desde que revele idoneidade a empresa empregadora. Também permite a fiança bancária ou a garantia real, em valor que o juiz arbitrará.

Quanto à fiança bancária, não passa de uma caução. Já a garantia real importa na hipoteca.

Sempre foi da tradição de nosso direito o oferecimento de caução.

---

[11] AgInt no AREsp 1.236.626/BA, 1.ª Turma, rel. Min. Sérgio Kukina, j. 12.02.2019, *DJe* 15.02.2019.

[12] EDcl no REsp 1.593.653/RJ, 3.ª Turma, rel. Min. Ricardo Villas Bôas Cueva, j. 06.04.2017, *DJe* 24.04.2017.

[13] AgInt no REsp 1.625.421/PB, 1.ª Turma, rel. Min. Gurgel de Faria, j. 19.06.2018, *DJe* 07.08.2018.

Caução, segundo as definições, quer expressar a cautela que se tem ou se toma, em virtude da qual certa pessoa oferece a outrem a garantia ou segurança para o cumprimento de alguma obrigação. Tem origem no termo latino *cautio*, traduzido ao vernáculo pelas palavras "precaução ou ação de acautelar". Indica garantia que possa ser dada pelo devedor ou exigida pelo credor, para fiel cumprimento da obrigação assumida em razão de contrato ou de algum ato que tenha sido praticado por uma pessoa.

Entre as várias espécies, destaca-se a caução fidejussória, aceita para garantir a obrigação do devedor e definida como "a fiança pessoal prestada por uma terceira pessoa, perante o credor, para garantia da dívida ou da obrigação do devedor, no caso em que ele não a pague, ou não a cumpra. E se diz fidejussória, de *fide* e *jubere*, porque justamente significa fiança prestada por outrem. É a caução por fiança de terceiro, que assume todo o encargo de fiador e, nestas condições, se solidariza com o devedor pelo pagamento da dívida ou cumprimento da obrigação".[14]

Ulderico Pires dos Santos, como o fazem outros autores de nomeada, ilustra: "Caução fidejussória é prestada por terceiros alheios à demanda. Consolida-se por meio de garantia pessoal; por isso, põe-se em paralelo com a fiança. Se o afiançado não satisfaz a obrigação, o prestador será constrangido a cumpri-la, uma vez que ao prestá-la se responsabiliza por certo ato, como, por exemplo, pelo dano iminente, pelo dano eventual, *de oper demolidendo*, nos embargos de terceiros, na sucessão provisória etc. Destina-se, pois, a cobrir riscos eventuais que possam vir a correr".[15]

O ensinamento é reforçado por Sérgio S. Fadel: "A caução fidejussória não pode ser prestada pela própria parte, porquanto, tratando-se de garantia pessoal, não teria sentido o litigante ser fiador de si mesmo; mas, se a caução for real, nada impede que a preste o próprio interessado porque a garantia está *in re ipsa*".[16]

Corresponde à fiança, ou à garantia pessoal. Necessita ser idônea e pode consistir em dinheiro ou em um termo de fiança. O terceiro assume posição paralela à de um fiador. Responsabiliza-se pelo risco do inadimplemento. Se vier a materializar-se em papéis de crédito da União ou do Estado, ou em títulos nominativos da dívida pública, pedras e metais preciosos, equipara-se ao penhor, o que também acontece em outros bens móveis. Se for prestada em dinheiro, significa depósito. Será feita em importância correspondente ao valor do bem ou do direito que se está reparando, ou no montante fixado pelo juiz.

Cumpre advertir, entretanto, que o *nomen juris* passa a ser caução real se cair sobre bens móveis ou imóveis, pois a fidejussória é equiparada à fiança, qualificando se como simples garantia pessoal.

Explica Sérgio S. Fadel: "A caução é real quando garantida por uma coisa, *res*. Pode, assim, constituir-se por meio de penhor, hipoteca, anticrese ou mesmo depósito de dinheiro ou de títulos", podendo ser "prestada pelo autor".[17] É bem claro Ulderico Pires dos Santos: "Ela é real quando prestada mediante hipoteca, depósito em dinheiro, papéis de crédito, títulos da União, dos Estados etc. Neste caso, a própria parte pode prestá-la, o mesmo fazendo um terceiro em seu prol".[18]

---

[14]   De Plácido e Silva, *Vocabulário jurídico*. Rio de Janeiro: Forense, 1963. v. 1, p. 320.

[15]   *Medidas cautelares* – Jurisprudência e doutrina. São Paulo: Saraiva, 1979. p. 127-128.

[16]   *Código de Processo Civil comentado*. Rio de Janeiro: José Konfino, 1974. t. IV, p. 251.

[17]   Idem, p. 249.

[18]   *Medidas cautelares* – Jurisprudência e doutrina, ob. cit., p. 128.

O § 2.º do art. 533 do CPC permite a garantia real, que se materializa por meio da hipoteca, o que não deixa de ser uma caução real. Nesta parte, não houve inovação, porquanto já contemplava o § 1.º do revogado art. 602 e, posteriormente, o § 2.º do art. 475-Q do CPC/1973, a constituição de capital representado por imóveis. Havia, pois, essa previsão, como salientava Amílcar de Castro: "O § 2.º fala em caução fidejussória, mas parece que pode também, e deve, ser admitida a caução real. Se o § 1.º admite que mesmo o capital seja representado por imóveis ou por títulos da dívida pública, está claro que não há razão de direito para não se permitir caução real, a garantir mais que a fidejussória, não obstante o disposto no art. 827, que não é norma imperativa".[19]

4 FIXAÇÃO DOS ALIMENTOS EM SALÁRIO MÍNIMO E MODIFICAÇÃO NAS CONDIÇÕES ECONÔMICAS

O § 4.º do art. 533 do CPC faculta a fixação dos alimentos tomando por base o salário mínimo: "A prestação alimentícia poderá ser fixada tomando por base o salário mínimo".

Outrossim, consta do § 3.º do mesmo artigo: "Se sobrevier modificação nas condições econômicas, poderá a parte requerer, conforme as circunstâncias, redução ou aumento da prestação".

O assunto já constava contemplado, em seu conteúdo, no § 3.º do art. 602 do CPC, devendo ser corretamente entendido. Consoante observava Alcides de Mendonça Lima, a regra não expressa que, se o devedor pode pagar mais que antes, cumpre-lhe fazê-lo, ou, "se somente pode pagar menos, não deve ser onerado", e se "o credor não mais precisa de tanto, deverá receber menos, independentemente da situação do devedor, que será, então, aliviado".[20] Nem se cogita de uma permissão legal no sentido de se agravar a obrigação do devedor na proporção das necessidades do titular do crédito.

A situação econômica a ser levada em conta não é a do devedor ou a do credor, mas a da rentabilidade do capital ou da caução. Não se compara o dispositivo à norma do art. 1.699 da lei civil, que se refere à mudança de fortuna de quem presta alimentos ou de quem os recebe. Irrelevante se a pessoa obrigada teve diminuído seu capital. Interessa, isso sim, a alteração da renda ou do valor do imóvel, ou de outro bem dado em garantia, a ponto de não mais oferecer segurança ao crédito da vítima ou do dependente. O capital, formado por imóveis ou títulos da dívida pública, ou ações, *v.g.*, pode dar ensejo a que não continue a garantir a satisfação da dívida, em virtude de alteração de seu valor econômico. E é bem possível uma valorização desproporcional dos bens, ou uma elevação inesperada da renda, de modo a tornar excessivo o montante reservado. Em tais circunstâncias, é justo se proceda ao aumento ou à redução do encargo, ou do gravame que onera o bem.

Este o pensamento que já vinha de Pontes de Miranda: "O capital que consiste em bens imóveis pode dar ensejo a que a sua renda não mais dê para a satisfação das dívidas de alimentos. O Código a isso não se referiu, mas, mesmo assim, exigiu o cabal cumprimento, o que suscita, na interpretação do art. 602, § 3.º, que se cogite das modificações no plano econômico, relativas aos alimentos (*e.g.*, cresceram os preços) e também das modificações no plano econômico que atinjam a renda do capital. (...) Assim, pode o alimentando, ou quem o represente, pedir o aumento, ou o prestante pedir a redução (*e.g.*, o prédio que era alugado por *X* foi aproveitado para hotel, que paga *X* mais *Y*)".[21]

---

[19] *Comentários ao Código de Processo Civil*, ob. cit., v. 7, p. 110-111.

[20] *Comentários ao Código de Processo Civil*, ob. cit., v. 6, t. II, p. 568.

[21] *Comentários ao Código de Processo Civil*. Rio de Janeiro: Forense, 1976. t. IX, p. 498.

Capítulo XXII
Do Seguro Obrigatório

1 RESENHA LEGISLATIVA

De observar, primeiramente, que o seguro obrigatório havia sido revogado pela Medida Provisória 904, de 11.11.2019, o que passaria a valer a partir de 1.º.01.2020. Entretanto, não tendo o Congresso Nacional deliberado sobre tal medida provisória, perdeu ela a validade em 20.04.2020. Necessária, pois, a abordagem da matéria, já que perdura o seguro obrigatório.

Elcir Castello Branco define o seguro obrigatório como "uma condição coercitivamente imposta às pessoas para se assegurarem contra os danos pelos quais devem responder em virtude do exercício de suas atividades ou circulação de seus veículos".[1]

Pedro Alvim, em antiga obra sobre a matéria, lembra inúmeras definições, despontando, em todas, a obrigação assumida pelo segurador em indenizar certos sinistros, como contraprestação pelo pagamento de prêmios satisfeitos pelo segurado, tudo de acordo com as regras previamente combinadas em um contrato.

O fato de uma pessoa colocar um veículo em circulação constitui uma perspectiva de riscos provocadores de acidentes. E, diante da inevitabilidade de certos acontecimentos, a realidade obrigou a se procurar uma solução. Daí que o risco acompanha a circulação dos carros. Uma vez consumado, temos o sinistro, que é definido como o desastre, o acontecimento que envolve indenização expressa em contrato de seguro (Antenor Nascentes e Aulete). Na terminologia dos seguros, o sinistro é o acontecimento imprevisto, que põe em perigo a integridade das coisas ou das pessoas e que constitui o risco, que serve de objeto ao seguro. Sinistros são os próprios fatos que possam, independentemente da vontade do homem, atacar as coisas ou as pessoas, afetando-as de danos, ou levando-as ao perecimento. Sinistro, a rigor, é o fato que provoca o dano, causa diretamente o estrago ou ocasiona o perecimento da coisa.

A responsabilidade objetiva teve em vista justamente socorrer a vítima do sinistro, como que compensando as consequências negativas decorrentes da existência do veículo.

O mandamento legal que primeiro introduziu a reparação, independentemente da culpa, foi o Decreto-lei 73, de 21.11.1966, regulamentado, em seguida, pelo Decreto 61.867, de 07.12.1967. Todos os proprietários de veículos foram obrigados a segurá-los contra os acidentes originados da sua utilização.

Em seu pragmatismo simples, o decreto regulamentador prescrevia valores compensadores de danos pessoais e materiais. Para o sinistro com resultado morte, ou incapacidade perma-

---

[1] *Seguro obrigatório de responsabilidade civil*. Rio de Janeiro-São Paulo: Jurídica e Universitária, 1971. p. 49.

nente, os limites da indenização chegavam a até seis mil cruzeiros. No caso de incapacidade temporária, o valor compensatório concedido alcançava o montante de seiscentos cruzeiros. Aos danos materiais pagavam as companhias até cinco mil cruzeiros, deduzida a soma de cem cruzeiros, que ficava a cargo do proprietário. Eis a redação do art. 7.º: "O seguro de que trata este Capítulo garantirá, no mínimo: I – por pessoa vitimada, indenização de seis mil cruzeiros novos, no caso de morte; de até seis mil cruzeiros novos, no caso de invalidez permanente, e de até seiscentos cruzeiros novos, no caso de incapacidade temporária; II – por danos materiais, indenização de até cinco mil cruzeiros novos, acima de cem cruzeiros, parcela essa que sempre correrá por conta do proprietário do veículo".

No entanto, o causador era obrigado a confessar a existência da culpa no evento, para ensejar a indenização, até que o Conselho Nacional de Seguros Privados editou a Resolução 37/1968, eliminando tal exigência esdrúxula. Partiu-se para o reconhecimento da teoria do risco na prática. Por outro lado, passou-se a ordenar o pagamento imediato do montante previsto.

Em 04.09.1969, houve substancial alteração. Promulgou-se o Decreto-lei 814, que em seu art. 3.º proclamava: "O Seguro Obrigatório de Responsabilidade Civil dos Proprietários de Veículos Automotores de Vias Terrestres, realizado nos termos do art. 5.º do Decreto 61.867, de 07.12.1967, garantirá, a partir de 01.10.1969, a reparação dos danos causados por veículo e pela carga transportada a pessoas transportadas ou não, excluída a cobertura de danos materiais".

Portanto, restringido aos danos pessoais o seguro, ao mesmo tempo que se elevava para dez mil cruzeiros a indenização na hipótese de morte, por pessoa, e de até a mesma quantia, se resultasse invalidez permanente. Limitava-se para dois mil cruzeiros o valor para o ressarcimento de despesas havidas com a assistência médica e hospitalar. Pelo art. 5.º foi arredada qualquer indagação da culpa como condição para o pagamento do valor previsto. De outro lado, reduziu-se o montante tarifário do prêmio, no mínimo em 40%, em todos os seus itens.

Finalmente, em 19.12.1974, foi editada a Lei 6.194, que aboliu o Decreto-lei 814, dando nova feição ao seguro obrigatório, que passou a ser tratado como de danos simplesmente pessoais, já que, pelas modificações vindas com a Lei 8.374, de 30.12.1991, a letra *l* do art. 20 do Decreto-lei 73/1966 impôs o seguro de "danos pessoais causados por veículos automotores de vias terrestres e por embarcações, ou por sua carga, a pessoas transportadas ou não".

Tornou-se, pois, um seguro especial de acidentes pessoais destinado às pessoas transportadas ou não, que venham a ser lesadas por veículos em circulação, recebendo a denominação de Seguro Obrigatório de Danos Pessoais por Veículos Automotores de Via Terrestre, ou simplesmente DPVAT.

2 NATUREZA JURÍDICA

Especialmente na vigência do Decreto-lei 814/1969, o seguro obrigatório era de responsabilidade civil, relacionado aos danos, mas sem implicação com o ato ilícito em si. Com o advento da Lei 6.194/1974, passou a ser tratado como seguro obrigatório de danos pessoais. Sendo inteiramente irrelevante a indagação da culpa, cobre todos os danos pessoais, inclusive os sofridos pelo próprio segurado. Não garante apenas as consequências pecuniárias das reclamações de terceiros por ato do segurado. Instituído em favor da vítima tão simplesmente, nos termos do art. 2.º, que acrescentou um novo texto ao art. 20 do Decreto-lei 73/1966, posteriormente alterado pelas Leis 8.374/1991 e 10.190/2001, e pela Lei Complementar 126/2007, não há mais razão para qualquer distinção entre o segurado ou terceira pessoa. Corresponde a um seguro estimatório do capital. Não tem conteúdo meramente reparatório. Passou a cobrir a morte e as lesões sofridas pelos indivíduos, sem qualquer atenção à reparação dos danos materiais.

Os caracteres jurídicos, na concisa lição de Wladimir Valler, são: "a) bilateral, porque gera obrigações para o segurado e o segurador; b) oneroso, porque cria benefícios e vantagens para um e outro; c) aleatório, porque o segurador assume os riscos sem corresponsabilidade entre as prestações recíprocas, e sem equivalência mesmo que se conheça o valor global das obrigações do segurado".[2]

Vem a ser um seguro especial de acidentes pessoais, que decorre de uma causa súbita e involuntária, sendo destinado a pessoas transportadas ou não, que venham a ser lesadas por veículos em circulação. Por isso decorre a denominação Seguro Obrigatório de Danos Pessoais por Veículos Automotores de Via Terrestre (DPVAT).

Afastou-se da teoria da culpa, adotada pelo nosso direito civil. Garante o pagamento de uma indenização mínima e resulta do simples evento danoso. Nasce da responsabilidade objetiva dos que se utilizam de veículos em vias públicas. Determina o crédito, em favor do lesado, de valores delimitados segundo tabelas que sofrem as variações de acordo com os reajustes que corrigem a desvalorização do dinheiro. Retrata um alcance social muito elevado, destinando-se mais a atender às primeiras necessidades consequentes de um acontecimento infausto, que apanha de surpresa as pessoas e origina despesas repentinas e inadiáveis. Em outros termos, é sua finalidade cobrir as despesas urgentes de atendimento das vítimas dos acidentes de trânsito e em risco permanente de vida. Daí a imposição legal da obrigatoriedade de seu pagamento até cinco dias após a apresentação dos documentos reveladores do sinistro e da qualidade do titular do direito.

3 CULPA E TEORIA DO RISCO

A finalidade principal do seguro é estabelecer a garantia de uma indenização mínima. O pagamento resulta do simples evento danoso, tendo por base a responsabilidade objetiva dos usuários de veículos pelos danos pessoais que venham a causar, independentemente da apuração da culpa. É pacífica a doutrina neste sentido, pois a própria lei não dá margem à menor dúvida, como se vê no art. 5.º da Lei 6.194/1974: "O pagamento da indenização será efetuado mediante simples prova do acidente e do dano decorrente, independentemente da existência de culpa, haja ou não resseguro, abolida qualquer franquia de responsabilidade do segurado".

E, para não deixar dúvida de que o seguro repousa na teoria da responsabilidade objetiva, ainda mandou pagar a indenização no caso de acidente por veículos não identificados, e, consequentemente, quando desconhecida a seguradora. Dispõe o art. 7.º da Lei 6.194/1974, com a redação da Lei 8.441/1992: "A indenização por pessoa vitimada por veículo não identificado, com seguradora não identificada, seguro não realizado ou vencido, será paga nos mesmos valores, condições e prazos dos demais casos por um consórcio constituído, obrigatoriamente, por todas as sociedades seguradoras que operem no seguro objeto desta Lei".

Ora, se cada seguradora, no caso de sinistro em que participam dois ou mais veículos, é responsável pelo pagamento relativamente às pessoas vitimadas no veículo por ela segurado, e se, mesmo não conseguindo identificar o veículo, a vítima continua a receber o seguro por meio de um consórcio de que participam todas as seguradoras que operam no ramo, evidente que a responsabilidade pelo pagamento desta espécie de seguro foge à teoria da culpa.

---

[2] *Responsabilidade civil e criminal nos acidentes automobilísticos*, ob. cit., v. 1. p. 303.

Assim sendo, indiferente a circunstância de vir a ser o dano causado por motivo de força maior, ou caso fortuito.

Arrazoa-se como argumento favorável à conclusão acima o texto do art. 5.º da Lei 6.194/1974: "O pagamento da indenização será efetuado mediante simples prova do acidente e do dano decorrente (...)".

Os casos expressamente excluídos da indenização securitária vêm enumerados na Resolução CNSP 332/2015, nos arts. 2.º, § 2.º, e 3.º.

O art. 2.º, § 2.º: "Não estão cobertas as DAMS (Despesas de Assistência Médica e Suplementares) quando:

I – forem cobertas por outros planos de seguro ou por planos privados de assistência à saúde, ressalvada eventual parcela não coberta pelos planos;

II – não especificadas, inclusive quanto aos seus valores, pelo prestador do serviço na nota fiscal ou relatório que as acompanha; ou

III – forem suportadas pelo SUS".

O art. 3.º: "A cobertura do Seguro DPVAT não abrange multas e fianças impostas ao condutor ou proprietário do veículo, despesas de qualquer natureza decorrentes de ações ou processos criminais e quaisquer danos decorrentes de acidentes ocorridos fora do Território Nacional".

4 COMPORTAMENTO DOLOSO DA VÍTIMA

Uma situação de certo conflito entre os intérpretes está no cabimento ou não da indenização nas hipóteses em que a vítima procede dolosamente na provocação do acidente, atentando contra a sua própria integridade física. Exemplo comum é o suicídio, quando a pessoa busca a morte ou o evento lesivo. Houve o seguinte entendimento: "Seguro obrigatório – DPVAT (...). Seu pagamento é devido ainda quando a vítima seja suicida, que se lançou à frente do automotor. Não há exclusão explícita da cobertura para essa hipótese; o sistema do seguro, de pagamento pronto e desburocratizado, não se compadeceria com tal exclusão; e a vedação da discussão em torno da culpa do automobilista importa em afastar também a indagação da culpa do pedestre vitimado".[3]

Justifica-se que o direito à indenização brota independentemente da existência de culpa, abstraindo-se qualquer indagação sobre a participação voluntária da vítima. A lei, de outra parte, arredou o debate sobre a responsabilidade do condutor. O fato gerador da obrigação é a circulação do veículo, e nada mais que isso. A circunstância de ter sido o evento deliberadamente buscado não retira o caráter de imprevisibilidade, de fortuito ou inesperado para o condutor.

Não se ignora, porém, o entendimento que afasta a indenização se comprovadamente premeditado o suicídio:

"Seguro Obrigatório. DPVAT. Indenização. Morte do pai. Morte decorrente de queda de viaduto, seguida de atropelamento por caminhão. Hipótese de suicídio ou homicídio não esclarecida. Irrelevância. Sentença mantida. Recurso desprovido".[4]

O voto do relator revela essa tendência:

---

[3] TARS, Câm. Cív. Esp., Ap. Cív. 13.702, j. 14.02.1978, publicada em *Seguro obrigatório*, de Paulo Lúcio Nogueira, Curitiba: Juruá, 1978. p. 112.

[4] TJSP, 28.ª Câm. da Seção de Direito Privado, Ap. 0404444-17.2009.8.26.0577, rel. Des. Julio Vidal, j. 25.06.2012.

"O seguro obrigatório tem cunho social e deve ser pago sempre que o evento lesivo envolver a participação de veículo automotor.

Em razão de sua natureza social, o seguro DPVAT deve ser satisfeito pela seguradora diante da simples ocorrência do dano, independentemente da apuração de culpa, não podendo ser acolhida a alegação de que o seguro não cobre qualquer tipo de suicídio, salvo se provada a premeditação e esta, no caso, não foi sequer insinuada.

Nesse sentido:

'Seguro obrigatório – Responsabilidade civil – Ocorrência de suicídio da vítima – Circunstância que só exime o segurador do pagamento da indenização se comprovado que o suicídio foi premeditado – Ação de cobrança procedente – Recurso improvido' (1.º TACivSP, 4.ª Câm., Ap 1062698-7, rel. José Marcos Marrone, j. 06.06.2002)".

Quid juris, se o motorista se apropria indevidamente do veículo e vier a causar danos a si e a terceiros?

Frequente é a hipótese nos furtos ou subtração violenta dos carros. A companhia seguradora não responde pelos danos causados ao próprio motorista, mas suportará a obrigação se terceiros forem atingidos.

Justifica-se essa interpretação porque o objeto da ação do condutor era ilícito e infringente de preceitos civis e penais. O ato está a descoberto de qualquer proteção legal. Nenhum ato doloso, transgressor da proteção à propriedade, pode ser colocado no âmbito da legalidade. Este é o magistério de Pontes de Miranda: "Compreende-se que o ato doloso do contraente ou do beneficiário exclua a vinculação do pagamento. Tal ato não podia ser incluído no risco segurável. Não se passa o mesmo com os atos dolosos de outras pessoas",[5] de modo que é perfeitamente possível a cobertura da responsabilidade do segurado por atos decorrentes de culpa grave ou dolo de terceiros a ele vinculados. Mas o agente do delito, ou seus familiares, são afastados do favor legal. Paulo Lúcio Nogueira muito bem coloca a razão deste entendimento: "Mesmo sob o regime do Decreto-lei 814/1969, em que era discutível a cobertura do próprio motorista por se tratar de seguro obrigatório de responsabilidade civil, em que havia decisões admitindo ou negando que se estendesse ao próprio motorista e seus beneficiários, é de se ver que, no caso específico do ladrão vitimado, não deveria ser beneficiado com a indenização já que teria sido o causador e responsável pelo dano".[6]

A Resolução 332 da Superintendência de Seguros Privados (SUSEP), de 09.12.2015, no art. 2.º, § 3.º, é expressa em não cobrir os atos eivados de dolo:

"§ 3.º As coberturas a que se refere o *caput* não incluem danos pessoais causados ao motorista do veículo quando constatada a existência de dolo".

Nessa dimensão decidiu o STJ:

"O propósito recursal é determinar se os recorrentes fazem jus ao recebimento da indenização relativa ao seguro obrigatório – DPVAT, em virtude de acidente de trânsito – ocorrido no momento de prática de ilícito penal (tentativa de roubo a carro-forte) – que teria vitimado seu pai (...).

(...) Embora a Lei 6.194/1974 preveja que a indenização será devida independentemente da apuração de culpa, é forçoso convir que a lei não alcança situações em que o acidente

---

5   *Tratado de direito privado*, ob. cit., t. XLV, p. 332.
6   *Seguro obrigatório*, ob. cit., p. 59.

provocado decorre da prática de um ato doloso (como, na hipótese, em que o acidente de trânsito ocorreu em meio a tentativa de roubo a carro-forte)".[7]

Já com o advento da Lei 6.194/1974 vinha essa maneira de pensar, pois, ainda segundo Paulo Lúcio Nogueira, "apesar de se tratar de indenização eminentemente social, deve ser destinada a quem teve um comportamento normal dentro da sociedade em que vive e não amparar criminosos, que estão atentando contra a própria sociedade. O fim social a que se destina o seguro obrigatório é justamente para cobrir danos ocorridos e resultantes de condutas normais, dentro da sociedade, ainda que praticados culposamente, embora não se indague da culpa para seu pagamento. Todavia, quem age dolosamente ou preterdolosamente não pode ser amparado pelo seguro obrigatório".[8]

Deve enquadrar-se como comportamento doloso do motorista se embriagado no momento do acidente, e desde que se comprove que este ocorreu em razão da embriaguez, afastando o recebimento do DPVAT: "Alegação de embriaguez do segurado. A embriaguez do motorista somente conduz à perda da indenização securitária se for robustamente comprovada e se for determinante para a ocorrência do sinistro".[9]

5 VALOR DA INDENIZAÇÃO

No curso do tempo, várias formas existiram para estabelecer o pagamento das importâncias relativas ao seguro obrigatório, iniciando pela sua fixação em salários mínimos, seguindo em valores de referência, com atualizações monetárias por meio de índices próprios, com a incumbência da fixação outorgada ao CNSP.

Atualmente, são os montantes fornecidos por lei.

A previsão está no art. 3.º da Lei 6.194/1974, em texto introduzido pela Medida Provisória 451/2008 (convertida na Lei 11.945/2009) e pela Lei 11.482/2007: "Os danos pessoais cobertos pelo seguro estabelecido no art. 2.º desta Lei compreendem as indenizações por morte, por invalidez permanente, total ou parcial, e por despesas de assistência médica e suplementares, nos valores e conforme as regras que se seguem, por pessoa vitimada: I – R$ 13.500,00 (treze mil e quinhentos reais) – no caso de morte; II – até R$ 13.500,00 (treze mil e quinhentos reais) – no caso de invalidez permanente; e III – até R$ 2.700,00 (dois mil e setecentos reais) – como reembolso à vítima – no caso de despesas de assistência médica e suplementares devidamente comprovadas".

Os parágrafos, em redação da Lei 11.945/2009, trazem regras sobre o pagamento.

Assim o § 1.º, quanto ao valor na hipótese de invalidez permanente, que terá em conta tabela anexa à lei: "No caso da cobertura de que trata o inciso II do *caput* deste artigo, deverão ser enquadradas na tabela anexa a esta Lei as lesões diretamente decorrentes de acidente e que não sejam suscetíveis de amenização proporcionada por qualquer medida terapêutica, classificando-se a invalidez permanente como total ou parcial, subdividindo-se a invalidez permanente parcial em completa e incompleta, conforme a extensão das perdas anatômicas ou funcionais, observado o disposto abaixo: I – quando se tratar de invalidez permanente parcial completa, a perda anatômica ou funcional será diretamente enquadrada em um dos segmentos orgânicos ou corporais previstos na tabela anexa, correspondendo a indenização ao valor resultante da aplicação do percentual ali estabelecido ao valor máximo da cobertura;

---

[7] REsp 1.661.120/RS, 3ª Turma, rel. Min. Nancy Andrighi, j. 9.05.2017, *DJe* 16.05.2017.

[8] *Seguro obrigatório*, ob. cit., p. 59-60.

[9] TJRS, 6.ª Câm. Cív., Ap. Cív. 70039162003, rel. Des. Ney Wiedemann Neto, j. 31.03.2011, *DJ* 11.04.2011.

e II – quando se tratar de invalidez permanente parcial incompleta, será efetuado o enquadramento da perda anatômica ou funcional na forma prevista no inciso I deste parágrafo, procedendo-se, em seguida, à redução proporcional da indenização que corresponderá a 75% (setenta e cinco por cento) para as perdas de repercussão intensa, 50% (cinquenta por cento) para as de média repercussão, 25% (vinte e cinco por cento) para as de leve repercussão, adotando-se ainda o percentual de 10% (dez por cento), nos casos de sequelas residuais".

Para a compreensão dos valores indenizáveis, necessária a visão da tabela anexa à Lei 6.194/1974, incluída pela Lei 11.945/2009:

Danos Corporais Totais Repercussão na Íntegra do Patrimônio Físico	Percentual da Perda
Perda anatômica e/ou funcional completa de ambos os membros superiores ou inferiores	100
Perda anatômica e/ou funcional completa de ambas as mãos ou de ambos os pés	
Perda anatômica e/ou funcional completa de um membro superior e de um membro inferior	
Perda completa da visão em ambos os olhos (cegueira bilateral) ou cegueira legal bilateral	
Lesões neurológicas que cursem com: (a) dano cognitivo-comportamental alienante; (b) impedimento do senso de orientação espacial e/ou do livre deslocamento corporal; (c) perda completa do controle esfincteriano; (d) comprometimento de função vital ou autonômica	
Lesões de órgãos e estruturas craniofaciais, cervicais, torácicos, abdominais, pélvicos ou retroperitoneais cursando com prejuízos funcionais não compensáveis, de ordem autonômica, respiratória, cardiovascular, digestiva, excretora ou de qualquer outra espécie, desde que haja comprometimento de função vital	
Danos Corporais Segmentares (Parciais) **Repercussões em Partes de Membros Superiores e Inferiores**	**Percentuais das Perdas**
Perda anatômica e/ou funcional completa de um dos membros superiores e/ou de uma das mãos	70
Perda anatômica e/ou funcional completa de um dos membros inferiores	
Perda anatômica e/ou funcional completa de um dos pés	50
Perda completa da mobilidade de um dos ombros, cotovelos, punhos ou dedo polegar	25
Perda completa da mobilidade de um quadril, joelho ou tornozelo	
Perda anatômica e/ou funcional completa de qualquer um dentre os outros dedos da mão	10
Perda anatômica e/ou funcional completa de qualquer um dos dedos do pé	
Danos Corporais Segmentares (Parciais) **Outras Repercussões em Órgãos e Estruturas Corporais**	**Percentuais das Perdas**
Perda auditiva total bilateral (surdez completa) ou da fonação (mudez completa) ou da visão de um olho	50
Perda completa da mobilidade de um segmento da coluna vertebral exceto o sacral	25
Perda integral (retirada cirúrgica) do baço	10

As seguintes disposições merecem a atenção:

Se o tratamento médico se efetivar às custas do SUS, as despesas sujeitas a reembolso ficam limitadas em R$ 2.700,00, em consonância com o § 2.º do art. 3.º da Lei 6.194/1974, em texto da Lei 11.945/2009: "Assegura-se à vítima o reembolso, no valor de até R$ 2.700,00 (dois mil e setecentos reais), previsto no inciso III do *caput* deste artigo, de despesas médico--hospitalares, desde que devidamente comprovadas, efetuadas pela rede credenciada junto ao Sistema Único de Saúde, quando em caráter privado, vedada a cessão de direitos".

Ordena o art. 4.º, em texto da Lei 11.482/2007, que a indenização, no caso de morte, será paga de acordo com o disposto no art. 792 da Lei 10.406, de 10 de janeiro de 2002 – Código Civil, isto é, na falta de indicação de beneficiário, metade do valor será pago ao cônjuge, e a outra metade aos herdeiros do segurado: "Na falta de indicação da pessoa ou beneficiário, ou se por qualquer motivo não prevalecer a que for feita, o capital segurado será pago por metade ao cônjuge não separado judicialmente, e o restante aos herdeiros do segurado, obedecida a ordem da vocação hereditária".

Nos casos de invalidez permanente e de lesões corporais que exijam tratamento médico paga-se diretamente à vítima, em atenção ao § 3.º, na redação da Lei 11.482/2007: "Nos demais casos, o pagamento será feito diretamente à vítima na forma que dispuser o Conselho Nacional de Seguros Privados – CNSP".

Prevê o art. 5.º que "o pagamento da indenização será efetuado mediante simples prova do acidente e do dano decorrente, independentemente da existência de culpa, haja ou não resseguro, abolida qualquer franquia de responsabilidade do segurado".

A indenização terá como base o montante vigente à época do sinistro, com a apresentação de vários documentos, indicados nas alíneas do § 1.º do mesmo art. 5.º, com a versão das Leis 8.441/1992 e 11.482/2007: "A indenização referida neste artigo será paga com base no valor vigente na época da ocorrência do sinistro, em cheque nominal aos beneficiários, descontável no dia e na praça da sucursal que fizer a liquidação, no prazo de 30 (trinta) dias da entrega dos seguintes documentos: *a*) certidão de óbito, registro da ocorrência no órgão policial competente e a prova de qualidade de beneficiários no caso de morte; *b*) prova das despesas efetuadas pela vítima com o seu atendimento por hospital, ambulatório ou médico--assistente e registro da ocorrência no órgão policial competente – no caso de danos pessoais".

Entregam-se os documentos na Sociedade Seguradora que fez o contrato, mediante recibo, que os especificará (§ 2.º).

Não havendo certeza quanto ao nexo causal na certidão de óbito, ou seja, "não se concluindo na certidão de óbito o nexo de causa e efeito entre a morte e o acidente, será acrescentada a certidão de auto de necropsia, fornecida diretamente pelo Instituto Médico-Legal, independentemente de requisição ou autorização da autoridade policial ou da jurisdição do acidente" (§ 3.º, com redação da Lei 8.441/1992). À vista do documento, decidirá a seguradora.

Possível que a dúvida quanto ao nexo de causa e efeito entre as lesões e o acidente se relacione às despesas médicas suplementares e à invalidez permanente. Na situação, instruirá o boletim de atendimento hospitalar, acompanhando-o, "relatório de internamento ou tratamento, se houver, fornecido pela rede hospitalar e previdenciária, mediante pedido verbal ou escrito, pelos interessados, em formulário próprio da entidade fornecedora" (§ 4.º, com redação da Lei 8.441/1992).

Ainda, se for o caso, "o Instituto Médico-Legal da jurisdição do acidente ou da residência da vítima deverá fornecer, no prazo de até 90 (noventa) dias, laudo à vítima com a verificação da existência e quantificação das lesões permanentes, totais ou parciais" (§ 5.º, com redação da Lei 11.945/2009).

Efetua-se o pagamento da indenização mediante a sua entrega às vítimas, ou por meio de depósito ou Transferência Eletrônica de Dados – TED para a conta corrente ou conta de poupança do beneficiário, observada a legislação do Sistema de Pagamentos Brasileiro (§ 6.º, acrescentado pela Lei 11.482/2007).

Incidirá correção monetária se o pagamento não se der no prazo legal, que é de trinta dias, em consonância com o § 7.º, incluído pela Lei 11.482/2007: "Os valores correspondentes às indenizações, na hipótese de não cumprimento do prazo para o pagamento da respectiva obrigação pecuniária, sujeitam-se à correção monetária segundo índice oficial regularmente estabelecido e juros moratórios com base em critérios fixados na regulamentação específica de seguro privado".

Em caso de morte da vítima em acidente de trânsito causado por veículo não identificado, ao beneficiário se permite pleitear a indenização junto a qualquer seguradora participante do Convênio acima, que será de 100% do valor vigente, segundo redação dada pela Lei 8.441/1992 ao art. 7.º da Lei 6.194/1974. Se vier a ser identificado o veículo, cabe o recebimento regressivo do montante, tudo de acordo com a determinação constante do § 1.º do art. 7.º da mesma Lei 6.194/1974, na versão da Lei 8.441/1992, que reza: "O Consórcio de que trata este artigo poderá haver regressivamente do proprietário do veículo os valores que desembolsar, ficando o veículo, desde logo, como garantia da obrigação, ainda que vinculada a contrato de alienação fiduciária, reserva de domínio, *leasing* ou qualquer outro".

Se permanente a invalidez, o total a ser pago variará de conformidade com o tipo de invalidez. Há uma tabela a ser aplicada, estabelecida de acordo com a prevista para as indenizações por acidentes pessoais. Assim, *v.g.*, a perda total da visão determina uma quantia igual a 100% da assinalada para a invalidez permanente, ao passo que a perda total do uso de uma perna origina a soma pagável de 50%. As companhias seguradoras possuem a tabela elaborada para o seguro de acidentes pessoais. Variará o índice de percentagem segundo o grau de invalidez, ou incapacidade permanente. Sendo total, atingindo os órgãos ou membros duplos (ex.: perda total de ambos os olhos, ou de ambos os braços), ou inutilizando membros ou órgãos diversificados (ex.: perda de um braço e uma perna), o valor a pagar será integral.

Tratando-se de lesões múltiplas, somam-se as percentagens de cada uma, até o máximo de 100%. Os números indicadores dos índices não podem, adicionados, determinar uma indenização superior ao máximo previsto para a invalidez permanente.

Se os vários ferimentos se concentram em um órgão, os adicionais somados não poderão ultrapassar o índice fixado para a perda ou inutilização total do órgão ou membro.

O grau de incapacidade comandará o percentual, mas é necessário que seja permanente.

Oportuno lembrar a lição de Wladimir Valler: "Ressalte-se que o que é indenizável é a invalidez permanente. A ocorrência de lesões corporais de que não resulte a invalidez permanente apenas dá o direito ao pagamento das despesas de assistência médica e suplementares... As indenizações por morte e invalidez permanente não se acumulam... As despesas de assistência médica e suplementares acumulam-se com as indenizações tarifadas para os casos de morte e invalidez permanente. O reembolso de despesas de assistência médica e suplementares não pode ser descontado de qualquer pagamento por morte ou invalidez permanente".[10]

Não constitui a garantia uma recomposição do prejuízo. Sua finalidade restringe-se a atender às primeiras necessidades do lesado ou de sua família, que surgiram de forma súbita e inesperada.

---

[10] *Responsabilidade civil e criminal nos acidentes automobilísticos*, ob. cit., p. 44.

294 ACIDENTES DE TRÂNSITO: RESPONSABILIDADE E REPARAÇÃO – *Arnaldo Rizzardo*

Finalmente, a fixação e forma de atualização dos prêmios e de valores indenizatórios competem ao Conselho Nacional de Seguros Privados, em consonância com o art. 12 da Lei 6.194/1974: "O Conselho Nacional de Seguros Privados expedirá normas disciplinadoras e tarifas que atendam ao disposto nesta Lei".

6 TITULARIDADE PARA O RECEBIMENTO DO SEGURO

6.1 O segurado e seus dependentes. O motorista

Quando vigorava o Decreto-lei 814/1969, predominava a exegese de que os danos sofridos pelos motoristas não se compreendiam na garantia, por ser ele condutor que transportou as pessoas e coisas em seu veículo.

Apregoava-se, outrossim, que aos motoristas dos veículos sinistrados, ou a seus familiares, cumpria fazer prova da culpa civil do outro veículo causador, porquanto o pagamento independentemente de apuração de culpa, previsto no art. 5.º do Decreto-lei 814/1969, garantia unicamente os danos sofridos por pessoas transportadas ou não.

Com o advento da Lei 6.194/1974, a interpretação em favor do segurado adquiriu mais unanimidade. O seguro perdeu o caráter de responsabilidade civil, passando a figurar como seguro de danos pessoais. Considerou beneficiárias todas as pessoas que sofreram o impacto do acidente, pouco valendo a circunstância de se encontrarem fora ou dentro do carro. Esta a doutrina de Wladimir Valler: "Assim é que a Resolução 1/75, no item 2.1 [atual parágrafo único do art. 2.º da Res. 154/2006], dispõe que a cobertura abrangerá, inclusive, danos pessoais causados aos proprietários e/ou motoristas dos veículos, seus beneficiários ou dependentes. São beneficiários, portanto, todas as pessoas que se encontrem no veículo sinistrado ou fora dele e que em decorrência de acidente automobilístico venham a sofrer danos pessoais. Todos os que estiverem dentro do veículo, seja como proprietário, seja como motorista preposto, seja como passageiro, parente ou não do segurado, serão beneficiados com a cobertura do acidente".[11]

Realmente, reza o art. 1.º da Resolução 332/2015, hoje em vigor, da SUSEP: "O Seguro DPVAT garante cobertura por danos pessoais causados por veículos automotores de via terrestre, ou por sua carga, a pessoas transportadas ou não".

Paulo Lúcio Nogueira analisa o começo da jurisprudência na concessão do seguro: "(...) A razão está com o acórdão da 1.ª Câmara Cível do Tribunal de Alçada do Estado do Paraná, de 22.04.1976, que equacionou devidamente o problema em face do art. 2.º da Lei 6.194, de 19.12.1974, que acrescentou a alínea *l* ao art. 20 do Decreto-lei 73, de 21.11.1966, dispondo: 'danos pessoais causados por veículos automotores de via terrestre, ou por sua carga, a pessoas transportadas ou não'. E esclarece que "o seguro obrigatório de danos pessoais causados por veículos automotores de via terrestre (DPVAT), antigo seguro obrigatório de responsabilidade civil dos proprietários de veículos automotores de vias terrestres (RCOVAT), cobre os danos causados a todas as pessoas participantes do evento, transportadas ou não, que estejam dentro ou fora do veículo, inclusive, pois, o motorista" (*RT* 493/219)".[12]

Observava Yussef Said Cahali, com sua costumeira proficiência, trata da posição que passou a ser adotada: "Por via de uma interpretação mais humana dos textos, nossos tribunais têm proclamado que, tendo objetivado a lei do seguro obrigatório o pronto ressarcimento

---

[11]   *Responsabilidade civil e criminal nos acidentes automobilísticos*, ob. cit., v. 1, p. 308.

[12]   *Seguro obrigatório*, ob. cit., p. 48.

dos danos causados em virtude do risco que a utilização dos veículos automotores representa, não haveria boa razão de direito que determinasse a exclusão do motorista, desde que também este sofre os mesmos riscos quando conduz a máquina e é por ela transportado".[13]

O Supremo Tribunal Federal passou a endossar essa posição, ao tempo em que era competente para a apreciação do recurso extremo: "Tratando-se de seguro obrigatório de responsabilidade civil dos proprietários de veículos automotores, terceiro é sempre a vítima do acidente, mesmo que seja o condutor ou proprietário do veículo".[14]

6.2 Os beneficiários da vítima

Obviamente, nos casos de invalidez permanente e de despesas médicas e suplementares, o beneficiário é sempre a vítima, que receberá a indenização. Ocorrendo a morte, contemplam-se as pessoas indicadas, ou, na falta, o cônjuge não separado e os herdeiros.

Embora já se tenha feito referência a ela, a matéria merece exame mais profundo.

A disciplina está no art. 4.º da Lei 6.194/1974, na redação da Lei 11.482/2007: "A indenização no caso de morte será paga de acordo com o disposto no art. 792 da Lei 10.406, de 10 de janeiro de 2002 – Código Civil".

O art. 792 do Código Civil dispõe da seguinte maneira: "Na falta de indicação da pessoa ou beneficiário, ou se por qualquer motivo não prevalecer a que for feita, o capital segurado será pago por metade ao cônjuge não separado judicialmente, e o restante aos herdeiros do segurado, obedecida a ordem da vocação hereditária".

Tem-se a prevalência da pessoa ou do beneficiário que tiver a indicação, devendo ser obedecida a vontade do segurado, que pode dispor sobre a destinação do seguro obrigatório. Todavia, as pessoas que conviviam com ele, e entre elas o cônjuge, merecem destaque.

Relativamente ao cônjuge que não convivia com o segurado, descabe o direito de pleitear o valor. Deve-se ver na lei uma finalidade de ajuda imediata aos que ficaram privados da pessoa vitimada. Busca munir de meios para fazer frente às despesas com funerais e luto, bem como dar o necessário para o sustento imediato àqueles que dependiam economicamente do morto. Por isso, de relevância é o pressuposto da convivência. Se o cônjuge não mantinha vida em comum, o seguro passa aos pais, máxime se residiam com o filho. Aliás, essa *ratio* sintoniza com a jurisprudência: "Os beneficiários do seguro instituído pela Lei n. 6.194/1974, no caso de morte da vítima, são os previstos no art. 4.º, herdeiros, respeitando-se a ordem da vocação hereditária, locução expressamente prevista com a redação dada pela Lei n. 11.482 de 2007. Coexistindo mais de um herdeiro, igualmente beneficiário, cada um terá direito ao recebimento de sua quota-parte, individualmente (REsp 1.366.592/MG, Rel. Ministro Luis Felipe Salomão, Quarta Turma, *DJe* de 26.05.2017)".[15]

6.3 O companheiro ou a companheira

Dentro do campo do art. 792 do Código Civil, unicamente na ausência de pessoa ou beneficiário, ou não se viabilizando a prevalência das pessoas indicadas, o capital vai repartido na proporção de cada 50% ao cônjuge sobrevivente e aos herdeiros. Não há menção ao companheiro, em existindo a união estável.

---

[13] Aspectos jurisprudenciais do seguro obrigatório de veículos. *Estudos de direito civil*. São Paulo: RT, 1979, p. 213.

[14] STF, 2.ª Turma, RE 82.234-8, rel. Min. Leitão de Abreu, j. 17.03.1981, *RT* 558/247.

[15] AgInt no REsp 1.803.210/MS, 4.ª Turma, rel. Min. Raul Araújo, j. 25.06.2019, *DJe* 1.º.07.2019.

Entretanto, parece óbvio que assiste o direito ao benefício, se existente união estável devidamente provada. Como já explanava Wladimir Valler: "São provas da vida em comum: o mesmo teto ou domicílio, as contas bancárias conjuntas, as procurações ou fianças reciprocamente outorgadas, os encargos domésticos evidentes, os registros constantes de associações de qualquer natureza, onde figure a companheira ou o companheiro como dependente, ou quaisquer outros que possam formar elementos de convicção".[16]

No STJ, implantou-se a mesma inteligência:

"O companheiro, que com a vítima teve filhos, equipara-se ao esposo e tem direito a postular em Juízo o recebimento do seguro obrigatório de danos pessoais causados por veículos automotores de via terrestre, a teor do art. 4º da Lei nº 6.194/74".[17]

"Na vigência da Lei 6.194/1974 (artigos 3.º e 4.º), aplicável à época do sinistro, a companheira da vítima fatal de acidente automobilístico, sendo incontroversa a união estável, tem direito integral a indenização do seguro DPVAT, independentemente da existência de outros herdeiros, porquanto é a única beneficiária do seguro."[18]

O § 3.º do art. 226 da Constituição Federal reconhece a união estável entre o homem e a mulher para efeito da proteção do Estado.

A regulamentação da união estável encontra-se no Código Civil: arts. 1.723 a 1.727, e especificamente, no tocante ao direito sucessório, art. 1.790. Importa considerar aqui a indispensabilidade da prova da união estável, para ensejar o direito de compartilhamento do seguro obrigatório, sendo que ao companheiro que ficar reserva-se o direito de receber o seguro, o que vem sendo ressaltado pelos tribunais há tempos.

6.4 Pretensão em favor do nascituro

O assunto concernente ao nascituro já foi tratado no Capítulo XIX n.º 8. Prendendo-se a matéria ora abordada ao seguro obrigatório, convenientes as observações que seguem, em acréscimo ao já referido.

Pela norma do art. 2.º do CC, a lei põe a salvo, desde a concepção, os direitos do nascituro. Contudo, como proclamam os práticos do direito, tal salvaguarda dos direitos do nascituro não significa que o legislador tenha adotado a teoria dos ficcionistas no sentido de que o feto já é a pessoa. Na verdade, os direitos somente se constituirão quando a criança nascer com vida.

Daí por que prepondera a disposição da primeira parte do art. 2.º citado: "A personalidade civil da pessoa começa do nascimento com vida; mas a lei põe a salvo, desde a concepção, os direitos do nascituro". Nascendo morta a criança, não chega a adquirir personalidade. Não recebe nem transmite direitos.

Já o Decreto-lei 814/1969 não previa a reparação dos danos causados a feto em gestação, sem também distinguir, em termos de outro valor tarifário, a mulher grávida. Dispunha-se que o pagamento da indenização seria efetuado, em caso de morte, ao cônjuge supérstite, aos filhos ou a outros herdeiros legais, respeitada a ordem estabelecida e mediante a comprovação da respectiva qualidade. De certa forma, e em parte, tal norma foi adotada pelo texto da lei vigente (Lei 6.194/1974), recordando que o art. 4.º, dada a remissão ao art. 792 do Código Civil, mantém a ordem, saltando do cônjuge sobrevivente para os herdeiros le-

---

[16]   *Responsabilidade civil e criminal nos acidentes automobilísticos*, ob. cit., p. 313.

[17]   REsp 218.508/GO, 3.ª Turma, rel. Min. Carlos Alberto Menezes Direito, j. 09.05.2000, *DJ* 26.06.2000.

[18]   REsp 773.072/SP, 4.ª Turma, rel. Min. Luis Felipe Salomão, j. 16.09.2010, *DJe* 28.09.2010.

gais, cumprindo referir que o companheiro ou a companheira ocupa o lugar do cônjuge, se desconstituído o casamento.

No entanto, o Superior Tribunal de Justiça estendeu os direitos ao nascituro, no sentido de verificada a sua morte em acidente de trânsito, enseja o direito ao seguro obrigatório, ou seja, o feto, se morto antes do nascimento, transmite direitos:

"1. A despeito da literalidade do art. 2.º do Código Civil – que condiciona a aquisição de personalidade jurídica ao nascimento –, o ordenamento jurídico pátrio aponta sinais de que não há essa indissolúvel vinculação entre o nascimento com vida e o conceito de pessoa, de personalidade jurídica e de titularização de direitos, como pode aparentar a leitura mais simplificada da lei.

2. Entre outros, registram-se como indicativos de que o direito brasileiro confere ao nascituro a condição de pessoa, titular de direitos: exegese sistemática dos arts. 1.º, 2.º, 6.º e 45, *caput*, do Código Civil; direito do nascituro de receber doação, herança e de ser cura-telado (arts. 542, 1.779 e 1.798 do Código Civil); a especial proteção conferida à gestante, assegurando-se-lhe atendimento pré-natal (art. 8.º do ECA, o qual, ao fim e ao cabo, visa a garantir o direito à vida e à saúde do nascituro); alimentos gravídicos, cuja titularidade é, na verdade, do nascituro, e não da mãe (Lei n. 11.804/2008); no direito penal a condição de pessoa viva do nascituro – embora não nascida – é afirmada sem a menor cerimônia, pois o crime de aborto (arts. 124 a 127 do CP) sempre esteve alocado no título referente a 'crimes contra a pessoa' e especificamente no capítulo 'dos crimes contra a vida' – tutela da vida humana em formação, a chamada vida intrauterina (MIRABETE, Julio Fabbrini. *Manual de direito penal*, volume II. 25 ed. São Paulo: Atlas, 2007, p. 62-63; NUCCI, Guilherme de Souza. *Manual de direito penal*. 8 ed. São Paulo: Revista dos Tribunais, 2012, p. 658).

3. As teorias mais restritivas dos direitos do nascituro – natalista e da personalidade con-dicional – fincam raízes na ordem jurídica superada pela Constituição Federal de 1988 e pelo Código Civil de 2002. O paradigma no qual foram edificadas transitava, essencialmente, dentro da órbita dos direitos patrimoniais. Porém, atualmente isso não mais se sustenta. Reconhecem--se, corriqueiramente, amplos catálogos de direitos não patrimoniais ou de bens imateriais da pessoa – como a honra, o nome, imagem, integridade moral e psíquica, entre outros.

4. Ademais, hoje, mesmo que se adote qualquer das outras duas teorias restritivas, há de se reconhecer a titularidade de direitos da personalidade ao nascituro, dos quais o direito à vida é o mais importante. Garantir ao nascituro expectativas de direitos, ou mesmo direitos condicionados ao nascimento, só faz sentido se lhe for garantido também o direito de nascer, o direito à vida, que é direito pressuposto a todos os demais.

5. Portanto, é procedente o pedido de indenização referente ao seguro DPVAT, com base no que dispõe o art. 3.º da Lei n. 6.194/1974. Se o preceito legal garante indenização por morte, o aborto causado pelo acidente subsume-se à perfeição ao comando normativo, haja vista que outra coisa não ocorreu, senão a morte do nascituro, ou o perecimento de uma vida intrauterina.

6. Recurso especial provido".[19]

7 LEGITIMIDADE PASSIVA

Pelo art. 6.º da Lei 6.194/1974, "no caso de ocorrência do sinistro do qual participem dois ou mais veículos, a indenização será paga pela Sociedade Seguradora do respectivo veículo

---

[19] REsp 1415727/SC, 4.ª Turma, rel. Min. Luis Felipe Salomão, j. 04.09.2014, *DJe* 29.04.2014.

em que cada pessoa vitimada era transportada". É a consagração da teoria do risco puro. Não tem relevância se o evento teve causa na imprudência de outro carro. A indenização torna-se obrigação da companhia que segurava o veículo onde viajava a vítima.

Provocados os ferimentos ou a morte por dois veículos concomitantemente, qual deles assumirá a responsabilidade, em face da lei em vigor?

Tratando-se de pessoa transportada, a solução é encontrada no art. 6.º, acima transcrito. Se o acidente atingir vítima não transportada, a indenização ficará a cargo das companhias seguradoras dos carros envolvidos, repartida a responsabilidade em partes iguais. É o preceito do mesmo dispositivo. Mas a vítima ou seus herdeiros têm a faculdade de ação contra qualquer uma das companhias. Posteriormente, a que satisfez o crédito reveste-se do direito de reclamar da outra a concorrência nas despesas. Já antes da lei atual era assim: a repartição da responsabilidade prevista em Resolução do Conselho Nacional de Seguros Privados deve ser objeto de um posterior acerto entre as seguradoras. A vítima ou seu beneficiário poderá receber o total da indenização de apenas uma delas. Por sua vez, participando veículos identificados e não identificados, as seguradoras dos primeiros arcarão com a obrigação (§ 2.º do art. 6.º).

Conveniente ressaltar que, se a fatalidade do evento trouxer a morte, sem se descobrir a identidade do causador, não restará prejudicada a indenização, que será paga em 100% por um consórcio formado, obrigatoriamente, por todas as seguradoras que operam no ramo de seguros obrigatórios (art. 7.º da Lei 6.194/1974, na redação da Lei 8.441/92). Aliás, a falta de pagamento do prêmio não retira o direito à indenização, na esteira do seguinte aresto: "O seguro obrigatório de responsabilidade civil de veículos automotores decorre de imposição legal, em que, mesmo na situação de não pagamento do prêmio respectivo pelo proprietário do veículo, exsurge a obrigação de indenizar pelas seguradoras participantes do convênio, ressalvado o direito de regresso".[20]

Ainda: "A indenização decorrente do chamado 'Seguro Obrigatório de Danos Pessoais' causados por Veículos Automotores de Vias Terrestres (DPVAT), devida à pessoa vitimada por veículo identificado que esteja com a apólice do referido seguro vencida, pode ser cobrada de qualquer seguradora que opere no complexo".[21]

Na falta de seguro, a qualquer seguradora integrante do consórcio poderá figurar como sujeito passivo:

"Acidente de trânsito. Morte. Seguro – DPVAT. Veículo de propriedade da União. Seguro não realizado. Responsabilidade de consórcio das seguradoras. Artigo 7.º da Lei n.º 6.194/1974.

I – Trata-se de pedido relativo ao pagamento de seguro obrigatório em decorrência de morte ocasionada por um acidente de automóvel ocorrido com veículo de propriedade da União, com seguro não realizado.

II – Responsabilidade da União afastada, tendo em conta que a hipótese encontra-se inserida nos termos do disposto no artigo 7.º da Lei n.º 6.194/1974, que responsabiliza um consórcio constituído de sociedades seguradoras".[22]

Ao consórcio reserva-se o direito de buscar o valor desembolsado acionando o proprietário do veículo, ficando o veículo como garantia, nos termos do § 1.º do citado art. 7.º: "O Consórcio de que trata este artigo poderá haver regressivamente do proprietário do veículo os

---

[20] STJ, 4.ª Turma, REsp 163.836/RS, j. 25.04.2000, *DJ* 28.08.2000.

[21] STJ, 4.ª Turma, REsp 200.838/GO, j. 29.02.2000, *DJU* 02.05.2000.

[22] STJ, REsp 792.062/RJ, 1.ª Turma, rel. Min. Francisco Falcão, j. 07.10.2008, *DJe* 20.10.2008.

8 SUB-ROGAÇÃO DA SEGURADORA

O art. 8.º da lei em vigência encerra: "Comprovado o pagamento, a Sociedade Seguradora que houver pago a indenização poderá, mediante ação própria, haver do responsável a importância efetivamente indenizada". A norma já vinha consagrada pela Súmula 188 do Pretório Excelso, de 1963: "O segurador tem ação regressiva contra o causador do dano, pelo que efetivamente pagou, até ao limite previsto no contrato de seguro".

No STJ firmou-se o direito da ação de regresso contra o causador do evento:

"Ação de ressarcimento proposta por seguradora que invoca a qualidade de sub-rogatária dos direitos do condutor do veículo (vítima de acidente), a fim de ser reembolsada na quantia paga ao segurado em decorrência de acidente de trânsito causado por veículo conduzido por agente público.

In casu, o Tribunal *a quo* assentou que o recorrente (empresa seguradora) não se desincumbiu de demonstrar o erro na conduta do agente, porquanto ao exigir a reparação do causador não goza do privilégio da inversão do ônus, situação insindincável nesta seara processual.

A seguradora será autora de ação regressiva a fim de cobrar do causador do dano a importância que pagou ao segurado, vítima do sinistro, devendo manejar a ação contra o causador do dano, ou seja, o agente público, e não contra o Estado, porquanto com ele sequer mantém relação jurídica.

Hipótese de sub-rogação legal, uma vez que, tendo a companhia cumprido a sua parte no contrato de seguro obrigatório, satisfazendo o segurado pelos danos que sofreu, poderá ajuizar ação de regresso contra o terceiro, responsável pela produção do dano, até o limite previsto no contrato de seguro (Súmula 188/STF), o que desafia análise probatória".[23]

A questão, entretanto, desperta divergência quando o próprio segurado agiu culposamente, provocando o acidente. Tem a companhia legitimidade ativa para voltar-se contra ele, objetivando ressarcir-se do valor entregue? Por razões de bom senso, a resposta é negativa. Tendo o titular da apólice feito a transação, saldando a tarifa tratada, livra-se da obrigação de satisfazer a responsabilidade até a cifra convencionada. Fosse o contrário, na maioria das vezes seria compelido a recompor a seguradora do montante entregue para o lesado A ele de nada adiantaria o sacrifício do pagamento do prêmio. Não revela coerência jurídica a possibilidade de voltar-se contra ele a entidade com a qual acertou uma proteção legal. Gilberto Caldas, citando Elcir Castello Branco, é de parecer contrário, ponderando que, quando o responsável for vítima, a sub-rogação terá eficácia perante ela, se agiu com culpa exclusiva, isto é, se foi a única provocadora do acontecimento, ou se colaborou de maneira indisfarçável para o desenlace. Não haveria por que afastar a sua responsabilidade se procedeu culposamente.[24]

O próprio autor, no entanto, admite tendência contrária a este ponto de vista, materializada em decisões pretorianas. Ilustra tal posição com um exemplo do Tribunal de Alçada do Rio de Janeiro, Ap. Cív. 21.128: "O Seguro Obrigatório visa tão somente a cobrir o segurado de eventuais danos a terceiros que os sofram indevidamente, assegurado sempre à seguradora

---

[23] AgRg no REsp 980219/RJ, 1.ª Turma, rel. Min. Luiz Fux, j. 16.09.2008, *DJ* 02.10.2008.

[24] *Danos pessoais em seguro obrigatório*. São Paulo: Pró-Livro, 1978. p. 91.

o direito de regresso contra o responsável quando ele não for o próprio segurado".[25] Paulo Lúcio Nogueira endossa esta inteligência: "Verifica-se que tal disposição consagra o direito de regresso contra quem foi causador do dano, não podendo, porém, haver ação regressiva contra o próprio segurado, ainda que tenha sido responsável pelo acidente".[26] Pondera que não há o direito de regresso mesmo tendo o segurado obrado com culpa, porque a finalidade do contrato é justamente cobrir esse risco. Distingue, no entanto, a possibilidade da conduta vir a ser responsabilizada, se revestida de dolo. Nestas circunstâncias, é justo que não se conceda ao autor da fatalidade o abrigo da garantia, visto que não se admite, de sã consciência, premiar a ilicitude voluntária do infrator da lei.

9 DOCUMENTAÇÃO EXIGIDA PARA A HABILITAÇÃO. PRESCRIÇÃO

Constam regulados nos parágrafos do art. 5.º da Lei 6.194/1974, na redação vinda das Leis 8.441/1992, 11.482/2007 e 11.945/2009, os requisitos formais para a obtenção do seguro:

"Art. 5.º (...).

§ 1.º A indenização referida neste artigo será paga com base no valor vigente na época da ocorrência do sinistro, em cheque nominal aos beneficiários, descontável no dia e na praça da sucursal que fizer a liquidação, no prazo de 30 (trinta) dias da entrega dos seguintes documentos:

a) certidão de óbito, registro da ocorrência no órgão policial competente e a prova de qualidade de beneficiários no caso de morte;

b) prova das despesas efetuadas pela vítima com o seu atendimento por hospital, ambulatório ou médico-assistente e registro da ocorrência no órgão policial competente – no caso de danos pessoais.

§ 2.º Os documentos referidos no § 1.º serão entregues à Sociedade Seguradora, mediante recibo, que os especificará.

§ 3.º Não se concluindo na certidão de óbito o nexo de causa e efeito entre a morte e o acidente, será acrescentada a certidão de auto de necropsia, fornecida diretamente pelo Instituto Médico-Legal, independentemente de requisição ou autorização da autoridade policial ou da jurisdição do acidente.

§ 4.º Havendo dúvida quanto ao nexo de causa e efeito entre o acidente e as lesões, em caso de despesas médicas suplementares e invalidez permanente, poderá ser acrescentado ao boletim de atendimento hospitalar relatório de internamento ou tratamento, se houver, fornecido pela rede hospitalar e previdenciária, mediante pedido verbal ou escrito, pelos interessados, em formulário próprio da entidade fornecedora.

§ 5.º O Instituto Médico-Legal da jurisdição do acidente ou da residência da vítima deverá fornecer, no prazo de até 90 (noventa) dias, laudo à vítima com a verificação da existência e quantificação das lesões permanentes, totais ou parciais.

(...)".

Entregues os papéis, no espaço dos trinta dias seguintes deverá ser efetuado o pagamento, sob pena de incidência de juros moratórios e correção monetária, com amparo no § 7.º: "Os valores correspondentes às indenizações, na hipótese de não cumprimento do prazo para o pagamento da respectiva obrigação pecuniária, sujeitam-se à correção monetária segundo

---

[25] Idem, ibidem.

[26] *Seguro obrigatório*, ob. cit., p. 32.

índice oficial regularmente estabelecido e juros moratórios com base em critérios fixados na regulamentação específica de seguro privado".

A decorrência foi ressaltada pelo STJ: "Incide correção monetária sobre dívida por ato ilícito a partir da data do efetivo prejuízo – Súmula 43/STJ. No caso de ilícito contratual, situação do DPVAT, os juros de mora são devidos a contar da citação".[27]

O interessado encaminhará os papéis pessoalmente ou por meio de procurador. A entrega far-se-á contra recibo indicativo de todos os documentos. Observa Wladimir Valler que "nenhum outro documento, que as Sociedades Seguradoras costumam solicitar, com o evidente intuito de dificultar ou retardar o pagamento das indenizações, tais como a) prova do bilhete do seguro; b) habilitação do motorista; c) certificado de propriedade do veículo; d) laudo pericial; e) exame de corpo de delito; f) exame necroscópico etc., precisa ser fornecido pelos interessados, uma vez que o que se exige é a simples prova do acidente e do dano decorrente. O acidente se prova com a certidão da autoridade policial sobre a ocorrência. O dano decorrente, ou seja, a morte ou a invalidez permanente, se comprova com a certidão de óbito ou com o relatório do médico-assistente atestando o grau de invalidez, respectivamente. As despesas de assistência médica e suplementares se comprovam com os recibos ou notas fiscais".[28]

Costumam, outrossim, as entidades incluir, entre as imposições, o alvará judicial, dando poderes ao representante dos filhos (se órfãos, evidentemente) para sacar o montante devido.

O pagamento da indenização deve ser efetivado mediante a simples entrega dos documentos necessários, dentro do prazo de quinze dias. Incidirá em mora a seguradora se não atender à obrigação na quinzena que se seguir à data da entrada dos papéis. A reclamação do alvará judicial retardaria sobremaneira o pagamento, frustrando os fins sociais visados pela lei. Lamentavelmente, a praxe que impõe o alvará forma um expediente odioso de que se valem as companhias para eximir-se ou retardar o pagamento. A autorização judicial é reclamada, apenas, para que o tutor receba as quantias devidas a outro título, sem incluir nelas o seguro, cuja natureza revela o caráter de pensão. Sua expedição não é rápida, pois se processa por meio de procedimento de jurisdição voluntária, no juízo cível, sujeito a inúmeros percalços e dependente de onerações que dificultam o exercício do direito.

O prazo prescricional para reclamar a indenização é de três anos, no que é expresso o art. 206, § 3.º, IX, do Código Civil: "Prescreve: (...) § 3.º Em 3 (três) anos: (...) IX – a pretensão do beneficiário contra o segurador, e a do terceiro prejudicado, no caso de seguro de responsabilidade civil obrigatório".

O STJ vem aplicando a disposição: "No que se refere ao prazo prescricional para o ajuizamento de ação em que o beneficiário busca o pagamento da indenização referente ao seguro obrigatório, o entendimento assente nesta Corte é no sentido de que o prazo prescricional é de três anos, nos termos do art. 206, § 3.º, IX, do CC".[29]

Igualmente segue-se o mesmo prazo para o recebimento das diferenças, na eventualidade de pagamento inferior ao devido, a teor do Tema 883, em recurso repetitivo, com a seguinte tese: "A pretensão de cobrança e a pretensão a diferenças de valores do seguro obrigatório (DPVAT) prescrevem em três anos, sendo o termo inicial, no último caso, o pagamento administrativo considerado a menor".[30]

---

[27]   STJ, 4.ª Turma, REsp 665.282/SP, j. 20.11.2008, *DJe* 15.12.2008.

[28]   *Responsabilidade civil e criminal nos acidentes automobilísticos*, ob. cit., p. 314.

[29]   STJ, 3.ª Turma, AgRg no REsp 1.057.098/SP, j. 14.10.2008, *DJe* 03.11.2008.

[30]   STJ, REsp 1.418.347/MG, 3.ª Turma, rel. Min. Ricardo Villas Bôas Cueva, j. 08.04.2015, *DJe* 15.04.2015.

Capítulo XXIII

Os Juros

1 TERMO INICIAL DA INCIDÊNCIA E ESPÉCIES

Qual o termo inicial para a contagem dos juros, na indenização pelos atos ilícitos?

O art. 398 do Código Civil encerra: "Nas obrigações provenientes de ato ilícito, considera-se o devedor em mora, desde que o praticou".

No Código anterior, previa-se a prática de delito, mas no significado de ato ilícito. Era a ideia que vinha de Von Tuhr, passando por Teixeira de Freitas, Clóvis, Orozimbo Nonato, e sufragada por autores mais atuais.

O princípio vem dos romanos, tanto que Coelho da Rocha, citado em uma decisão, nas suas *Instituições* (8.ª ed., I, 1917), ensinava, baseado na doutrina jurídica de Roma, o seguinte: "O ladrão é reputado em mora desde o furto, L. 8, § 1.º, e L. (...) Na verdade, assim é de ser entendido, porque, devendo o causador do ato ilícito reparar de modo completo as perdas e danos que decorrem do seu comportamento injurídico, a reparação deixa de ser integral se os juros não forem contados a partir do fato que constitui a fonte da obrigação de indenizar, pois o desfalque do patrimônio daquele que sofreu o ato ilícito não é apenas da quantia representativa do prejuízo, mas, também, de tudo quanto ela deixou de render para o credor, inclusive o lucro cessante".[1]

Se o dano é verificável de logo, como resultado do ilícito, e se a quantia que lhe corresponde é de pronto liquidável, o crédito indenizatório vence automaticamente desde que se produz o dano. Ademais, se a despeito disso ficou inadimplente o devedor, juridicamente justificável é impor-lhe a obrigação de pagar os juros desde o tempo do ilícito, isto é, a partir do momento que se tornou moroso. Portanto, se o autor do fato ilícito não pagar, no dia do evento, a quantia reparadora, deve pagar, contados desse tempo, os juros de tal dívida, pois esta, bem ponderada sua natureza, nada mais é do que a prestação de um devedor inadimplente a partir do momento em que praticou o ilícito.

Essa é a orientação do Superior Tribunal de Justiça, sintetizada na Súmula 54, de 1992, formada ao tempo do Código Civil revogado, mantendo-se sob o atual Código, eis que, no ponto, se manteve o tratamento: "Os juros moratórios fluem a partir do evento danoso, em caso de responsabilidade extracontratual" – entendimento reiterado pela jurisprudência da Corte.[2]

Exegese que perdura: "O ressarcimento do dano insere-se no contexto da responsabilidade civil extracontratual por ato ilícito. Assim, a correção monetária e os juros de mora

---

[1] RE 80.796, 1.ª Turma, rel. Min. Antonio Neder, j. 18.11.1977, *DJ* 24.02.1978, *RTJ* 85/149.

[2] STJ, 4.ª Turma, REsp 89.785/RJ, j. 09.09.1996, *DJU* 07.10.1996.

têm, como *dies a quo* de incidência, a data do evento danoso, nos termos das Súmulas 43 e 54 do STJ e do art. 398 do Código Civil".[3]

Inclusive por dano moral puro: "Segundo o entendimento da Segunda Seção, no caso de indenização por dano moral puro decorrente de ato ilícito, os juros moratórios legais fluem a partir do evento danoso (Súmula 54 do STJ)".[4]

De outro lado, quanto aos juros de mora em obrigações não provenientes de atos ilícitos, lemos no art. 405: "Contam-se os juros de mora desde a citação inicial".

São os juros previstos para o caso de mora, que se constituem como pena imposta ao devedor pelo atraso no adimplemento da prestação. Explica Carlos Alberto Bittar: "Aos juros moratórios ficam sujeitos os devedores inadimplentes, ou em mora, independentemente de alegação de prejuízo. Defluem, portanto, conforme a lei, pelo simples fato da inobservância do prazo para o adimplemento, ou, não havendo, da constituição do devedor em mora pela notificação, protesto, interpelação, ou pela citação em ação própria, esta quando ilíquida a obrigação".[5]

Na indenização por ato ilícito, não deixa de haver a mora desde que perpetrado o dano.

No entanto, a mora contemplada pelo art. 405 é a decorrente do não pagamento no devido tempo de obrigação contratada, no que assente o Superior Tribunal de Justiça.[6]

A mora corresponde, pois, ao não pagamento no tempo marcado. A obrigação deve executar-se oportunamente, salienta Caio Mário da Silva Pereira.[7] Realmente, interessa ao credor o recebimento no tempo combinado.

Insta observar que a mora alarga seu campo, envolvendo também a falta de cumprimento no lugar e na forma combinados, como assinala o art. 394.

São os juros que incidem também nas indenizações por responsabilidade objetiva: "Na linha da jurisprudência da Corte, os juros moratórios, em se tratando de responsabilidade objetiva, apenas começam a fluir a partir da data da citação inicial".[8]

Os juros de mora classificam-se em duas espécies: os legais e os convencionados.

A própria denominação leva a concluir que ou decorrem de lei ou de convenção das partes. Aqueles, na lição de Pontes de Miranda, se produzem em virtude de regra jurídica legal, em cujo suporte fático pode estar ato jurídico, porém não houve vontade de estipulá-los (juros moratórios; juros processuais, que são, no direito brasileiro, juros moratórios que não correm da mora, art. 1.064; os juros das indenizações por atos ilícitos, que o art. 962 reputa moratórios)".[9] Os mencionados arts. 1.064 e 962 equivalem aos arts. 407 e 398 do diploma civil vigente.

Constam tais juros ordenados em lei, não podendo ultrapassar determinada taxa. Não se restringem a moratórios propriamente ditos, mas aparecem também previstos em certas figuras constantes do Código Civil, como se verá adiante.

Os convencionais requerem a manifestação das vontades das partes. O normal é aparecerem em contrato, acompanhando sempre uma obrigação principal. Os contratantes celebram

---

[3] STJ, REsp 1.734.294/SP, 2.ª Turma, rel. Min. Herman Benjamin, j. 03.10.2019, *DJe* 11.10.2019.

[4] STJ, 4.ª Turma, AgInt nos EDcl no REsp 1.763.220/MG, rel. Min. Maria Isabel Gallotti, j. 19.09.2019, *DJe* 24.09.2019.

[5] *Curso de direito civil*, ob. cit., v. 1, p. 419.

[6] STJ, 4.ª Turma, REsp 327382/RJ, j. 19.03.2002, *DJU* 10.06.2002.

[7] *Instituições de direito civil*, ob. cit., v. 2, p. 266.

[8] STJ, 4.ª Turma, AgREsp 250.237/SP, j. 03.08.2000, *DJU* 11.09.2000.

[9] *Tratado de direito privado*, ob. cit., t. XXIV, p. 23.

a obrigação principal e a acessória, ou seja, o empréstimo e as amortizações pelo pagamento, acompanhadas da taxa de juros. São os juros bancários, os juros nos investimentos, nos financiamentos, que extrapolam a taxa máxima constante na lei.

Cumpre proceder a uma distinção quanto aos juros compensatórios ou remuneratórios, que possuem a função básica de remunerar o capital mutuado, equiparando-se aos frutos. "Representam um valor que se paga para a aquisição temporal da titularidade do dinheiro. Constituem eles um preço devido pela disponibilidade do numerário, durante certo tempo", aprofunda Francisco Cláudio de Almeida Santos.[10] São aqueles pagos como compensação por ficar o credor privado da disposição de seu capital. "Integram o *quantum* da indenização, por isso que sua finalidade é o ressarcimento do proprietário pela perda do bem."[11] Incidem desde o momento da perda da posse ou do uso do bem. Na desapropriação, a contar da imissão na posse: "Os juros compensatórios são devidos desde a imissão provisória na posse, em nada interessando, para este fim, o fato de o imóvel expropriado estar, ou não, produzindo alguma renda". Interessa, para a incidência, segue o julgado, que "o dano resultante da privação, imposta ao proprietário, está *in re ipsa*. (...) O imóvel, em mãos do dono, pode, a qualquer momento, ser usado, receber proposta para arrendamento ou venda, o que não ocorre achando-se ele fora do comércio".[12]

2 JUROS COMPOSTOS

Juro composto é o juro somado ao capital anualmente, sobre o qual será calculado novo juro. Em outros termos, é a capitalização do juro. "Ao cabo de cada ano, os juros, capitalizando-se, integram o capital, sobre o qual serão computados novos juros."[13] O cálculo é dado por meio da seguinte fórmula: $j = c(1 + r)n - c$, em que j é o juro; c, o capital; r significa a taxa de juro, no caso sempre fixada em 6% ao ano; e n equivale ao número de períodos de tempo.

A norma que introduziu os juros compostos no direito material civil estava no art. 1.544 do Código de 1916: "Além dos juros ordinários, contados proporcionalmente ao valor do dano, e desde o tempo do crime, a satisfação compreende os juros compostos". O art. 4.º do Decreto 22.626, de 1933, igualmente autorizava e autoriza a capitalização, desde que anual: "É proibido contar juros dos juros; esta proibição não compreende a acumulação de juros vencidos aos saldos líquidos em conta-corrente de ano a ano".

O Código Civil em vigor, no art. 591, autoriza a capitalização anual em qualquer espécie de juros. Não mais há a restrição para a hipótese da prática de delito ou de ilícito. Caíram por terra, assim, todas as controvérsias que grassavam sobre a incidência unicamente na prática de delito ou de qualquer ilícito civil.

Dentro do ordenado pelo sistema vigente, que abrange a regra do art. 4.º do Decreto 22.626/1933, é incabível a incidência da capitalização de juros sobre juros em períodos diferentes. A prática constituiria o que se convencionou chamar de anatocismo.

Qual o significado de anatocismo? O português Mário Júlio de Almeida Costa explica o sentido do termo: "Designa-se pelo termo técnico 'anatocismo' o fenômeno da capitalização dos juros, ou de juros de juros. Refere-se ao tema o art. 560.º, que estabelece a seguinte

---

[10] Os juros compensatórios no mútuo bancário. *Revista de Direito Bancário e do Mercado de Capitais*, São Paulo, ano I, n. 2, p. 70, maio-ago. 19982/70.

[11] TRF-1.ª Reg., Reex. Nec. 22.832/2/BA, j. 22.04.1997.

[12] TJMG, 5.ª Câm. Cív., Ap. Cív. 72.321/3, rel. Des. Bady Curi, j. 20.03.1997, *RT* 748/364.

[13] Verbete "Juros", *Enciclopédia Saraiva de Direito*, São Paulo: Saraiva, 1977. v. 47.

disciplina: 'O anatocismo é proibido em relação aos juros devidos por um período inferior a um ano'. Quanto aos outros, permite a lei que possa haver juros de juros, a partir da notificação judicial feita ao devedor para capitalizar os juros vencidos ou proceder ao seu pagamento".[14] Em outras palavras, é o juro cobrado sobre juros vencidos não pagos e que são tidos por incorporados ao capital desde o dia do vencimento. A diferença relativamente ao art. 591 é que, nos casos regulados por este, a capitalização aplica-se ao valor devido pelo responsável, incorporando-se ao capital de ano a ano, seja título de reparação ou de empréstimo de dinheiro.

Há exceções relativamente a períodos menores de um ano em leis especiais. Assim o Decreto-lei 167, de 1967, no art. 5.º, que disciplina o crédito rural: "As importâncias fornecidas pelo financiador vencerão juros às taxas que o Conselho Monetário Nacional fixar e serão exigíveis em 30 de junho e 31 de dezembro ou no vencimento das prestações, se assim acordado entre as partes; no vencimento do título e na liquidação, por outra forma que vier a ser determinada por aquele Conselho, podendo o financiador, nas datas previstas, capitalizar tais encargos na conta vinculada à operação". Em idêntica redação o art. 5.º do Decreto-lei 413, de 1969, versando sobre o crédito industrial. Igualmente as Leis 6.313, de 1975, e 6.840, de 1980, tratando do crédito à exportação e do comercial, mandando aplicar o Decreto-lei 413/1969. As previsões beneficiam as instituições financeiras, nelas incluídas as cooperativas, que atuam em operações regradas por aqueles diplomas, conforme decidido.

A capitalização permitida, nesses casos específicos, é semestral, malgrado a Súmula 93 do STJ, de 1993, vazada nestes termos: "A legislação sobre cédulas de crédito rural, comercial e industrial admite o pacto de capitalização de juros". A origem parte de inúmeros julgados que admitiram a capitalização mensal, desde que pactuada, como o seguinte, entre os mais antigos do STJ: "Capitalização mensal de juros – Possibilidade, no caso de financiamento rural (Decreto-lei 167/67, art. 5.º) – Precedentes do STJ, entre outros o REsp 11.843 – Recurso especial conhecido e provido".[15]

Por constar no art. 5.º do Decreto-lei 167/1967, entre as alternativas previstas, "ou por outra forma que vier a ser determinada por aquele Conselho", é que decorreu a inteligência que culminou na capitalização mensal. Entrementes, se ponderasse tal inteligência, era de exigir sempre a expressa autorização do Conselho Monetário Nacional, como consta literalmente no dispositivo. No entanto, isso não encontra fulcro na redação do preceito. Primeiramente, ressaltam-se as datas semestrais; em seguida, possibilita-se a escolha de outras datas, como no vencimento das prestações, ou quando da liquidação, e pela forma em que convierem as partes. Pensa-se que a liberdade é admitida dentro do núcleo da regra, isto é, obedecendo à semestralidade. Se houvesse liberdade de escolha, por evidente que a pessoa obrigada elegeria o prazo mais dilatado, eis que não iria preferir períodos breves, em seu próprio prejuízo. A inserção de períodos mensais ou inferiores a seis meses representa um constrangimento ou imposição. Nem colocaria o legislador aquelas datas já marcadas se, depois, desse total liberdade para a imposição de períodos diferentes ou inferiores. Não haveria razão que justificasse uma disposição ambivalente.

Entre os raros casos de capitalização permitidos por lei, cita-se também a dívida decorrente de financiamento imobiliário regido pela Lei 9.514/1997, distinto do antigo Sistema Financeiro da Habitação. O art. 5.º, III, da apontada lei autoriza a capitalização dos juros da dívida contraída para a aquisição de imóvel.

---

[14] *Direito das obrigações*. 3.ª ed. Coimbra: Almedina, 1979. p. 510-511.

[15] STJ, 3.ª Turma, REsp 23.844-8/RS, rel. Min. Nilson Naves, j. 1.º.09.1992.

No mais, não existindo previsão legal, não é permitida a capitalização, tendo, ainda, plena aplicação a antiga Súmula 121 do STF, de 1963: "É vedada a capitalização de juros, ainda que expressamente convencionada". O Superior Tribunal de Justiça tem reiterado a proibição, sempre que não haja lei que a possibilite: "Somente nas hipóteses em que expressamente autorizada por lei específica, a capitalização de juros se mostra admissível. Nos demais casos é vedada, mesmo quando pactuada, não tendo sido revogado pela Lei 4.595/1964 o art. 4.º do Decreto 22.626/1933. O anatocismo, repudiado pelo Verbete 121 da Súmula do Supremo Tribunal Federal, não guarda relação com o Enunciado 596 da mesma Súmula".[16]

No entanto, tratando-se de dívida contraída perante as instituições bancárias, há a Medida Provisória 2.170-36, de 23.08.2001, cujo art. 5.º passou a autorizar a capitalização, nos seguintes termos: "Nas operações realizadas pelas instituições integrantes do Sistema Financeiro Nacional, é admissível a capitalização de juros com periodicidade inferior a um ano".

Finalmente, emprega-se a denominação "juros compostos" quando não se calcular diariamente a cumulação de juros sobre juros, reservando-se o termo "capitalização", se for diária.

3 JUROS DE MORA E PREJUÍZO

Para a cobrança de juros de mora não se requer a existência de prejuízo. Suficiente a mora para a imposição, pois assim autoriza o art. 407 do Código Civil: "Ainda que se não alegue prejuízo, é obrigado o devedor aos juros da mora que se contarão assim às dívidas em dinheiro, como às prestações de outra natureza, uma vez que lhes esteja fixado o valor pecuniário por sentença judicial, arbitramento, ou acordo entre as partes".

De suma relevância prática a regra. Chamava a atenção Silvio Rodrigues que "a lei presume que a conservação, pelo inadimplente, do capital pertencente ao credor implica perda para este e lucro para aquele, de modo que impõe ao primeiro o dever de indenizar o segundo, o que é feito pelo pagamento dos juros legais".[17]

Outra importante previsão contém o cânone. Não apenas as dívidas líquidas em dinheiro se encontram abrigadas, mas também aquelas prestações de outra natureza, que se convertem, posteriormente, por meio de sentença, arbitramento ou acordo, em dinheiro. Exemplifica-se: condenando-se uma pessoa a entregar um veículo, ou a restituir um animal, ou a construir uma obra, e não se logrando alcançar o cumprimento *in natura* ou na espécie ordenada, vindo a transformar-se em dinheiro a prestação, contam-se os juros, que iniciam a partir da mora, a qual se opera, geralmente, mediante a citação. Sintetizava Carvalho Santos, perdurando a atualidade da lição, já que idêntico o tratamento da matéria pelo atual e pelo anterior Código: "A hipótese, aqui, como é fácil de perceber, é a da obrigação que, sem ser de pagamento em dinheiro, se converte em dívida pecuniária para então poder ter execução, por não ser possível ao credor satisfazê-la antes de ser fixada e convertida em dinheiro. Não se trata, propriamente, de dívida, em sua origem, de dinheiro, nem tampouco de dívida ilíquida".[18]

Pontes de Miranda dá todo o alcance do então art. 1.064, cujo conteúdo se mantém no art. 407 do vigente Código, vendo nele três regras jurídicas: "A primeira estabelece o 'princípio da desnecessidade de dano para a eficácia da mora' (= mora surte efeitos ainda que nenhum prejuízo tenha havido); a segunda estabelece que, nas dívidas de dinheiro, a

---

[16] STJ, 4.ª Turma, REsp 122.777, rel. Min. Sálvio de Figueiredo, j. 27.05.1997. Entre outros casos, lembram-se, ainda, o REsp 3.894, de 28.08.1990, rel. Min. Nilson Naves; e o REsp 46.515, j. 13.06.1996, rel. Min. Eduardo Ribeiro.

[17] *Direito civil* – Parte geral das obrigações. 3.ª ed. São Paulo: Max Limonad, 1997. v. 2, p. 319.

[18] *Código Civil brasileiro interpretado*, ob. cit., t. XIV, p. 287.

mora tem os efeitos de produção de juros desde que ela ocorre, inclusive na espécie do art. 962; a terceira faz depender da sentença, judicial ou arbitral, ou do acordo dos interessados a 'contagem' dos juros, nas dívidas em que a prestação não seja de dinheiro; não, porém, a fluência, que é desde a mora".[19] Recorda-se que o mencionado art. 962 corresponde ao art. 398 do atual diploma civil.

4 INCIDÊNCIA DOS JUROS DE MORA QUANDO NÃO POSTULADOS OU OMISSA A SENTENÇA

Seguidamente aparecem controvérsias sobre a incidência de juros em obrigações quando o credor não os postulou e há total omissão na sentença.

Primeiramente, aborda-se o deferimento na ausência de requerimento expresso.

Existe a regra do art. 324 do Código de Processo Civil, segundo a qual "o pedido deve ser determinado", mas com o sentido de completa identificação do objeto, qualitativa e quantitativamente. De outro lado, se ausente qualquer pretensão a respeito, haveria também o óbice do art. 492 do mesmo estatuto: "É vedado ao juiz proferir decisão de natureza diversa da pedida, bem como condenar a parte em quantidade superior ou em objeto diverso do que lhe foi demandado". Na concessão de um pedido diverso do solicitado, afigura-se como *extra petita* a sentença, ficando eivada de nulidade, de acordo com o entendimento predominante; caso, porém, seja concedido mais do que pretendido, a caracterização é de *ultra petita*, com possibilidade de redução do montante aos limites do pedido.

No entanto, não se pode olvidar o disposto no art. 322 e em seu § 1.º do estatuto processual civil, que dá uma nuance diferente à matéria:

"O pedido deve ser certo.

§ 1.º Compreendem-se no principal os juros legais, a correção monetária e as verbas de sucumbência, inclusive os honorários advocatícios".

Juros legais, conforme já observado, constituem aqueles expressamente previstos na lei material – art. 406 do Código Civil –, podendo ser os de mora. Os convencionados são os combinados pelos contratantes, aos quais não se permite estabelecer taxa superior a doze por cento, na linha de pensamento que se defendeu em item *supra*. De modo que o art. 322 e seu § 1.º, acima transcritos, limitam-se aos juros legais, que abrangem os da mora. Não transcendem seus limites para os convencionais ou contratuais, consoante a profícua lição de Wellington Moreira Pimentel: "O que se considera incluído no principal são apenas os juros legais. Não assim os convencionados, ainda que ajustados expressamente no contrato e dentro dos limites permitidos pela legislação. Para estes, há de ser formulado pedido expresso".[20]

Resumindo, aos juros legais dá amparo o art. 322 do CPC, independentemente, para a sua concessão, da existência de pedido expresso. Permite-se que a sentença os conceda, mesmo que omisso o pedido.

Suponha-se, agora, a omissão da sentença na concessão. Nada se deferiu nem se decidiu a respeito. Em execução de sentença, autoriza-se a pretensão, com a inclusão na memória discriminada e atualizada do cálculo? A lição de J. J. Calmon de Passos é pela negativa, como já se manifestara Pontes de Miranda: "Uma coisa é pedido implícito. Outra, condenação implícita. Esta última não existe. De sorte que, se não foram pedidos os juros legais, a

---

[19] *Tratado de direito privado*, ob. cit., t. XXIV, p. 23-24.

[20] *Comentários ao Código de Processo Civil*. São Paulo: RT, 1979. v. 3, p. 209.

sentença poderá incluí-los na condenação. Mas, se não previstos na sentença, poderão ser reclamados na execução? Responde Pontes de Miranda que não, e com irrecusável acerto".[21]

Desde há tempos, entrementes, vinga outra exegese, consubstanciada na Súmula 254 do STF, de 1963, nos seguintes termos: "Incluem-se os juros moratórios na liquidação, embora omisso o pedido inicial ou a condenação".

O mesmo Supremo Tribunal Federal, em decisão posterior, manteve a orientação: "Os julgados que informam a Súmula em causa [Súmula 254] demonstram cabalmente o propósito de incluir os juros de mora na condenação, embora a eles não se refira o julgado, posto implícitos no pedido. Veja-se, a propósito, o julgamento do RE 31.229, ali referido, em que os juros de mora, ainda nos casos de omissão no pedido ou na condenação, são sempre exigíveis, como acessório que são do principal".[22]

O Superior Tribunal de Justiça adotou tal posição, segundo o seguinte aresto: "Os juros de mora, ainda quanto a eles omisso o pedido inicial e a condenação, haverão de ser incluídos na liquidação, como acessórios que são do principal".[23].

Justifica-se a interpretação porque os juros de mora representam efetivamente a reparação de um prejuízo que se presume, além de serem acessórios do principal, do qual não podem se destacar, pois nele implícitos. O próprio conteúdo do art. 407 impõe a inclusão, ao ordenar a obrigatoriedade no pagamento, ainda que se não alegue prejuízo.

5 JUROS LEGAIS NÃO MORATÓRIOS

Não apenas moratórios podem ser os juros legais. Em vários dispositivos o Código Civil contempla a incidência de juros, mas com a natureza de punir, de reparar prejuízos ou satisfazer encargos decorrentes da infração a dispositivos de lei. Se não estipulada a taxa, ficam em um por cento ao mês, conforme se retira da aplicação do art. 591, que remete ao art. 406.

Citam-se algumas previsões legais.

Consta do art. 1.753, § 3.º, que os tutores respondem pela demora na aplicação de valores recebidos na venda de bens dos tutelados, "pagando os juros legais desde o dia em que deveriam dar esse destino, o que não os exime da obrigação, que o juiz fará efetiva, da referida aplicação".

O art. 404, estudado no capítulo referente às perdas e danos, contempla mais uma hipótese: "As perdas e danos, nas obrigações de pagamento em dinheiro, serão pagas com atualização monetária segundo índices oficiais regularmente estabelecidos, abrangendo juros, custas e honorários de advogado, sem prejuízo da pena convencional". No mandato, pune-se o mandatário que não entrega as somas a que estava obrigado – art. 670: "Pelas somas que devia entregar ao mandante ou recebeu para despesa, mas empregou em proveito seu, pagará o mandatário juros, desde o momento em que abusou".

O art. 677, em mais uma ação relacionada ao mandato: "As somas adiantadas pelo mandatário, para a execução do mandato, vencem juros desde a data do desembolso". Na gestão de negócios, comina o art. 869 ao dono o reembolso, para o gestor, das "despesas

---

[21] *Comentários ao Código de Processo Civil*. Rio de Janeiro: Forense, 1998. v. 3, p. 195-196.

[22] STF, RE 101.076/SP, rel. Min. Rafael Mayer, j. 16.12.1983, *RTJ* 109/1.263.

[23] STJ, REsp 10.929/GO, rel. Min. Waldemar Zveiter, j. 28.06.1991, *DJU* 26.08.1991. Theotonio Negrão (*Código de Processo Civil e legislação processual em vigor*), na observação n. 5 ao art. 610 do CPC, lembra várias outras decisões do STJ no mesmo sentido.

necessárias ou úteis que houver feito, com os juros legais, desde o desembolso, respondendo ainda pelos prejuízos que este houver sofrido por causa da gestão".

Quanto à fiança, conforme o art. 833, "o fiador tem direito aos juros do desembolso pela taxa estipulada na obrigação principal, e, não havendo taxa convencionada, aos juros legais da mora".

Nota-se, pois, a natureza mista de tais juros, com caráter moratório, reparatório e até remuneratório, sempre predominando a taxa legal, quando não convencionada diferentemente, mas, então, limitada no máximo permitido pelo art. 1.º do Decreto 22.626/1933, conforme já defendido.

Em função do art. 1.404, "incumbem ao dono as reparações extraordinárias e as que não forem de custo módico; mas o usufrutuário lhe pagará os juros do capital despendido com as que forem necessárias à conservação, ou aumentarem o rendimento da coisa usufruída".

Bibliografia

ALVIM, Agostinho. *Da inexecução das obrigações e suas consequências*. 5. ed. São Paulo: Saraiva, 1980.

ALVIM, Pedro. *Responsabilidade civil e seguro obrigatório*. São Paulo: RT, 1972.

ARAÚJO, Francisco Fernandes. Da responsabilidade civil por danos causados em acidentes de trânsito, quando o veículo não mais pertence a quem aparece como dono no registro público. *Justitia*, n. 152, 1990.

BARBI, Celso Agrícola. *Comentários ao Código de Processo Civil*. Rio de Janeiro: Forense, 1975. v. 1, t. II.

BENJÓ, Celso. O *leasing* na sistemática jurídica nacional e internacional. *RT* 274/18.

BEVILÁQUA, Clóvis. *Código Civil comentado*. Rio de Janeiro: Francisco Alves, 1926. v. 5.

BEVILÁQUA, Clóvis. *Código dos Estados Unidos do Brasil comentado*. 4. ed. Rio de Janeiro: Francisco Alves, 1929. v. 4.

BITTAR, Carlos Alberto. *Curso de direito civil*. Rio de Janeiro: Forense Universitária, 1994. v. 1.

BRIZ, Jaime Santos. *La responsabilidad civil*. 2. ed. Madrid: Montecorvo, 1977.

BUSSADA, Wilson. *Responsabilidade civil interpretada pelos tribunais*. Rio de Janeiro: Liber Juris, 1984.

CAHALI, Yussef Said. Aspectos jurisprudenciais do seguro obrigatório de veículos. *In*: Cahali, Yussef Said (coord.). *Estudos de direito civil*. São Paulo: RT, 1979.

CAHALI, Yussef Said. *Dano e indenização*. São Paulo: RT, 1980.

CAHALI, Yussef Said. Furtos de veículos em estabelecimentos de *shopping centers*. *In*: Cahali, Yussef Said (coord.). *Questões jurídicas*. São Paulo: Saraiva, 1991.

CALDAS, Gilberto. *Danos pessoais em seguro obrigatório*. São Paulo: Pró-Livro, 1978.

CAMMAROTA, Antonio. *Responsabilidad extracontractual*. Buenos Aires: Depalma, 1947. v. 2.

CARVALHO DE MENDONÇA, M. I. *Doutrina e prática das obrigações*. Rio de Janeiro: Freitas Bastos, 1938.

CARVALHO SANTOS, J. M. de. *Código Civil brasileiro interpretado*. 7. ed. Rio de Janeiro: Freitas Bastos, 1964. t. XX e XXI.

CARVALHO SANTOS, J. M. de. *Código Civil brasileiro interpretado*. 8. ed. Rio de Janeiro: Freitas Bastos, 1964. t. III e XIV.

CARVALHO SANTOS, J. M. de. *Código Civil brasileiro interpretado*. 10. ed. Rio de Janeiro: Freitas Bastos, 1982. t. I.

CARVALHO SANTOS, J. M. de. Verbete. *Repertório enciclopédico do direito brasileiro*. Rio de Janeiro: Borsoi, 1947. v. 5.

CASTELLO BRANCO, Elcir. *Seguro obrigatório de responsabilidade civil*. Rio de Janeiro-São Paulo: Jurídica e Universitária, 1971.

CASTRO, Amílcar de. *Comentários ao Código de Processo Civil.* São Paulo: RT, 1974. v. 7.

CAVALIERI FILHO, Sérgio. *Programa de responsabilidade civil.* 4. ed. São Paulo: Malheiros, 2003.

CHIRONI, G. P. *La colpa nel diritto civile odierno* – Colpa extracontratual. 2. ed. Torino: Fratelli Bocca, 1906. v. 2.

COLIN, Ambrosio; Capitant, H. *Curso elemental de derecho civil.* Trad. da 2. ed. francesa. Madrid: Reus, 1951. t. III.

COLOMBO, Leonardo A. *Culpa aquiliana.* 2. ed. Buenos Aires: Tipografia Editora Argentina, 1947.

COMPARATO, Fábio Konder. Contrato de *leasing. RT* 389/12.

COSTA, Mário Júlio de Almeida. *Direito das obrigações.* 3. ed. Coimbra: Almedina, 1979.

DE CUPIS, Adriano. *El daño.* Trad. Angel Martínez Sarrióño. Barcelona: Bosch, 1975.

DELGADO, José Augusto. A caracterização do *leasing* e seus efeitos jurídicos. *RF* 269/88.

DE PAGE, Henri. *Traité élémentaire de droit civil belge.* Bruxelas: Bruylant, 1950.

DE PLÁCIDO E SILVA. *Vocabulário Jurídico.* Rio de Janeiro: Forense, 1963. v. 1.

DIAS, José de Aguiar. *Da responsabilidade civil.* 4. ed. Rio de Janeiro: Forense, 1960. v. 1 e 2.

DINIZ, Maria Helena. *Curso de direito civil.* 7. ed. São Paulo: Saraiva, 1993. v. 7.

DINIZ, Maria Helena. *Dicionário jurídico.* São Paulo: Saraiva, 1998.

DIREITO, Carlos Alberto Menezes; Cavalieri Filho, Sérgio. Da responsabilidade civil, das preferências e privilégios creditórios. *In:* Teixeira, Sálvio de Figueiredo (coord.). *Comentários ao novo Código Civil.* Rio de Janeiro: Forense, 2004. v. 13.

ENCICLOPÉDIA SARAIVA DE DIREITO. SÃO PAULO: SARAIVA, 1977. v. 47.

ENNECCERUS, Ludwig; Kipp, Theodor; Wolff, Martín. *Tratado de derecho civil* – Derecho de obligaciones. Trad. da 35. ed. alemã. Barcelona: Bosch, 1950. v. 2, t. II.

FADEL, Sérgio Sahione. *Código de Processo Civil comentado.* Rio de Janeiro: José Konfino, 1974. t. IV.

FONSECA, Arnoldos Medeiros da. *Caso fortuito e teoria da imprevisão.* 3. ed. Rio de Janeiro: Forense, 1958.

FRANÇA, R. Limongi. *Jurisprudência da responsabilidade civil.* São Paulo: RT, 1981.

GANDINI, João Agnaldo Donizeti; Salomão, Diana Paola da Silva. A responsabilidade civil do Estado por conduta omissiva. *Ajuris,* Porto Alegre, n. 94, jun. 2004.

GANDOLFO, Orlando. *Acidentes de trânsito e responsabilidade civil* – Conceitos de jurisprudência e acórdãos. São Paulo: RT, 1985.

GARCEZ NETO, Martinho. *Prática da responsabilidade civil.* 3. ed. São Paulo: Saraiva, 1975.

GERI, Vinicio. *Responsabilità civile per danni da cose ed animali.* Milano: Giuffrè, 1967.

GIORGI, Jorge. *Teoría de las obligaciones.* Trad. da 7. ed. italiana. Madrid: Reus, 1929. v. 5.

GOMES, Orlando. *Transformações gerais do direito das obrigações.* São Paulo: RT, 1967.

GONÇALVES, Carlos Roberto. *Responsabilidade civil.* 8. ed. São Paulo: Saraiva, 2003.

GONÇALVES, Luiz da Cunha. *Tratado de direito civil.* São Paulo: Max Limonad, 1957. v. 12, t. II.

HEDEMANN, Justus Wilhelm. *Derecho de obligaciones.* Trad. Jaime Santos Briz. Madrid: Revista de Derecho Privado, 1958. v. 3.

ITURRASPE, Jorge Mosset. *Responsabilidad por daños* – Parte general. Buenos Aires: Ediar, 1971. t. I.

JOSSERAND, Louis. *Derecho civil.* Buenos Aires: Bosch, 1950. v. 1, t. II.

BIBLIOGRAFIA | **313**

LARENZ, Karl. *Derecho de obligaciones.* Trad. Jaime Santos Briz. Madrid: Revista de Derecho Privado, 1959. t. II.

LIMA, Alcides de Mendonça. *Comentários ao Código de Processo Civil.* Rio de Janeiro: Forense, 1974. v. 6, t. II.

LIMA, Alvino. *A responsabilidade civil por fato de outrem.* Rio de Janeiro: Forense, 1973.

LIMA, Alvino. *Da culpa ao risco.* São Paulo: RT, 1938.

LOPES, Miguel Maria de Serpa. *Curso de direito civil.* 2. ed. Freitas Bastos, 1962. v. 2 e 5.

LYRA, Afrânio. *Responsabilidade civil.* 2. ed. São Paulo: Vellenich, 1985.

MANCUSO, Rodolfo de Camargo. *Apontamentos sobre o contrato de* leasing. São Paulo: RT, 1978.

MARQUES, Claudia Lima. *Contratos no Código de Defesa do Consumidor.* São Paulo: RT, 1992.

MARTON, G. *Les fondements de la responsabilité civile.* Paris: Sirey, 1958.

MAZEAUD, Henri; Mazeaud, Léon; Tunc, André. *Tratado teórico y práctico de la responsabilidad civil.* Buenos Aires: Ejea, 1963. v. 2, t. II.

MAZEAUD, Henri; Mazeaud, Léon; Tunc, André. *Traité théorique et pratique de la responsabilité civile.* 4. ed. Paris: Sirey, 1949. t. II.

MÉLEGA, Luiz. *O leasing e o sistema tributário brasileiro.* São Paulo: Saraiva, 1975.

MONTEIRO, Washington de Barros. *Curso de direito civil* – Direito das obrigações. 3. ed. São Paulo: Saraiva, 1962. v. 1.

MONTEIRO, Washington de Barros. *Curso de direito civil – Direito de família.* São Paulo: Saraiva, 1962. v. 2.

MONTENEGRO FILHO, Misael. *Ação de indenização na prática.* Rio de Janeiro: Atlas, 2002.

NEGRÃO, Theotonio. *Código de Processo Civil e legislação processual em vigor.* 29. ed. São Paulo: Saraiva, 1998.

NILSSON, Jurandyr. *Nova jurisprudência do processo civil.* São Paulo: Max Limonad, 1976. v. 2.

NOGUEIRA, Paulo Lúcio. *Seguro obrigatório.* Curitiba: Juruá, 1978.

NORONHA, Fernando. Nexo de causalidade na responsabilidade civil. *Revista ESMESC* – Escola Superior da Magistratura de Santa Catarina, n. 15, jul. 2003.

ORGAZ, Alfredo. *El daño resarcible.* Buenos Aires: Editorial Bibliográfica Argentina, 1952.

PAES, Paulo Roberto Tavares. *Leasing.* São Paulo: RT, 1977.

PASSOS, J. J. Calmon de. *Comentários ao Código de Processo Civil.* Rio de Janeiro: Forense, 1998. v. 3.

PEREIRA, Caio Mário da Silva. *Instituições de direito civil.* 4. ed. Rio de Janeiro: Forense, 1974. v. 1.

PEREIRA, Caio Mário da Silva. *Instituições de direito civil.* 5. ed. Rio de Janeiro: Forense, 1978. v. 2.

PEREIRA, Caio Mário da Silva. *Responsabilidade civil.* 8. ed. Rio de Janeiro: Forense, 1998.

PIMENTEL, Wellington Moreira. *Comentários ao Código de Processo Civil.* São Paulo: RT, 1979. v. 3.

PINHEIRO, Geraldo de Faria Lemos; Ribeiro, Dorival; Oliveira, Juarez de. *Código de Trânsito Brasileiro sistematizado.* 2. ed. São Paulo: Juarez de Oliveira, 2000.

PLANIOL, Marcelo; Ripert, Jorge. *Tratado práctico de derecho civil francés* – Las obligaciones. Trad. Mario Diaz Cruz. Havana: Cultural, 1945. t. VII, 2.ª parte.

PONTES DE MIRANDA, F. C. *Comentários ao Código de Processo Civil.* Rio de Janeiro: Forense, 1976. t. IX.

PONTES DE MIRANDA, F. C. *Tratado de direito privado*. 3. ed. Rio de Janeiro: Borsoi, 1971. t. I, XXIII, XXIV.

PONTES DE MIRANDA, F. C. *Tratado de direito privado*. 4. ed. Rio de Janeiro: Borsoi, 1974. t. II, LIII, LIV.

PORTO, Mário Moacyr. *Ação da responsabilidade civil e outros estudos*. São Paulo: RT, 1966.

QUEIROZ, José Wilson Nogueira de. *Arrendamento mercantil* (leasing). 2. ed. Rio de Janeiro: Forense, 1983.

REALE, Miguel. O dano moral no direito brasileiro. *Temas de direito positivo*. São Paulo: RT, 1992.

RIPERT, Jorge; Boulanger, Jean. *Tratado de derecho civil*. Buenos Aires: La Ley, 1965. t. V.

RODRIGUES, Sílvio. *Direito civil* – Parte geral das obrigações. 3. ed. São Paulo: Max Limonad, 1997. v. 2.

SALVAT, Raymundo M. *Tratado de derecho civil argentino*. 2. ed. Buenos Aires: Tipografia Editora Argentina, 1958. v. 4.

SANTOS, Antônio Carlos Viana. Estado nacional e jurisdição supranacional. *Revista da Escola Paulista da Magistratura*, São Paulo, ano 1, n. 2, 1997.

SANTOS, Francisco Cláudio de Almeida. Os juros compensatórios no mútuo bancário. *Revista de Direito Bancário e do Mercado de Capitais*, São Paulo, ano I, n. 2, p. 70, maio-ago. 1998.

SANTOS, Rita Maria Paulina dos. *Dos transplantes de órgãos e clonagem*. Rio de Janeiro: Forense, 2000.

SANTOS, Ulderico Pires dos. *Medidas cautelares* – Jurisprudência e doutrina. São Paulo: Saraiva, 1979.

SAVATIER, René. *Traité de la responsabilité civile*. 2. ed. Paris: LGDJ, 1951. t. I e II.

SILVA, Francisco de Oliveira e. *Das indenizações por acidentes*. 2. ed. Rio de Janeiro-São Paulo: Freitas Bastos, 1958.

SILVA, Luiz Claudio. *Responsabilidade civil* – Teoria e prática das ações. Rio de Janeiro: Forense, 1998.

SILVA, Wilson Melo da. *Da responsabilidade civil automobilística*. São Paulo: Saraiva, 1974; 3. ed., 1980.

SOUZA, Sebastião de. *Da compra e venda*. 2. ed. Rio de Janeiro: Forense, 1956.

STOCO, Rui. Protocolo de San Luis – Responsabilidade civil decorrente de acidentes de trânsito ocorridos nos países integrantes do Mercosul. *Tribuna da Magistratura – Cadernos de Doutrina*, São Paulo, ago. 1997.

STOCO, Rui. *Responsabilidade civil e sua interpretação jurisprudencial*. 4. ed. São Paulo: RT, 1999.

TORNAGHI, Hélio. *Comentários ao Código de Processo Civil*. São Paulo: RT, 1976. v. 1, t. II.

VALLER, Wladimir. *Responsabilidade civil e criminal nos acidentes automobilísticos*. São Paulo: Julex, 1981. v. 1 e 2.

VALLER, Wladimir. *Responsabilidade civil nos acidentes de trânsito*. São Paulo: E. V. Editora, 1998.

VARELA, João de Matos Antunes. *Das obrigações em geral*. Coimbra: Almedina, 1970. v. 1.

VON TUHR, A. *Tratado de las obligaciones*. Trad. W. Roces. Madrid: Reus, 1934. t. I.

WALD, Arnoldo. A introdução do *leasing* no Brasil. *RT* 415/10.

WALD, Arnoldo. Da licitude da inclusão da cláusula de correção cambial nas operações de arrendamento mercantil. *RT* 591/18.

JURISPRUDÊNCIA

Ajuris – Revista da Associação dos Juízes do Rio Grande do Sul, Porto Alegre

JTACSP – Julgados dos Tribunais de Alçada Civil de São Paulo

JTARS – Julgados do Tribunal de Alçada do Rio Grande do Sul

JSTF-Lex –Jurisprudência do Supremo Tribunal Federal (Lex)

JSTJ/TRF-Lex – Jurisprudência do STJ e TRF (Lex)

RF – Revista Forense

RJTJRS – Revista de Jurisprudência do Tribunal de Justiça do Rio Grande do Sul

RJTJSP – Revista de Jurisprudência do Tribunal de Justiça do Estado de São Paulo

RSTJ – Revista do Superior Tribunal de Justiça

RT – Revista dos Tribunais

RTJ – Revista Trimestral de Jurisprudência